新世纪会计学专业精品教材

U0816459

ADVANCED FINANCIAL ACCOUNTING

高级财务会计

（第四版）

王竹泉 王莛 高芳 主编

东北财经大学出版社·大连
Dongbei University of Finance & Economics Press

图书在版编目（CIP）数据

高级财务会计 / 王竹泉，王荭，高芳主编．—4版．—大连：东北财经大学出版社，2022.12
（新世纪会计学专业精品教材）
ISBN 978-7-5654-4762-4

Ⅰ.高…　Ⅱ.①王…②王…③高…　Ⅲ.财务会计-高等学校-教材
Ⅳ.F234.4

中国版本图书馆CIP数据核字（2022）第255451号

东北财经大学出版社出版
（大连市黑石礁尖山街217号　邮政编码　116025）
网　　址：http：//www.dufep.cn
读者信箱：dufep@dufe.edu.cn

大连东泰彩印技术开发有限公司印刷　东北财经大学出版社发行

幅面尺寸：185mm×260mm　字数：538千字　印张：26.75　插页：1
2022年12月第4版　2022年12月第1次印刷

责任编辑：李智慧　李　栋　曲以欢　责任校对：何　莉
封面设计：冀贵收　版式设计：原　皓

定价：58.00元

第4版 前言

4th EDITION

在课程体系中分别设置“基础会计”、“中级财务会计”和“高级财务会计”是国内外会计学专业教育的通行做法。但是，不论是在国外还是在国内，对于“高级财务会计”课程的内容体系及其与“中级财务会计”的界限却一直没有一个统一的认识。大部分高级财务会计教材没有对其内容取舍作出说明，部分教材则将“高级财务会计”的内容界定为特殊业务会计（包括特殊事项、特殊主体、特殊经营方式、特殊行业等），而将“中级财务会计”界定为一般业务会计。这种划分方法虽有其合理性，但是由于对一般业务和特殊业务的划分缺乏统一的标准，带有很强的主观性和不确定性，从而使“高级财务会计”与“中级财务会计”的边界变得模糊不清，且“高级财务会计”的内容松散，好像一个个互不相干的专题的罗列，缺乏系统性。

我们认为，“高级财务会计”与“中级财务会计”都属于财务会计的范畴，因而都应参照财务会计概念框架。在财务会计概念框架的各个组成部分中，财务报告目标、会计信息质量特征和财务报表要素（会计信息的表达形式）居于更高的层次，“中级财务会计”和“高级财务会计”在这两大层次上不存在差异。它们的差异主要体现在会计基本假设与会计确认、计量和报告的原则这两个层面上。相对而言，“中级财务会计”是以会计基本假设的标准或典型情况作为对象，其所涉及的是在此基础上形成的会计确认、计量和报告的公认处理方法或公认会计准则。这里所说的会计基本假设的标准或典型情况是指：单一的公司法人主体、持续经营、以年度作为报告周期、以单一且币值稳定的货币作为计量单位。而“高级财务会计”则是以会计基本假设的非标准或非典型情况作为对象，其所涉及的会计确认、计量和报告方法，有的可能已经达成共识或形成了公认会计准则，但其与标准或典型会计基本假设情况下所形成的公认会计准则具有明显的差异；有的可能尚未达成共识，对该类问题的处理还存在很大的分歧，更没有形成相应的公认会计准则。

基于这样的认识，本教材将“高级财务会计”的内容按各项会计基本假设的非标准或非典型情况进行分类，主要分为4个部分：

其一，非标准会计主体的财务会计问题。其包括企业合并、合并财务报表、独资与合伙企业会计、分支机构会计、分部报告等。

其二，非持续经营的财务会计问题。由于公司重组仍然属于持续经营，因此非持续经营的财务会计问题主要包括公司解散清算会计和破产清算会计等。

其三，非标准会计分期的财务会计问题。其包括中期财务报告、衍生金融工具会计。从会计基本假设的层面来看，衍生金融工具会计与传统财务会计最根本的变化就是在会计分期上。由于衍生金融工具具有高风险的特征，使得会计分期变得多余，实时报

PREFACE

告成为理想的选择。即使分期报告，其所要报告的也不是在该期间衍生金融工具上产生的收益或损失，而是要报告在该合同履行时可能产生的后果及其预期目的的实现情况。

其四，非标准货币计量的财务会计问题。其包括外币交易会计、外币财务报表折算、物价变动会计等。

所得税会计、租赁会计、养老金会计不符合上述分类标准，而且这些问题及其处理方法在我国也已十分普遍，没有什么特殊之处，因此建议将其纳入“中级财务会计”课程中讲授。

本次修订主要体现在以下4个方面：

1.充分体现了新形态教材的特点，增加了教案设计、教学课件、讲解视频、延伸阅读、学习指导等二维码资源，丰富和拓展了教材的教育功能。

2.充实了课程思政的内容。本教材系统构建了“四维三层”的课程思政与专业课程融合框架，即：由“公民素质”“理想信念”“精神追求”“人格人生”四个维度、十二项思政元素和“教学内容”“育人主体”“方法条件”三个层面、九种融入方式有机组成的融合框架（详见目录之前的“《高级财务会计》教材课程思政（二十大精神）与专业教育融合对照表”）。围绕复杂会计问题中的利益关系的剖析，引导学生树立正确的价值观和分析逻辑，增进社会成员对核心价值观的认同和共识；结合课程内容的相关专题研究，培养学生的批判性思维和发现问题的意识，激发学生的研究兴趣和创新动力；联系党的二十大精神以及国家大政方针和重大关切，引导学生强化宏观微观联系，学以致用，坚定专业报国的理想信念和使命担当。

3.对近年来企业会计准则变化所涉及的部分财务报表项目和业务处理进行了修订或更新。

4.更新了部分例题、习题和参考文献，并对第三版中存在的文字错漏进行了修改。

本教材主要是为普通高等学校会计学专业本科生学习“高级财务会计”课程而编写的，也可作为会计学专业研究生学习“高级财务会计”的参考教材。为了便于教学，本教材每章都配备了章前准备（学习目的与要求、教学重点与难点、本章教案设计）、总结与结论、关键概念、课程思政、思考与练习及延伸阅读等栏目，本版修订还以二维码的形式为各章提供了内容更为丰富的拓展学习资料和学习指导书。

本教材第一版王竹泉、王茊、高芳担任主编，赵爽、刘文静参加了部分章节的编写，最后由王竹泉教授总纂定稿。具体分工情况如下：王竹泉、赵爽、刘文静编写第1至5章和第12章；王茊编写第10、11、13章；高芳编写第6至9章和第14章，并分别作了第二版的修订。除王竹泉、王茊、高芳外，高睿漩、宋晓缤、任祯参与了第三版部分章节的修订。本版（第四版）修订过程中，除王竹泉教授、王茊教授外，赵璨副教授、博士研究生宋晓缤、孙文君和硕士研究生季丁筠、陈任霖、黄佩参与了主要章节的修订，王竹泉教授重点对各章的课程思政内容进行了充实和修订，并进行了教材的总纂定稿。在本版修订中，东北财经大学出版社责任编辑李智慧、李栋、曲以欢提出了很多宝贵的建议，在此一并表示衷心的感谢。

由于作者水平有限，本书难免出现疏漏，不当之处，恳请读者不吝赐教，以便我们能够及时修正。

作　者

2022年10月

《高级财务会计》教材课程思政（二十大精神）与专业教育融合对照表

思政元素 融入方式		公民素质	理想信念	精神追求	人格人生
		道德修养　法治意识　理性思维	核心价值　四个自信　伟大复兴	职业精神　时代精神　民族精神	求真务实　与时俱进　人生价值
教学内容	专业性质 课程特点 时代时事	第5章 3.关联交易表决 第8章 1.分部报告主要报告形式的选择 ※第11章 2.人民币国际化对外币交易会计的影响 ※第13章 1.物价变动会计与共同富裕	※第1章 2.报告主体与企业合并 ※第2章 1.随意调整合并范围 第14章 1.企业破产中利益相关者的利益保护	第1章 3.企业合并会计处理的中国特色 第4章 2.并购尽职调查 第9章 1.编制中期财务报告的目的 ※第1章 4.加快推进中国企业做强做大	第1章 1.制订学习计划 ※第10章 1.衍生金融工具与实体经济高质量发展
育人主体	教学团队 教学辅助 先进模范	第12章 1.批判性思维 第13章 2.外币报表折算差额与货币性项目净额的一般购买力损益	第6章 1.合伙企业权益变动 ※第12章 3.未来发展规划	第2章 3.利益相关者会计分析框架 第8章 2.企业集团或大型企业内部资本错配	※第5章 2.合并会计报表的所得税会计处理 第9章 2.存量流量兼顾的短期财务风险综合评估体系
方法条件	教学方法 第二课堂 第三课堂	第6章 2.合伙人发生与合伙企业无关的债务 第10章 2.国有企业进行境内外期货交易的底线 第12章 2.处置境外经营时外币财务报表折算差额	※第3章 1.高业绩承诺与巨额商誉减值 ※第4章 1.母公司对子公司投资的核算方法 第14章 2.人民法院受理破产申请前一年内涉及债务人财产的特殊行为	第2章 2.美国安然(Enron)公司财务报告舞弊 ※第5章 1.共同富裕 第7章 1.新华社民族品牌工程	第3章 2.中央企业商誉管理 ※第7章 2.跨地区(国)经营企业的会计核算和管理控制

※代表此项包含党的“二十大”精神进教材相应内容。

Contents

目录

目录

Contents

Contents

目录

目录

Contents

Contents

目录

第 1 章

企业合并

高级财务会计

Advanced Financial Accounting

章前准备

一、学习目的与要求

通过本章的学习，了解企业合并的概念、种类和程序；掌握同一控制和非同一控制下企业合并的会计处理。

二、教学重点与难点

本章的教学重点是同一控制和非同一控制下企业合并的会计处理，教学难点是非同一控制下企业合并的会计处理。

三、本章教案设计

本章教案

1.1　企业合并的概念、种类和程序

1.1.1　企业合并的概念

企业合并，是指将两个或者两个以上单独的企业合并形成一个报告主体的交易或事项。在实务中，对于交易或事项发生前后是否形成控制权的转移，应当遵循实质重于形式原则，综合可获得的各方面情况进行判断。假定在企业合并前A、B两个企业为各自独立的法律主体（在合并交易前不存在任何法律关系），且均构成业务，企业合并准则中所界定的企业合并，包括但不限于以下情形：A企业通过增发自身的普通股自B企业原股东处取得B企业的全部股权，该交易事项发生后，B企业仍持续经营；A企业支付对价取得B企业的全部净资产，该交易事项发生后，撤销B企业的法人资格；A企业以其资产作为出资投入B企业，取得对B企业的控制权，该交易事项发生后，B企业仍维持其独立法人资格继续经营。

应注意的是，在《企业会计准则第20号——企业合并》中，不被视为企业合并的情况有二：

（1）两方或者两方以上形成合营企业的情况。合营企业的合营各方中，并不存在占主导地位的控制方，因此不属于准则中界定的企业合并。

（2）仅通过合同而不是所有权份额将两个或者两个以上单独的企业合并形成一个报告主体的情况。例如通过签订委托受托经营合同，作为受托方虽不拥有受托经营企业的所有权，但按合同协议的约定能够对受托经营企业的生产经营活动实施控制。在这种情况下，因无法明确计量企业的合并成本，某些情况下甚至不发生任何成本，虽然涉及控制权的转移，但不属于企业合并的范畴。

1.1.2 企业合并的种类

企业合并的原因是各不相同的，企业在合并过程中所采取的方式也是各异的，企业可根据具体情况采用不同的合并方式。按照不同的标准可将企业合并进行不同的分类，比较常见的分类方式包括以下几种。

■ 1）按照法律形式分类

按照法律形式分类，企业合并可分为吸收合并、新设合并和控股合并三种。吸收合并也称兼并，是指参与合并的企业中只有一家存续，其余公司均告解散。例如A企业接收了B企业的全部净资产，B企业最终被A企业吸收合并。新设合并是指几家企业协议合并组成一家新的企业，原来的各家企业均告解散。例如A企业和B企业合并，最终形成C企业。控股合并是指一家企业购进或取得了另一家企业有投票表决权的股份或出资证明书，且已达到控制后者经营和财务方针的持股比例的企业合并形式。例如，A企业购买了B企业有表决权股份的80%，获得了B企业的财务和经营政策制定权，则A企业成为B企业的控股母公司，而B企业则成为A企业的子公司，但B企业继续保留其法人资格。在控股合并的情况下，母公司要编制合并会计报表。

■ 2）按照是否受同一方控制分类

按照参与合并的企业是否受同一方控制，企业合并可分为同一控制下的企业合并和非同一控制下的企业合并。

同一控制下的企业合并是指参与合并的企业在合并前后均受同一方或者相同的多方最终控制且该控制并非暂时性的。通常情况下，同一企业集团内部各子公司之间、母子公司之间的合并属于同一控制下的企业合并。同一控制下的企业合并的特点：第一，从最终实施控制方的角度来看，其所能实施控制的净资产没有发生变化；第二，由于参与合并的各方企业同受一方或相同的多方控制，有些合并甚至不是参与合并的企业自愿的，所以交易往往不是按照公允价值进行的，很难以双方议定的价格作为核算的基础。

非同一控制下的企业合并，是指参与合并的各方在合并前后不受同一方或相同的多方最终控制的合并交易。如联想集团收购IBM公司的个人电脑业务。非同一控制下的企业合并的特点是：第一，参与合并的各方不受同一方或相同的多方最终控制，企业合并大多数是出于企业自愿；第二，在交易过程中各方出于对自身利益的考虑会进行激烈的讨价还价，交易以公允价值为基础，作价相对公平合理。

1.1.3 企业合并的程序

企业合并是市场经济条件下的一种经济现象，也是企业竞争、谋求发展和扩张的必然产物。实施企业合并，一般需经过下列程序：

（1）股东大会或者股东会作出合并决议。

（2）合并各方签订合并合同并经合并各方的股东（大）会通过，国有独资公司的合并应由国家授权投资的机构或者国家授权的部门决定（在合并合同中，约定合同的生效条件）。合并协议的内容一般应有六项：合并各方的名称、住所；合并后存续企业或新设企业的名称、住所；合并各方的债权、债务处理办法；合并各方的资产状况及其处理办法；存续企业和新设企业因合并而增资的总额；合并各方需要载明的其他事项。

（3）编制资产负债表和财产清单。合并各方协议合并时，应编制各自的资产负债表及财产清单，并委托公正的资产评估机构对企业的流动资产、固定资产、无形资产及其他资产进行评估，确认其债权和债务。

（4）通知债权人并经债权人同意。若债权人不同意合并，则参与合并的公司必须清偿债务或提供担保，否则不得合并。如果合并行为存在违反法律、行政法规等强制性规范的事由，那么利害关系人可以提起诉讼，请求法院判定合并无效。

（5）报公司登记机关批准。根据《中华人民共和国公司法》第一百七十九条的规定，公司合并或者分立，登记事项发生变更的，应当依法向公司登记机关办理变更登记；公司解散的，应当依法办理公司注销登记；设立新公司的，应当依法办理公司设立登记。公司增加或者减少注册资本，应当依法向公司登记机关办理变更登记。此外，公司应依法向税务机关申报办理税务变更登记、设立登记或注销登记手续。

1.2 同一控制下企业合并的会计处理

同一控制下的企业合并，在合并中不涉及自少数股东手中购买股权的情况下，采用权益集合法进行相关的处理。权益集合法，也称股权结合法、权益联营法，是指企业的合并是所有者（或股东）权益的联合，而非资产的交易。

1.2.1 同一控制下吸收合并和新设合并的会计处理

■ 1）合并方取得的资产和负债应按其在被合并方的原账面价值入账

合并方对同一控制下吸收合并或新设合并中取得的资产、负债应当按照有关资产、负债在被合并方的原账面价值入账。值得注意的是，合并方与被合并方在企业合并前采用的会计政策不同的，应先基于重要性原则，统一被合并方的会计政策，即应当按照合并方的会计政策对被合并方有关资产、负债的账面价值进行调整，以调整后的账面价值确认。

■ 2）合并方应根据所确认的资产账面价值与合并对价的差额，调整资本公积、留存收益

合并方在确认了合并中取得的被合并方的资产和负债后，以发行权益性证券的方式进行的该类合并，所确认的净资产入账价值与发行股份面值总额的差额，应调整资本公积（资本溢价或股本溢价），资本公积（资本溢价或股本溢价）余额不足冲减的，应冲减盈余公积和未分配利润；以支付现金、转让非现金资产方式进行的该类合并，所确认的净资产的入账价值与支付现金、转让非现金资产账面价值的差额，相应调整资本公积（资本溢价或股本溢价），资本公积（资本溢价或股本溢价）余额不足冲减的，应冲减盈余公积和未分配利润。

对于被合并方在合并日以前实现的留存收益中归属于合并方的部分，合并方应根据不同情况进行调整。如果是以支付现金、转让非现金资产方式购买合并子公司，则不用将该部分自资本公积转入留存收益；如果是以发行权益性证券方式购买合并子公司，则应该以最终控制方资本公积的账面余额为限将该部分以及合并方在合并之前实现的留存收益中属于最终控制方的部分自资本公积转入留存收益，这一调整在合并方单独的资产负债表中予以确认。

■ 3）合并过程中发生的相关费用应计入当期损益

合并过程中发生的相关费用包括与企业合并直接相关的审计费用、法律咨询服务费用、资产评估费用等增量费用。借记“管理费用”等科目，贷记“银行存款”等科目。但是，以下两种情况除外：以发行债券进行的企业合并，与发行债券相关的佣金、手续费等，应计入所发行债券的初始计量金额，即构成债券入账价值的组成部分；以发行权益性证券作为合并对价的，与发行权益性证券有关的佣金、手续费等，应当抵减权益性证券的溢价收入，不足冲减的，应当冲减留存收益。

【例1-1】以支付资产作为合并对价的吸收合并，A公司和B公司为同一母公司下的两家子公司。2021年3月末A公司用账面价值500万元、公允价值550万元的库存商品和100万元的银行存款实施与B公司的合并，企业合并后B公司解散。合并中发生的审计费和法律咨询服务费共计10万元。A公司和B公司的资产负债表见表1-1和表1-2。

表1-1 **A公司的资产负债表（简表）** 单位：万元

资产		负债和所有者权益	
项目	账面价值	项目	账面价值
货币资金	600	应付账款[①]	1 100
库存商品	500	股本	1 000
固定资产	2 000	资本公积	500
		盈余公积	200
		未分配利润	300

表1-2 **B公司的资产负债表（简表）** 单位：万元

资产		负债和所有者权益	
项目	账面价值	项目	账面价值
原材料	300	应付账款	400
固定资产	800	股本	300
		资本公积	200
		盈余公积	50
		未分配利润	150

①确认合并事项的账务处理：

借：原材料　　3 000 000
　　固定资产　　8 000 000
　贷：应付账款　　4 000 000
　　　库存商品　　5 000 000
　　　银行存款　　1 000 000
　　　资本公积　　1 000 000

②记录合并费用的账务处理：

借：管理费用　　100 000
　贷：银行存款　　100 000

③对于B公司合并前实现的留存收益200万元，由于购买方是以转让库存商品与支付现金的方式进行的合并，因此不用将该部分从资本公积转入留存收益。

1.2.2　同一控制下控股合并的会计处理

■　1）长期股权投资的成本确定

同一控制下的控股合并，合并方在合并中形成的长期股权投资，应当以合并日取得被合并方账面所有者权益的份额作为其初始投资成本。合并方确认的初始投资成本与其付出合并对价账面价值的差额，应当调整资本公积；资本公积不足的，调整盈余公积和未分配利润。

■　2）合并费用的会计处理

合并方为进行企业合并发生的各项直接相关费用（包括为进行企业合并而支付的审计费用、评估费用、法律服务费用等）应当于发生时计入当期损益。具体的会计处理为借记“管理费用”等科目，贷记“银行存款”等科目。

【例1-2】某集团内一子公司以总账面价值为2 000万元、总公允价值为3 600万元的若干项资产作为对价，取得同一集团内另外一家企业60%的股权，合并日被合并企业的账面所有者权益总额为3 000万元，合并中发生的审计费和法律服务费合计5万元。则长期股权投资的成本为1 800万元，差额200万元应当调整资本公积。会计处理如下：

借：长期股权投资　　18 000 000
　　资本公积　　2 000 000
　贷：有关资产　　20 000 000
借：管理费用　　50 000
　贷：银行存款　　50 000

1.3　非同一控制下企业合并的会计处理

非同一控制下的企业合并，是指参与合并的各方在合并前后不受同一方或相同的多方最终控制的合并交易，其基本处理方法是购买法。购买法，是指把企业合并看作一家企业购买另一家企业（或几家企业）净资产的交易行为，购买企业获得对被购买企业净资产的控制权和经营权。非同一控制下的企业合并与企业直接从外界购买一般资产无本质区别。

1.3.1 非同一控制下吸收合并的会计处理

非同一控制下的吸收合并，被合并企业失去法人资格，通常要对被合并企业的资产、负债进行全面的清查核实，以便进行会计上的确认。在吸收合并的过程中，合并方（购买方）在合并日（购买日）应当对合并成本进行分配，确认所取得的被购买方各项可辨认资产、负债及或有负债。确定的企业合并成本与所取得的被购买方可辨认净资产公允价值份额的差额，应视情况处理：

（1）购买方对合并成本大于合并中取得的被购买方可辨认净资产公允价值份额的差额，应当确认为商誉。商誉的减值应当按照《企业会计准则第8号——资产减值》的有关规定处理。

（2）对于合并成本小于合并中取得的被购买方可辨认净资产公允价值份额的差额，购买方应当对取得的被购买方各项可辨认资产、负债及或有负债的公允价值及合并成本的计量进行复核，经复核后合并成本仍小于合并中取得的被购买方可辨认净资产公允价值份额的，其差额应当计入当期损益。

【例1-3】A公司以200万元银行存款购买B公司100%的股权，对B公司实行吸收合并。A、B为非同一控制下的两家公司。购买日，B公司持有资产、负债的账面价值与公允价值见表1-3。

表1-3　**B公司部分报表项目的账面价值和公允价值（1）**　单位：万元

B公司	账面价值	公允价值
库存现金	15	15
其他流动资产	25	25
固定资产	150	170
资产总计	190	210
流动负债	10	10
长期负债	40	30
股本	50	—
留存收益	90	—
负债与股东权益合计	190	—

A公司在购买日的账务处理如下：

借：库存现金	150 000	
其他流动资产	250 000	
固定资产	1 700 000	
商誉	300 000	
贷：流动负债		100 000
长期负债		300 000
银行存款		2 000 000

【例1-4】A公司以公允价值为14 000万元、账面价值为10 000万元的无形资产作为对价对B公司进行吸收合并，A、B公司无关联方关系，购买日B公司持有资产的情况见表1-4。

表1-4 **B公司部分报表项目的账面价值和公允价值（2）** 单位：万元

项目	账面价值	公允价值
固定资产	6 000	8 000
长期股权投资	4 000	6 000
长期借款	3 000	3 000
净资产	7 000	11 000

A公司在购买日的账务处理如下：

借：固定资产	80 000 000	
长期股权投资	60 000 000	
商誉	30 000 000	
贷：长期借款		30 000 000
无形资产		100 000 000
资产处置损益		40 000 000

1.3.2 非同一控制下控股合并的会计处理

非同一控制下控股合并的会计处理与吸收合并类似，不同点在于在非同一控制下的控股合并中产生的商誉在合并财务报表中列示，而在吸收合并中取得的可辨认资产、负债及或有负债作为个别报表中的项目列示，合并中产生的商誉也作为购买方账簿及个别财务报表中的资产列示。

■ 1）长期股权投资的初始投资成本的会计处理

在非同一控制下的控股合并中，购买方取得对被购买方控制权的，在购买日应当按照确定的企业合并成本（企业合并成本包括购买方为进行企业合并支付的现金或非现金资产、发行或承担的债务、发行的权益性证券等在购买日的公允价值，不包括应自被投资单位收取的现金股利或利润）作为对被购买方长期股权投资的初始投资成本，借记“长期股权投资”科目；按享有投资单位已经宣告但尚未发放的现金股利或利润，借记“应收股利”科目；按支付合并对价的账面价值，贷记有关资产或借记有关负债科目。购买方为取得对被购买方的控制权，以支付非货币性资产为对价的，非货币性资产在购买日的公允价值与其账面价值的差额，应作为资产处置损益，借记或贷记“资产处置损益”科目。其中，以库存商品等作为合并对价的，应按库存商品的公允价值，贷记“营业收入”科目，同时结转相关的成本。

非同一控制下的控股合并，购买方应自购买日起设置备查簿，登记其在购买日取得的被购买方可辨认资产、负债的公允价值，为以后期间核算及合并财务报表的编制提供基础资料。

■ 2）合并费用的会计处理

购买方为进行企业合并发生的审计、法律服务、评估咨询等中介费用以及其他相关管理费用，应当于发生时计入当期损益，借“管理费用”，贷“银行存款”；购买方作为合并对价发行的权益性证券或债务性证券的交易费用，应当计入权益性证券或债务性证券的初始确认金额。

■ 3）长期股权投资的成本与合并中取得的被购买方可辨认净资产公允价值份额的差额的会计处理

非同一控制下的企业合并通过长期股权投资取得控制权后，也要编制合并财务报表。在合并资产负债表中，合并中取得的被购买方各项可辨认资产、负债应以其在购买日的公允价值计量，长期股权投资的成本大于合并中取得的被购买方可辨认净资产公允价值份额的差额，体现为合并财务报表中的商誉；长期股权投资的成本小于合并中取得的被购买方可辨认净资产公允价值份额的差额，应记入合并利润表中作为合并当期损益。购买日不需要编制合并利润表，该差额体现在合并资产负债表上，应调整合并资产负债表的盈余公积和未分配利润。

【例1-5】A公司以公允价值4 500万元、账面价值4 300万元的办公楼置换B公司80%的股权（控股合并），实现对B公司的合并。在企业合并中发生的与合并相关的直接费用为100万元。购买日B公司持有资产的情况见表1-5。

表1-5 **B公司部分报表项目的账面价值和公允价值（3）** 单位：万元

B公司	账面价值	公允价值
货币资金	2 000	2 000
存货	800	600
固定资产	2 300	2 400
长期借款	500	500
股本	4 600	4 500

A公司在购买日的账务处理如下：

借：长期股权投资　45 000 000
　　管理费用　1 000 000
　贷：固定资产　43 000 000
　　　资产处置损益——处置非流动资产利得　2 000 000
　　　银行存款　1 000 000

【例1-6】A、B公司为不同集团的两家公司，A公司发行2 000万股普通股（每股面值1元，市场价格为每股2元），取得了B公司60%的股权。B公司在购买日的资产负债情况见表1-6。

表1-6　**B公司部分报表项目的账面价值和公允价值（4）**　单位：万元

B公司	账面价值	公允价值
货币资金	1 000	1 000
存货	800	1 000
固定资产	2 400	2 600
长期借款	700	700
股本	3 500	3 900

A公司在购买日的账务处理如下：

借：长期股权投资　40 000 000
　贷：股本　20 000 000
　　　资本公积　20 000 000

1.3.3 特殊交易事项的会计处理

通常情况下，企业还可能发生母公司购买子公司少数股东拥有的子公司股权、企业因追加投资等原因能够对非同一控制下的被投资方实施控制、母公司在不丧失控制权的情况下部分处置对子公司的长期股权投资、企业因处置部分股权投资等原因丧失了对被投资方的控制权、企业通过多次交易分步处置对子公司的股权投资直至丧失控制权等特殊交易事项。对于特殊交易事项的会计处理，准则主要对以下几种情况作了规定：

■ 1）母公司购买子公司少数股东拥有的子公司股权

母公司购买子公司少数股东拥有的子公司股权，在合并财务报表中，因购买少数股权新取得的长期股权投资与按照新增持股比例计算应享有子公司自购买日或合并日开始持续计算的净资产份额之间的差额，应当调整资本公积（资本溢价或股本溢价），资本公积不足冲减的，调整留存收益。

■ 2）企业因追加投资等原因能够对非同一控制下的被投资方实施控制

企业因追加投资等原因能够对非同一控制下的被投资方实施控制，在合并财务报表中，对于购买日之前持有的被购买方的股权，应当按照该股权在购买日的公允价值进行重新计量，公允价值与其账面价值的差额计入当期投资收益；购买日之前持有的被购买方股权涉及权益法核算下的其他综合收益等项目的，与其相关的其他综合收益等应当转为购买日所属当期收益。购买方应当在附注中披露其在购买日之前持有的被购买方的股权在购买日的公允价值、按照公允价值重新计量产生的相关利得或损失的金额。

■ 3）母公司在不丧失控制权的情况下部分处置对子公司的长期股权投资

母公司在不丧失控制权的情况下部分处置对子公司的长期股权投资，在合并财务报表中，处置价款与处置长期股权投资相对应享有子公司自购买日或合并日开始持续计算的净资产份额之间的差额，应当调整资本公积（资本溢价或股本溢价），资本公积不足冲减的，调整留存收益。

■ 4）企业因处置部分股权投资等原因丧失了对被投资方的控制权

企业因处置部分股权投资等原因丧失了对被投资方的控制权，在合并财务报表中，对于剩余股权，应当按照其在丧失控制权日的公允价值进行重新计量。处置股权取得的对价与剩余股权公允价值之和，减去按原持股比例计算应享有原有子公司自购买日或合并日开始持续计算的净资产的份额之间的差额，计入丧失控制权当期的投资收益，同时冲减商誉。与原有子公司股权投资相关的其他综合收益等，应当在丧失控制权时转为当期投资收益。

■ 5）企业通过多次交易分步处置对子公司的股权投资直至丧失控制权

企业通过多次交易分步处置对子公司的股权投资直至丧失控制权的，如果处置对子公司的股权投资直至丧失控制权的各项交易属于一揽子交易的，应当将各项交易作为一项处置子公司并丧失控制权的交易进行会计处理。但是，在丧失控制权之前每一次处置价款与处置投资对应的享有该子公司净资产份额的差额，在合并财务报表中应当确认为其他综合收益，在丧失控制权时一并转入丧失控制权当期的损益。

处置对子公司的各项交易的条款、条件以及经济影响符合下列一种或多种情况，通常表明应将多次交易事项作为一揽子交易进行会计处理：

（1）这些交易是同时或者在考虑了彼此影响的情况下订立的。

（2）这些交易整体才能达成一项完整的商业结果。

（3）一项交易的发生取决于其他至少一项交易的发生。

（4）一项交易单独考虑时是不经济的，但是和其他交易一并考虑时是经济的。

对于其他未列明的交易或者事项，如果站在企业集团合并财务报表角度的确认和计量结果与其所属的母公司或子公司的个别财务报表层面的确认和计量结果不一致，则在编制合并财务报表时也应根据规定对其确认和计量结果进行调整。

总结与结论

企业合并，是指将两个或者两个以上的单独企业合并形成一个报告主体的交易或事项。在实务中，对于交易或事项发生前后是否形成控制权的转移，应当遵循实质重于形式原则，综合可获得的各方面情况进行判断。企业合并可以按法律形式和企业是否受同一方控制进行分类。按照法律形式分类，企业合并可分为吸收合并、新设合并和控股合并三种。本书按合并企业是否受同一方控制，将企业合并划分为同一控制下的企业合并和非同一控制下的企业合并分别进行讨论。同一控制下的企业合并通常属于股权联合性质，应采用权益集合法进行会计核算；非同一控制下的企业合并属于购买性质，应采用购买法进行会计核算。

关键概念

1.企业合并：将两个或者两个以上的单独企业合并形成一个报告主体的交易或事项。

2.吸收合并：也称兼并，指参与合并的企业中只有一家存续，其余公司均告解散。

3.新设合并：指几家企业协议合并组成一家新的企业，原来的各家企业均告解散。

4.控股合并：指一家企业购进或取得了另一家企业有投票表决权的股份或出资证明书，且已达到控制后者经营和财务方针的持股比例的企业合并形式。

5.同一控制下的企业合并：指参与合并的企业在合并前后均受同一方或者相同的多方最终控制且该控制并非暂时性的。

6.非同一控制下的企业合并：指参与合并各方在合并前后不受同一方或相同的多方最终控制的合并交易。

7.购买成本：指购买企业在交易日为取得对被购企业的控制权而放弃的资产的公允价值、发生或承担的负债的公允价值、发行权益性证券的公允价值的合计金额。

8.商誉：指在非同一控制下的企业合并中，企业合并成本大于合并中取得的被购买方可辨认净资产公允价值份额的差额。

课程思政

1.制订学习计划

本教材以会计基本假设的非标准或非典型情况作为标准，将高级财务会计的内容划分为非标准会计主体、非持续经营、非标准会计分期和非标准货币计量的会计问题四个部分，形成了结构清晰、逻辑严谨的内容框架。编写团队将多年积累的教学研究成果以及研究总结的利益相关者会计分析框架融入教材，力求让复杂而特殊的问题简单化、体系化，以通俗易懂的方式让学生深入理解和熟练掌握会计学专业课程中最具复杂度的内容，每一章都有章前准备、总结与讨论、关键概念、思考与练习以及新形态的本章教案、教学视频、教学课件、学习指导，并通过课程思政、延伸阅读等方式引导学生深入思考和调查研究。请同学们在阅读本教材前言、了解课程整体内容框架和教学特点后制订自己的学习计划。

2. 报告主体与企业合并

党的二十大报告中展示了自党的十八大以来我国在经济建设方面取得的巨大成就：我国经济实力实现历史性跃升，国内生产总值从约54万亿元增长到约114万亿元，我国经济总量占世界经济的比重达18.5%，提高了7.2个百分点，稳居世界第二位；人均国内生产总值从39 800元增加到81 000元。请以你所在的地区、城市或熟悉的某个企业为例对其同期的发展变化进行调查分析，从中了解我国经济社会在党的十八大以来所发生的巨大变化，同时体会“企业合并是指将两个或者两个以上单独的企业合并形成一个报告主体的交易或事项”的含义。

3. 企业合并会计处理的中国特色

《企业会计准则第20号——企业合并》规定，同一控制下的企业合并，合并方在企业合并中取得的资产和负债，应当按照合并日在被合并方的账面价值计量。合并方取得的净资产账面价值与支付的合并对价账面价值（或发行股份面值总额）的差额，应当调整资本公积；资本公积不足冲减的，调整留存收益。为什么要求合并方采用账面价值而不是公允价值对合并中取得的资产和负债进行计量？请结合我国国情对这一具有中国特色的企业合并会计处理规定的公平性进行分析。

4. 加快推进中国企业做强做大

根据《财富》杂志发布的“2022财富世界500强排行榜”，中国大陆（含香港）共有136家企业上榜，上榜企业平均营业收入达到809.8亿美元，平均总资产为3 580亿美元，平均净资产为431.8亿美元，均超过世界500强企业的平均水平。但是，中国企业的盈利能力与世界500强企业平均水平的差距在拉大。中国145家上榜企业（含台湾地区9家企业）平均利润约41亿美元，虽然与自身相比有所提升，然而世界500强企业平均利润同期上升至62亿美元。以部分国家作为比较对象：例如，上榜的德国企业平均利润为44亿美元，英国企业平均利润为69.6亿美元，加拿大企业平均利润为47.5亿美元，法国企业平均利润为48.5亿美元，巴西企业平均利润为84.8亿美元等，均高于中国企业。与上榜的美国企业相比，中国企业的利润差距更加明显。2022年《财富》世界500强中的美国企业（124家）平均利润高达100.5亿美元，接近中国上榜企业的2.5倍（详细资料可以参照：2022年《财富》世界500强排行榜－财富中文网（fortunechina.com））。

党的二十大报告指出：从现在起，中国共产党的中心任务就是团结带领全国各族人民全面建成社会主义现代化强国、实现第二个百年奋斗目标，以中国式现代化全面推进中华民族伟大复兴。请你在全面分析世界五百强企业情况的基础上深入思考如何加快推进中国企业做强做大进而以中国式现代化全面推进中华民族伟大复兴。

思考与练习

一、思考题

1. 什么是企业合并？企业合并的意义是什么？

2. 企业合并的方式有哪些？它们的主要区别是什么？会计处理有什么不同？

3. 为什么同一控制下的企业合并适用权益集合法？

4. 为什么非同一控制下的企业合并适用购买法？

5. 同一控制下的企业合并和非同一控制下的企业合并在长期股权投资核算中的区别是什么？

二、练习题

1. 非同一控制下的企业合并，企业合并成本包括（　　）。

A. 购买方为进行企业合并支付的现金

B. 购买方为进行企业合并付出的非现金资产的公允价值

C. 购买方为进行企业合并发行的债券或承担的债务在购买日的公允价值

D. 购买方为进行企业合并发行的权益性证券在购买日的公允价值

2. 甲公司发行1 000万股普通股（每股面值1元，市价5元）作为合并对价取得乙公司100%的股权，涉及的各合并方均受同一母公司最终控制，合并日乙公司账面资产总额为5 000万元，账面负债总额为2 000万元，甲公司的合并成本为（　　）万元。

A.1 000　　B.3 000　　C.5 000　　D.2 000

3. 非同一控制下的控股合并，购买日的合并资产负债表反映购买方自购买日起能够控制的经济资源，合并成本大于合并中取得的各项可辨认资产、负债公允价值份额的差额，确认为（　　）。

A. 商誉　　B. 当期损益　　C. 资本公积　　D. 无形资产

4.A公司于2021年7月1日以账面价值7 000万元、公允价值9 000万元的资产交换甲公司对B公司100%的股权，使B公司成为A公司的全资子公司，另发生直接相关税费40万元，此合并为控股合并，购买日B公司可辨认净资产公允价值为8 000万元。假如合并各方没有关联关系，那么A公司合并成本和“长期股权投资”的初始确认金额分别为（　　）万元。

A.7 000万元和8 000万元　　B.9 000万元和8 000万元

C.9 000万元和9 000万元　　D.7 000万元和8 040万元

5. 按照我国企业会计准则的规定，同一控制下企业合并购买日应编制的报表有（　　）。

A. 合并资产负债表　B. 合并利润表

C. 合并所有者权益变动表　　D. 合并现金流量表

延伸阅读

［1］储一昀．高级财务会计［M］．上海：上海财经大学出版社，2017.

［2］刘永泽，傅荣．高级财务会计［M］．7版．大连：东北财经大学出版社，2021.

［3］周华．高级财务会计［M］．3版．北京：中国人民大学大学出版社，2019.

［4］中华人民共和国财政部．企业会计准则［M］．北京：经济科学出版社，2020.

［5］王竹泉，朱炜．同一控制下企业合并会计处理原则辨析［J］．财务与会计，2012（4）.

［6］王竹泉．编制合并会计报表的几个特殊问题［J］．广西会计，2001（8）.

[7] 冷冰，陈瑜. 国际财务报告准则第3号——企业合并 [J]. 会计研究，2004 (9).

[8] 陆建桥，王文慧. 国际财务报告准则研究最新动态与重点关注问题 [J]. 会计研究，2018 (1).

本章教学视频　　本章教学课件　　本章学习指导

第2章

合并财务报表的理论基础和编制程序

高级财务会计

Advanced Financial Accounting

章前准备

一、学习目的与要求

通过本章的学习，理解和掌握合并财务报表的概念和作用、合并财务报表合并理论和合并范围；掌握合并财务报表的编制程序和方法，为进一步学习同一控制下和非同一控制下合并财务报表的编制奠定必要的基础。

二、教学重点与难点

本章的教学重点和难点是合并财务报表合并理论和合并范围的确定，以及合并财务报表编制的程序。

三、本章教案设计

本章教案

2.1　合并财务报表的概念与作用

随着企业产权制度改革的深化，我国逐步建立和完善了现代企业制度，企业集团成为重要的企业组织形式之一。按照传统方式编制的企业集团汇总会计报表已经不能反映企业集团的财务和经济运行状况，也不能满足国家监管部门和其他报表使用者的需要。

2.1.1　合并财务报表的概念

各自均为独立法律实体的母子公司为什么要编制合并财务报表，这是合并财务报表理论首先需要回答的问题。简单地说，根据经济实质重于法律形式的原则，编制合并财务报表对理解企业集团经济实体实质来说十分必要。在以母公司为核心的企业集团内，从形式上说，母子公司各自均为独立的法律实体，但从实质上讲，母子公司的经营活动都处于同一管理控制之下，在这种情况下，经济控制超越了法律实体，个别财务报表不能全面反映同一管理控制下的经济实体的经济活动，根据经济实质重于法律形式的原则，需要编制合并财务报表，以反映和传递在共同管理控制下公司集团的财务状况、经营成果和现金流量等总括情况，以满足报表使用者对于特定经济实体而非法律实体的财务信息的需求。

合并财务报表，是指反映母公司和其全部子公司形成的企业集团（以下简称企业集团）整体财务状况、经营成果和现金流量的财务报表。合并财务报表是以纳入合并范围的企业个别财务报表为基础，根据其他有关资料，按照权益法调整对子公司的长期股权投资后，抵销母公司与子公司、子公司之间发生的内部交易（以下简称公司间交易）对合并财务报表的影响编制的。合并财务报表的主要构成包括合并资产负债表、合并利润表、合并所有者权益变动表、合并现金流量表和合并财务报表附注。

2.1.2 合并财务报表的作用

合并财务报表是社会经济发展到一定阶段的产物，它是适应控股性质的企业集团的需要而产生的，它将公认会计原则在单个公司层次上的运用提升到企业集团层次上运用，反映出了控股公司和被控制公司作为利益共同体的本质。合并财务报表可以全面地、客观地向集团内部及外部信息使用者提供相关信息，对于正确了解与评价整个企业集团的经济实力及经营状况有着非常重要的意义。合并财务报表的编制也有助于企业集团加强管理、提高经济效益。同时，在编制合并财务报表时，要求消除母子公司间的内部交易，这样可以防止母公司由于拥有对子公司的控制权而借内部交易来人为地操纵集团利润的情况发生。

■ 1）合并财务报表与个别财务报表的区别

合并财务报表不同于个别财务报表。个别财务报表是指在以母公司和子公司组成的具有控股关系的企业集团中，由母公司和子公司各自为主体分别单独编制的报表，用以分别反映母公司和子公司本身各自的财务状况、经营成果和现金流量情况。个别财务报表与合并财务报表的不同之处主要表现在以下几个方面：

（1）反映的内容及对象不同。个别财务报表反映的是独立的法人企业的财务状况、经营成果和现金流量情况，反映对象是独立的法人企业，它既是经济意义上的会计主体，也是法律主体。合并财务报表反映的是母子公司组成的企业集团整体的财务状况、经营成果和现金流量情况，反映对象是由若干法人企业组成的企业集团，是经济意义上的会计主体，但不是法律意义上的主体。

（2）编报单位不同。个别财务报表由独立的法人编制，每家企业都有义务编制个别财务报表。合并财务报表由企业集团内的母公司编制，并不是所有企业都需要编制合并财务报表。在多层控股的情况下，往往由最终的母公司编制，在有需要的情况下，中层控股的公司才有可能编制合并财务报表。

（3）编制基础不同。个别财务报表的编制，从设置账簿、编制分录、登记账簿到编制财务报表，遵循一套完整的会计核算体系。合并财务报表并不遵循这套程序；相反，它从这套程序得出的结果开始，以纳入合并范围内的企业个别财务报表为基础，根据有关资料，抵销集团内部对个别财务报表的影响来编制。

（4）编制方法不同。个别财务报表的编制方法包括设置账户、复式记账、登记账簿、平行登记、试算平衡、结账、账项调整等一系列方法。合并财务报表则是对纳入合并范围的母、子公司个别财务报表相应项目进行加总，然后编制抵销分录将集团内部会计事项对个别财务报表的影响予以抵销，最后合并各项目的数额而成。编制合并财务报表，主要有编制抵销分录、运用合并财务报表工作底稿等方法。

■ 2）合并财务报表与汇总财务报表的区别

合并财务报表不同于汇总财务报表。汇总财务报表主要是指由行政管理部门根据所属企业报送的报表，对其各项目进行加总编制的财务报表。汇总财务报表和合并财务报表的不同之处主要表现在以下几个方面：

（1）编制的目的不同。汇总财务报表的主要目的是满足有关部门或国家掌握和了解整个行业或整个部门所属企业的财务经营情况的需要。而合并财务报表主要是满足公司的所有者、债权人及其他各方了解企业集团整体财务状况、经营成果和现金流量的需要。

（2）确定编报范围的依据不同。汇总财务报表的编报范围主要是以企业的隶属关系作为确定的依据，即以企业是否归其管理、是否其下属企业作为确定编报范围的依据。凡属于其下属企业、在财务上归其管理，均包括在汇总财务报表的编制范围内。而合并财务报表是以母公司对另一企业的控制关系作为确定编报范围（即合并范围）的依据，凡是通过投资关系或协议能够对其实施有效控制的企业均属于合并财务报表编报的范围。

（3）所采用的编报方法不同。汇总财务报表采用的是简单加总的方法编制的。而合并财务报表采用的是抵销内部投资、内部交易、内部债务等内部会计事项对个别财务报表的影响的方法编制的。

2.2　合并理论与合并财务报表的格式

2.2.1　合并理论

合并财务报表理论的逻辑起点是合并会计主体。合并会计主体对传统的会计主体假设产生了冲击，但并未从根本上动摇财务会计的理论框架，应该在财务会计的理论框架内根据合并会计主体的特殊性研究合并财务报表的特殊问题。正是因为对合并会计主体的有关方面存在不同的认识，才形成目前不同的理论流派和处理方法。目前国际上编制合并财务报表的合并理论主要有三种：母公司理论、实体理论和所有权理论。

■　1）母公司理论

母公司理论，是指将合并财务报表视为母公司本身的财务报表反映范围的扩展，视为母公司财务报表的延伸。在美国和英国合并财务报表实务中，采用的主要是母公司理论。国际会计准则委员会制定发布的有关合并财务报表的准则，以及我国原来关于合并财务报表的暂行规定中，也基本上采用母公司理论。母公司理论的主要特点是：

（1）合并财务报表是为母公司股东提供信息服务。

（2）合并范围是所有由母公司控制的企业，而不仅仅是拥有。在确定合并财务报表的合并范围时，通常以法定控制权为基础。

（3）对于少数股东权益的处理。合并非全资子公司时，子公司的资产、负债、收入、费用要全部合并，但子公司少数股东享有的权益要在负债和所有者权益之间单独列报，少数股东分享的净利润则作为合并费用，而不是作为净利润的分配。

但是，母公司理论存在着缺陷：将少数股东权益视同负债，列示于负债与股东权益之间，会使报表使用者产生困惑。少数股东权益毕竟不是负债，它不需要企业集团定期偿还，它同企业集团的债权具有完全不同的性质。资产负债表最基本的平衡等式“资产=负债+股东权益”这一会计恒等式在母公司理论下编制的合并财务报表中不再适用，新等式变成了“资产=负债+少数股东权益+股东权益”，从而引发了一系列问题，即如何计算资产负债比率、净资产比率、股东权益报酬率，少数股东权益究竟如何定性等。

■ 2）实体理论

实体理论，又称主体理论，是将母子公司组成的企业集团看成是一个经济联合体，合并财务报表是为整个经济实体服务的，它强调的是企业集团中所有成员企业所构成的经济实体。合并财务报表中的主体理论源自权益理论中的主体观念。德国的合并财务报表采用实体理论。我国2006年发布并在2014年修订的《企业会计准则第33号——合并财务报表》也在一定程度上采用实体理论。实体理论的主要特点是：

（1）实体理论强调的是企业集团中所有成员构成的经济实体。实体理论认为，编制合并报表的目的，不仅是为了满足母公司股东的信息需求，也是为了满足子公司其他股东的信息需求，即少数股东的信息需求。

（2）对于少数股东权益的处理。实体理论认为，合并财务报表是为全体股东编制的，少数股东享有的权益也视为股东权益的一部分，被纳入合并后的资产负债表的所有者权益当中，对于属于少数股东享有的净利润也视为合并的经济实体的净利润，合并财务报表产生的商誉也归全体股东共有。

（3）实体理论旨在满足企业集团经营主体经营管理的信息需求。采用实体理论编制的合并财务报表能够满足企业集团内部管理人员对财务报表的需要，满足对整个企业集团生产经营活动管理的需要。

我国2006年发布并在2014年修订的合并财务报表准则采用了实体理论来编制合并财务报表。该准则要求将少数股东视为企业集团股东权益的一部分，少数股东享有的收益也应作为企业集团综合收益的一部分。如合并财务报表准则第三十一条规定，子公司所有者权益中不属于母公司的份额，应当作为少数股东权益，在合并资产负债表中所有者权益项目下以“少数股东权益”项目列示；相应地，该准则第三十五条规定，子公司当期净损益中属于少数股东权益的份额，应当在合并利润表中净利润项目下以“少数股东损益”项目列示。子公司当期综合收益中属于少数股东权益的份额，应当在合并利润表中综合收益总额项目下以"归属于少数股东的综合收益总额"项目列示。

■ 3）所有权理论

所有权理论，也称业主权理论，是指在编制合并财务报表时既不强调企业集团中存在的法定控制关系，也不强调企业集团的各成员企业所构成的经济实体，而是强调编制合并财务报表的企业对另一企业的经济活动和财务决策具有重大影响的所有权。

（1）母子公司之间的关系是拥有与被拥有的关系。编制合并财务报表的目的，是为了向母公司的股东报告其所拥有的资源。合并范围为所有为母公司所拥有、对其财务决策和经营决策具有重大影响的公司。

（2）所有权理论采用比例合并法编制合并报表，即所有权理论是一种着眼于母公司在子公司所持有的所有权的合并理论。

所有权理论存在的缺陷是按比例合并法编制的合并财务报表，强调的是合并母公司所实际拥有的，而不是母公司所实际控制的，这显然违背了控制的实质，即所有权理论运用到对共同控制实体的合并中被认为是合适的，但在共同控制实体中，没有一家企业能够对共同控制实体实施控制。一家投资企业对另一家企业进行控股合并，往往是为了控制对方的财务决策和经营决策，使其和自己成为一个整体。尽管在控股合并下，投资企业持股比例可能低于100%，但由于持有多数表决权，投资企业能够完全按照自己的意愿来管理和使用被投资企业的全部资产，而比例合并法忽略了控股合并下的杠杆作用。

需要说明的是，在合并财务报表实务中，有时并不是单纯运用某一种合并理论，而是将上述理论结合起来运用。

2.2.2　合并财务报表的格式

合并财务报表的格式及其中各项目，涵盖了母公司和从事各类经济业务的子公司的情况，包括一般企业、商业银行、保险公司和证券公司等。

■　1）合并资产负债表

合并资产负债表是以母公司本身资产负债表和属于合并范围内的子公司资产负债表为基础编制的反映母公司和子公司所形成的企业集团某一特定日期财务状况的财务报表（见表2-1）。

表2-1　**合并资产负债表**

编制单位：　　　　年　月　日　　　　单位：元

资产	期末余额	上年年末余额	负债和所有者权益（或股东权益）	期末余额	上年年末余额
流动资产：			流动负债：		
货币资金			短期借款		
交易性金融资产			交易性金融负债		
衍生金融资产			衍生金融负债		
应收票据			应付票据		
应收账款			应付账款		
应收款项融资			预收款项		
预付款项			合同负债		
其他应收款			应付职工薪酬		

续表

资产	期末余额	上年年末余额	负债和所有者权益（或股东权益）	期末余额	上年年末余额
存货			应交税费		
合同资产			其他应付款		
持有待售资产			持有待售负债		
一年内到期的非流动资产			一年内到期的非流动负债		
其他流动资产			其他流动负债		
流动资产合计			流动负债合计		
非流动资产：			非流动负债：		
债权投资			长期借款		
其他债权投资			应付债券		
长期应收款			其中：优先股		
长期股权投资			永续债		
其他权益工具投资			租赁负债		
其他非流动金融资产			长期应付款		
投资性房地产			预计负债		
固定资产			递延收益		
在建工程			递延所得税负债		
生产性生物资产			其他非流动负债		
油气资产			非流动负债合计		
使用权资产			负债合计		
无形资产			所有者权益（或股东权益）：		
开发支出			实收资本（或股本）		
商誉			其他权益工具		
长期待摊费用			其中：优先股		
递延所得税资产			永续债		
其他非流动资产			资本公积		

续表

资产	期末余额	上年年末余额	负债和所有者权益（或股东权益）	期末余额	上年年末余额
非流动资产合计			减：库存股		
			其他综合收益		
			专项储备		
			盈余公积		
			未分配利润		
			归属于母公司所有者权益（或股东权益）合计		
			少数股东权益		
			所有者权益（或股东权益）合计		
资产总计			负债和所有者权益（或股东权益）总计		

2）合并利润表

合并利润表是以母公司利润表和属于合并范围内的子公司利润表为基础编制的反映母公司和子公司所形成的企业集团在一定期间内经营成果的财务报表（见表2-2）。

表2-2　**合并利润表**

编制单位：　　　　年　月　　　　单位：元

项目	本期金额	上期金额
一、营业总收入		
其中：营业收入		
二、营业总成本		
其中：营业成本		
税金及附加		
销售费用		
管理费用		
研发费用		
财务费用		
其中：利息费用		

续表

项目	本期金额	上期金额
利息收入		
加：其他收益		
投资收益（损失以"-"号填列）		
其中：对联营企业和合营企业投资收益		
以摊余成本计量的金融资产终止确认收益		
净敞口套期收益（损失以"-"号填列）		
公允价值变动收益（损失以"-"号填列）		
信用减值损失（损失以"-"号填列）		
资产减值损失（损失以"-"号填列）		
资产处置收益（损失以"-"号填列）		
三、营业利润（亏损以"-"号填列）		
加：营业外收入		
减：营业外支出		
四、利润总额（亏损总额以"-"号填列）		
减：所得税费用		
五、净利润（净亏损以"-"号填列）		
（一）按经营持续性分类		
1.持续经营净利润（净亏损以"-"号填列）		
2.终止经营净利润（净亏损以"-"号填列）		
（二）按所有权归属分类		
1.归属于母公司股东的净利润（净亏损以"-"号填列）		
2.少数股东损益（净亏损以"-"号填列）		
六、其他综合收益的税后净额		
（一）归属于母公司所有者的其他综合收益的税后净额		
1.不能重分类进损益的其他综合收益		

续表

项目	本期金额	上期金额
（1）重新计量设定受益计划变动额		
（2）权益法下不能转损益的其他综合收益		
（3）其他权益工具投资公允价值变动		
（4）企业自身信用风险公允价值变动		
……		
2.将重分类进损益的其他综合收益		
（1）权益法下可转损益的其他综合收益		
（2）其他债权投资公允价值变动		
（3）金融资产重分类计入其他综合收益的金额		
（4）其他债权投资信用减值准备		
（5）现金流量套期储备		
（6）外币财务报表折算差额		
……		
（二）归属于少数股东的其他综合收益的税后净额		
七、综合收益总额		
（一）归属于母公司所有者的综合收益总额		
（二）归属于少数股东的综合收益总额		
八、每股收益		
（一）基本每股收益		
（二）稀释每股收益		

注：（1）合并利润表收入、费用项目按照各类企业利润表的相同口径填列。

（2）同一控制下企业合并的当期，还应单独列示被合并方在合并前实现的净利润。

3）合并所有者权益变动表（或合并股东权益变动表）

合并所有者权益变动表（或合并股东权益变动表），是以母公司所有者（股东）权益变动表和属于合并范围内的子公司所有者（股东）权益变动表为基础编制的，反映母公司和子公司所形成的企业集团，在一定期间内所有者（或股东）权益各组成部分当期增减变动情况的财务报表（见表2-3）。

表2-3

合并所有者权益变动表

编制单位：　　　　　　　　　　年度　　　　　　　　　　单位：元

项目	本年金额											上年金额								
	归属于母公司所有者权益									少数股东权益	所有者权益合计	归属于母公司所有者权益							少数股东权益	所有者权益合计
	实收资本（或股本）	其他权益工具	资本公积	减：库存股	其他综合收益	专项储备	盈余公积	未分配利润	其他			实收资本（或股本）	资本公积	减：库存股	专项储备	盈余公积	未分配利润	其他		
一、上年年末余额																				
加：会计政策变更																				
前期差错更正																				
其他																				
二、本年年初余额																				
三、本年增减变动金额（减少以“-”号填列）																				
（一）综合收益总额																				
（二）所有者投入和减少资本																				
1.所有者投入的普通股																				
2.其他权益工具持有者投入资本																				
3.股份支付计入所有者权益的金额																				
4.其他																				
（三）利润分配																				
1.提取盈余公积																				
2.对所有者（或股东）的分配																				
3.其他																				
（四）所有者权益内部结转																				
1.资本公积转增资本（或股本）																				
2.盈余公积转增资本（或股本）																				
3.盈余公积弥补亏损																				
4.设定受益计划变动额结转留存收益																				
5.其他综合收益结转留存收益																				
6.其他																				
四、本年年末金额																				

4）合并现金流量表

合并现金流量表是综合反映母公司和子公司所形成的企业集团在一定期间内现金及现金等价物流入、流出量及现金增减变动情况的财务报表（见表2-4）。

表2-4　合并现金流量表

编制单位：　年度　单位：元

项目	本期金额	上期金额
一、经营活动产生的现金流量：		
销售商品、提供劳务收到的现金		
收到的税费返还		
收到其他与经营活动有关的现金		
经营活动现金流入小计		
购买商品、接受劳务支付的现金		
支付给职工以及为职工支付的现金		
支付的各项税费		
支付其他与经营活动有关的现金		
经营活动现金流出小计		
经营活动产生的现金流量净额		
二、投资活动产生的现金流量：		
收回投资收到的现金		
取得投资收益收到的现金		
处置固定资产、无形资产和其他长期资产收回的现金净额		
处置子公司及其他营业单位收到的现金净额		
收到其他与投资活动有关的现金		
投资活动现金流入小计		
购建固定资产、无形资产和其他长期资产支付的现金		
投资支付的现金		
取得子公司及其他营业单位支付的现金净额		
支付其他与投资活动有关的现金		
投资活动现金流出小计		
投资活动产生的现金流量净额：		

续表

项目	本期金额	上期金额
三、筹资活动产生的现金流量：		
吸收投资收到的现金		
其中：子公司吸收少数股东投资收到的现金		
取得借款收到的现金		
收到其他与筹资活动有关的现金		
筹资活动现金流入小计		
偿还债务支付的现金		
分配股利、利润或偿付利息支付的现金		
其中：子公司支付给少数股东的股利、利润		
支付其他与筹资活动有关的现金		
筹资活动现金流出小计		
筹资活动产生的现金流量净额		
四、汇率变动对现金的影响		
五、现金及现金等价物净增加额		
加：期初现金及现金等价物余额		
六、期末现金及现金等价物余额		

■ 5）合并财务报表附注

合并财务报表附注是报表使用者对合并主体进行财务分析不可缺少的资料。合并财务报表的附注除了应包括个别财务报表附注中应说明的事项外，还应当对以下事项进行说明：

（1）子公司的有关信息，包括注册资本、本企业的持股比例和其享有的表决权比例等。

（2）母公司拥有被投资单位表决权不足半数但能对被投资单位形成控制的原因。

（3）母公司直接或通过其他子公司间接拥有被投资单位半数以上表决权但未能对其形成控制的原因。

（4）子公司与母公司会计政策和会计处理方法不一致时，母公司编制合并财务报表的处理方法。

（5）子公司与母公司会计期间不一致时，母公司编制合并财务报表的处理方法。

（6）本期不再纳入合并范围的原子公司的相关资料及不再成为子公司的原因。

（7）子公司向母公司转移资金的能力受到严格限制的情况。

（8）作为子公司纳入合并范围的特殊目的主体的业务性质及业务活动等。

2.3 合并范围的确定

2.3.1 合并范围的概念

所谓合并范围，是指纳入合并财务报表编报的子公司的范围，主要是为了明确哪些子公司应包括在合并财务报表的编制范围内，哪些子公司应被排除在合并财务报表的编制范围外。

在确定了合并财务报表的理论基础后，合并财务报表编制首先遇到的问题就是如何确定合并财务报表的范围。正确界定合并范围是编制合并财务报表的重要前提条件。合并范围的确定，决定了企业集团对外公布的信息内容，最终影响企业集团投资者的决策。如果失去了合并财务报表合并范围确定的科学性、合理性和全面性，无论后面的编制工作如何完美，它所呈现给公众的都是不真实的信息。因此，如何确定合并报表编制的范围不仅是合并报表理论的一个难题，也是合并报表决策有用性的一个重要问题。由于原有合并报表范围的规定存在一定缺陷，一方面，使得企业在实务中遇到特殊问题无依据可遵循；另一方面，也导致企业利用相关规定，人为调整合并范围，将符合企业利益的企业或企业组合，纳入合并范围，而套用规定的个别条款将不符合企业利益的企业或企业组合排除在外。合并范围的确定存在着极大的随意性。例如，当企业集团内部交易量很大时，为了不抵销未实现的内部收益，母公司在资产负债表日前转让子公司一定数量的股权，不再拥有对子公司的过半数权益性资本投资，从而将其排除在合并范围外。因此，研究合并范围的意义就在于，规范合并主体的行为，尽量减少在合并范围确定中的主观随意性，以保证合并财务报表的真实性和完整性。

2.3.2 我国准则对合并范围的规定

会计主体的界限界定了会计核算的空间范围，而对于合并财务报表而言，合并会计主体的界限还界定了合并的空间范围。《企业会计准则第33号——合并财务报表》规定，合并财务报表的合并范围应当以控制为基础予以确定。

■ 1）控制的标准

控制，是指投资方拥有对被投资方的权力，通过参与被投资方的相关活动而享有可变回报，并且有能力运用对被投资方的权力影响其回报金额。

相关活动，是指对被投资方的回报产生重大影响的活动。被投资方的相关活动应当根据具体情况进行判断，通常包括商品或劳务的销售和购买、金融资产的管理、资产的购买和处置、研究与开发活动以及融资活动等。

投资方在判断是否拥有对被投资方的权力时，应当仅考虑持有人在对相关活动进行决策时有实际能力行使的可执行权利，包括自身所享有的实质性权利以及其他方所享有的实质性权利。一般来说，下面两种情况视为投资方拥有对被投资方的权力，应纳入合并财务报表的合并范围：

（1）投资方享有现时权利使其目前有能力主导被投资方的相关活动，而不论其是否实际行使该权利，视为投资方拥有对被投资方的权力。

（2）两个或两个以上投资方分别享有能够单方面主导被投资方不同相关活动的现时权利的，能够主导对被投资方回报产生最重大影响的活动的一方拥有对被投资方的权力。

投资方应当在综合考虑所有相关事实和情况的基础上对是否控制被投资方进行判断。一旦相关事实和情况的变化导致对控制定义所涉及的相关要素发生变化的，投资方应当进行重新评估。相关事实和情况主要包括：

（1）被投资方的设立目的和设计。

（2）被投资方的相关活动以及如何对相关活动作出决策。

（3）投资方享有的权利是否使其目前有能力主导被投资方的相关活动。

（4）投资方是否通过参与被投资方的相关活动而享有可变回报。

（5）投资方是否有能力运用对被投资方的权力影响其回报金额。

（6）投资方与其他方的关系。

■ 2）表决权比例标准

表决权比例标准为投资方持有被投资方半数以上表决权。但是，有确凿证据表明投资方不能主导被投资方相关活动的除外。

①投资方直接拥有其过半数以上权益性资本的被投资企业。例如，A公司直接拥有B公司发行的普通股总数的80%，这种情况下，A公司就对B公司拥有权力，B公司应纳入A公司合并财务报表的合并范围（如图2-1所示）。

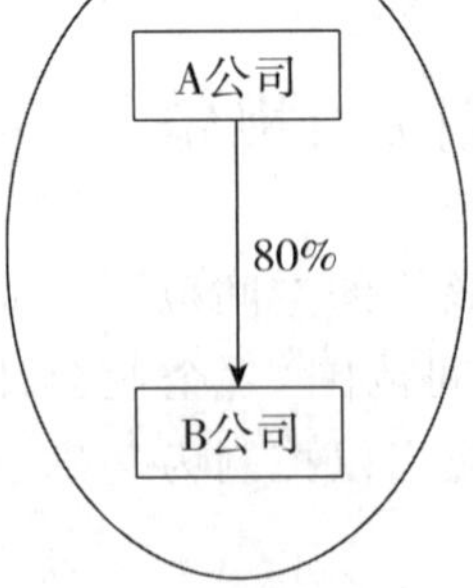

图2-1　直接控制

②投资方间接拥有其过半数以上权益性资本的被投资企业。间接拥有半数以上权益性资本，是指投资方通过被投资方而对被投资方的再投资方拥有半数以上权益性资本。例如，A公司拥有B_1公司80%的权益性资本，而B_1公司又拥有B_3公司70%的权益性资本，在这种情况下，A公司作为投资方通过被投资方B_1公司，间接拥有和控制

B_3公司70%的股权，从而能够通过行使表决权主导B_3公司的相关活动，B_3公司也应纳入A公司的合并财务报表的合并范围。值得注意的是，A公司间接拥有和控制B_3公司，是以B_1公司是A公司的子公司为前提的（如图2-2所示）。

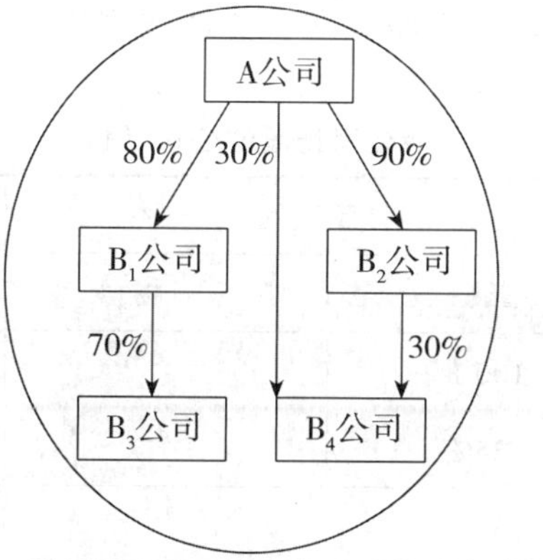

图2-2　间接控制与混合控制

③投资方以直接和间接方式合计拥有其过半数以上权益性资本的被投资企业。例如，A公司拥有B_2公司90%的权益性资本，拥有B_4公司30%的权益性资本，而B_2公司又拥有B_4公司30%的权益性资本。在这种情况下，A公司对B_2公司拥有权力，A公司通过B_2公司间接拥有和控制B_4公司30%的股份，与其本身直接拥有和控制的B_4公司30%的股份合计，A公司共拥有和控制B_4公司60%的股份，从而也能够主导B_4公司的相关活动，B_4公司也应纳入A公司的合并财务报表的合并范围（如图2-2所示）。

■　3）实质控制标准

（1）虽然投资方没有拥有被投资企业半数以上的表决权，但综合考虑下列事实和情况后，判断投资方持有的表决权足以使其目前有能力主导被投资方的相关活动，这些形式上虽没有但实质上已经被投资方控制的被投资企业也应当作为子公司，纳入合并财务报表的合并范围。这些应综合考虑的事实和情况是指：

① 投资方持有的表决权相对于其他投资方持有的表决权份额的大小，以及其他投资方持有表决权的分散程度。

② 投资方和其他投资方持有的被投资方的潜在表决权，如可转换公司债券、可执行认股权证等。

③ 其他合同安排产生的权力。

④ 被投资方以往的表决权行使情况等其他相关事实和情况。

（2）在投资方难以判断其享有的权利是否足以使其拥有对被投资方的权力时，投资方应当考虑其具有实际能力以单方面主导被投资方相关活动的证据，从而判断其是否拥有对被投资方的权力。应当考虑的因素包括但不限于下列事项：

① 投资方能否任命或批准被投资方的关键管理人员。

② 投资方能否出于其自身利益决定或否决被投资方的重大交易。

③ 投资方能否掌控被投资方董事会等类似权力机构成员的任命程序，或者从其

他表决权持有人手中获得代理权。

④ 投资方与被投资方的关键管理人员或董事会等类似权力机构中的多数成员是否存在关联关系。

【例 2-1】持有表决权不足50%，但却能控制被投资企业因而需要纳入合并范围的A公司持股的公司见表2-5。

表2-5 **A公司持股的公司（1）**

公司名称	持股比例		取得方式
	直接	间接	
B公司	100%		设立
C公司	25%		非同一控制下企业合并
D公司	31%		非同一控制下企业合并

对持股公司的持股比例不同于表决权比例的说明：

根据《重大资产重组框架协议》以及相关各方签署的《授权委托书》，C公司及D公司由某投资基金中心（有限合伙）委派的董事拟将其表决权委托给本公司委派的董事，由本公司委派的董事全权代表投资基金中心委派的董事行使一切董事权利，包括但不限于代为出席标的公司董事会、行使表决权、签署董事会决议、签署与标的公司生产经营有关或应政府部门、监管机构要求需由董事签署的一切文件。

本次表决权委托完成后，本公司获得C、D公司董事会七票表决权中的五票，而董事会是C、D公司的最高权力机构，即本公司取得C、D公司的实际控制权。

【例 2-2】持有表决权不超过50%，但却能控制被投资企业因而需要纳入合并范围的A公司持股的公司见表2-6。

表2-6 **A公司持股的公司（2）**

公司名称	持股比例		取得方式
	直接	间接	
B公司	50%		出资设立
C公司	100%		出资设立
D公司	100%		出资设立

对持股公司的持股比例不同于表决权比例的说明：

本公司持有B公司50%表决权，B公司的总经理、财务总监均由本公司委派，根据B公司其他两个股东（共持有其50%的表决权）出具的一致行动人承诺函，在B公司运营期间，另两个股东在董事会和股东会中的一切行动与本公司保持一致。因此，本公司对B公司形成实质控制，将其纳入合并报表范围。

【例 2-3】持有表决权不足50%，但却能控制被投资企业因而需要纳入合并范围的A公司持股的公司见表2-7。

表2-7　　**A公司持股的公司（3）**

公司名称	持股比例		取得方式
	直接	间接	
B公司	90.53%	9.47%	非同一控制下企业合并
C公司	37%	—	设立或投资
D公司	—	51%	设立或投资

对持股公司的持股比例不同于表决权比例的说明：

本公司与C公司自然人股东签订一致行动承诺，使本公司表决权比例达到65%，可以控制C公司的财务和经营决策以及相关经济利益、风险和报酬的归属。

【例2-4】持有表决权不足50%，但却能控制被投资企业因而需要纳入合并范围的A公司持股的公司见表2-8。

表2-8　　**A公司持股的公司（4）**

公司名称	持股比例		取得方式
	直接	间接	
B公司	100%		出资设立
C公司	49%		同一控制下企业合并
D公司	100%		非同一控制下企业合并

对持股公司的持股比例不同于表决权比例的说明：

2021年5月，本公司与母公司共同对C公司进行增资，增资完成后，本公司持有C公司49%股权，母公司持有51%股权。根据母公司与本公司的协议，C公司执行董事由本公司派出，母公司委托本公司决定C公司的财务和经营政策，同意C公司由本公司实际控制，因而将其纳入本公司合并范围。

【例2-5】持有表决权超过50%，但却不能控制被投资企业因而不能纳入合并范围的A公司重要的合营企业或联营企业见表2-9。

表2-9　　**A公司重要的合营企业或联营企业（1）**

合营企业或联营企业名称	持股比例		对合营企业或联营企业投资的会计处理方法
	直接	间接	
B公司	30%		权益法
C公司	51%		权益法
D公司	34.25%		权益法
E公司		100%	权益法

在合营企业或联营企业的持股比例不同于表决权比例的说明：

①本公司对C公司的持股比例为51%，但并未将其纳入合并范围，主要原因为：根据本公司2021年1月29日第七届董事会第一次临时会议决议通过的《关于对C公司经营权授权管理的议案》及C公司股东会决议，自2021年1月1日至2022年12月31日，由X市国资委向C公司委派全部经营管理团队，行使日常财务和经营决策权，负责日常经营管理。授权管理期间，本公司仅按照出资比例享有收益分配权，因此公司未对C公司形成实质控制。

②本公司对E公司的持股比例为100%，但并未将其纳入合并范围，主要原因为：根据E公司与自然人由某某在2021年12月12日签订的《E公司承包经营合同》，自2021年12月1日至2022年11月30日，E公司由自然人由某某自筹资金、自主经营，扣除承包费后，本公司按照出资比例享有投资收益，因此，本公司对E公司不构成控制。

【例2-6】持有表决权超过50%，但却不能控制被投资企业因而不能纳入合并范围的A公司重要的合营企业或联营企业见表2-10。

表2-10 **A公司重要的合营企业或联营企业（2）**

合营企业或联营企业名称	持股比例		对合营企业或联营企业投资的会计处理方法
	直接	间接	
B公司	30%		权益法
C公司		40%	权益法
D合伙企业		66.59%	权益法

在合营企业或联营企业的持股比例不同于表决权比例的说明：

根据子公司E公司与F公司签订的《D合伙企业财产份额转让协议》，F公司将其持有的D合伙企业的财产份额（所对应的合伙企业认缴出资额为40 000万元，实际出资额为40 000万元）以40 000万元的价格转让给E公司。E公司于2021年12月26日向F公司支付财产转让款40 000万元，占D合伙企业总出资额的66.59%。

根据D合伙企业的合伙协议，合伙企业由1名普通合伙人和3名有限合伙人共同设立，子公司E公司为有限合伙人，对D合伙企业的财务和经营政策构成重大影响。

4）主要责任人标准

投资方在判断是否控制被投资方时，应当确定其自身是以主要责任人还是代理人的身份行使决策权，同时考虑拥有决策权的其他方的身份。在确定决策者是否为代理人时，应当综合考虑该决策者与被投资方以及其他投资方之间的关系：

① 存在单独一方拥有实质性权利可以无条件罢免决策者的，该决策者为代理人；

② 除①以外的情况下，应当综合考虑决策者对被投资方的决策权范围、其他方享有的实质性权利、决策者的薪酬水平、决策者因持有被投资方中的其他权益所承担可变回报的风险等相关因素进行判断。

代理人仅代表主要责任人行使决策权，不控制被投资方，投资方将被投资方相关活动的决策权委托给代理人的，应将该决策权视为自身直接持有。

■ 5）可分割标准

投资方通常应当对是否控制被投资方整体进行判断。但极个别情况下，有确凿证据表明同时满足下列条件并且符合相关法律法规规定的，投资方应当将被投资方的一部分（以下简称“该部分”）视为被投资方可分割的部分（单独主体），进而判断是否控制该部分（单独主体）。

（1）该部分的资产是偿付该部分负债或该部分其他权益的唯一来源，不能用于偿还该部分以外的被投资方的其他负债；

（2）除与该部分相关的各方外，其他方不享有与该部分资产相关的权利，也不享有与该部分资产剩余现金流量相关的权利。

■ 6）特殊目的实体

特殊目的实体，是指发起人为了实现特定目的或完成特定的经营活动（如进行租赁、完成资产证券化等）而设立的一个实体。特殊目的实体在组织形式上可能是一家公司、合伙或信托，可能只存续一段期间，当目的达成或未达成时，即告结束。

母公司控制的特殊目的主体应纳入合并财务报表的合并范围。判断母公司能否控制特殊目的主体应当考虑如下主要因素：

① 母公司为融资、销售商品或提供劳务等特定经营业务的需要，直接或间接设立特殊目的主体。

② 母公司具有控制或获得控制特殊目的主体或其资产的决策权。比如，母公司拥有单方面终止特殊目的主体的权力、变更特殊目的主体章程的权力、对变更特殊目的主体章程的否决权等。

③ 母公司通过章程、合同、协议等具有获取特殊目的主体大部分利益的权力。

④ 母公司通过章程、合同、协议等承担了特殊目的主体的大部分风险。

母公司应当将其全部子公司（包括母公司所控制的单独主体）纳入合并财务报表的合并范围。如果母公司是《企业会计准则第33号——合并财务报表》第二十二条规定的投资性主体，则母公司应当仅将为其投资活动提供相关服务的子公司（如有）纳入合并范围并编制合并财务报表；其他子公司不应当予以合并，母公司对其他子公司的投资应当按照公允价值计量且其变动计入当期损益。

虽然一些子公司半数以上的权益性资本由母公司所控制，但由于一些特殊的原因，母公司不能有效地对其实施控制，或者对其的控制权受到限制。不应纳入合并范围的子公司包括：

① 已准备关停并转让的子公司。

② 按照破产程序，已宣告被清理整顿的子公司。根据破产法的有关规定，企业在宣告清理整顿期间，应当按照整顿方案进行整顿，并由上级主管部门负责整顿方案的实施，在这种情况下，母公司对子公司的控制权受到了限制。

③ 已宣告破产的子公司。根据破产法的规定，企业宣告破产后，必须设立清算组，破产企业的财产由清算组接管，并由清算组行使管理和处分权。在这种情况下，母公司对子公司的财产已失去了控制权，因而没有必要将其纳入合并范围。

2.4 编制合并财务报表的前提

合并财务报表的编制涉及几个法人企业。为了使编制的合并财务报表准确、全面地反映企业集团的真实情况，必须做好一系列的前提准备事项。编制合并报表的前提是：

■ 1）统一资产负债表日与会计期间

财务报表总是反映一定日期的财务状况和一定会计期间的经营成果。母公司和子公司的个别财务报表只有在反映财务状况的日期和反映经营成果的会计期间一致的情况下，才能合并。为了编制合并财务报表，必须要求子公司的资产负债表日和会计期间与母公司的保持一致，统一企业集团内部各企业的资产负债表日和会计期间，以便公司提供相同日期和会计期间的财务报表。

■ 2）统一会计政策

会计政策是指企业进行会计核算和编制财务报表时所采用的会计原则、会计程序和会计处理方法。会计政策是编制财务报表的基础，是保证财务报表各项目反映内容一致的基础。只有在财务报表各项目反映的内容一致的情况下，才能对其进行加总，编制合并财务报表。为此，在编制合并财务报表前，应统一母、子公司的会计政策，要求子公司所采用的会计政策与母公司保持一致。

■ 3）对子公司股权投资调整为权益法核算

在采用权益法核算长期股权投资时，长期股权投资账面价值反映其在被投资企业中权益的变动情况。在编制合并财务报表时进行抵销处理的项目之一，就是母公司对子公司的长期股权投资与子公司所有者权益各组成项目中属于母公司的部分。采用权益法，有利于合并财务报表的编制。

■ 4）对子公司以外币表示的财务报表进行折算

对母公司和子公司的财务报表进行合并，其前提必须是母、子公司个别财务报表所采用的货币计量尺度一致。在我国，允许外币业务比较多的企业采用某一外币作为记账本位币，境外企业一般也采用东道国的货币作为其记账本位币和报告货币。但无论是何种形式的财务报表，只要是向我国管理机构和资本市场披露的财务报表，都必须要使用人民币来计量财务报表项目的金额。于是，在将这些企业的财务报表纳入合并范围时，需要对非以人民币报告的财务报表进行折算。

■ 5）收集编制合并财务报表的相关资料

合并财务报表以母公司和其子公司的财务报表以及其他有关资料为依据，由母公司合并有关项目的数额进行编制。为编制合并财务报表，母公司应当要求子公司及时提供下列有关资料：

（1）子公司相应期间的财务报表；

（2）与母公司及与其他子公司之间发生的内部购销交易、债权债务、投资及其产生的现金流量和未实现内部销售损益的期初、期末余额及变动情况等资料；

（3）子公司所有者权益变动和利润分配的有关资料；

（4）编制合并财务报表所需要的其他资料，如非同一控制下企业合并购买日的公允价值资料。

2.5　合并财务报表的编制原理及基本程序

2.5.1　合并财务报表的编制原理

合并财务报表是对个别财务报表的衍化，是在个别财务报表的基础上编制而成的。因此，除了要遵守个别财务报表的编制方法外，还要遵守以下基本原则：

■　1）以个别财务报表为基础

合并财务报表的报告主体是集团，而集团只是一个会计概念，不是一个实体，没有自己的账簿，也不需要有自己的账簿体系。编制合并财务报表的“原料”是需要纳入合并财务报表范围的母公司、各子公司提供的财务报表和其他相关资料。

■　2）一体性

一体性要求在编制合并财务报表时，把应纳入合并财务报表范围的各公司看成一个整体来进行处理。首先，需要以母公司的会计政策和会计期间为标准，调整有关子公司的财务报表项目；其次，需要抵销应纳入合并财务报表范围的各公司之间发生的经济业务在有关报表上的反映；最后，要分财务报表项目把有关金额的合计数算出来，作为合并财务报表该项目的金额。

■　3）重要性

编制合并财务报表是为有关利益主体的经济决策服务的，合并财务报表涉及多个法人，这些法人可能分布在不同的国家或地区，有不同的规模和经营范围等，为把有关集团综合实力的信息提供给合并财务报表的使用者，就需要讲究会计信息的成本效益，遵守重要性原则，解决合并财务报表项目的安排、是否抵销内部交易事项等问题。

2.5.2　合并财务报表的基本程序

合并财务报表是以纳入合并范围的企业个别财务报表为基础，根据其他有关资料进行相应的整理得到合并财务报表。编制合并财务报表并不需要在现行会计核算方法体系之外，单独设置一套账簿，根据每一笔经济业务编制分录，登记账簿，并以账簿数据填列报表。如果理解个别财务报表和合并财务报表间的逻辑关系，就可以在个别财务报表的基础上，通过调整报表项目和抵销母公司与子公司及子公司之间的内部交易事项，得到合并财务报表。因此，编制合并财务报表的一般程序可分为两步：第一步是编制合并财务报表工作底稿；第二步是根据合并财务报表工作底稿编制合并财务报表。其中，编制合并财务报表工作底稿是最关键的一步。

■ 1）将母子公司个别财务报表列于合并财务报表工作底稿中

将母子公司个别财务报表中所反映的信息填列在合并财务报表工作底稿[①]中。编制合并工作底稿，便于对母子公司的个别财务报表各项金额进行汇总和抵销处理，最终计算出合并财务报表各项目的合并金额。同时，它有助于减少合并过程中的差错，通常在实务中采用的是财务报表式合并工作底稿，其格式见表2-11。合并工作底稿编制的第一步即将母公司及纳入合并范围的子公司的利润表、所有者权益变动表、资产负债表及现金流量表依次登入合并工作底稿的单独列报栏中，并在工作底稿中结出各项目的合计数。如果母子公司单独财务报表中存在错误或遗漏，要求在列入前先行调整。

表2-11 **合并工作底稿** 单位：元

项目	单独列报				合计数	抵销分录		合并数
	母公司	子公司	子公司	…		借	贷	
利润表项目								
⋮								
所有者权益变动表项目								
⋮								
资产负债表项目								
⋮								
现金流量表项目								
⋮								

■ 2）编制调整和抵销分录

调整和抵销分录不是正式的会计分录，只是列在工作底稿中作调整抵销处理，不登记入账。编制调整和抵销分录，目的在于将个别财务报表各项目的加总金额中重复的因素予以抵销。合并工作底稿编制的第二步是编制合并工作底稿抵销分录，并将编制的抵销分录列示于合并工作底稿抵销分录栏科目所对应的空格中。这一步骤主要包括：

（1）对子公司的个别财务报表进行调整。

属于同一控制下企业合并中取得的子公司的个别财务报表，如果不存在与母公司会计政策和会计期间不一致的情况，则不需要对该子公司的个别财务报表进行调整。属于非同一控制下企业合并中取得的子公司，除了存在与母公司会计政策和会计期间不一致的情况，需要对该子公司的个别财务报表进行调整外，还应当根据母公司为该子公司设置的备查簿的有关该子公司的各项可辨认资产、负债及或有负债等在购买日的公允价值的记录进行相应的调整。

① 以下简称合并工作底稿。

（2）按权益法调整对子公司的长期股权投资。

长期股权投资账户未采用权益法进行会计处理的，应由母公司按权益法调整对子公司的长期股权投资，并将调整结果反映在合并工作底稿中，作为合并财务报表编制的基础。

（3）母公司长期股权投资与子公司所有者权益的抵销。

母公司对子公司的长期股权投资与母公司在子公司所有者权益中所享有的份额应当相互抵销，同时抵销相应的长期股权投资减值准备。子公司持有母公司的长期股权投资，应当视为企业集团的库存股，作为所有者权益的减项，在合并资产负债表中所有者权益项目下以“减：库存股”项目列示。子公司之间持有的长期股权投资，应当比照母公司对子公司的股权投资的抵销方法，将长期股权投资与其对应的子公司所有者权益中所享有的份额相互抵销。母公司对子公司的权益性投资，在母公司的资产负债表上表现为长期股权投资项目，而在子公司的资产负债表上则表现为实收资本等所有者权益项目。

而在非同一控制下的企业合并中长期股权投资和持有的子公司的所有者权益份额不等时，应将子公司可辨认净资产的公允价值与账面价值之差通过抵销分录分摊至有关资产、负债项目；母公司合并成本与子公司可辨认净资产公允价值之差，则应在抵销分录中确认为商誉。

（4）母公司与子公司、子公司之间持有对方长期股权投资的投资收益的抵销。

母公司与子公司、子公司之间持有对方长期股权投资的投资收益的抵销即母公司的投资收益和子公司期初未分配利润与子公司本期利润分配和期末未分配利润的抵销。如果子公司为全资子公司，母公司对子公司的长期股权投资按权益法调整的投资收益正好与子公司的本年利润分配项目相抵销。如果子公司为非全资子公司，则母公司本期对子公司长期股权投资按权益法调整的投资收益与本期少数股东损益之和就是子公司本年净利润，也就是子公司本期利润分配的来源，因此应与子公司本年利润分配项目相抵销。

（5）抵销公司间内部交易。

集团内企业之间的交易通常称为公司间内部交易。公司间内部交易产生的损益，就合并主体而言，只是一种内部交易，报表合并要求将其抵销。本书中主要介绍的公司间交易的抵销事项包括公司间存货交易的抵销、公司间固定资产交易的抵销、公司间债权债务的抵销以及公司间其他交易的抵销。

（6）站在企业集团角度对特殊交易事项予以调整。

特殊交易事项主要包括母公司购买子公司少数股东拥有的子公司股权、企业因追加投资等原因能够对非同一控制下的被投资方实施控制、母公司在不丧失控制权的情况下部分处置对子公司的长期股权投资、企业因处置部分股权投资等原因丧失了对被投资方的控制权、企业通过多次交易分步处置对子公司股权投资直至丧失控制权等交易事项。企业应该按照《企业会计准则第33号——合并财务报表》中对特殊交易的会计处理要求，站在企业集团的角度对以上特殊交易事项予以调整。

■ 3）在工作底稿上计算出各项目的合并数额

在母公司和纳入合并范围的子公司个别财务报表各项目加总数额的基础上，分别计算出资产类项目、负债类项目、所有者权益类项目等。其计算方法如下：

① 资产类项目：其合并数根据该项目加总的数额，加上该项目调整分录与抵销分录有关的借方发生额，减去该项目调整分录与抵销分录有关的贷方发生额计算确定。

② 负债类项目：其合并数根据该项目加总的数额，减去该项目调整分录与抵销分录有关的借方发生额，加上该项目调整分录与抵销分录有关的贷方发生额计算确定。

③ 所有者权益类项目：其合并数根据该项目加总的数额，减去该项目调整分录与抵销分录有关的借方发生额，加上该项目调整分录与抵销分录有关的贷方发生额计算确定。

④ 收益类项目：其合并数根据该项目加总的数额，减去该项目调整分录与抵销分录有关的借方发生额，加上该项目调整分录与抵销分录有关的贷方发生额计算确定。

⑤ 费用类项目：其合并数根据该项目加总的数额，加上该项目调整分录与抵销分录有关的借方发生额，减去该项目调整分录与抵销分录有关的贷方发生额计算确定。

⑥ 期初未分配利润项目：其合并数根据该项目加总的数额，减去该项目调整分录与抵销分录有关的借方发生额，加上该项目调整分录与抵销分录有关的贷方发生额计算确定。

⑦ 期末未分配利润项目：其合并数根据该项目加总的数额，加上合并工作底稿中利润表和所有者权益变动表中利润分配部分各项目（包括期初未分配利润和期末未分配利润项目）调整与抵销分录栏的贷方发生额的合计数，减去合并工作底稿中利润表和所有者权益变动表中利润分配部分各项目调整与抵销分录栏的借方发生额合计数，计算得出未分配利润项目的合并数。

■ 4）根据工作底稿计算得出的各项目的合并数填列合并财务报表

根据合并工作底稿中计算出的资产、负债、所有者权益、收入、费用等类各项目的合并数，填列正式的合并财务报表。

在合并财务报表的编制中，其中调整、抵销和合计这三个主要的步骤都是在合并财务报表的工作底稿中完成的。可见，编制合并工作底稿在编制合并财务报表的过程中是十分重要的一个步骤。

总结与结论

企业合并时，母公司及其每一个子公司作为不同的会计主体，不仅需要单独编报个别财务报表，同时，母子公司作为一个经济实体，还需要编报合并财务报表。合并财务报表，是指反映母公司和其全部子公司形成的企业集团（以下简称企业集团）整体财务状况、经营成果和现金流量的财务报表。合并财务报表的主要构成包括合并资产负债表、合并利润表、合并所有者权益变动表、合并现金流量表和合并财务报表附注。国际会计界形成了三种编制合并财务报表的合并理论，即母公司理论、实体理论和所有权理论。我国基本采用实体理论，并在确定控制标准的基础上确定合并范围。合并范围的确定，决定了企业集团对外公布的信息内容，最终影响企业集团投资者的决策。编制合并财务报表的一般程序可分为两步：第一步是编制合并工作底稿；第二步是根据合并工作底稿编制合并财务报表。其中，编制合并工作底稿是最关键的一步。

关键概念

1.企业集团：以一个或者多个实力强大、具有投资中心功能的大型企业为核心，以若干个在资产、资本技术上有密切联系的企业、单位为外围层，通过产权安排、人事控制、商务协作等纽带所形成的一个稳定的多层次的经济组织。

2.合并财务报表：指反映母公司和其全部子公司形成的企业集团整体财务状况、经营成果和现金流量的财务报表。

3.个别财务报表：指在以母公司和子公司组成的具有控股关系的企业集团中，由母公司和子公司各自为主体分别单独编制的报表，用以分别反映母公司和子公司本身各自的财务状况、经营成果和现金流量。

4.汇总财务报表：指由行政管理部门根据所属企业报送的报表，对其各项目加总编制的财务报表。

5.母公司理论：指将合并财务报表视为母公司本身的财务报表反映范围的扩展，视为母公司财务报表的延伸。

6.实体理论：又称主体理论，是将母、子公司组成的企业集团看成是一个经济联合体，合并财务报表是为整个经济实体服务的，它强调的是企业集团中所有成员企业所构成的经济实体。

7.所有权理论：也称业主权理论，是指在编制合并财务报表时既不强调企业集团中存在的法定控制关系，也不强调企业集团的各成员企业所构成的经济实体，而是强调编制合并财务报表的企业对另一企业的经济活动和财务决策具有重大影响的所有权。

8.控制：是指投资方拥有对被投资方的权力，通过参与被投资方的相关活动而享有可变回报，并且有能力运用对被投资方的权力影响其回报金额。

9.潜在表决权：指当期可转换的可转换公司债券、当期可执行的认股权证等，不包括在将来某一日期或将来发生某一事项才能转换的可转换公司债券或执行的认股权证等，也不包括诸如行权价格的设定使得在任何情况下都不可能转换为实际表决权的其他债务工具或权益工具。

10.特殊目的实体：指发起人为了实现特定目的或完成特定的经营活动（如进行租赁、完成资产证券化等）而设立的一个实体。

课程思政

1.随意调整合并范围

合并财务报表是反映母公司和其全部子公司形成的企业集团整体财务状况、经营成果和现金流量的财务报表。《企业会计准则第33号——合并财务报表》规定：合并财务报表的合并范围应当以控制为基础予以确定。控制，是指投资方拥有对被投资方的权力，通过参与被投资方的相关活动而享有可变回报，并且有能力运用对被投资方的权力影响其回报金额。但在合并财务报表编报的实践中，有些公司存在没有将有控制权的公司纳入合并范围而却将实际上不具有控制权的公司纳入了合并范围，请从践行社会主义核心价值观的角度对公司随意调整合并范围的动机及其可能造成的影响进行分析。

2.美国安然（Enron）公司财务报告舞弊

美国安然（Enron）公司通过设立特殊目的实体来转移其巨额债务的财务报告舞弊事件对合并财务报表准则产生了严重的挑战。请对我国企业编制合并财务报表时如何对待特殊目的主体进行调查分析，并形成调研报告和调研建议。

3.利益相关者会计分析框架

在控股合并的情况下，母公司既要编制母公司单独的财务报表，又要编制合并财务报表，其主要信息使用者不仅包括母公司自身的股权投资者和债权投资者，而且包括子公司的少数股权股东以及子公司的债权投资者，因此，合并财务报表的经济后果分析更为复杂。请借鉴王竹泉《利益相关者会计行为分析》（《会计研究》，2003年第10期）和《利益相关者财务披露监管的分析框架与体制构造》（《会计研究》，2006年第9期）等论文，深入思考如何完善合并财务报表的财务披露监管体系。

思考与练习

一、思考题

1.什么是企业合并财务报表？

2.合并财务报表和个别财务报表、汇总财务报表之间的区别是什么？

3.编制合并财务报表的程序是什么？

4.国际上编制合并财务报表的合并理论主要有哪些？它们的区别是什么？

5.什么是特殊目的实体？特殊目的实体是否应纳入合并财务报表的合并范围？

二、练习题

1.在（　　）的情况下需要编制合并财务报表。

A.同一控制下的吸收合并　　B.新设合并

C.控股合并　　D.非同一控制下的吸收合并

2.（　　）必须纳入合并财务报表范围。

A.对其有重大影响的联营企业

B.母公司间接拥有其过半数以上权益性资本的被投资企业

C.已宣告破产的子公司

D.通过与被投资单位其他投资者的协议，拥有被投资单位半数以上表决权的

3.对同一控制下企业合并中取得的子公司进行合并时，应先将子公司的有关资产、负债以其（　　）并入合并财务报表。

A.合并成本　　B.公允价值　　C.账面价值　　D.协议价值

4.由同一控制下的企业合并形成母子公司关系的，合并方一般应在股权取得日（以下称“合并日”）编制合并财务报表，用以反映合并日形成的报告主体的财务状况、视同该主体一直存在的情况下产生的经营成果等。合并日的合并财务报表一般包括（　　）。

A.资产负债表

B.资产负债表和利润表

C.合并资产负债表、合并利润表及合并现金流量表

D.合并资产负债表、合并利润表、合并现金流量表及合并所有者权益变动表

5.非同一控制下的企业合并，如果母公司对子公司长期股权投资的成本大于取得的子公司的可辨认净资产公允价值份额，其差额体现为合并财务报表中的（　　）。

A.商誉　　B.资本公积

C.盈余公积和未分配利润　　D.盈余公积

延伸阅读

［1］储一昀．高级财务会计［M］．上海：上海财经大学出版社，2017.

［2］刘永泽，傅荣．高级财务会计［M］．7版．大连：东北财经大学出版社，2021.

［3］周华．高级财务会计［M］．3版．北京：中国人民大学出版社，2019.

［4］中华人民共和国财政部．企业会计准则［M］．北京：经济科学出版社，2020.

［5］王竹泉．利益相关者财务披露监管的分析框架与体制构造［J］．会计研究，2006（9）.

［6］王竹泉，周在霞．权益理论与企业财务报表列报的改进［J］．财会通讯，2021（3）.

本章教学视频　　本章教学课件　　本章学习指导

第3章
控股权取得日合并财务报表的编制

高级财务会计

Advanced Financial Accounting

章前准备

一、学习目的与要求

通过本章的学习，掌握同一控制下企业合并和非同一控制下企业合并在控股权取得日编制合并财务报表的程序与方法；了解在合并财务报表中报告少数股权的方法；理解两种合并方式下控股权取得日合并财务报表编制的异同。

二、教学重点与难点

本章的教学重点是同一控制下企业合并和非同一控制下企业合并在控股权取得日合并财务报表的编制，教学难点是合并财务报表编制过程中的调整和抵销的会计处理及存在少数股权时的会计处理。

三、本章教案设计

本章教案

3.1　同一控制下企业合并控股权取得日合并财务报表的编制

3.1.1　基本特点

由同一控制下的企业合并形成母子公司关系的，合并方一般应在股权取得日（以下称“合并日”）编制合并财务报表。合并日的合并财务报表一般包括合并资产负债表、合并利润表及合并现金流量表。合并资产负债表中被合并方的各项资产、负债，应当按其账面价值计量；合并利润表应当包括参与合并各方自合并当期期初至合并日所发生的收入、费用和利润。被合并方在合并前实现的净利润，应当在合并利润表中单列项目反映。合并现金流量表应当包括参与合并各方自合并当期期初至合并日的现金流量。对于属于同一控制下企业合并中取得的子公司的个别财务报表，如果不存在与母公司会计政策和会计期间不一致的情况，则不需要对该子公司的个别财务报表进行调整，但需要抵销内部交易对合并财务报表的影响。如果母公司与子公司采用的会计政策或会计期间不同，则应按照母公司的会计政策和会计期间，对子公司的个别财务报表进行调整。

■　1）合并资产负债表的编制

通常，编制合并资产负债表时，应先将子公司的有关资产、负债以其账面价值（母公司和子公司采用的会计政策不同时，指按照母公司的会计政策，对子公司有关资产、负债进行调整后的账面价值）并入合并财务报表工作底稿；然后，对于母公司与子公司在合并日及以前期间发生的交易，应作为内部交易进行抵销；最后，将母公司对子公司的股权投资数额与子公司的所有者权益中属于母公司的份额予以抵销，并确认子公司的少数股东权益。

需要注意的是，在处理同一控制下的企业合并时，基本处理原则是视同合并后形成的报告主体在合并日及以前期间一直存在。因此，在合并资产负债表中，对于子公司在企业合并前实现的留存收益（盈余公积和未分配利润之和）中归属于母公司的部分，应按以下规定，自母公司的资本公积转入留存收益：

（1）确认企业合并形成的长期股权投资后，对于被合并方在合并日以前实现的留存收益中归属于合并方的部分，合并方应根据不同情况进行调整。对于以支付现金、转让非现金资产方式购买合并子公司的，不用将该部分自资本公积转入留存收益；如果是以发行权益性证券方式购买合并子公司，应该以最终控制方资本公积的账面余额为限将该部分以及合并方在合并之前实现的留存收益中属于最终控制方的部分自资本公积转入留存收益，在合并工作底稿中，借记“资本公积”项目，贷记“盈余公积”和“未分配利润”项目。

（2）确认企业合并形成的长期股权投资后，母公司账面上的“资本公积”项目（资本溢价或股本溢价），贷方余额小于子公司在合并前实现的留存收益中归属于母公司的部分的，在合并资产负债表中，应以母公司“资本公积”项目（资本溢价或股本溢价）的贷方余额为限，将子公司在企业合并前实现的留存收益中归属于母公司的部分自“资本公积”转入“盈余公积”和“未分配利润”。因母公司的“资本公积”项目（资本溢价或股本溢价）的贷方余额不足，子公司在合并前实现的留存收益在合并资产负债表中未能全额恢复的，母公司应当在财务报表附注中对这一情况进行说明。

■ 2）合并利润表的编制

母公司在编制合并日的合并利润表时，应包含母公司及子公司自合并当期期初至合并日实现的净利润，双方在当期所发生的交易，应当按照合并财务报表的有关原则进行抵销。例如，同一控制下的企业合并发生于2021年3月31日，母公司当日编制合并利润表时，应包括母公司及子公司自2021年1月1日至2021年3月31日实现的净利润。为了帮助企业的会计信息使用者了解合并利润表中净利润的构成，发生同一控制下企业合并的当期，母公司在合并利润表中的“净利润”项下应单列“其中：子公司在合并前实现的净利润”项目，反映因同一控制下企业合并在合并当期自子公司带入的损益情况。

■ 3）合并现金流量表的编制

合并日，合并现金流量表的编制与合并利润表的编制原则相同。母公司在编制合并日的合并现金流量表时，应包含母公司及子公司自合并当期期初至合并日产生的现金流量。涉及的双方当期发生内部交易产生的现金流量，应按照合并财务报表准则规定的有关原则进行抵销。

3.1.2 母公司持有子公司全部股权

母公司持有子公司全部股权时，被合并方可辨认净资产全部属于母公司，应将合并方的长期股权投资与被合并方所有者权益的账面价值抵销。在合并工作底稿中编制的抵销分录为，借记“股本”、“资本公积”、“盈余公积”和“未分配利润”等项目，贷记“长期股权投资”项目。

【例3-1】A公司和B公司为同一集团的两个全资子公司。2021年6月30日，A公司向B公司的股东定向增发1 000万股普通股（每股面值为1元）对B公司进行合并，并于当日取得B公司100%的股份。合并前，A公司和B公司资产负债表、利润表有关资料见表3-1和表3-2。假定A、B公司采用的会计政策相同，A公司和B公司在合并日及以前期间未发生任何交易。

表3-1　**资产负债表（简表）**①

2021年6月30日　单位：万元

项目	A公司（账面金额）	B公司（账面金额）	B公司（公允价值）
资产			
货币资金	1 200	100	100
应收账款	1 500	150	150
存货	2 000	500	550
长期股权投资	1 200	150	200
固定资产	3 000	1 500	1 800
无形资产	600	100	150
资产总计	9 500	2 500	2 950
负债和所有者权益			
短期借款	1 000	100	100
应付账款	800	400	400
长期应付款	1 200	300	300
负债合计	3 000	800	800
股本	3 500	900	900
资本公积	1 000	200	650
盈余公积	200	50	50
未分配利润	1 800	550	550
所有者权益合计	6 500	1 700	2 150
负债和所有者权益总计	9 500	2 500	2 950

① 在该资产负债表中，A公司的长期股权投资金额系发生合并业务之前的金额。

表3-2

利润表（简表）

2021年1月1日至6月30日

单位：万元

项目	A公司	B公司
一、营业收入	4 500	1 000
减：营业成本	3 000	500
税金及附加	200	100
销售费用	100	70
管理费用	150	100
财务费用	100	60
加：投资收益	200	40
二、营业利润	1 150	210
加：营业外收入	250	100
减：营业外支出	200	110
三、利润总额	1 200	200
减：所得税费用	400	50
四、净利润	800	150

对于上述控股合并业务，A公司在合并日应编制以下会计分录（长期股权投资的确认和计量）：

借：长期股权投资　　17 000 000

　贷：股本　　10 000 000

　　资本公积　　7 000 000

记录合并业务后，A公司的资产负债表见表3-3。

表3-3

资产负债表（简表）

2021年6月30日

单位：万元

资产	金　额	负债和所有者权益	金　额
货币资金	1 200	短期借款	1 000
应收账款	1 500	应付账款	800
存货	2 000	长期应付款	1 200
长期股权投资	2 900	负债合计	3 000
固定资产	3 000	股本	4 500
无形资产	600	资本公积	1 700
		盈余公积	200
		未分配利润	1 800
		所有者权益合计	8 200
资产总计	11 200	负债和所有者权益总计	11 200

（1）A公司在合并日编制合并工作底稿时，对于企业合并前B公司实现的留存收益中归属于合并方的部分（600万元）应自资本公积（资本溢价或股本溢价）转入留存收益。本例中A公司在确认对B公司的长期股权投资以后，其资本公积的账面余额为1 700万元（1 000+700），假定其中资本溢价或股本溢价的金额为1 200万元。在合并工作底稿中，应编制以下调整分录：

借：资本公积　　6 000 000　　①

　贷：盈余公积　　500 000

　　　未分配利润　　5 500 000

（2）本例中A公司的长期股权投资是按B公司净资产的账面价值入账的，因此不存在商誉。A公司和B公司在合并前未发生任何交易，则在编制合并工作底稿时，只需将A公司的长期股权投资与B公司的所有者权益项目相抵销。因此编制抵销分录如下：

借：股本　　9 000 000　　②

　　资本公积　　2 000 000

　　盈余公积　　500 000

　　未分配利润　　5 500 000

　贷：长期股权投资　　17 000 000

（3）编制合并工作底稿：首先将A公司、B公司在合并日记录合并业务后的个别财务报表数据过入合并财务报表工作底稿的相应栏目，并计算出合计数；然后将上述抵销分录登录到合并财务报表工作底稿的抵销分录栏目，然后根据合计数和抵销分录栏目的数据计算出各项目的合并数。本例编制的合并工作底稿见表3-4。

表3-4

合并工作底稿

2021年6月30日

单位：万元

项　目	A公司	B公司	合计数	抵销分录		合并数
				借方	贷方	
利润表项目：						
营业收入	4 500	1 000	5 500			5 500
营业成本	3 000	500	3 500			3 500
税金及附加	200	100	300			300
销售费用	100	70	170			170
管理费用	150	100	250			250
财务费用	100	60	160			160
投资收益	200	40	240			240
营业利润	1 150	210	1 360			1 360

续表

项　目	A公司	B公司	合计数	抵销分录		合并数
				借方	贷方	
营业外收入	250	100	350			350
营业外支出	200	110	310			310
利润总额	1 200	200	1 400			1 400
所得税费用	400	50	450			450
净利润	800	150	950			950
其中：被合并方在合并前实现的利润						150
资产负债表项目：						
货币资金	1 200	100	1 300			1 300
应收账款	1 500	150	1 650			1 650
存货	2 000	500	2 500			2 500
长期股权投资	2 900	150	3 050		②1 700	1 350
固定资产	3 000	1 500	4 500			4 500
无形资产	600	100	700			700
资产总计	11 200	2 500	13 700		1 700	12 000
短期借款	1 000	100	1 100			1 100
应付账款	800	400	1 200			1 200
长期应付款	1 200	300	1 500			1 500
负债合计	3 000	800	3 800			3 800
股本	4 500	900	5 400	②900		4 500
资本公积	1 700	200	1 900	①600 ②200		1 100
盈余公积	200	50	250	②50	①50	250
未分配利润	1 800	550	2 350	②550	①550	2 350
所有者权益合计	8 200	1 700	9 900	2 300	600	8 200
负债和所有者权益总计	11 200	2 500	13 700	2 300	600	12 000

3.1.3　母公司持有子公司部分股权

在母公司持有子公司部分股权的情况下，合并日合并财务报表的编制原理与母公司持有子公司全部股权时基本相同，所不同的是，少数股东持有的股权在合并财务报表中作为“少数股东权益”项目反映。少数股东权益是指除母公司以外的其他投资者在子公司的所有者权益中享有的份额，即子公司所有者权益中抵销母公司所享有的份额后的余额。在合并资产负债表中，“少数股东权益”项目在“所有者权益”项目下单独列示。在合并工作底稿中编制的抵销分录为借记“股本”、“资本公积”、“盈余公积”和“未分配利润”等项目，贷记“长期股权投资”项目和“少数股东权益”项目。

【例3-2】沿用【例3-1】的有关资料，假设A公司向B公司的股东定向增发800万股普通股（每股面值为1元）对B公司进行合并，取得B公司80%的股权，其他资料不变。在这种情况下，A公司对B公司投资的价值、应增加的资本公积、盈余公积和未分配利润计算如下：

对B公司投资的价值=1 700×80%=1 360（万元）

应增加的资本公积=1 360−800=560（万元）

A公司在B公司合并前形成的留存收益中应享有的份额：

盈余公积=50×80%=40（万元）

未分配利润=550×80%=440（万元）

对于上述控股合并业务，A公司在合并日应编制以下会计分录（长期股权投资的确认和计量）：

借：长期股权投资　　13 600 000

　贷：股本　　8 000 000

　　　资本公积　　5 600 000

记录合并业务后，A公司的资产负债表见表3-5。

表3-5　**资产负债表（简表）**

2021年6月30日　　单位：万元

资产	金　额	负债和所有者权益	金　额
货币资金	1 200	短期借款	1 000
应收账款	1 500	应付账款	800
存货	2 000	长期应付款	1 200
长期股权投资	2 560	负债合计	3 000
固定资产	3 000	股本	4 300
无形资产	600	资本公积	1 560
		盈余公积	200
		未分配利润	1 800
		所有者权益合计	7 860
资产总计	10 860	负债和所有者权益总计	10 860

（1）A公司在合并日编制合并工作底稿时，对于企业合并前B公司实现的留存收益中归属于合并方的部分480万元（600×80%）应自资本公积（资本溢价或股本溢价）转入留存收益。应编制的合并工作底稿调整分录如下：

借：资本公积　　4 800 000　　①

　贷：盈余公积　　400 000

　　　未分配利润　　4 400 000

（2）在编制合并工作底稿时，应将A公司对B公司的股权投资与B公司所有者权益中A公司享有的份额抵销，少数股东在B公司所有者权益中享有的份额作为少数股东权益列示。抵销分录如下：

借：股本　　9 000 000　　②

　　资本公积　　2 000 000

　　盈余公积　　500 000

　　未分配利润　　5 500 000

　贷：长期股权投资　　13 600 000

　　　少数股东权益　　3 400 000

（3）编制合并工作底稿（见表3-6）。

表3-6　**合并工作底稿**

2021年6月30日　　单位：万元

项　目	A公司	B公司	合计数	抵销分录		合并数
				借方	贷方	
利润表项目：						
营业收入	4 500	1 000	5 500			5 500
营业成本	3 000	500	3 500			3 500
税金及附加	200	100	300			300
销售费用	100	70	170			170
管理费用	150	100	250			250
财务费用	100	60	160			160
投资收益	200	40	240			240
营业利润	1 150	210	1 360			1 360
营业外收入	250	100	350			350
营业外支出	200	110	310			310
利润总额	1 200	200	1 400			1 400
所得税费用	400	50	450			450

续表

项　目	A公司	B公司	合计数	抵销分录		合并数
				借方	贷方	
净利润	800	150	950			950
其中：被合并方在合并前实现的利润						150
资产负债表项目：						
货币资金	1 200	100	1 300			1 300
应收账款	1 500	150	1 650			1 650
存货	2 000	500	2 500			2 500
长期股权投资	2 560	150	2 710		②1 360	1 350
固定资产	3 000	1 500	4 500			4 500
无形资产	600	100	700			700
资产总计	10 860	2 500	13 360		1 360	12 000
短期借款	1 000	100	1 100			1 100
应付账款	800	400	1 200			1 200
长期应付款	1 200	300	1 500			1 500
负债合计	3 000	800	3 800			3 800
股本	4 300	900	5 200	②900		4 300
资本公积	1 560	200	1 760	①480 ②200		1 080
盈余公积	200	50	250	②50	①40	240
未分配利润	1 800	550	2 350	②550	①440	2 240
少数股东权益					②340	340
所有者权益合计	7 860	1 700	9 560	2 180	820	8 200
负债和所有者权益总计	10 860	2 500	13 360	2 180	820	12 000

3.2　非同一控制下企业合并控股权取得日合并财务报表的编制

3.2.1　基本特点

非同一控制下的企业合并中形成母子公司关系的，由于在控股权取得日之前子公司发生的各项收入、费用与合并主体无关，购买方一般应于购买日编制合并资产负债表（只编制合并资产负债表），以反映购买方在股权取得日开始能够控制的经济资源情况。对于属于非同一控制下企业合并中取得的子公司，除了存在与母公司会计政策和会计期间不一致的情况，需要对该子公司的个别财务报表进行调整外，还应当根据母公司为该子公司设置的备查簿的记录，以记录的该子公司的各项可辨认资产、负债及或有负债等在购买日的公允价值为基础，通过在合并工作底稿中编制调整分录，对该子公司的个别财务报表进行调整，以使子公司的个别财务报表反映在购买日公允价值基础上确定的可辨认资产、负债及或有负债在本期资产负债表日的金额。

具体的处理步骤如下：

（1）在合并资产负债表中，合并中取得的子公司各项可辨认资产、负债及或有负债应以购买日的公允价值计量，在合并工作底稿中，通过编制调整分录将子公司的各项可辨认资产、负债及或有负债调整为购买日的公允价值。

（2）将母公司对子公司的股权投资数额与子公司的所有者权益中属于母公司的份额予以抵销，并确认子公司的少数股东权益；同时，根据企业合并成本与合并中取得的被购买方（子公司）可辨认净资产公允价值份额的差额确认商誉。

应该注意，与同一控制下的企业合并不同，如果母公司对子公司长期股权投资的成本大于取得的子公司的可辨认净资产公允价值份额，其差额体现为合并财务报表中的商誉；如果长期股权投资的成本小于合并中取得的子公司的可辨认净资产公允价值份额，其差额应计入合并利润表中，作为合并当期损益。但由于购买日不需要编制合并利润表，因此长期股权投资的成本小于合并中取得的被购买方可辨认净资产公允价值份额的差额应体现在合并资产负债表上，通过调整合并资产负债表的盈余公积和未分配利润来反映。

另外应予说明的是，非同一控制下的企业合并中，作为购买方的母公司在进行有关会计处理后，应单独设置备查簿，记录其在购买日取得的被购买方各项可辨认资产、负债及或有负债的公允价值以及因企业合并成本大于合并中取得的被购买方可辨认净资产公允价值的份额应确认的商誉金额，或因企业合并成本小于合并中取得的被购买方可辨认净资产公允价值的份额计入当期损益的金额，作为企业合并当期以及以后期间编制合并财务报表的基础。企业合并当期期末以及合并以后期间，应当纳入到合并财务报表中的被购买方资产、负债等，是以购买日确定的公允价值为基础持续计算的结果。

3.2.2 母公司持有子公司全部股权

■ 1）母公司投资成本等于子公司净资产的公允价值

当母公司的投资成本等于子公司净资产的公允价值时，该项企业合并没有产生商誉，在合并财务报表工作底稿中，只需将母公司对子公司长期股权投资项目与子公司所有者权益项目直接抵销，并在分录中体现子公司资产、负债的公允价值变动。

【例 3-3】2021 年 6 月 30 日，A 公司通过发行 1 000 万股普通股（每股面值为 1 元），市场价格为每股 2.15 元，取得 B 公司 100% 的股份（A 公司和 B 公司的合并属于非同一控制下的企业合并）。合并前，A 公司和 B 公司的资产负债表有关资料见表 3-7。假定 A 公司、B 公司采用的会计政策相同，A 公司和 B 公司在合并日及以前期间未发生任何交易。

表3-7　　资产负债表（简表）①

2021年6月30日　　单位：万元

项目	A 公司（账面价值）	B 公司（账面价值）	B 公司（公允价值）
资产			
货币资金	1 200	100	100
应收账款	1 500	150	150
存货	2 000	500	550
长期股权投资	1 200	150	200
固定资产	3 000	1 500	1 800
无形资产	600	100	150
资产总计	9 500	2 500	2 950
负债和所有者权益			
短期借款	1 000	100	100
应付账款	800	400	400
长期应付款	1 200	300	300
负债合计	3 000	800	800
股本	3 500	900	900
资本公积	1 000	200	650
盈余公积	200	50	50
未分配利润	1 800	550	550
所有者权益合计	6 500	1 700	2 150
负债和所有者权益总计	9 500	2 500	2 950

① 在该资产负债表中，A公司的长期股权投资金额系发生合并业务之前的金额。

对于上述控股合并业务，A公司的投资成本等于B公司的可辨认净资产的公允价值，应编制以下会计分录（长期股权投资的确认和计量）：

借：长期股权投资　　21 500 000

　贷：股本　　10 000 000

　　资本公积　　11 500 000

对于B公司的公允价值与账面价值的差额，A公司不作任何处理。B公司也不允许按公允价值调整相关的账簿资料。

记录合并业务后，A公司的资产负债表见表3-8。

表3-8　**资产负债表（简表）**

2021年6月30日　　单位：万元

资产	金　额	负债和所有者权益	金　额
货币资金	1 200	短期借款	1 000
应收账款	1 500	应付账款	800
存货	2 000	长期应付款	1 200
长期股权投资	3 350	负债合计	3 000
固定资产	3 000	股本	4 500
无形资产	600	资本公积	2 150
		盈余公积	200
		未分配利润	1 800
		所有者权益合计	8 650
资产总计	11 650	负债和所有者权益总计	11 650

（1）A公司在编制股权取得日合并资产负债表时，需要将A公司的长期股权投资项目与B公司的所有者权益项目相抵销，并确认子公司资产、负债公允价值与账面价值的差额。应编制的抵销分录如下：

借：股本　　9 000 000

　　资本公积　　2 000 000

　　盈余公积　　500 000

　　未分配利润　　5 500 000

　　存货　　500 000

　　长期股权投资（B公司）　　500 000

　　固定资产　　3 000 000

　　无形资产　　500 000

　贷：长期股权投资（A公司）　　21 500 000

（2）编制合并资产负债表工作底稿，见表3-9。

表3-9 合并资产负债表工作底稿

2021年6月30日 单位：万元

项 目	A公司	B公司	合计数	抵销分录		合并数
				借方	贷方	
货币资金	1 200	100	1 300			1 300
应收账款	1 500	150	1 650			1 650
存货	2 000	500	2 500	50		2 550
长期股权投资	3 350	150	3 500	50	2 150	1 400
固定资产	3 000	1 500	4 500	300		4 800
无形资产	600	100	700	50		750
资产总计	11 650	2 500	14 150	450	2 150	12 450
短期借款	1 000	100	1 100			1 100
应付账款	800	400	1 200			1 200
长期应付款	1 200	300	1 500			1 500
负债合计	3 000	800	3 800			3 800
股本	4 500	900	5 400	900		4 500
资本公积	2 150	200	2 350	200		2 150
盈余公积	200	50	250	50		200
未分配利润	1 800	550	2 350	550		1 800
所有者权益合计	8 650	1 700	10 350	1 700		8 650
负债和所有者权益总计	11 650	2 500	14 150	1 700		12 450

■ 2）母公司的投资成本大于子公司净资产的公允价值

在母公司的投资成本大于合并中取得的子公司净资产公允价值的情况下，应按确定的合并成本作为长期股权投资的初始投资成本，编制股权取得日合并资产负债表时，将母公司的长期股权投资与子公司的净资产公允价值抵销后的差额，以“商誉”项目反映。

【例3-4】沿用【例3-3】的有关资料，假设A公司发行股票的每股市场价格为2.25元，其他资料不变。

A公司在控股合并日的会计处理如下：

借：长期股权投资　　22 500 000

　贷：股本　　10 000 000

　　　资本公积　　12 500 000

记录合并业务后，A公司的资产负债表见表3-10。

表3-10　**资产负债表（简表）**

2021年6月30日　　单位：万元

资产	金　额	负债和所有者权益	金　额
货币资金	1 200	短期借款	1 000
应收账款	1 500	应付账款	800
存货	2 000	长期应付款	1 200
长期股权投资	3 450	负债合计	3 000
固定资产	3 000	股本	4 500
无形资产	600	资本公积	2 250
		盈余公积	200
		未分配利润	1 800
		所有者权益合计	8 750
资产总计	11 750	负债和所有者权益总计	11 750

（1）A公司在编制股权取得日合并资产负债表时，需要将A公司的长期股权投资项目与B公司的所有者权益项目相抵销，将A公司的长期股权投资与B公司的净资产公允价值抵销后的差额，以"商誉"项目反映。A公司对B公司的长期股权投资为2 250万元，B公司可辨认净资产公允价值为2 150万元，两者差额100万元（2 250−2 150）即确认为商誉。A公司应编制的抵销分录如下：

借：股本　　9 000 000

　　资本公积　　2 000 000

　　盈余公积　　500 000

　　未分配利润　　5 500 000

　　存货　　500 000

　　长期股权投资（B公司）　　500 000

　　固定资产　　3 000 000

　　无形资产　　500 000

　　商誉　　1 000 000

　贷：长期股权投资（A公司）　　22 500 000

（2）编制合并工作底稿，见表3-11。

表3-11

合并工作底稿

2021年6月30日

单位：万元

项　目	A公司	B公司	合计数	抵销分录		合并数
				借方	贷方	
货币资金	1 200	100	1 300			1 300
应收账款	1 500	150	1 650			1 650
存货	2 000	500	2 500	50		2 550
长期股权投资	3 450	150	3 600	50	2 250	1 400
固定资产	3 000	1 500	4 500	300		4 800
无形资产	600	100	700	50		750
商誉				100		100
资产总计	11 750	2 500	14 250	550	2 250	12 550
短期借款	1 000	100	1 100			1 100
应付账款	800	400	1 200			1 200
长期应付款	1 200	300	1 500			1 500
负债合计	3 000	800	3 800			3 800
股本	4 500	900	5 400	900		4 500
资本公积	2 250	200	2 450	200		2 250
盈余公积	200	50	250	50		200
未分配利润	1 800	550	2 350	550		1 800
所有者权益合计	8 750	1 700	10 450	1 700		8 750
负债和所有者权益总计	11 750	2 500	14 250	1 700		12 550

■　3）母公司的投资成本小于子公司净资产的公允价值

如果母公司的投资成本小于合并中取得的子公司可辨认净资产的公允价值，应按确定的合并成本作为长期股权投资的初始投资成本，将长期股权投资与子公司可辨认净资产公允价值的差额计入合并当期损益。由于合并日不需编制合并利润表，该差额体现在合并资产负债表中，应调整合并资产负债表的盈余公积和未分配利润项目。

【例3-5】沿用【例3-3】的有关资料，假设A公司发行股票的每股市场价格为2元，其他资料不变。假定A公司按净利润的10%计提盈余公积。

A公司在控股合并日的会计处理如下：

借：长期股权投资　　20 000 000

　贷：股本　　10 000 000

　　　资本公积　　10 000 000

记录合并业务后，A公司的资产负债表见表3-12。

表3-12

资产负债表（简表）

2021年6月30日

单位：万元

资产	金　额	负债和所有者权益	金　额
货币资金	1 200	短期借款	1 000
应收账款	1 500	应付账款	800
存货	2 000	长期应付款	1 200
长期股权投资	3 200	负债合计	3 000
固定资产	3 000	股本	4 500
无形资产	600	资本公积	2 000
		盈余公积	200
		未分配利润	1 800
		所有者权益合计	8 500
资产总计	11 500	负债和所有者权益总计	11 500

（1）A公司在编制股权取得日合并资产负债表时，需要将A公司的长期股权投资项目与B公司的所有者权益项目相抵销。A公司对B公司的长期股权投资为2 000万元，B公司可辨认净资产公允价值为2 150万元，两者差额为150万元，应调整盈余公积和未分配利润，其中盈余公积增加15万元（150×10%），未分配利润增加135万元。应编制的抵销分录如下：

借：股本　　9 000 000

　　资本公积　　2 000 000

　　盈余公积　　500 000

　　未分配利润　　5 500 000

　　存货　　500 000

　　长期股权投资（B公司）　　500 000

　　固定资产　　3 000 000

　　无形资产　　500 000

　贷：长期股权投资（A公司）　　20 000 000

　　　盈余公积　　150 000

　　　未分配利润　　1 350 000

（2）编制合并工作底稿，见表3-13。

表3-13　　合并工作底稿

2021年6月30日　　单位：万元

项　目	A公司	B公司	合计数	抵销分录		合并数
				借方	贷方	
货币资金	1 200	100	1 300			1 300
应收账款	1 500	150	1 650			1 650
存货	2 000	500	2 500	50		2 550
长期股权投资	3 200	150	3 350	50	2 000	1 400
固定资产	3 000	1 500	4 500	300		4 800
无形资产	600	100	700	50		750
资产总计	11 500	2 500	14 000	450	2 000	12 450
短期借款	1 000	100	1 100			1 100
应付账款	800	400	1 200			1 200
长期应付款	1 200	300	1 500			1 500
负债合计	3 000	800	3 800			3 800
股本	4 500	900	5 400	900		4 500
资本公积	2 000	200	2 200	200		2 000
盈余公积	200	50	250	50	15	215
未分配利润	1 800	550	2 350	550	135	1 935
所有者权益合计	8 500	1 700	10 200	1 700	150	8 650
负债和所有者权益总计	11 500	2 500	14 000	1 700	150	12 450

3.2.3　母公司持有子公司部分股权

如果母公司只持有子公司部分股权，编制股权取得日合并财务报表时，仍分为母公司投资成本等于、大于和小于子公司可辨认净资产公允价值三种情况，处理原则与母公司持有子公司全部股份基本相同，区别在于合并资产负债表中应单独反映“少数股东权益”项目。

【例3-6】沿用【例3-3】的有关资料，假设A公司通过发行1 000万股普通股（每股面值为1元），市场价格为每股1.8元，取得B公司80%的股份，其他资料不变。

A公司在控股合并日的会计处理如下（长期股权投资的确认和计量）：

借：长期股权投资　　18 000 000
　贷：股本　　10 000 000
　　资本公积　　8 000 000

记录合并业务后，A公司的资产负债表见表3-14。

表3-14　**资产负债表（简表）**

2021年6月30日　　单位：万元

资产	金　额	负债和所有者权益	金　额
货币资金	1 200	短期借款	1 000
应收账款	1 500	应付账款	800
存货	2 000	长期应付款	1 200
长期股权投资	3 000	负债合计	3 000
固定资产	3 000	股本	4 500
无形资产	600	资本公积	1 800
		盈余公积	200
		未分配利润	1 800
		所有者权益合计	8 300
资产总计	11 300	负债和所有者权益总计	11 300

（1）A公司在编制股权取得日合并资产负债表时，需要将A公司的长期股权投资项目与B公司的所有者权益项目的80%相抵销，将A公司的长期股权投资与B公司的净资产公允价值的80%抵销后的差额，以“商誉”项目反映。A公司对B公司的长期股权投资为1 800万元，B公司可辨认净资产公允价值为2 150万元，其80%为1 720万元，两者的差额为80万元，应确认为商誉。应确认的少数股东权益为430万元（2 150×20%）。A公司应编制的抵销分录如下：

借：股本　　9 000 000
　　资本公积　　2 000 000
　　盈余公积　　500 000
　　未分配利润　　5 500 000
　　存货　　500 000
　　长期股权投资（B公司）　　500 000
　　固定资产　　3 000 000
　　无形资产　　500 000
　　商誉　　800 000
　贷：长期股权投资（A公司）　　18 000 000
　　少数股东权益　　4 300 000

（2）编制合并工作底稿，见表3-15。

表3-15　　合并工作底稿

2021年6月30日　　单位：万元

项　目	A公司	B公司	合计数	抵销分录		合并数
				借方	贷方	
货币资金	1 200	100	1 300			1 300
应收账款	1 500	150	1 650			1 650
存货	2 000	500	2 500	50		2 550
长期股权投资	3 000	150	3 150	50	1 800	1 400
固定资产	3 000	1 500	4 500	300		4 800
无形资产	600	100	700	50		750
商誉				80		80
资产总计	11 300	2 500	13 800	530	1 800	12 530
短期借款	1 000	100	1 100			1 100
应付账款	800	400	1 200			1 200
长期应付款	1 200	300	1 500			1 500
负债合计	3 000	800	3 800			3 800
股本	4 500	900	5 400	900		4 500
资本公积	1 800	200	2 000	200		1 800
盈余公积	200	50	250	50		200
未分配利润	1 800	550	2 350	550		1 800
少数股东权益					430	430
所有者权益合计	8 300	1 700	10 000	1 700	430	8 730
负债和所有者权益总计	11 300	2 500	13 800	1 700	430	12 530

总结与结论

本章介绍了同一控制下企业合并和非同一控制下企业合并股权取得日合并报表的编制方法。既介绍了抵销分录的编制方法，又介绍了工作底稿的使用。同一控制下的企业控股合并，合并方应当编制合并日的合并资产负债表、合并利润表及合并现金流量表。非同一控制下的企业控股合并，购买方在购买日只编制合并资产负债表。控股权取得日合并财务报表的编制方法在同一控制下企业合并和非同一控制下企业合并下有所不同：同一控制下企业合并采用权益集合法，以被合并企业各项可辨认净资产的账面价值为计价基础，在合并资产负债表中不确认商誉；非同一控制下企业合并采用购买法，以被合并企业各项可辨认净资产的公允价值为计价基础，在合并资产负债表中确认商誉或损益。

关键概念

1.同一控制下企业合并控股权取得日合并财务报表：指同一控制下的企业合并合并方在控股权取得日编制的合并财务报表，包括合并资产负债表、合并利润表及合并现金流量表。

2.非同一控制下企业合并控股权取得日合并财务报表：指非同一控制下的企业合并合并方在控股权取得日编制的合并财务报表，仅包括合并资产负债表。

3.少数股东权益：指除母公司以外的其他投资者在子公司的所有者权益中享有的份额，即子公司所有者权益中抵销母公司所享有的份额后的余额。

课程思政

1.高业绩承诺与巨额商誉减值

在非同一控制下的企业合并中，合并成本超过所取得的被并购企业可辨认净资产公允价值的部分将确认为商誉或合并商誉。在近年来的企业合并实践中，有不少被合并方为了获得较高的并购溢价而有意做出高业绩承诺，在业绩承诺期过后被合并方就出现业绩变脸或业绩大幅度降低，从而使合并方不得不计提巨额的商誉减值，这不仅严重影响了合并方的正常经营和持续发展，而且给资本市场投资者带来了巨大的风险。请从践行社会主义核心价值观的角度思考这种现象产生的原因和治理对策。

2.中央企业商誉管理

近年来，大型中央企业并购过程中高溢价、高商誉、高减值等问题日渐突出。2022年6月，国资委发布《关于加强中央企业商誉管理的通知》，要求加强中央企业商誉管理，实现国有资产保值增值。《关于加强中央企业商誉管理的通知》特别要求要将境外项目以及溢价率高于两年内可比行业或企业平均水平50%以上的项目作为管理重点，实施从严管控。请在调查研究的基础上对这一规定的必要性和合理性进行分析，并对完善会计准则、加强商誉管理、防范商誉减值风险提出专业建议。

思考与练习

一、思考题

1.同一控制下企业合并的股权取得日，需要编制的合并财务报表有哪些？为什么？如何编制？

2.非同一控制下企业合并的股权取得日，需要编制的合并财务报表有哪些？为什么？如何编制？

3.企业合并中若子公司存在少数股东权益，在股权取得日合并财务报表上少数股东权益如何反映？

4. 什么情况下的企业合并会产生商誉？在合并财务报表上如何列示？

5. 同一控制下和非同一控制下企业合并在股权取得日编制的合并财务报表有什么不同？

二、练习题

1. 母公司对于同一控制下的控股合并所取得的对子公司的投资，应在取得日（　　）。

A. 按股票面值计价

B. 按股票公允价值计价

C. 按所占子公司净资产账面价值的份额计价

D. 按所占子公司净资产公允价值的份额计价

2. 同一控制下的企业合并形成母子公司关系的，合并方应在合并日编制合并财务报表，如合并方账面资本公积（资本或股本溢价）贷方余额大于被合并方在合并前实现的留存收益中归属于合并方的部分，在合并资产负债表中，对被合并方在合并前实现的留存收益中归属于合并方的部分（　　）。

A. 不作调整

B. 自“盈余公积”和“未分配利润”转入“资本公积”

C. 自“盈余公积”转入“未分配利润”

D. 自“资本公积”转入“盈余公积”和“未分配利润”

3. 按照我国企业会计准则的规定，非同一控制下企业合并在购买日一般应编制（　　）。

A. 合并资产负债表　　B. 合并利润表

C. 合并所有者权益变动表　　D. 合并现金流量表

4. 非同一控制下企业合并，控制权取得日，投资成本大于所占子公司可辨认净资产公允价值的份额的差额，应在合并财务报表上（　　）。

A. 确认为商誉

B. 确认为当期损益

C. 确认为递延费用，以后期间予以分期摊销

D. 冲减固定资产

5. 在同一控制下的企业合并中，母公司在控制权取得日编制合并财务报表时，需编制的合并财务报表包括（　　）。

A. 合并资产负债表　　B. 合并所有者权益变动表

C. 合并现金流量表　　D. 合并利润表

延伸阅读

［1］储一昀．高级财务会计［M］．上海：上海财经大学出版社，2017.

［2］刘永泽，傅荣．高级财务会计［M］．7版．大连：东北财经大学出版社，2021.

［3］周华．高级财务会计［M］．3版．北京：中国人民大学出版社，2019.

［4］中华人民共和国财政部．企业会计准则［M］．北京：经济科学出版社，

2020.

[5] 李越冬，李健，张海娟．同一控制下的企业合并会计处理方式探析［J］．财会月刊，2021（9）．

[6] 巩静文，鲍在山．同一控制下企业合并的动机与经济后果——基于ST五稀的案例分析［J］．中国注册会计师，2018（6）．

[7] 周明春，袁延松．同一控制下形成的长期股权投资会计处理相关问题研究［J］．会计研究，2010（4）．

本章教学视频　　本章教学课件　　本章学习指导

第4章

控股权取得日后合并财务报表的编制

高级财务会计

Advanced Financial Accounting

章前准备

一、学习目的与要求

通过本章的学习，理解并掌握股权取得日后首期编制合并财务报表的基本方法和程序；掌握股权取得日后连续各期编制合并财务报表的基本方法和程序。

二、教学重点与难点

本章的教学重点是同一控制下企业合并和非同一控制下企业合并在控股权取得日后合并财务报表的编制；教学难点是合并财务报表编制过程中的抵销会计处理及存在少数股权时的会计处理。

三、本章教案设计

本章教案

4.1　同一控制下企业合并控股权取得日后首期合并财务报表的编制

合并财务报表反映的是母公司和其全部子公司形成的企业集团整体财务状况、经营成果和现金流量。合并财务报表以母子公司个别财务报表为基础，抵销母子公司之间、子公司之间发生的内部交易编制而成。控股权取得日后需要编制的合并财务报表包括合并资产负债表、合并利润表、合并现金流量表和合并所有者权益变动表。合并财务报表编制的主要程序就是编制合并工作底稿。编制合并工作底稿时，首先要将母公司及各个纳入合并范围的子公司的利润表、所有者权益变动表、资产负债表和现金流量表依次登入合并工作底稿。其次是在合并工作底稿中编制调整分录和抵销分录，对母、子公司的个别财务报表进行调整处理并将内部交易对合并财务报表有关项目的影响进行抵销处理。子公司所采用的会计政策和会计期间与母公司不一致的，如果母公司自行对子公司的个别财务报表进行调整，应当在合并工作底稿中通过编制调整分录予以调整。母公司对子公司的长期股权投资由成本法调整为权益法，也需要在合并工作底稿中通过编制调整分录予以调整，而不改变母公司“长期股权投资”账簿记录。编制抵销分录，进行抵销处理是合并财务报表编制的关键和主要内容，其目的在于将个别财务报表各项目的加总金额中重复的因素予以抵销。最后是将调整分录和抵销分录分别过入合并工作底稿的相关项目，并计算各项目的合并数。

在合并工作底稿中编制的调整分录和抵销分录，借记或贷记的均为财务报表项目（即资产负债表项目、利润表项目、现金流量表项目和所有者权益变动表项目），而不是具体的会计科目。比如，涉及调整或抵销固定资产折旧、固定资产减值准备等均通过资产负债表中的“固定资产”项目，而不是“累计折旧”“固定资产减值准备”等科目来进行调整和抵销。对于母子公司间或各子公司间内部交易的抵销处理将在第5

章详细讲解，本章主要介绍母公司、子公司之间投资和被投资关系所形成的对应项目的调整和抵销处理的程序和方法。

4.1.1 对子公司的个别财务报表进行调整

属于同一控制下企业合并取得的子公司的个别财务报表，若存在与母公司会计政策和会计期间不一致的情况，应当本着重要性原则，按照母公司的会计政策和会计期间对子公司的个别财务报表进行调整。这是因为编制合并报表时将母公司和子公司作为一个整体对待，作为一个整体，其报表项目内容应当在一致的会计政策和会计期间基础上进行确定。只有在财务报表各项目反映的内容一致的情况下，才能对其进行加总，编制合并财务报表。如果不存在与母公司会计政策和会计期间不一致的情况，则不需要对该子公司的个别财务报表进行调整，只需要抵销内部交易对合并财务报表的影响即可。

4.1.2 按权益法调整对子公司的长期股权投资

合并财务报表准则规定，合并财务报表应当以母公司和其子公司的个别财务报表为基础，根据其他相关资料，按照权益法调整对子公司的长期股权投资后，由母公司编制。

在成本法下，母公司个别财务报表中“长期股权投资”项目反映的是母公司对子公司长期股权投资的投资成本，“投资收益”项目反映的是当期从子公司所分配的现金股利。在采用权益法核算长期股权投资的情况下，长期股权投资的账面价值反映其在被投资企业中权益的变动情况，即长期股权投资的账面余额等于其在子公司所有者权益中所拥有的份额。在编制合并财务报表时，需要进行抵销的项目之一，就是母公司对子公司的长期股权投资与子公司所有者权益各项目的相互抵销。采用权益法有利于编制合并财务报表工作底稿时对应项目的抵销处理。当然，这种调整是在合并财务报表工作底稿上进行的，而不是在母公司单独编制的财务报表上进行的。

在合并财务报表工作底稿中，按权益法调整对子公司的长期股权投资时，应按照《企业会计准则第2号——长期股权投资》所规定的权益法进行调整。

合并财务报表准则也允许企业直接在对子公司的长期股权投资采用成本法核算的基础上编制合并财务报表，但是所生成的合并财务报表应当符合合并财务报表准则的相关规定。

■ 1）对子公司拥有全部股权

【例4-1】A公司和B公司为同一集团内两个全资子公司。2020年1月1日，A公司向B公司的股东定向增发1 000万股普通股（每股面值为1元）对B公司进行合并，并于当日取得B公司100%的股份。2020年1月1日，B公司股东权益总额为

1 700万元，其中股本为900万元，资本公积为200万元，盈余公积为50万元，未分配利润为550万元。2020年B公司实现净利润250万元，提取盈余公积25万元，分配现金股利100万元。A公司和B公司的2020年年末资产负债表与2020年度利润表见表4-1和表4-2。

表4-1　　资产负债表（简表）

2020年12月31日　　单位：万元

项目	A公司	B公司
资产		
货币资金	1 500	150
应收账款	1 700	150
存货	2 000	600
长期股权投资	3 000	200
固定资产	3 000	1 500
无形资产	600	100
资产总计	11 800	2 700
负债和所有者权益		
短期借款	1 000	150
应付账款	800	400
长期应付款	1 200	300
负债合计	3 000	850
股本	4 500	900
资本公积	1 700	200
盈余公积	300	75
未分配利润	2 300	675
所有者权益合计	8 800	1 850
负债和所有者权益总计	11 800	2 700

表4-2 **利润表（简表）**[①]

2020年度

单位：万元

项目	A公司	B公司
一、营业收入	5 000	1 100
减：营业成本	3 000	500
税金及附加	300	100
销售费用	150	50
管理费用	250	100
财务费用	100	60
加：投资收益	200	40
二、营业利润	1 400	330
加：营业外收入	300	120
减：营业外支出	200	100
三、利润总额	1 500	350
减：所得税费用	500	100
四、净利润	1 000	250
加：期初未分配利润	1 800	550
减：提取盈余公积	100	25
对所有者（或股东）的分配	400	100
期末未分配利润	2 300	675

假定B公司的会计政策和会计期间与A公司一致，不考虑A公司和B公司合并资产、负债的所得税影响。

在本例中，2020年12月31日，A公司对B公司的长期股权投资的账面余额为1 700万元（假定未发生减值）。根据合并财务报表准则的规定，在合并工作底稿中将对B公司的长期股权投资由成本法改为权益法核算。有关调整分录如下：

①确认A公司在2020年B公司实现的250万元净利润中所享有的份额250万元（250×100%）。

借：长期股权投资　　2 500 000　　①

　贷：投资收益　　2 500 000

① 为了便于简单明了地解释内容，在利润表项目后面加上利润分配部分来替代所有者权益变动表项目。在编制合并财务报表工作底稿时，亦省略了所有者权益变动表项目，用利润分配项目简单替代。

②确认A公司应收的B公司2020年分派的现金股利100万元。

借：应收股利　　1 000 000　　②

　贷：长期股权投资　　1 000 000

③抵销原来按成本法确认的投资收益100万元。

借：投资收益　　1 000 000　　③

　贷：应收股利　　1 000 000

2）对子公司拥有部分股权

【例4-2】A公司和B公司为同一集团内两个全资子公司。2020年1月1日，A公司向B公司的股东定向增发800万股普通股（每股面值为1元）对B公司进行合并，并于当日取得B公司80%的股份。2020年1月1日，B公司股东权益总额为1 700万元，其中股本为900万元，资本公积为200万元，盈余公积为50万元，未分配利润为550万元。2020年度B公司实现净利润250万元，提取盈余公积25万元，分配现金股利100万元。A公司和B公司的2020年年末资产负债表与2020年度利润表见表4-3和表4-4。

表4-3　**资产负债表（简表）**

2020年12月31日

单位：万元

项目	A公司	B公司
资产		
货币资金	1 500	150
应收账款	1 700	150
存货	2 000	600
长期股权投资	2 660	200
固定资产	3 000	1 500
无形资产	600	100
资产总计	11 460	2 700
负债和所有者权益		
短期借款	1 000	150
应付账款	800	400
长期应付款	1 200	300
负债合计	3 000	850
股本	4 300	900
资本公积	1 560	200
盈余公积	300	75
未分配利润	2 300	675
所有者权益合计	8 460	1 850
负债和所有者权益总计	11 460	2 700

表4-4

利润表（简表）

2020年度

单位：万元

项目	A公司	B公司
一、营业收入	5 000	1 100
减：营业成本	3 000	500
税金及附加	300	100
销售费用	150	50
管理费用	250	100
财务费用	100	60
加：投资收益	200	40
二、营业利润	1 400	330
加：营业外收入	300	120
减：营业外支出	200	100
三、利润总额	1 500	350
减：所得税费用	500	100
四、净利润	1 000	250
加：期初未分配利润	1 800	550
减：提取盈余公积	100	25
对所有者（或股东）的分配	400	100
期末未分配利润	2 300	675

假定B公司的会计政策和会计期间与A公司一致，不考虑A公司和B公司合并资产、负债的所得税影响。

在本例中，2020年12月31日，A公司对B公司的长期股权投资的账面余额为1 360万元（1 700×80%）。根据合并财务报表准则的规定，在合并工作底稿中将对B公司的长期股权投资由成本法改为权益法核算。有关调整分录如下：

①确认A公司在2020年B公司实现的250万元净利润中所享有的份额200万元（250×80%）。

借：长期股权投资　　2 000 000　　①

　贷：投资收益　　2 000 000

②确认A公司应收的B公司2020年分派的现金股利80万元（100×80%）。

借：应收股利　　800 000　　②

　贷：长期股权投资　　800 000

③抵销原来按成本法确认的投资收益80万元。

借：投资收益	800 000		③
贷：应收股利		800 000	

4.1.3　抵销母公司、子公司之间投资和被投资关系形成的内部项目

■　1）母公司长期股权投资与子公司所有者权益的抵销

母公司对子公司的权益性投资，在母公司的资产负债表上表现为长期股权投资项目，而在子公司的资产负债表上则表现为实收资本等所有者权益项目。但是，从企业集团的整体角度来看，母公司对子公司的权益性资本投资，实际上相当于母公司将资金拨付给子公司使用，并不会引起整个企业集团的资产、负债和所有者权益项目的增减变动。因此在编制合并财务报表时，首先应在合并工作底稿中将成本法下的长期股权投资按权益法进行调整，然后将母公司对子公司的长期股权投资项目与母公司在子公司的所有者权益中所享有的份额相互抵销，同时抵销对该项长期股权投资提取的长期股权投资减值准备。如果母公司对子公司只拥有部分股权，则子公司所有者权益中不属于母公司的份额，应当作为“少数股东权益”项目处理。相应地，如果存在各子公司之间的长期股权投资及子公司对母公司的长期股权投资，应比照上述处理程序，将长期股权投资的余额与其对应的在子公司或母公司所有者权益中所享有的份额相互抵销。

（1）对子公司拥有全部股权。

如果母公司对子公司拥有全部股权，则子公司的净利润在权益法下已全部记录在母公司的“长期股权投资”和“投资收益”项目中，子公司的“所有者权益”项目全额对应于母公司的“长期股权投资”项目。在合并工作底稿中编制的抵销分录为：借记“股本”、“资本公积”、“盈余公积”和“未分配利润”等项目，贷记“长期股权投资”项目。

【例4-3】沿用【例4-1】的有关资料，2020年12月31日，A公司在合并工作底稿中编制的抵销分录为：

借：股本	9 000 000		④
资本公积	2 000 000		
盈余公积	750 000		
未分配利润	6 750 000		
贷：长期股权投资		18 500 000	

（2）对子公司拥有部分股权。

如果母公司对子公司只拥有部分股权，则子公司所有者权益中不属于母公司的份额，应当作为“少数股东权益”项目处理。在合并工作底稿中编制的抵销分录为：借记“股本”、“资本公积”、“盈余公积”和“未分配利润”等项目，贷记“长期股权投资”项目和“少数股东权益”项目。

【例4-4】沿用【例4-2】的有关资料，2020年12月31日，A公司在合并工作底

稿中编制的抵销分录为：

借：股本	9 000 000		④
资本公积	2 000 000		
盈余公积	750 000		
未分配利润	6 750 000		
贷：长期股权投资		14 800 000	
少数股东权益		3 700 000	

■ 2）母公司的投资收益与子公司利润分配项目的抵销

母公司对子公司的长期股权投资产生的收益，即母公司对子公司的长期股权投资在合并工作底稿中按权益法调整的投资收益，实际上就是子公司当期营业收入减去营业成本、期间费用和所得税费用等项目后的余额与母公司持股比例相乘的结果。在子公司为全资子公司的情况下，母公司对某一子公司在合并工作底稿中按权益法调整的投资收益，实际上就是该子公司当期实现的净利润。编制合并利润表时，实际上是将子公司的营业收入、营业成本和期间费用与母公司本身的营业收入、营业成本和期间费用同等看待，与母公司相应的项目进行合并，也就是将投资收益还原为合并利润表中的营业收入、营业成本和期间费用。因此，编制合并利润表时，必须将对子公司的长期股权投资收益予以抵销。

由于合并所有者权益变动表中的本年利润分配项目是站在整个企业集团角度，反映对母公司股东和子公司的少数股东的利润分配情况。因此，子公司的个别所有者权益变动表中本年利润分配各项目（包括提取盈余公积、对所有者（或股东）的分配和期末未分配利润）中分配给母公司的部分都必须予以抵销。

在子公司为全资子公司的情况下，子公司本期净利润就是母公司本期对子公司长期股权投资按权益法调整的投资收益。假定子公司期初未分配利润为零，子公司本期净利润就是子公司本期可供分配的利润，是本期子公司利润分配的来源，而子公司本期利润分配（包括提取盈余公积、对所有者（或股东）的分配等）的金额与期末未分配利润的金额则是本期利润分配的结果。母公司对子公司的长期股权投资按权益法调整的投资收益正好与子公司的本年利润分配项目相抵销。在子公司为非全资子公司的情况下，母公司对子公司长期股权投资按权益法调整的投资收益与本期少数股东损益之和就是子公司本期净利润，同样假定子公司期初未分配利润为零，母公司本期对子公司的长期股权投资按权益法调整的投资收益与本期少数股东损益之和，正好与子公司本期利润分配项目相抵销。

至于子公司个别所有者权益变动表中本年利润分配项目中的“期初未分配利润”项目，作为子公司以前会计期间净利润的一部分，在全资子公司的情况下，已全额包括在母公司以前会计期间按权益法调整的投资收益之中，从而包括在母公司按权益法调整的本期期初未分配利润之中。因此，也应将其予以抵销。从子公司个别所有者权益变动表来看，其期初未分配利润加上本期净利润就是其本期利润分配的来源；而本期利润分配和期末未分配利润则是利润分配的结果。母公司本期对子公司长期股权投资按权益法调整的投资收益和子公司期初未分配利润正好与子公司本年利润分配项目相抵销。在子公司为非全资子公司的情况下，母公司本期对子公司长期股权投资按权益法调整的投资收益、本期少数股东损益和期初未分配利润与子公司本年利润分配项目也正好相抵销。

（1）对子公司拥有全部股权。

在子公司为全资子公司的情况下，应将母公司对子公司按权益法调整后的投资收益和子公司期初未分配利润之和与子公司本年利润分配项目和期末未分配利润相抵销。应编制的抵销分录为：借记“投资收益”“期初未分配利润”项目，贷记“提取盈余公积”、“对所有者（或股东）的分配”和“期末未分配利润”项目。

【例4-5】沿用【例4-1】的资料，假设2020年度B公司实现净利润250万元，提取盈余公积25万元，分配现金股利100万元。在合并工作底稿中，编制的A公司投资收益与B公司利润分配项目的抵销分录如下：

借：投资收益	2 500 000		⑤
期初未分配利润	5 500 000		
贷：提取盈余公积		250 000	
对所有者（或股东）的分配		1 000 000	
期末未分配利润		6 750 000	

（2）对子公司拥有部分股权。

在子公司为非全资子公司的情况下，应将母公司对子公司按权益法调整后的投资收益、少数股东损益和子公司期初未分配利润之和与子公司本年利润分配项目和期末未分配利润项目相抵销。应编制的抵销分录为：借记“投资收益”、“少数股东损益”和“期初未分配利润”项目，贷记“提取盈余公积”、“对所有者（或股东）的分配”和“期末未分配利润”项目。

【例4-6】沿用【例4-2】的资料，假设2020年度B公司实现净利润250万元，提取盈余公积25万元，分配现金股利100万元。在合并工作底稿中，编制的A公司投资收益与B公司利润分配项目的抵销分录如下：

借：投资收益	2 000 000		⑤
期初未分配利润	5 500 000		
少数股东损益	500 000		
贷：提取盈余公积		250 000	
对所有者（或股东）的分配		1 000 000	
期末未分配利润		6 750 000	

4.1.4　在合并工作底稿中计算合并数，并据以填制合并财务报表

■　1）对子公司拥有全部股权

根据【例4-1】、【例4-3】和【例4-5】编制A公司2020年合并工作底稿，见表4-5。

表4-5 **合并工作底稿**

2020年 单位：万元

项目	A公司	B公司	合计数	抵销分录		合并数
				借方	贷方	
利润表项目						
营业收入	5 000	1 100	6 100			6 100
营业成本	3 000	500	3 500			3 500
税金及附加	300	100	400			400
销售费用	150	50	200			200
管理费用	250	100	350			350
财务费用	100	60	160			160
投资收益	200	40	240	③100 ⑤250	①250	140
营业利润	1 400	330	1 730	350	250	1 630
营业外收入	300	120	420			420
营业外支出	200	100	300			300
利润总额	1 500	350	1 850	350	250	1 750
所得税费用	500	100	600			600
净利润	1 000	250	1 250	350	250	1 150
期初未分配利润	1 800	550	2 350	⑤550		1 800
提取盈余公积	100	25	125		⑤25	100
对所有者（或股东）的分配	400	100	500		⑤100	400
期末未分配利润	2 300	675	2 975	④675 1 575	⑤675 1 050	2 450
资产负债表项目						
货币资金	1 500	150	1 650			1 650
应收账款	1 700	150	1 850			1 850
应收股利	0	0	0	②100	③100	0
存货	2 000	600	2 600			2 600

续表

项　目	A公司	B公司	合计数	抵销分录		合并数
				借 方	贷 方	
长期股权投资	3 000	200	3 200	①250	②100 ④1 850	1 500
固定资产	3 000	1 500	4 500			4 500
无形资产	600	100	700			700
资产总计	11 800	2 700	14 500	350	2 050	12 800
短期借款	1 000	150	1 150			1 150
应付账款	800	400	1 200			1 200
长期应付款	1 200	300	1 500			1 500
负债合计	3 000	850	3 850			3 850
股本	4 500	900	5 400	④900		4 500
资本公积	1 700	200	1 900	④200		1 700
盈余公积	300	75	375	④75		300
未分配利润	2 300	675	2 975	1 575	1 050	2 450
所有者权益合计	8 800	1 850	10 650	2 750	1 050	8 950
负债和所有者权益总计	11 800	2 700	14 500	2 750	1 050	12 800

2）对子公司拥有部分股权

根据【例4-2】、【例4-4】、【例4-6】编制A公司2020年合并工作底稿（见表4-6）。

表4-6　　合并工作底稿

2020年　　单位：万元

项　目	A公司	B公司	合计数	抵销分录		合并数
				借 方	贷 方	
利润表项目						
营业收入	5 000	1 100	6 100			6 100
营业成本	3 000	500	3 500			3 500
税金及附加	300	100	400			400
销售费用	150	50	200			200
管理费用	250	100	350			350

续表

项　目	A公司	B公司	合计数	抵销分录		合并数
				借 方	贷 方	
财务费用	100	60	160			160
投资收益	200	40	240	③80 ⑤200	①200	160
营业利润	1 400	330	1 730	280	200	1 650
营业外收入	300	120	420			420
营业外支出	200	100	300			300
利润总额	1 500	350	1 850	280	200	1 770
所得税费用	500	100	600			600
净利润	1 000	250	1 250	280	200	1 170
少数股东损益				⑤50		50
归属于母公司所有者的净利润						1 120
期初未分配利润	1 800	550	2 350	⑤550		1 800
提取盈余公积	100	25	125		⑤25	100
对所有者（或股东）的分配	400	100	500		⑤100	400
期末未分配利润	2 300	675	2 975	④675 1 555	⑤675 1 000	2 420
资产负债表项目						
货币资金	1 500	150	1 650			1 650
应收账款	1 700	150	1 850			1 850
应收股利	0	0	0	②80	③80	0
存货	2 000	600	2 600			2 600
长期股权投资	2 660	200	2 860	①200	②80 ④1 480	1 500
固定资产	3 000	1 500	4 500			4 500
无形资产	600	100	700			700
资产总计	11 460	2 700	14 160	280	1 640	12 800
短期借款	1 000	150	1 150			1 150

续表

项　目	A公司	B公司	合计数	抵销分录		合并数
				借 方	贷 方	
应付账款	800	400	1 200			1 200
长期应付款	1 200	300	1 500			1 500
负债合计	3 000	850	3 850			3 850
股本	4 300	900	5 200	④900		4 300
资本公积	1 560	200	1 760	④200		1 560
盈余公积	300	75	375	④75		300
未分配利润	2 300	675	2 975	1 555	1 000	2 420
少数股东权益					④370	370
所有者权益合计	8 460	1 850	10 310	2 730	1 370	8 950
负债和所有者权益总计	11 460	2 700	14 160	2 730	1 370	12 800

4.2　非同一控制下企业合并控股权取得日后首期合并财务报表的编制

非同一控制下企业合并与同一控制下企业合并在编制合并财务报表时的程序基本相同，最大的区别在于对属于非同一控制下企业合并中取得的子公司的个别财务报表进行合并时，应当首先根据母公司为子公司设置的备查簿的记录，以记录的该子公司各项可辨认资产、负债及或有负债在购买日的公允价值为基础，编制调整分录，对子公司提供的个别财务报表进行调整，以使子公司的个别财务报表反映在购买日公允价值基础上确定的可辨认资产、负债及或有负债在本期资产负债表日的金额。

4.2.1　对子公司的个别财务报表进行调整

属于非同一控制下企业合并中取得的子公司，除了存在与母公司会计政策和会计期间不一致的情况，需要对该子公司的个别财务报表进行调整外，还应当根据母公司为该子公司设置的备查簿的记录，以记录的该子公司的各项可辨认资产、负债及或有负债等在购买日的公允价值为基础，编制调整分录，以使子公司的本期个别财务报表反映在购买日公允价值基础上确定的可辨认资产、负债及或有负债的金额。

4.2.2　按权益法调整对子公司的长期股权投资

合并财务报表准则规定，合并财务报表应当以母公司和其子公司的财务报表为基础，根据其他相关资料，按照权益法调整对子公司的长期股权投资后，由母公司编制。

在合并财务报表工作底稿中，按权益法调整对子公司的长期股权投资时，应按照《企业会计准则第2号——长期股权投资》所规定的权益法进行调整。

■ 1）对子公司拥有全部股权

【例4-7】2020年1月1日，A公司通过发行1 000万股普通股（每股面值为1元），市场价格为每股2.1元，取得B公司100%的股份（A公司和B公司的合并属于非同一控制下的企业合并）。A公司备查簿中记录的B公司2020年1月1日固定资产的账面价值为1 500万元，公允价值为1 800万元，存货的账面价值为600万元，公允价值为550万元。除表4-9中所列项目外，B公司其他资产和负债的公允价值与账面价值相同。

2020年1月1日，B公司股东权益总额为1 700万元，其中股本为900万元，资本公积为200万元，盈余公积为50万元，未分配利润为550万元。

2020年，B公司实现净利润250万元（按公允价值调整前的净利润），提取盈余公积金25万元，分配现金股利100万元。A公司和B公司2020年年末资产负债表和2020年度利润表见表4-7和表4-8。

表4-7 **资产负债表（简表）**

2020年12月31日 单位：万元

项目	A公司	B公司
资产		
货币资金	1 500	150
应收账款	1 700	200
存货	2 000	650
长期股权投资	3 000	200
固定资产	3 000	1 400
无形资产	600	100
资产总计	11 800	2 700
负债和所有者权益		
短期借款	1 000	150
应付账款	800	400
长期应付款	1 200	300
负债合计	3 000	850
股本	4 500	900
资本公积	1 700	200
盈余公积	300	75
未分配利润	2 300	675
所有者权益合计	8 800	1 850
负债和所有者权益总计	11 800	2 700

表4-8

利润表（简表）

2020年度

单位：万元

项目	A公司	B公司
一、营业收入	5 000	1 100
减：营业成本	3 000	500
税金及附加	300	100
销售费用	150	50
管理费用	250	100
财务费用	100	60
加：投资收益	200	40
二、营业利润	1 400	330
加：营业外收入	300	120
减：营业外支出	200	100
三、利润总额	1 500	350
减：所得税	500	100
四、净利润	1 000	250
加：期初未分配利润	1 800	550
减：提取盈余公积	100	25
对所有者（或股东）的分配	400	100
期末未分配利润	2 300	675

假定B公司的会计政策和会计期间与A公司一致，不考虑A公司和B公司合并资产、负债的所得税影响。

（1）将子公司的资产、负债调整为按公允价值反映，同时对子公司的净利润进行调整。

《企业会计准则第2号——长期股权投资》规定，投资企业在确认应享有被投资单位净损益的份额时，应当以取得投资时被投资单位各项可辨认净资产的公允价值为基础，对被投资单位的净利润进行调整后确认。

表4-9 **A公司备查簿（B公司）**

2020年 单位：万元

项目	账面价值	公允价值	公允价值与账面价值的差额	每年调整额	调整后余额	备注
B公司						
存货	600	550	-50	50	0	存货已于本年售出
固定资产	1 500	1 800	300	60	240	该固定资产为管理用固定资产，剩余摊销年限为5年，采用年限平均法计提折旧
资本公积	200	450	250			

在【例4-7】中，A公司在编制合并财务报表时，应当首先根据A公司备查簿中记录的B公司可辨认资产、负债及或有负债在购买日（2020年1月1日）的公允价值的资料，调整B公司的净利润。按照A公司备查簿中的记录，在购买日，B公司可辨认净资产、负债及或有负债的公允价值与账面价值存在差异的仅有两项，固定资产公允价值高于账面价值的差额为300万元（1 800-1 500），按年限平均法每年应补提的折旧额为60万元（300÷5）。存货公允价值低于账面价值的差额为50万元（600-550），存货在2020年已售出，应调整销货成本50万元。在合并工作底稿中应作的调整分录如下：

①调整子公司可辨认资产、负债及或有负债的公允价值与账面价值的差异。

借：固定资产 3 000 000 ①

　贷：资本公积 2 500 000

　　存货 500 000

②调整固定资产折旧。

借：管理费用 600 000 ②

　贷：固定资产 600 000

③调整本期销售存货成本。

借：存货 500 000 ③

　贷：营业成本 500 000

据此，以B公司2020年1月1日各项可辨认资产等的公允价值为基础，重新确定的B公司2020年的净利润为240万元（250-60+50）。

（2）将对子公司的长期股权投资由成本法调整为权益法。

在本例中，2020年12月31日，A公司对B公司长期股权投资的账面余额为2 100万元（假定未发生减值）。根据合并财务报表准则的规定，在合并工作底稿中将对B公司的长期股权投资由成本法调整为权益法。有关调整分录如下：

①确认A公司在2020年B公司实现的240万元净利润中所享有的份额240万元（240×100%）。

借：长期股权投资　　　　2 400 000　　④

　贷：投资收益　　　　　　2 400 000

②当年B公司分配股利100万元，确认A公司应收的B公司2020年分派的现金股利。

借：应收股利　　　　1 000 000　　⑤

　贷：长期股权投资　　　　1 000 000

③抵销原按成本法确认的投资收益100万元。

借：投资收益　　　　1 000 000　　⑥

　贷：应收股利　　　　1 000 000

经过上述调整后，长期股权投资项目的金额将净增加140万元。

2）对子公司拥有部分股权

【例4-8】2020年1月1日，A公司通过发行1 000万股普通股（每股面值为1元），市场价格为每股1.7元，取得B公司80%的股份（A公司和B公司的合并属于非同一控制下的企业合并）。A公司备查簿中记录的B公司2020年1月1日固定资产的账面价值为1 500万元，公允价值为1 800万元，存货的账面价值为600万元，公允价值为550万元。除表4-12中所列项目外，B公司其他资产和负债的公允价值与账面价值相同。

2020年1月1日，B公司股东权益总额为1 700万元，其中股本为900万元，资本公积为200万元，盈余公积为50万元，未分配利润为550万元。

2020年B公司实现净利润250万元（按公允价值调整前的净利润），提取盈余公积25万元，分配现金股利100万元。A公司和B公司2020年年末资产负债表和2020年度利润表见表4-10和表4-11。

表4-10　　　　**资产负债表（简表）**

2020年12月31日　　　　单位：万元

项目	A公司	B公司
资产		
货币资金	1 500	150
应收账款	1 700	200
存货	2 000	650
长期股权投资	3 000	200
固定资产	3 000	1 400
无形资产	600	100
资产总计	11 800	2 700
负债和所有者权益		
短期借款	1 000	150
应付账款	800	400

续表

项目	A公司	B公司
长期应付款	1 200	300
负债合计	3 000	850
股本	4 500	900
资本公积	1 700	200
盈余公积	300	75
未分配利润	2 300	675
所有者权益合计	8 800	1 850
负债和所有者权益总计	11 800	2 700

表4-11　**利润表（简表）**

2020年度　单位：万元

项目	A公司	B公司
一、营业收入	5 000	1 100
减：营业成本	3 000	500
税金及附加	300	100
销售费用	150	50
管理费用	250	100
财务费用	100	60
加：投资收益	200	40
二、营业利润	1 400	330
加：营业外收入	300	120
减：营业外支出	200	100
三、利润总额	1 500	350
减：所得税	500	100
四、净利润	1 000	250
加：期初未分配利润	1 800	550
减：提取盈余公积	100	25
对所有者（或股东）的分配	400	100
期末未分配利润	2 300	675

假定B公司的会计政策和会计期间与A公司一致，不考虑A公司和B公司合并资产、负债的所得税影响。

表4-12 **A公司备查簿（B公司）**

2020年 单位：万元

项目	账面价值	公允价值	公允价值与账面价值的差额	每年调整额	调整后余额	备注
B公司						
存货	600	550	-50	50	0	存货已于本年售出
固定资产	1 500	1 800	300	60	240	该固定资产为管理用固定资产，剩余摊销年限为5年，采用年限平均法计提折旧
资本公积	200	450	250			

（1）将子公司的资产、负债调整为按公允价值反映，同时对子公司的净利润进行调整。

在合并工作底稿中应编制的调整分录如下：

①调整子公司可辨认资产、负债的公允价值与账面价值的差异。

借：固定资产 3 000 000 ①

贷：资本公积 2 500 000

存货 500 000

②调整固定资产折旧。

借：管理费用 600 000 ②

贷：固定资产 600 000

③调整本期销售存货的成本。

借：存货 500 000 ③

贷：营业成本 500 000

按公允价值调整后的B公司2020年度的净利润为240万元（250-60+50）。

（2）将对子公司的长期股权投资由成本法调整为权益法。

在本例中，2020年12月31日，A公司对B公司长期股权投资的账面余额为1 700万元（假定未发生减值）。根据合并财务报表准则的规定，在合并工作底稿中将对B公司的长期股权投资由成本法调整为权益法。有关调整分录如下：

①确认A公司在2020年B公司实现净利润240万元中所享有的份额192万元（240×80%）。

借：长期股权投资 1 920 000 ④

贷：投资收益 1 920 000

②当年B公司分配股利100万元，确认A公司应收的B公司2020年分派的现金股利80万元（100×80%）。

借：应收股利 800 000 ⑤

贷：长期股权投资 800 000

③抵销原按成本法确认的投资收益80万元。

借：投资收益　　800 000　　⑥

　贷：应收股利　　800 000

经过上述调整后，长期股权投资项目的金额将净增加112万元。

4.2.3 抵销母公司、子公司之间投资和被投资关系形成的内部项目

1）母公司长期股权投资与子公司所有者权益的抵销

非同一控制下企业合并形成的长期股权投资，其入账价值是按合并日合并方确定的合并成本计量的，所以，编制合并报表时的抵销分录比较复杂。按合并成本计量的长期股权投资价值，在与母公司享有的子公司账面股东权益份额相抵销之后的差额，可以分解为两个部分：一部分是子公司可辨认净资产的公允价值与账面价值之差；另一部分是母公司合并成本与子公司可辨认净资产公允价值之差[①]。前者应在抵销分录中分摊至有关资产、负债项目，以便于在合并财务报表中按公允价值反映取得的子公司可辨认净资产；后者则应在抵销分录中确认为商誉，以便在合并资产负债表中反映合并商誉。

商誉在确认以后，持有期间内不要求摊销，应按照《企业会计准则第8号——资产减值》的规定对其价值进行测试，按照账面价值与可收回金额孰低的原则计量，对于可收回金额低于账面价值的部分，计提减值准备，有关减值准备在提取以后不能够转回。

（1）对子公司拥有全部股权。

如果母公司对子公司拥有全部股权，则子公司的净利润在权益法下已同时全部记录在母公司的“长期股权投资”和“投资收益”项目中，子公司的“所有者权益”项目全额对应于母公司的“长期股权投资”项目。在合并工作底稿中编制的抵销分录为借记“股本”、“资本公积”、“盈余公积”和“未分配利润”等项目，贷记“长期股权投资”项目。如果母公司对子公司长期股权投资数额大于子公司所有者权益数额，其差额作为商誉处理。

【例4-9】沿用【例4-7】的有关资料，2020年12月31日，抵销A公司长期股权投资与B公司所有者权益项目，并确认商誉150万元（（2 100+140）-（1 850+250-10））。其中，调整后的资本公积为450万元（200+250），调整后的未分配利润为665万元（675-10）。A公司在合并工作底稿中编制的抵销分录为：

借：股本	9 000 000	⑦
资本公积	4 500 000	
盈余公积	750 000	
期末未分配利润	6 650 000	
商誉	1 500 000	

① 该项差额一定是母公司合并成本大于子公司可辨认净资产公允价值份额的差额，如果合并成本小于子公司可辨认净资产公允价值份额，母公司在投资时已将投资成本调整为所取得的子公司可辨认净资产公允价值份额，并将合并成本小于子公司可辨认净资产公允价值份额的差额确认为收益，因此在这种情况下合并财务报表中就不会再出现差额。

贷：长期股权投资　　22 400 000

（2）对子公司拥有部分股权。

如果母公司对子公司只拥有部分股权，则子公司所有者权益中不属于母公司的份额，应当作为“少数股东权益”项目处理。在合并工作底稿中应编制的抵销分录为：借记“股本”、“资本公积”、“盈余公积”和“期末未分配利润”等项目，贷记“长期股权投资”项目和“少数股东权益”项目。如果母公司对子公司长期股权投资数额大于其应享有的子公司所有者权益数额，其差额作为商誉处理。

【例4-10】沿用【例4-8】的有关资料，2020年12月31日，抵销A公司的长期股权投资与B公司所有者权益中属于A公司的部分，并确认商誉140万元（（1 700+112）－（1 850+250−10）×80%），同时按公允价值结转少数股东权益418万元（（900+450+75+665）×20%）。其中，调整后的资本公积为450万元（200+250），调整后的未分配利润为665万元（675−10）。A公司在合并工作底稿中编制的抵销分录为：

借：股本　　9 000 000　　⑦
　　资本公积　　4 500 000
　　盈余公积　　750 000
　　期末未分配利润　　6 650 000
　　商誉　　1 400 000
　贷：长期股权投资　　18 120 000
　　　少数股东权益　　4 180 000

2）母公司的投资收益与子公司利润分配项目的抵销

非同一控制下母公司对子公司长期股权投资的投资收益的抵销与同一控制下的抵销原理和抵销方法相同。如果子公司为全资子公司，母公司对子公司的长期股权投资按权益法调整的投资收益正好与子公司的本年利润分配项目相抵销。如果子公司为非全资子公司，则母公司本期对子公司长期股权投资按权益法调整的投资收益与本期少数股东损益之和就是子公司本年净利润，因此应与子公司本年利润分配项目相抵销。

（1）对子公司拥有全部股权。

在子公司为全资子公司的情况下，应将母公司对子公司按权益法调整后的投资收益和子公司期初未分配利润之和与子公司本年利润分配项目和期末未分配利润相抵销。应编制的抵销分录为：借记“投资收益”和“期初未分配利润”项目，贷记“提取盈余公积”、“对所有者（或股东）的分配”和“期末未分配利润”项目。

【例4-11】沿用【例4-7】的有关资料，2020年12月31日，抵销A公司投资收益与B公司利润分配项目，在合并工作底稿中编制如下抵销分录：

借：投资收益　　2 400 000　　⑧
　　期初未分配利润　　5 500 000
　贷：提取盈余公积　　250 000
　　　对所有者（或股东）的分配　　1 000 000
　　　期末未分配利润　　6 650 000

（2）对子公司拥有部分股权。

在子公司为非全资子公司的情况下，应将母公司对子公司按权益法调整后的投资收益、少数股东损益和子公司期初未分配利润之和与子公司本年利润分配项目和期末未分配利润相抵销。应编制的抵销分录为：借记“投资收益”、“期初未分配利润”和“少数股东损益”项目，贷记“提取盈余公积”、“对所有者（或股东）的分配”和“期末未分配利润”项目。

【例4-12】沿用【例4-8】的有关资料，2020年12月31日，抵销A公司投资收益与B公司利润分配中A公司的部分，同时按公允价值结转少数股东损益48万元（240×20%），在合并工作底稿中编制如下抵销分录：

借：投资收益	1 920 000		⑧
期初未分配利润	5 500 000		
少数股东损益	480 000		
贷：提取盈余公积		250 000	
对所有者（或股东）的分配		1 000 000	
期末未分配利润		6 650 000	

4.2.4 在合并工作底稿中计算合并数，并据以填制合并财务报表

1）对子公司拥有全部股权

根据【例4-7】、【例4-9】和【例4-11】编制A公司2020年12月31日合并工作底稿，见表4-13。

2）对子公司拥有部分股权

根据【例4-8】、【例4-10】和【例4-12】编制A公司2020年12月31日合并工作底稿，见表4-14。

表4-13 合并工作底稿

2020年12月31日　　单位：万元

项　目	A公司	B公司	合计数	抵销分录		合并数
				借 方	贷 方	
利润表项目						
营业收入	5 000	1 100	6 100			6 100
营业成本	3 000	500	3 500		③50	3 450
税金及附加	300	100	400			400
销售费用	150	50	200			200
管理费用	250	100	350	②60		410
财务费用	100	60	160			160

续表

项　目	A公司	B公司	合计数	抵销分录		合并数
				借 方	贷 方	
投资收益	200	40	240	⑥100 ⑧240	④240	140
营业利润	1 400	330	1 730	400	290	1 620
营业外收入	300	120	420			420
营业外支出	200	100	300			300
利润总额	1 500	350	1 850	400	290	1 740
所得税	500	100	600			600
净利润	1 000	250	1 250	400	290	1 140
期初未分配利润	1 800	550	2 350	⑧550		1 800
提取盈余公积	100	25	125		⑧25	100
对所有者（或股东）的分配	400	100	500		⑧100	400
期末未分配利润	2 300	675	2 975	⑦665 1 615	⑧665 1 080	2 440
资产负债表项目						
货币资金	1 500	150	1 650			1 650
应收账款	1 700	200	1 900			1 900
其他应收款	0	0	0	⑤100	⑥100	0
存货	2 000	650	2 650	③50	①50	2 650
长期股权投资	3 000	200	3 200	④240	⑤100 ⑦2 240	1 100
固定资产	3 000	1 400	4 400	①300	②60	4 640
无形资产	600	100	700			700
商誉				⑦150		150
资产总计	11 800	2 700	14 500	840	2 550	12 790
短期借款	1 000	150	1 150			1 150
应付账款	800	400	1 200			1 200
长期应付款	1 200	300	1 500			1 500

续表

项　目	A公司	B公司	合计数	抵销分录		合并数
				借 方	贷 方	
负债合计	3 000	850	3 850			3 850
股本	4 500	900	5 400	⑦900		4 500
资本公积	1 700	200	1 900	⑦450	①250	1 700
盈余公积	300	75	375	⑦75		300
未分配利润	2 300	675	2 975	1 615	1 080	2 440
所有者权益合计	8 800	1 850	10 650	3 040	1 330	8 940
负债和所有者权益总计	11 800	2 700	14 500	3 040	1 330	12 790

表4-14　　**合并工作底稿**

2020年12月31日　　单位：万元

项　目	A公司	B公司	合计数	抵销分录		合并数
				借 方	贷 方	
利润表项目						
营业收入	5 000	1 100	6 100			6 100
营业成本	3 000	500	3 500		③50	3 450
税金及附加	300	100	400			400
销售费用	150	50	200			200
管理费用	250	100	350	②60		410
财务费用	100	60	160			160
投资收益	200	40	240	⑥80 ⑧192	④192	160
营业利润	1 400	330	1 730	332	242	1 640
营业外收入	300	120	420			420
营业外支出	200	100	300			300
利润总额	1 500	350	1 850	332	242	1 760
所得税	500	100	600			600
净利润	1 000	250	1 250	332	242	1 160
少数股东损益				⑧48		48
归属于母公司所有者的净利润						1 112

续表

项　目	A公司	B公司	合计数	抵销分录		合并数
				借 方	贷 方	
期初未分配利润	1 800	550	2 350	⑧550		1 800
提取盈余公积	100	25	125		⑧25	100
对所有者（或股东）的分配	400	100	500		⑧100	400
期末未分配利润	2 300	675	2 975	⑦665 1 595	⑧665 1 032	2 412
资产负债表项目						
货币资金	1 500	150	1 650			1 650
应收账款	1 700	200	1 900			1 900
应收股利				⑤80	⑥80	0
存货	2 000	650	2 650	③50	①50	2 650
长期股权投资	3 000	200	3 200	④192	⑤80 ⑦1 812	1 500
固定资产	3 000	1 400	4 400	①300	②60	4 640
无形资产	600	100	700			700
商誉				⑦140		140
资产总计	11 800	2 700	14 500	762	2 082	13 180
短期借款	1 000	150	1 150			1 150
应付账款	800	400	1 200			1 200
长期应付款	1 200	300	1 500			1 500
负债合计	3 000	850	3 850			3 850
股本	4 500	900	5 400	⑦900		4 500
资本公积	1 700	200	1 900	⑦450	①250	1 700
盈余公积	300	75	375	⑦75		300
未分配利润	2 300	675	2 975	1 595	1 032	2 412
少数股东权益					⑦418	418
所有者权益合计	8 800	1 850	10 650	3 020	1 700	9 330
负债和所有者权益总计	11 800	2 700	14 500	3 020	1 700	13 180

4.3 控股权取得日后连续各期合并财务报表的编制

在股权取得日后首期编制合并财务报表时，已经在合并工作底稿中将子公司的资产、负债调整为按公允价值反映并相应调整了子公司的净利润，同时将母公司对子公司的长期股权投资由成本法调整为权益法，并在此基础上将企业集团内部由于股权投资产生的母公司对子公司长期股权投资与子公司所有者权益以及母公司投资收益与子公司利润分配项目等进行了抵销。但是，这些调整和抵销都是在合并工作底稿中进行的，并没有相应地记入企业集团母公司及各子公司的账簿之中。因此，在控股权取得日以后连续各期编制合并财务报表时，个别财务报表仍然是以没有反映上述调整和抵销情况的账簿记录为依据编制的，而合并财务报表还是要以这些个别财务报表为基础编制。所以，在第二期及以后各期连续编制合并财务报表时，仍然需要进行上述的调整和抵销。只不过，按公允价值的调整要考虑自控股权取得日后到本期末为止的全部影响，既包括对本期净利润的影响，又包括对期初留存收益等的影响。

【例4-13】沿用【例4-7】的有关资料，假设2021年度B公司仍然实现净利润250万元（按公允价值调整前的净利润），提取盈余公积25万元，分配现金股利100万元。A公司和B公司2021年年末的资产负债表及2021年度的利润表见表4-15和表4-16。

表4-15 **资产负债表（简表）**

2021年12月31日

单位：万元

项目	A公司	B公司
资产		
货币资金	2 000	200
应收账款	1 700	200
存货	2 000	650
长期股权投资	3 000	200
固定资产	3 100	1 500
无形资产	600	100
资产总计	12 400	2 850
负债和所有者权益		
短期借款	1 000	150
应付账款	800	400
长期应付款	1 200	300
负债合计	3 000	850
股本	4 500	900
资本公积	1 700	200
盈余公积	400	100
未分配利润	2 800	800
所有者权益合计	9 400	2 000
负债和所有者权益总计	12 400	2 850

表4-16

利润表（简表）

2021年度

单位：万元

项目	A公司	B公司
一、营业收入	5 000	1 100
减：营业成本	3 000	500
税金及附加	300	100
销售费用	150	50
管理费用	250	100
财务费用	100	60
加：投资收益	200	40
二、营业利润	1 400	330
加：营业外收入	300	120
减：营业外支出	200	100
三、利润总额	1 500	350
减：所得税费用	500	100
四、净利润	1 000	250
加：期初未分配利润	2 300	675
减：提取盈余公积	100	25
对所有者（或股东）的分配	400	100
期末未分配利润	2 800	800

2021年12月31日编制合并报表工作底稿时的处理如下：

（1）将子公司的资产、负债调整为按公允价值反映，同时对子公司的净利润进行调整。

①调整子公司可辨认资产、负债的公允价值与账面价值的差异。

借：固定资产　　3 000 000　　①

　贷：存货　　500 000

　　资本公积　　2 500 000

②调整固定资产折旧。

借：管理费用　　600 000　　②

　期初未分配利润　　600 000

　贷：固定资产　　1 200 000

③调整上期销售存货的成本。

借：存货　　500 000　　③

　贷：期初未分配利润　　500 000

（2）将母公司对子公司的长期股权投资由成本法调整为权益法。

2020年按公允价值计算的净利润为240万元，2021年按公允价值计算的净利润为190万元（250-60），两年共分配200万元利润，因此，按权益法核算的长期股权投资本年末余额应比投资时净增230万元（240+190-200）。

借：长期股权投资　　2 300 000　　④
　贷：投资收益　　900 000
　　期初未分配利润　　1 400 000

（3）抵销母公司长期股权投资与子公司所有者权益项目，并确认商誉。

借：股本　　9 000 000　　⑤
　资本公积　　4 500 000
　盈余公积　　1 000 000
　期末未分配利润（8 000 000-1 200 000+500 000）　　7 300 000
　商誉　　1 500 000
　贷：长期股权投资　　23 300 000

（4）抵销母公司投资收益与子公司利润分配项目。

借：投资收益　　1 900 000　　⑥
　期初未分配利润　　6 650 000
　贷：提取盈余公积　　250 000
　　对所有者（或股东）的分配　　1 000 000
　　期末未分配利润　　7 300 000

（5）在合并工作底稿中计算合并数，见表4-17，并据以填制合并财务报表。

表4-17

合并工作底稿

2021年12月31日

单位：万元

项　目	A公司	B公司	合计数	抵销分录		合并数
				借方	贷方	
利润表项目						
营业收入	5 000	1 100	6 100			6 100
营业成本	3 000	500	3 500			3 500
税金及附加	300	100	400			400
销售费用	150	50	200			200
管理费用	250	100	350	②60		410
财务费用	100	60	160			160
投资收益	200	40	240	⑥190	④90	140
营业利润	1 400	330	1 730	250	90	1 570
营业外收入	300	120	420			420

续表

项　目	A公司	B公司	合计数	抵销分录		合并数
				借方	贷方	
营业外支出	200	100	300			300
利润总额	1 500	350	1 850	250	90	1 690
所得税费用	500	100	600			600
净利润	1 000	250	1 250	250	90	1 090
期初未分配利润	2 300	675	2 975	②60 ⑥665	③50 ④140	2 440
提取盈余公积	100	25	125		⑥25	100
对所有者（或股东）的分配	400	100	500		⑥100	400
期末未分配利润	2 800	800	3 600	⑤730 1 705	⑥730 1 135	3 030
资产负债表项目						
货币资金	2 000	200	2 200			2 200
应收账款	1 700	200	1 900			1 900
存货	2 000	650	2 650	③50	①50	2 650
长期股权投资	3 000	200	3 200	④230	⑤2 330	1 100
固定资产	3 100	1 500	4 600	①300	②120	4 780
无形资产	600	100	700			700
商誉				⑤150		150
资产总计	12 400	2 850	15 250	730	2 500	13 480
短期借款	1 000	150	1 150			1 150
应付账款	800	400	1 200			1 200
长期应付款	1 200	300	1 500			1 500
负债合计	3 000	850	3 850			3 850
股本	4 500	900	5 400	⑤900		4 500
资本公积	1 700	200	1 900	⑤450	①250	1 700
盈余公积	400	100	500	⑤100		400
未分配利润	2 800	800	3 600	1 705	1 135	3 030
所有者权益合计	9 400	2 000	11 400	3 155	1 385	9 630
负债和所有者权益总计	12 400	2 850	15 250	3 155	1 385	13 480

4.4 同一控制下的期中企业合并

合并财务报表准则规定：母公司在报告期内因同一控制下企业合并增加的子公司以及业务，应当将该子公司以及业务合并当期期初至报告期末的收入、费用、利润纳入合并利润表，同时应当对比较报表的相关项目进行调整，视同合并后的报告主体自最终控制方开始控制时点起一直存在。

企业合并准则规定：合并中形成母子公司关系的，母公司应当编制合并日的合并资产负债表、合并利润表及合并现金流量表。

合并利润表应当包括参与合并各方自合并当期期初至合并日所发生的收入、费用和利润。被合并方在合并前实现的净利润，应当在合并利润表中单列项目反映。

【例4-14】A、B公司为同一控制下的企业，A公司2021年7月1日购入B公司股份的80%，支付192万元，上半年B公司实现净利润25万元，提取盈余公积5万元，发放股利15万元。

B公司2021年1月1日、7月1日及12月31日的资产负债表的有关项目的数据见表4-18。

表4-18　**B公司资产负债表（简表）**　单位：万元

项目	1月1日	7月1日	12月31日
货币资金	30	40	100
应收账款	50	100	100
长期股权投资	0	0	0
固定资产	150	200	200
无形资产	200	200	200
短期借款	100	100	100
长期借款	100	200	250
实收资本	100	100	100
盈余公积	30	35	40
未分配利润	100	105	110

A公司2021年1月1日、7月1日和12月31日资产负债表有关项目的数据见表4-19。

表4-19　**A公司资产负债表（简表）**　单位：万元

项目	1月1日	7月1日	12月31日
货币资金	200	258	300
应收账款	400	200	300
长期股权投资	0	192	192
固定资产	800	800	800
无形资产	400	600	700
短期借款	200	200	292
长期借款	200	300	300
实收资本	1 000	1 000	1 000
盈余公积	200	250	300
未分配利润	200	300	400

B公司利润表有关项目的数据见表4-20。

表4-20　**B公司利润表（简表）**　单位：万元

项目	上半年	全年
一、营业收入	100	200
减：营业成本	50	100
期间费用[①]	10	20
二、利润总额	40	80
减：所得税费用	15	30
三、净利润	25	50
加：期初未分配利润	100	100
减：提取盈余公积	5	10
对所有者的分配	15	30
期末未分配利润	105	110

① 为方便表述将管理费用、销售费用和财务费用合并为期间费用进行列示，下同。

A公司利润表有关项目的数据见表4-21。

表4-21　　A公司利润表（简表）　　单位：万元

项目	上半年	全年
一、营业收入	1 500	2 500
减：营业成本	800	1 500
期间费用	200	300
加：投资收益	0	12
二、利润总额	500	712
减：所得税费用	250	212
三、净利润	250	500
加：期初未分配利润	200	200
减：提取盈余公积	50	100
对所有者的分配	100	200
期末未分配利润	300	400

要求编制2021年7月1日合并时及2021年12月31日的合并资产负债表、合并利润表。

4.4.1　合并日合并资产负债表、合并利润表的编制

（1）追溯调整2021年1月1日、7月1日A公司资产负债表和2021年度上半年的利润表。因为A公司和B公司本为同一控制下的公司，虽在期中才取得控股权，但视同A公司在期初就已经取得对B公司的控制权。A公司资产负债表见表4-22。

表4-22　　A公司资产负债表（简表）　　单位：万元

项目	1月1日	7月1日
货币资金	16	278
应收账款	400	200
长期股权投资	184（230×80%）	184
固定资产	800	800
无形资产	400	600
短期借款	200	200
长期借款	200	300
实收资本	1 000	1 000
盈余公积	200	250
未分配利润	200	312

（2）追溯调整的A公司上半年的利润表（见表4-23）。

表4-23　　**A公司利润表（简表）**　　单位：万元

项目	上半年
一、营业收入	1 500
减：营业成本	800
期间费用	200
加：投资收益	12
二、利润总额	512
减：所得税	250
三、净利润	262
加：期初未分配利润	200
减：提取盈余公积	50
对所有者的分配	100
期末未分配利润	312

（3）将上半年A公司财务报表由成本法调为权益法（单位：万元）。

借：长期股权投资（240-230）×80%　　8　①

　贷：投资收益　　8

（4）2021年7月1日合并财务报表的抵销处理（单位：万元）。

借：实收资本　　100　②

　　盈余公积　　35

　　未分配利润　　105

　贷：长期股权投资（240×80%）　　192

　　　少数股东权益　　48

借：投资收益（12+8）　　20　③

　　少数股东本期损益（25×20%）　　5

　　期初未分配利润　　100

　贷：提取盈余公积　　5

　　　对所有者的分配　　15

　　　期末未分配利润　　105

（5）编制合并日工作底稿（见表2-24和表2-25）。

表4-24　　2021年7月1日合并财务报表工作底稿　　单位：万元

项　目	A公司	B公司	合计数	抵销分录		合并数
				借 方	贷 方	
货币资金	278	40	318			318
应收账款	200	100	300			300
长期股权投资	184	0	184	①8	②192	0
固定资产	800	200	1 000			1 000
无形资产	600	200	800			800
短期借款	200	100	300			300
长期借款	300	200	500			500
实收资本	1 000	100	1 100	②100		1 000
盈余公积	250	35	285	②35		250
未分配利润	312	105	417	230*	133*	320
少数股东权益	0	0	0		②48	48

注：*来自利润表的期末未分配利润合计数。

表4-25　　2021年7月1日合并财务报表工作底稿　　单位：万元

项　目	A公司	B公司	合计数	抵销分录		合并数
				借 方	贷 方	
营业收入	1 500	100	1 600			1 600
营业成本	800	50	850			850
期间费用	200	10	210			210
投资收益	12	0	12	③20	①8	0
利润总额	512	40	552	20	8	540
所得税费用	250	15	265			265
净利润	262	25	287	20	8	275
其中：被合并方合并前净利润	—	—	—			—
少数股东损益	—	—	—	③5		5
归属于母公司所有者的净利润	—	—	—			270
期初未分配利润	200	100	300	③100		200
提取盈余公积	50	5	55		③5	50
对所有者的分配	100	15	115		③15	100
期末未分配利润	312	105	417	②105 230	③105 133	320

4.4.2　合并日后合并资产负债表、合并利润表的编制

（1）追溯调整2021年1月1日、12月31日A公司资产负债表（见表4-26）。

表4-26　**A公司资产负债表（简表）**　单位：万元

项目	1月1日	12月31日
货币资金	16	320
应收账款	400	300
长期股权投资	184（230×80%）	184
固定资产	800	800
无形资产	400	700
短期借款	200	292
长期借款	200	300
实收资本	1 000	1 000
盈余公积	200	300
未分配利润	200	412

（2）追溯调整A公司全年的利润表（见表4-27）。

表4-27　**A公司利润表（简表）**　单位：万元

项目	全年
一、营业收入	2 500
减：营业成本	1 500
期间费用	300
加：投资收益	24
二、利润总额	724
减：所得税费用	212
三、净利润	512
加：期初未分配利润	200
减：提取盈余公积	100
对所有者的分配	200
期末未分配利润	412

（3）将成本法调整为权益法（单位：万元）。

由于B公司全年实现的净利润为50万元，分配股利为30万元，因此若按权益法核算长期股权投资应调增16万元，投资收益应调增16万元。

借：长期股权投资（250−230）×80%　　16①

　贷：投资收益　　16

（4）2021年12月31日的合并财务报表抵销处理（单位：万元）。

抵销母公司的长期股权投资与子公司的所有者权益中属于母公司的部分，同时结转少数股东权益

借：实收资本　　100 ②

　　盈余公积　　40

　　未分配利润　　110

　贷：长期股权投资（250×80%）　　200

　　　少数股东权益　　50

借：投资收益（24+16）　　40 ③

　　少数股东损益（25×20%）　　10

　　期初未分配利润　　100

　贷：提取盈余公积　　10

　　　对所有者的分配　　30

　　　期末未分配利润　　110

（5）编制2021年12月31日合并财务报表工作底稿（见表4-28和表4-29）。

表4-28　**2021年12月31日合并财务报表工作底稿（1）**　单位：万元

项　目	A公司	B公司	合计数	抵销分录		合并数
				借 方	贷 方	
货币资金	320	100	420			420
应收账款	300	100	400			400
长期股权投资	184	0	184	①16	②200	0
固定资产	800	200	1 000			1 000
无形资产	700	200	900			900
短期借款	292	100	392			392
长期借款	300	250	550			550
实收资本	1 000	100	1 100	②100		1 000
盈余公积	300	40	340	②40		300
未分配利润	412	110	522	260*	166*	428
少数股东权益	0	0	0		②50	50

注：*来自利润分配表的期末未分配利润合计数

表4-29　　2021年12月31日合并财务报表工作底稿（2）　　单位：万元

项　目	A公司	B公司	合计数	抵销分录		合并数
				借 方	贷 方	
营业收入	2 500	200	2 700			2 700
营业成本	1 500	100	1 600			1 600
期间费用	300	20	320			320
投资收益	24		24	③40	①16	0
利润总额	724	80	804	40	16	780
所得税费用	212	30	242			242
净利润	512	50	562	40	16	538
其中：被合并方合并前净利润	—	—	—			25
少数股东损益	—	—	—	③10		10
归属于母公司所有者的净利润	—	—	—			528
期初未分配利润	200	100	300	③100		200
提取盈余公积	100	10	110		③10	100
对所有者的分配	200	30	230		③30	200
期末未分配利润	412	110	522	②110 260	③110 166	428

总结与结论

本章介绍了母公司控股权取得日后各期合并财务报表的编制程序和方法。股权取得日后各期合并报表的编制同样以母公司、子公司个别报表为基础，同时抵销母、子公司之间以及子公司之间发生的内部交易。合并日后同一控制下和非同一控制下企业合并都需要编制合并资产负债表、合并利润表、合并现金流量表、合并所有者权益变动表。合并财务报表根据合并工作底稿编制。在编制合并工作底稿时，需要编制调整分录和抵销分录。调整分录包括对子公司的个别财务报表进行的调整以及将母公司对子公司的长期股权投资由成本法调整为权益法。抵销分录包括母公司长期股权投资与子公司所有者权益的抵销以及母公司的投资收益与子公司的利润分配项目的抵销。需要注意的是，与同一控制下企业合并不同，非同一控制下企业合并编制合并财务报表时子公司的资产、负债是按照公允价值计量的，长期股权投资初始投资成本与子公司可辨认净资产的公允价值的差额确认为商誉。企业合并所形成的商誉，至少应当在每年年度终了进行减值测试。

关键概念

1.成本法：指投资按成本计价的方法。在成本法下，长期股权投资以初始投资成本计价；追加或收回投资应当调整长期股权投资的成本。

2.权益法：指投资最初以投资成本计价，以后根据投资企业享有被投资单位可辨认净资产公允价值份额的变动对投资的账面价值进行调整的方法。

3.少数股东损益：指子公司净利润中属于少数股东所有的部分。

4.控股权取得日后合并财务报表：指企业合并控股权取得日后首期及以后各期编制的合并财务报表，包括合并资产负债表、合并利润表、合并现金流量表、合并所有者权益变动表。

课程思政

1.母公司对子公司投资的核算方法

按现行企业会计准则的有关规定，母公司对子公司的长期股权投资要采用成本法核算，但在控股权取得日后连续编制合并财务报表时，又需要在合并工作底稿中先将母公司对子公司的投资由成本法调整为权益法，然后再与子公司的对应项目进行抵销。为什么母公司对子公司的长期股权投资不直接采用权益法进行核算呢？试结合党的二十大报告中“充分发挥市场在资源配置中的决定性作用”的论断对这一规定的积极意义进行分析。

2.并购尽职调查

我国《企业会计准则第20号——企业合并》中将商誉定义为非同一控制下企业合并中，购买方对合并成本大于合并中取得的被购买方可辨认净资产公允价值份额的差额。近年来，我国资本市场商誉“暴雷”、业绩“变脸”等突出问题频频出现。如果被并购方是一家外国企业，你受并购方委托对其进行尽职调查，你在尽职调查中将会特别关注的问题是什么？

思考与练习

一、思考题

1.控股权取得日后合并财务报表与控股权取得日合并财务报表在合并内容上有何差别？

2.母公司对子公司投资采用权益法与采用成本法比较，对控股权取得日后合并财务报表的编制程序及结果是否有影响？

3.编制控股权取得日后首期合并财务报表和控股权取得日后连续各期合并财务报表的异同点有哪些？

4.企业合并中若子公司存在少数股权，在控股权取得日后合并财务报表上少数股权如何反映？

5.比较同一控制下和非同一控制下企业合并在股权取得日后编制的合并财务报表的异同点有哪些？

二、练习题

1.第二期以及以后各期连续编制合并财务报表时，其编制基础为（　　）。

A.上一期编制的合并财务报表

B.上一期编制合并财务报表的合并工作底稿

C.企业集团母公司与子公司的当期的个别财务报表

D.企业集团母公司和子公司的账簿记录

2.按照我国现行会计准则的规定，对于同一控制下的控股合并，下列有关编制控制权取得日后的合并财务报表的表述中正确的是（　　）。

A.少数股东权益可以直接按照少数股东占子公司净资产账面价值的份额确定

B.少数股东净利润可以直接按照少数股东占子公司账面净利润的份额确定

C.确定合并净利润时应当考虑控制权取得日所发生的子公司资产与负债项目高估或低估的金额，对子公司账面净利润进行调整

D.确定合并净利润时应该消除与集团内部销售有关的未实现损益的影响

3.甲、乙公司间不存在关联方关系，甲公司2020年1月1日投资500万元购入乙公司80%股权，乙公司可辨认净资产公允价值为500万元，账面价值为400万元，其差额为应5年摊销的无形资产，2020年乙公司实现净利润100万元，2020年乙公司分配现金股利60万元。2021年乙公司又实现净利润120万元，所有者权益其他项目不变，在2021年期末甲公司编制合并抵销分录时，长期股权投资应调整为（　　）万元。

A.596　　B.720　　C.660　　D.620

4.同一控制下企业合并，编制合并工作底稿时，调整长期股权投资的余额使其反映母公司占子公司净资产的份额涉及的项目有（　　）。

A.对股东的分配　　B.长期股权投资

C.少数股东权益　　D.投资收益

E.期初未分配利润

5.非同一控制下企业合并，编制合并工作底稿时，将长期股权投资的年初余额调整为权益法下的余额涉及的项目有（　　）。

A.对股东的分配　　B.长期股权投资

C.少数股东权益　　D.投资收益

E.期初未分配利润

延伸阅读

[1] 储一昀．高级财务会计［M］．上海：上海财经大学出版社，2017.

[2] 刘永泽，傅荣．高级财务会计［M］．7版．大连：东北财经大学出版社，2021.

[3] 周华．高级财务会计［M］．3版．北京：中国人民大学出版社，2019.

[4] 中华人民共和国财政部．企业会计准则［M］．北京：经济科学出版社，2020.

[5] 谢纪刚，张秋生．上市公司并购的价值构成与商誉减值会计新模式——兼论《企业合并：披露、商誉与减值（讨论稿）》[J]．会计研究，2020（12）．

[6] 张为国，解学竟．商誉会计准则：政治过程、改革争议与我们的评论 [J]．会计研究，2020（12）．

本章教学视频　　本章教学课件　　本章教学指导

第5章

公司间交易的抵销

高级财务会计

Advanced Financial Accounting

章前准备

一、学习目的与要求

通过本章的学习，掌握母公司与子公司之间、子公司之间各项内部交易事项抵销处理的原则和方法，其中包括存货购销业务、固定资产买卖业务、无形资产交易业务等。

二、教学重点与难点

本章的教学重点是公司间存货交易和公司间固定资产交易的抵销处理方法，本章的教学难点是公司间内部交易资产减值准备的抵销处理。

三、本章教案设计

本章教案

5.1 公司间交易的含义及类型

5.1.1 公司间交易的含义

公司间交易是指企业集团内部母公司与其所属的子公司之间以及各子公司之间发生的除股权投资以外的各种往来业务及交易事项，即通常所说的关联交易。如联属公司间的存货交易、固定资产交易、债权债务交易等。

5.1.2 公司间交易的类型

公司间交易按不同的标准有不同的分类方法，主要包括：

■ 1）按公司间交易是否涉及损益分类

（1）涉及损益的公司间交易。

涉及损益的公司间交易是指母公司与子公司及各子公司之间发生的产生公司间交易损益的事项。如母公司将其生产的产品出售给其所属的子公司，导致母公司利润表中的利润增加。

涉及损益的公司间交易按其损益是否实现，又可分为以下三种情况：全部实现内部损益的公司间交易、全部未实现内部损益的公司间交易和部分实现内部损益的公司间交易。全部实现内部损益的公司间交易是指母公司与子公司及各子公司之间发生了涉及损益的公司间交易，其购买方已于当期全部向外销售。如母公司将其生产的产品出售给其所属的子公司，子公司在当期将该部分产品全部出售给母、子公司以外的某公司。全部未实现内部损益的公司间交易是指母公司与子公司及各子公司之间发生了涉及损益的公司间交易后，其购买方在当期全部未向母、子公司外销售。部分实现内部损益的公司间交易是指母公司与子公司及各子公司之间发生了涉及损益的公司间交易后，其购买方尚未在当期全部向母、子公司外销售。如母公司将其生产的产品出售给其所属的子公司后，子公司将该部分产品部分对外出售，就母公司个别财务报表来说，已经反映为销售损益，但对于母、子公司整体来说，由于购买方子公司个别财务报表的存货中还包括了部分从母公司购入的存货，因此，母公司的部分销售损益对企业集团来说仍为未实现的损益。

（2）不涉及损益的公司间交易。

不涉及损益的公司间交易是指母公司与子公司及各子公司之间发生的交易与各公司的损益确定无关，如公司间债权债务交易等。

■ 2）按公司间交易的具体内容分类

（1）公司间存货交易。

（2）公司间固定资产交易。

（3）公司间债权债务交易。

（4）公司间无形资产交易。

（5）公司间其他交易。

本章中主要是按照公司间交易的具体内容分类展开论述的。在5.2、5.3、5.4分别介绍了公司间存货交易、公司间固定资产交易、公司间债权债务交易；在5.5中主要介绍了公司间债券投资交易和公司间无形资产交易等。在介绍公司间交易的抵销时分别从当期发生的公司间交易对本期个别财务报表影响的抵销和以前期间发生的公司间交易对本期个别财务报表影响的抵销两部分进行说明。

5.2 公司间存货交易的抵销

公司间存货交易，是指商品或产品（以下均称为产品）的销售业务。销售企业已将其销售收入和销售成本计入当期损益，列示在利润表中。购买企业则把这些内部购入的产品中当期实现对企业集团外部销售部分作为销售收入和销售成本计入当期损益，列示在利润表中；对于当期未实现对企业集团外部销售的部分，购买企业则按销售企业的售价（即销售企业的成本与毛利之和）计入存货，列示在资产负债表中。从企业集团整体的角度看，企业集团内部的产品购销业务只是属于产品调拨活动，使产品的存放地点发生了变动，既不能实现销售收入，也不会发生销售成本，因而并不能形成利润（或损失）。凡是实现了对企业集团外部销售的产品，只是实现了一次销售，其销售收入只是购买该产品的企业对集团外销售所形成的销售收入，其销售成本只是集团内销售该产品的企业的销售成本，其利润（或损失）则是这两者之间的差额；凡是未实现对企业集团外部销售的产品，其成本只能是集团内销售该产品的销售企业原来的成本，不能因为产品存放地点的变动就发生增值（或减值）。这一增值（或减值）即销售企业的毛利（或损失），只有在产品对企业集团外部销售时才能实现，故将其称为未实现内部销售损益。公司间存货交易的抵销分为当期抵销和以后各期抵销两种情况。在编制每期合并财务报表时，需要进行抵销处理的内容包括当期发生的公司间存货交易对本期个别财务报表影响的抵销和以前期间发生的公司间存货交易对本期个别财务报表影响的抵销两部分。

5.2.1 当期发生的公司间存货交易的抵销

在企业集团内部销售的情况下，销售方将产品销售给购货方。从购货方的角度，当期购入的内部存货在期末有三种可能性：在当期全部未实现对企业集团外部销售，形成该企业的期末存货；全部实现对企业集团外部销售；部分实现对企业集团外部销售，部分形成该企业的期末存货。

■ 1）公司间交易的存货全部未实现对外销售

在这种情况下，销售方所确认的营业收入、营业成本在集团来看并没有实现。因此，应抵销个别财务报表已确认的营业收入和营业成本，与此同时，由于购买方期末存货中包括了销售方所确认的未实现公司间交易损益，虚增（虚减）了合并财务报表上的存货价值，因此，应将其虚增（虚减）的存货价值予以抵销。在合并工作底稿中应编制的抵销分录为：

借：营业收入	集团内销售企业的销售收入
贷：营业成本	集团内销售企业的销售成本
存货	集团内销售企业的毛利

【例 5-1】B公司为A公司的子公司。本期发生的内部销售业务有：A公司销售给B公司一批产品，售价为10 000元，其成本为8 000元，款项已存入银行。

在合并工作底稿中应编制的抵销分录为：

借：营业收入	10 000	
贷：营业成本		8 000
存货		2 000

■ 2）公司间交易的存货全部实现对外销售

在这种情况下，企业集团也实现了销售和利润，而且个别财务报表所确认的利润合计与合并财务报表应列报的利润是一致的。但是，由于公司间交易的销售方在发生公司间交易时确认了销售收入和销售成本，而公司间交易的购买方对外销售时又确认了一次销售收入和销售成本，而对整个企业集团来说，实现的销售只有一次，应确认的销售收入只是公司间交易的购买方对外销售所实现的销售收入，与之相配比的销售成本应是公司间交易的销售方所确认的销售成本。因此，在这种情况下，需要将公司间交易的销售方所确认的内部销售收入和公司间交易的购买方所确认的内部销售成本予以抵销，抵销分录为：

借：营业收入	集团内销售企业的销售收入
贷：营业成本	集团内购买企业的销售成本

【例 5-2】沿用【例 5-1】中的资料，若B公司将其从A公司购入的产品以12 000元的价格全部对外出售，则在合并工作底稿中应编制的抵销分录为：

借：营业收入	10 000	
贷：营业成本		10 000

3）公司间交易的存货部分对外出售，其余部分形成期末存货

在这种情况下，未出售的部分可以按照第一种情况的抵销方法进行抵销，已出售的部分则按第二种情况的抵销方法进行抵销。

【例5-3】沿用【例5-1】中的资料，B公司从A公司购买的存货中有60%在当期销售给集团外的其他企业，销售价格为7 200元，则在合并工作底稿中应编制的抵销分录为：

借：营业收入（10 000×60%） 6 000
　贷：营业成本（10 000×60%） 6 000
借：营业收入（10 000×40%） 4 000
　贷：营业成本（8 000×40%） 3 200
　　存货 800

上述处理方法是分别对公司间交易的存货在当期全部未对外出售、全部对外出售和部分对外出售三种情况进行抵销处理，而综合三种情况，可以将其采用统一的抵销分录进行抵销，即不管公司间交易的存货在当期是否对外销售，均采用统一的抵销分录进行抵销处理。统一的抵销分录为：

（1）假设公司间交易的存货已全部对外销售，因此将内部销售收入和内部销售成本全部予以抵销，抵销分录为：

借：营业收入 集团内销售企业的销售收入
　贷：营业成本 集团内购买企业的销售成本

（2）如果公司间交易的存货在期末仍有未对外销售的，则意味着期末存货中仍然包含了部分未实现的损益，同时也说明前一步抵销中假设公司间交易的存货全部对外销售与事实不符，因而多抵销了销售成本，多抵销的数额正是期末未实现对外销售的存货中所包含的未实现内部损益，因此应再编制抵销分录加以调整，抵销分录为：

借：营业成本 期末存货中的未实现内部销售损益
　贷：存货 期末存货中的未实现内部销售损益

【例5-4】沿用【例5-1】中的资料，若按第二种处理方法，则三种情形下的抵销分录分别为：

①当公司间交易的存货全部未实现对外销售时，抵销分录为：

借：营业收入 10 000
　贷：营业成本 10 000
借：营业成本 2 000
　贷：存货 2 000

②当公司间交易的存货全部对外销售时，抵销分录为：

借：营业收入 10 000
　贷：营业成本 10 000

由于期末已没有未对外销售的存货，故不需要作第二笔抵销分录。

③当公司间交易的存货的60%对外销售时，抵销分录为：

借：营业收入 10 000

贷：营业成本 10 000

借：营业成本（（10 000−8 000）×40%） 800

贷：存货 800

5.2.2 以前期间发生的公司间存货交易对本期影响的抵销

在一些公司集团内部，公司间的商品交易属于经常性交易，每个会计期间都会发生。如果以前期间公司间交易的存货到上期末已全部实现对外销售，则本期初（上期末）存货中已不再含有未实现的内部损益，以前期间的公司间交易也不会对本期的营业收入、营业成本的列报产生影响，同时，如果以前期间公司间交易的存货到上期末已全部实现对外销售，则个别财务报表与合并财务报表确认的累计利润是相同的，也就是说，以前期间的公司间存货交易对期初留存收益的列报没有影响。因此，本期编制合并财务报表时就不需要考虑以前期间公司间存货交易影响的抵销问题。但是，在很多情况下，在发生公司间交易的当期，购买方未必都能将公司间交易的存货全部对外销售，因此，购买方就会持有公司间交易的存货到下一期乃至以后的更多的时期。由于这些公司间交易的存货中包括了未实现的内部销售损益，因此，在每期编制合并财务报表时，不仅要考虑当期发生的公司间存货交易的抵销，而且需要考虑以前期间发生的公司间存货交易对本期个别财务报表与合并财务报表之间差异产生的影响，并将这种影响加以抵销，从而形成恰当的合并财务报表的列报结果。

如果公司间交易的存货在发生公司间交易的当期未全部对外出售，则在发生公司间存货交易的当期，需要抵销期末存货中包含的未实现内部销售损益，最终使个别财务报表中多计的期末未分配利润被抵销（在公司间交易发生当期的抵销分录为借记"营业成本"项目，贷记"存货"项目，营业成本的调增即意味着利润总额的调减和期末未分配利润的调减）。但是，每期合并财务报表的编制都是在该期个别财务报表的基础上通过编制抵销分录完成的，在发生公司间交易当期所作的抵销分录仅是在合并工作底稿上登录的，个别财务报表的期初未分配利润仍然是个别财务报表的上期末未分配利润。因此，个别财务报表的期初未分配利润合计与合并财务报表的上期末未分配利润就不会相等，它们的差额正是上期末在合并财务报表工作底稿中所抵销的期末存货中包含的未实现内部销售损益。因为本期合并财务报表的期初未分配利润也必须与上期合并财务报表的期末未分配利润保持衔接，因此在每期编制合并财务报表时，必须按上期末存货中的未实现损益的数额调整本期期初未分配利润。至于以前期间发生的公司间交易对本期个别财务报表的其他影响则要视上期末未实现对外销售的公司间存货交易在本期对外销售的情况而采用不同的抵销方法进行抵销处理。我们仍然将这些公司间交易的存货分为在本期全部对外销售、到本期末仍然全部未对外销售和到本期末有一部分实现了对外销售三种情况进行说明。

■ 1）如果上期公司间交易的存货在本期全部实现对外销售

在这种情况下，在抵销期初未分配利润的同时，还应同时抵销上期未实现内部销售利润对本期营业成本的影响，因此应编制的抵销分录为：借记"期初未分配利润"

项目，贷记“营业成本”项目。

【例5-5】A公司为B公司的母公司，B公司上期从A公司购入的一批存货价值为10 000元，在本期全部实现对外销售，母公司和子公司之间本期未发生内部销售业务。A公司的销售毛利率为20%。

将上期未实现内部销售利润予以抵销调整期初未分配利润时，应编制的抵销分录如下：

借：期初未分配利润　　2 000

　贷：营业成本　　2 000

■ 2）如果上期公司间交易的存货在本期仍全部未实现对外销售

在这种情况下，在抵销期初未分配利润的同时，还应同时抵销这些未实现内部销售利润对期末存货的影响，应编制的抵销分录为：

借：期初未分配利润

　贷：存货

【例5-6】沿用【例5-5】中的资料，母公司购进的存货在本期仍未实现对外销售。

将上期未实现内部销售利润予以抵销时：

借：期初未分配利润　　2 000

　贷：存货　　2 000

■ 3）如果上期公司间交易的存货在本期部分对外销售

在这种情况下，在抵销期初未分配利润的同时，应按已对外销售部分中所包含的未实现内部销售利润调整当期的营业成本，按期末仍未销售的存货中所包含的未实现内部销售利润调整期末存货，应编制的抵销分录为：

借：期初未分配利润

　贷：营业成本

　　　存货

【例5-7】沿用【例5-5】中的资料，B公司购进的存货在本期对外销售了60%，其余40%到本期末仍未实现对外销售，则本期编制合并财务报表时应编制的抵销分录如下：

借：期初未分配利润　　2 000

　贷：营业成本　　1 200

　　　存货　　800

5.2.3 既有以前期间公司间存货交易的影响，又有本期新发生的公司间存货交易的影响时的综合抵销

由于公司间存货交易发生的频繁性和连续性，因此，在各期编制合并财务报表时，既需要考虑当期新发生的公司间存货交易的抵销，又需要对以前期间发生的公司间存货交易对本期的影响加以抵销。抵销当期发生的公司间存货交易可以按照5.2.1

所介绍的抵销方法进行抵销，抵销以前期间公司间存货交易对本期的影响则可以按照5.2.2所介绍的抵销方法进行抵销。我们也可以将上述两部分的抵销分录加以综合，采取下面三笔综合抵销分录进行抵销：

（1）假设本期新发生的公司间交易的存货在当期已全部对外销售，按本期新发生的内部销售收入全额抵销当期的营业收入和营业成本。

借：营业收入

　贷：营业成本

（2）假设上期末公司间交易的存货在本期已全部对外销售，按上期末存货中的未实现内部销售利润抵销本期期初未分配利润和本期的营业成本。

借：期初未分配利润

　贷：营业成本

（3）如果本期末仍然有公司间交易的存货未对外销售，则抵销本期末存货中的未实现利润（既包括当期新发生的公司间存货交易到本期末未实现的内部销售利润，也包括以前期间公司间交易的存货到本期末仍然未实现的内部销售利润）。

借：营业成本

　贷：存货

【例5-8】沿用【例5-5】的有关资料，B公司上期购进的存货在本期仍未实现对外销售，B公司本期又从A公司购入了4 000元存货，A公司的毛利率为20%，B公司将本期从A公司购入的存货中的75%对外销售，取得销售收入4 800元。则本期编制合并财务报表时应编制的抵销分录如下：

①按本期新发生的内部销售收入全额抵销当期的营业收入和营业成本。

借：营业收入	4 000	
贷：营业成本		4 000

②抵销上期末存货中的未实现利润。

借：期初未分配利润	2 000	
贷：营业成本		2 000

③抵销本期末存货中的未实现利润。

本期末存货中的未实现利润包括当期新发生的公司间存货交易到本期末未实现的内部销售利润200元（4 000×20%×（1−75%）），也包括以前期间公司间交易的存货到本期末仍然未实现的内部销售利润2 000元（10 000×20%）。

借：营业成本	2 200	
贷：存货		2 200

5.2.4　公司间存货交易计提的存货跌价准备的抵销

1）首次计提存货跌价准备期间的抵销

母公司与子公司、子公司之间存货交易抵销后，还应消除公司间交易形成的存货所计提的存货跌价准备的影响。按照存货准则，资产负债表日企业应当按照成本与可变现净值孰低计量，存货成本高于其可变现净值的，应计提存货跌价准备。在个别财务报表中，如果公司间交易取得的存货期末尚未出售，则按上述原则，将该存货的可变现净值与包含未实现内部利润的存货成本进行比较，当前者低于后者时，计提存货跌价准备，并计入当期损益，所计提的存货跌价准备反映在了存货项目中；但从企业集团的角度看，应将存货的可变现净值与不包含未实现内部利润的存货原取得成本进行比较，只有当前者低于后者时，才需要计提存货跌价准备。因此，编制合并财务报表时，如果个别财务报表中计提的存货跌价准备数额小于存货中所包含的未实现内部利润时，意味着从集团角度看该存货没有发生减值，应将计提的存货跌价准备全额抵销；如果个别财务报表中计提的存货跌价准备数额大于存货中所包含的未实现内部利润时，意味着从集团角度看该存货发生了减值，应将多计提的存货跌价准备抵销（按存货中所包含的未实现内部利润抵销）；在公司间交易的存货首次计提存货跌价准备期间编制合并财务报表时，应按上述确定的抵销存货跌价准备的数额编制抵销分录，借记“存货”项目，贷记“资产减值损失”项目。

【例5-9】A公司为B公司的母公司，A公司2021年度销售给B公司一批存货。母公司取得该项产品的成本为140 000元，销售给子公司时作价200 000元。本期该产品尚未实现对外销售。2021年12月31日，该批存货的可变现净值为180 000元。

本例中B公司购入产品中包含的未实现内部销售利润为60 000元。当该产品期末可变现净值为180 000元时，意味着从B公司的角度看存货发生了减值，减值额为20 000元，因此，B公司计提了20 000元的存货跌价准备。由于计提存货跌价准备20 000元小于存货中的未实现内部销售利润60 000元（即从集团角度看存货没有发生减值），因此，在编制合并财务报表时应将计提的存货跌价准备全额抵销，编制的抵销分录为：

借：存货　　20 000

　贷：资产减值损失　　20 000

如果2021年12月31日该批产品期末可变现净值为120 000元，B公司计提的存货跌价准备为80 000元，大于未实现的内部销售利润60 000元，说明从集团角度看存货减值了20 000元，应将多计提的存货跌价准备抵销，抵销的数额即为存货中包含的未实现内部销售利润60 000元。编制的抵销分录为：

借：存货　　60 000

　贷：资产减值损失　　60 000

■ 2）以前期间计提存货跌价准备的公司间存货交易对本期影响的抵销

以前期间计提存货跌价准备的公司间存货交易在本期可能全部对外销售，也可能全部未销售，也可能仅是部分对外实现了销售。

（1）以前期间计提存货跌价准备的公司间存货交易在本期全部对外出售。

若以前期间计提存货跌价准备的公司间存货交易在本期全部对外出售，则在个别财务报表中确认的销售成本是该公司间存货交易的内部取得成本及其计提的存货跌价准备的差额，因此，其所计提的存货跌价准备全额冲减了销售成本，因而增加了销售利润，个别财务报表中期末存货已不再包含未实现的内部利润。从企业集团来看，若该项存货在本期全部对外出售，应确认的销售成本是集团原取得成本扣除企业集团应计提的存货跌价准备，由于在前面的公司间存货交易的抵销中，我们已抵销了不考虑存货跌价准备情况下公司间存货交易个别财务报表和合并财务报表之间的营业成本的差异，因此，此处，我们只需对由于计提存货跌价准备导致的个别财务报表和合并财务报表的营业成本差异进行补充抵销，由于上期末这些公司间交易的存货所计提的存货跌价准备与合并财务报表应计提的存货跌价准备之差导致了上期末个别财务报表与合并财务报表的期末未分配利润产生差异，因此，应在按这种差异调整本期营业成本的同时调整本期期初未分配利润，抵销分录为：

借：营业成本

　贷：期初未分配利润

【例5-10】沿用【例5-9】中的资料，B企业于2021年12月31日计提了20 000元的存货跌价准备，2022年全部售出该批存货，B企业获得销售收入190 000元，2022年度该存货售出之前市价一直高于成本。

B企业销售存货时编制以下分录：

借：银行存款	190 000	
贷：营业收入		190 000
借：营业成本	180 000	
存货跌价准备	20 000	
贷：库存商品		200 000

B企业为此确认了10 000元的利润。对于集团而言，该批存货于2022年实现销售，销售收入为190 000元，销售成本为140 000元，因而，销售利润为50 000元。因此，2022年12月31日，编制合并财务报表时，对该存货有关的抵销如下：

借：期初未分配利润	60 000	
贷：营业成本		60 000
借：营业成本	20 000	
贷：期初未分配利润		20 000

（2）以前期间计提存货跌价准备的公司间存货交易在本期全部未对外销售。

在这种情况下，公司间交易的存货在个别财务报表上仍然包含在期末存货中，个别财务报表本期末的存货跌价准备可能大于、等于或小于上期末存货跌价准备，但不管怎样，个别财务报表本期末所计提的存货跌价准备与企业集团合并财务报表应计提的存货跌价准备之间的差异应相应调整合并资产负债表中期末存货的列报金额，而上期末个别财务报表所计提的存货跌价准备与企业集团合并财务报表应计提的存货跌价准备之间的差异应调整期初未分配利润，以上两项调整额之间的差异应相应调整本期的资产减值损失。

【例5-11】沿用【例5-9】中的资料，B企业于2021年12月31日计提了20 000元的存货跌价准备，到2022年年末该批存货仍全部未售出，作为B企业2022年12月31日期末存货的一部分。B企业仍对其采用成本与市价孰低法计价。2022年12月31日，该存货市价为170 000元。

B企业在2022年12月31日作了一笔补提存货跌价准备的分录：

借：资产减值损失　　10 000

　贷：存货跌价准备　　10 000

从企业集团来看，2022年12月31日，该项存货成本为140 000元，市价为170 000元，仍然不需计提跌价准备。

2021年年末个别财务报表与合并财务报表的存货跌价准备的差异为20 000元，2022年年末个别财务报表与合并财务报表的存货跌价准备的差异为30 000元。因此，抵销分录应为：

借：存货　　30 000

　贷：期初未分配利润　　20 000

　　　资产减值损失　　10 000

抵销该项公司间存货交易不考虑跌价准备情况下的未实现内部利润影响的抵销分录为：

借：期初未分配利润　　60 000

　贷：存货　　60 000

若本例中，该公司间交易的存货2022年年末的市价变为190 000元，则B企业2022年年末的存货跌价准备余额变为10 000元，本期冲回了多提的存货跌价准备10 000元。则2021年年末个别财务报表与合并财务报表的存货跌价准备的差异为20 000元，2022年年末个别财务报表与合并财务报表的存货跌价准备的差异为10 000元。应编制的抵销分录为：

借：存货　　10 000

　　资产减值损失　　10 000

　贷：期初未分配利润　　20 000

抵销该项公司间存货交易不考虑跌价准备情况下的未实现内部利润影响的抵销分录为：

借：期初未分配利润　　60 000

　贷：存货　　60 000

（3）以前期间计提存货跌价准备的公司间存货交易在本期部分对外销售。

在这种情况下，已对外销售的部分可参照（1）的处理方法进行抵销，未出售的部分则参照（2）的处理方法进行抵销。本处不再举例说明。

前面的例子都是公司间交易产生了未实现内部利润的情况，如果公司间交易产生的是未实现亏损，则公司间交易存货计提的存货跌价准备应如何抵销？请读者自己设计例题进行分析。

5.3　公司间固定资产交易的抵销

公司间固定资产交易，是指母、子公司或子公司之间发生的涉及固定资产交易的业务。与存货交易的抵销一样，公司间固定资产交易的抵销也分为当期发生的固定资产交易的抵销和以前期间发生的固定资产交易对本期影响的抵销两种情况。

5.3.1 当期发生的公司间固定资产交易的抵销

公司间固定资产交易可以划分为三种类型：第一种类型是企业集团内部某企业将自身使用的固定资产变卖给企业集团内的其他企业作为固定资产使用；第二种类型是企业集团内部某企业将自身生产的产品销售给企业集团内的其他企业作为固定资产使用；第三种类型是企业集团内部某企业将自身使用的固定资产变卖给企业集团内的其他企业作为普通商品销售。第三种类型的固定资产交易在企业集团内部极少发生，因此，我们主要讨论前面两种类型的固定资产交易的抵销方法。

■ 1）第一种类型公司间固定资产交易的抵销

销售固定资产的企业，其资产负债表中固定资产项目已按减少后的数额列示，处理固定资产的净收益或净损失，作为资产处置收益（损失以“-”填列）列示在利润表中；购入固定资产的企业，则按购入价格，即销售企业的固定资产净值与处置固定资产的净损益之和，作为固定资产的增加列示在资产负债表中。这里的处置固定资产的净收益是对销售方而言的，对于整个企业集团来说，该项固定资产并未对外销售，故销售方所确认的处置固定资产的净收益对企业集团来说是未实现内部损益。

从企业集团整体的角度出发，公司间的固定资产交易业务只是属于固定资产的内部调拨活动，使得固定资产的使用地点发生了变化，既不能实现损益，也不会使固定资产的净值发生变化。因此，必须将公司间固定资产交易的未实现内部销售损益，与固定资产净值增加（或减少）的金额相抵销，应编制的抵销分录为：借记“资产处置收益”项目，贷记“固定资产”项目；或借记“固定资产”项目，贷记“资产处置收益”项目。购买固定资产的企业是按销售企业的售价（即销售企业的固定资产净值与未实现内部损益之和）作为固定资产的原价入账，并据此计提折旧。这样，每期计提的折旧额必然大于（或小于）按销售企业固定资产净值计提的折旧额。因此，每期都必须将就未实现内部损益多计提（或少计提）的折旧，从该固定资产当期已计提的折旧费用中予以抵销，借记“固定资产”项目、贷记“管理费用”等项目或借记“管理费用”等项目、贷记“固定资产”项目。

【例5-12】A公司为B公司的母公司。2021年1月1日，A公司将其一台账面价值为15万元的设备以20万元的价格卖给B公司作为固定资产使用。假设该设备的剩余使用期限为5年，残值为0，B公司使用年限平均法计提折旧（为简化计算，假设从2021年1月1日起开始计提折旧）。

2021年12月31日编制合并报表时的抵销分录为：

①抵销固定资产原价中包含的未实现内部销售利润。

借：资产处置收益	50 000	
贷：固定资产		50 000

②抵销未实现内部销售利润部分计提的折旧。

借：固定资产	10 000	

贷：管理费用 10 000

2）第二种类型公司间固定资产交易的抵销

发生这种类型的公司间固定资产交易时，销售方将其销售产品的收入与成本分别计入营业收入和营业成本，列示在利润表中，而购买方则是按销售方的售价作为固定资产的原价并以此为基数计提折旧后将固定资产净值列示在资产负债表中。

从整个企业集团的角度出发，这种公司间固定资产交易活动只不过相当于自制固定资产，然后交付使用。所以，它既不能实现销售收入，也不会发生销售成本，因而并不能形成销售损益。同时，固定资产也不会由于从生产到交付使用就增值或减值。这一增值或减值即销售企业所确认的销售损益，由于其是在公司间交易时被确认的，对于整个企业集团来说，对外销售并未实现，因此，其所确认的损益也是企业集团的未实现内部销售损益，在合并财务报表中，必须将内部营业收入与内部营业成本和未实现内部销售损益相互抵销，即按销售企业的销售收入借记“营业收入”项目，按销售企业的销售成本贷记“营业成本”项目，按未实现内部销售损益借记或贷记“固定资产”项目。

既然对于企业集团来说此种类型的公司间固定资产交易仅相当于自制固定资产，那么该产品的制造成本就是企业集团取得固定资产的原始成本，因而应以此作为计提折旧的基数。但是，购买固定资产的企业却是按销售企业的售价（即销售企业的制造成本与未实现内部销售损益之和）作为固定资产的原价入账，并据以计提折旧。这样，购买企业每期计提的折旧额必然大于（或小于）按制造成本计提的折旧额。因此，每期还必须将未实现内部销售损益部分多计提（或少计提）的折旧，从该固定资产当期已计提的折旧费用中予以抵销，借记“固定资产”项目、贷记“管理费用”等项目或借记“管理费用”等项目、贷记“固定资产”项目。

【例5-13】A公司为B公司的母公司。2021年1月1日，A公司将其生产的产品卖给B公司作固定资产使用。A公司该产品的售价为20万元，成本为15万元。B公司预计该固定资产使用期限为5年，使用年限平均法计提折旧（为简化计算，假设从2021年1月1日起开始计提折旧）。

2021年12月31日编制合并财务报表时的抵销分录为：

①抵销固定资产原价中包含的未实现内部销售利润。

借：营业收入 200 000

贷：营业成本 150 000

固定资产 50 000

②抵销未实现内部销售利润部分计提的折旧。

借：固定资产 10 000

贷：管理费用 10 000

5.3.2 以前期间公司间固定资产交易对本期影响的抵销

由于固定资产的使用期限在一年以上，所以公司间固定资产交易不仅影响到交易当期的合并财务报表，而且影响到以后各期的合并财务报表。每期编制合并财务报表时，不仅要抵销当期新发生的公司间固定资产交易对当期个别财务报表产生的影响，而且也要抵销以前期间公司间固定资产交易对本期个别财务报表产生的影响。

以前期间公司间交易的固定资产在本期不外乎两种情况，一种是仍然处在使用状态（可能仍处于正常的使用期间，也可能是超龄使用），另一种是在本期转入清理（可能是正常到期清理，也可能是提前清理或超龄使用后转入清理）。在不同的情况下，需要作的抵销处理也不一样。

■　1）以前期间公司间交易的固定资产在本期仍然处于使用状态

（1）以前期间公司间交易的固定资产在本期仍然处于正常使用状态（未超过预计的使用年限）。

与以前期间发生的公司间存货交易在本期的抵销处理类似，上期期末对固定资产中包含的未实现内部损益的抵销也是在合并财务报表工作底稿中完成的，其抵销的结果最终抵销了上期期末资产负债表“固定资产”项目中所包括的未实现内部损益以及公司间固定资产交易导致的未实现内部损益对当期“管理费用”、“期初未分配利润”和“期末未分配利润”项目的影响，从而使合并财务报表的“期末未分配利润”项目不再包含本期和以前期间所发生的公司间固定资产交易未实现损益的影响。但是，本期合并财务报表仍然是在该期个别财务报表的基础上进行抵销处理后编制的，个别财务报表上的期初未分配利润仍然是其各自的上期期末未分配利润，仍然是包含了公司间固定资产交易未实现内部损益影响的结果，因此，个别财务报告的期初未分配利润合计与合并财务报表的上期末未分配利润并不相符，为此，必须对期初未分配利润的数额进行调整，需抵销调整的数额正是上期末固定资产中所包含的未实现内部损益。除此之外，由于以前期间公司间交易的固定资产在本期仍然处于正常使用状态，因此该公司间交易的固定资产在本期仍然要计提折旧，其计提的折旧中仍然包括了未实现内部损益部分所计提的折旧，应将其多计提或少计提的折旧加以抵销。最后，由于公司间交易的固定资产到本期末仍然未清理或处置，因此，期末资产负债表中“固定资产”项目仍然包含了未实现内部损益的影响，需要对其进行抵销。相应的抵销分录为：

借：期初未分配利润　　上期期末公司间交易固定资产中的未实现内部利润
　贷：管理费用　　　　　　　　　公司间交易固定资产本期多计提的折旧
　　　固定资产　　　　本期期末公司间交易固定资产中的未实现内部利润

若公司间固定资产交易产生的是未实现亏损，则作与上述抵销分录相反的抵销分录即可。

【例5-14】A公司为B公司的母公司。2015年1月1日，A公司将其生产的产品卖给B公司作为固定资产使用。假定其折旧年限为5年，残值为0，采用年限平均法计提折旧（为简化计算，假设从2015年1月1日起开始计提折旧）。A公司该产品的售价为20万元，成本为15万元。

（1）2015年12月31日编制合并财务报表时，应编制的抵销分录如下：

①将固定资产原价中包含的未实现内部销售利润予以抵销。

借：营业收入　　200 000
　贷：营业成本　　150 000
　　固定资产　　50 000

②将未实现内部销售利润部分计提的折旧予以抵销。

借：固定资产　　10 000
　贷：管理费用　　10 000

（2）2016年12月31日，编制合并财务报表时，应编制的抵销分录如下：

借：期初未分配利润　　40 000
　贷：管理费用　　10 000
　　固定资产　　30 000

也可以分别作以下三笔抵销分录：

①将固定资产原价中包含的未实现内部销售利润予以抵销。

借：期初未分配利润　　50 000
　贷：固定资产　　50 000

②将2015年就未实现内部销售利润部分计提的折旧予以抵销。

借：固定资产　　10 000
　贷：期初未分配利润　　10 000

③将2016年就未实现内部销售利润部分计提的折旧予以抵销。

借：固定资产　　10 000
　贷：管理费用　　10 000

（3）2017年12月31日编制合并财务报表时，应编制的抵销分录如下：

借：期初未分配利润　　30 000
　贷：管理费用　　10 000
　　固定资产　　20 000

也可以分别作以下三笔抵销分录：

①将固定资产原价中包含的未实现内部销售利润予以抵销。

借：期初未分配利润　　50 000
　贷：固定资产　　50 000

②将2015年和2016年就未实现内部销售利润部分计提的折旧予以抵销。

借：固定资产（50 000÷5×2）　　20 000
　贷：期初未分配利润　　20 000

③将2017年就未实现内部销售利润部分计提的折旧予以抵销。

借：固定资产　　10 000
　贷：管理费用　　10 000

（4）2018年12月31日编制合并财务报表时，应编制的抵销分录为：

借：期初未分配利润　　20 000
　贷：管理费用　　10 000
　　固定资产　　10 000

也可以分别作以下三笔抵销分录：

①将固定资产原价中包含的未实现内部销售利润予以抵销。

借：期初未分配利润　　50 000

　贷：固定资产　　50 000

②将2015年、2016年和2017年3年就未实现内部销售利润部分计提的折旧予以抵销。

借：固定资产（50 000÷5×3）　　30 000

　贷：期初未分配利润　　30 000

③将2018年就未实现内部销售利润部分计提的折旧予以抵销。

借：固定资产　　10 000

　贷：管理费用　　10 000

（5）假设该公司间交易的固定资产在2019年12月31日仍然未清理，则在2019年12月31日编制合并财务报表时，应编制的抵销分录为：

借：期初未分配利润　　10 000

　贷：管理费用　　10 000

本例中由于公司间交易的固定资产不计残值，因此，在2019年12月31日公司间交易固定资产虽尚未清理，但其净值已降低到0，故期末固定资产中已不再包括未实现公司间交易损益，期末固定资产项目的抵销金额为0。

也可以分别作以下三笔抵销分录：

①将固定资产原价中包含的未实现内部销售利润予以抵销。

借：期初未分配利润　　50 000

　贷：固定资产　　50 000

②将2015年、2016年、2017年、2018年4年中就未实现内部销售利润部分计提的折旧予以抵销。

借：固定资产（50 000÷5×4）　　40 000

　贷：期初未分配利润　　40 000

③将2019年就未实现内部销售利润计提的折旧予以抵销。

借：固定资产　　10 000

　贷：管理费用　　10 000

（2）以前期间公司间交易的固定资产在本期处于超龄使用的状态。

如果公司间交易的固定资产在本期处于超龄使用的状态，则由于该公司间交易的固定资产在其正常使用期期满的那个期间就已经提足了折旧，因此，在超龄使用期间已不再计提折旧，在不考虑公司间交易固定资产残值的情况下，该超龄使用的固定资产在正常使用期结束的期末其固定资产价值中已不再包括未实现的内部损益，因此，在超龄使用期的期末，更不存在未实现的内部利润，在这种情况下，无须编制抵销分录。

如果该公司间交易的固定资产计提折旧时预计了净残值，则应按固定资产预计净残值中包含的未实现内部利润编制如下抵销分录：

借：期初未分配利润　　上期期末固定资产预计净残值中的未实现内部利润
　贷：固定资产　　　　本期期末固定资产预计净残值中的未实现内部利润

由于在超龄使用期间，公司间交易的固定资产已不再计提折旧，因此，上面的调整分录中上期期末固定资产预计净残值中的未实现内部利润与本期期末固定资产预计净残值中的未实现内部利润是相等的。

如果公司间固定资产交易产生了未实现亏损，则抵销分录与上述抵销分录相反。

■ 2）以前期间公司间交易的固定资产在本期转入清理

以前期间公司间交易的固定资产在本期转入清理，不外乎三种情况：一是恰好预计使用期期满后正常转入清理；二是到清理时固定资产的预计使用期尚未结束，即提前转入清理；三是在超龄使用后转入清理。

（1）预计使用期期满后正常转入清理。

由于本期该公司间交易的固定资产还处在正常使用期内，仍然需要计提折旧，因此对其未实现损益部分的折旧需要通过抵销分录加以抵销，与处于正常使用期内使用中的公司间交易固定资产一样，上期末固定资产中的未实现内部损益对期初未分配利润的影响也需加以抵销。在公司间交易的固定资产转入清理时，该固定资产中所包含的未实现内部损益（也就是预计净残值中所包含的未实现内部损益）随着固定资产净值转入清理，相应增减了清理时形成的净收益或净损失，即资产处置收益。因此，在正常使用到期转入清理时应作的抵销分录如下：

借：期初未分配利润　上期期末公司间交易的固定资产中含有的未实现内部利润
　贷：管理费用　　　　公司间交易的固定资产在本期多计提的折旧
　　　资产处置收益　　清理时公司间交易的固定资产净值中包含的未实现内部利润

若公司间交易固定资产产生的是未实现亏损，则应作与上述相反的抵销分录。

如果该公司间交易的固定资产在计提折旧时未考虑预计净残值，则在本期计提折旧后，公司间交易的固定资产净值已经变为0，其中已不再含有未实现的公司间交易损益，个别财务报表所确认的处置固定资产的净收益或净损失也就不再受未实现公司间交易损益的影响，因此在这种情况下就不需对资产处置收益进行调整，只需对期初未分配利润和当期的管理费用进行抵销处理即可。抵销分录为：

借：期初未分配利润　　上期期末公司间交易的固定资产中含有的未实现内部利润
　贷：管理费用　　　　公司间交易的固定资产在本期多计提的折旧

若公司间交易固定资产产生的是未实现亏损，则应作与上述相反的抵销分录。

【例5-15】沿用【例5-14】中的有关资料，假如2019年年末将该固定资产转入清理，则2019年应编制如下分录：

借：期初未分配利润　　10 000
　贷：管理费用　　10 000

当然，也可以参照在正常使用期间所作的三笔抵销分录，只是将三笔分录中的固定资产均替换为“资产处置收益”：

借：期初未分配利润　　50 000
　贷：资产处置收益　　50 000

借：资产处置收益 10 000

贷：管理费用 10 000

借：资产处置收益 40 000

贷：期初未分配利润 40 000

（2）公司间交易固定资产超期使用后转入清理。

公司间交易固定资产超期使用时，该固定资产在其正常使用期限内的最后一个会计期间就已经提足折旧，因此，超期使用期间不需再计提折旧，在其超期使用后转入清理时，固定资产净值（事实上就是其预计的净残值）中包含的未实现内部利润相应地转入了固定资产清理，相应增减了处置固定资产的净收益或净损失，即增加或减少了资产处置收益。因此，抵销分录应为：

借：期初未分配利润　　上期期末公司间交易的固定资产中的未实现内部利润

贷：资产处置收益　　清理时公司间交易的固定资产中的未实现内部利润

由于当期已不计提折旧，因此，上期期末公司间交易的固定资产中的未实现内部利润与清理时公司间交易的固定资产中的未实现内部利润是相同的，都等于预计净残值中的未实现内部利润。

如果公司间交易的固定资产预计净残值为0，则在公司间交易固定资产超期使用后转入清理的期间无须进行任何抵销。

【例5-16】沿用【例5-14】中的有关资料，假设该项公司间交易的固定资产在2020年年末转入清理。

由于在2019年年末该项公司间交易的固定资产的净值已降低到0，其中已不再包含未实现的内部利润，因此，2020年年末编制合并财务报表时不需作任何抵销分录。

【例5-17】沿用【例5-14】中的有关资料，假设该项公司间交易的固定资产在2021年年末转入清理。

由于在2019年年末该项公司间交易的固定资产的净值已降低到0，2020年、2021年均不再计提折旧，因此，2021年年末编制合并财务报表时也不需作任何抵销分录。

（3）公司间交易固定资产使用期限未满提前转入清理。

在这种情况下，除要抵销上期末公司间交易固定资产中所包含的未实现内部损益对期初未分配利润的影响外，由于本期该公司间交易的固定资产仍然需计提折旧，因此，也需要抵销未实现内部利润对本期折旧费用的影响，与此同时，在转入清理时，公司间交易的固定资产中仍然包含了未实现内部损益，这些未实现内部损益随着公司间交易的固定资产转入清理而相应增加或减少了处置固定资产的净收益或净损失。因此，抵销分录应该为：

借：期初未分配利润　上期期末公司间交易的固定资产中含有的未实现内部利润

贷：管理费用　　公司间交易的固定资产在本期多计提的折旧

资产处置收益　清理时公司间交易的固定资产净值中包含的未实现内部利润

若公司间交易固定资产产生的是未实现亏损，则应作与上述相反的抵销分录。

【例5-18】沿用【例5-14】中的资料，若该固定资产在2018年年末进行了清理，则在2018年编制合并财务报表时应作的抵销分录为：

借：期初未分配利润　　20 000
　贷：管理费用　　10 000
　　资产处置收益　　10 000

若该项固定资产在2017年年末进行了清理，则在2017年编制合并财务报表时应作的抵销分录为：

借：期初未分配利润　　30 000
　贷：管理费用　　10 000
　　资产处置收益　　20 000

5.3.3 公司间固定资产交易计提减值准备的抵销

■ 1）公司间交易的固定资产首次计提固定资产减值准备期间的抵销

根据企业会计准则的规定，企业应当在资产负债表日判断固定资产是否存在可能发生减值的迹象。如果可收回金额低于账面价值，应当按其差额计提固定资产减值准备。由于个别财务报表中计提固定资产减值准备涉及“资产减值损失”和“固定资产——减值准备”两个报表项目，所以在编制合并财务报表时这两个项目应予以调整。

在个别财务报表中，企业通过公司间交易形成的固定资产中包含一部分内部销售利润，首次计提固定资产减值准备时，决定计提数额主要是由固定资产账面价值（包含内部销售利润的固定资产原值减去以此为基础计算的累计折旧）和可收回金额决定的。其中，固定资产可收回金额是指固定资产期末公允价值减去处置费用后的净额与预计未来现金流量现值的较高者，固定资产可收回金额低于账面价值的差额为实际计提的固定资产减值准备。计提的减值准备一方面反映在资产负债表中，另一方面已计入了当期利润表。

从集团合并财务报表编制的角度看，应由不包含内部销售利润的固定资产账面价值和可收回金额来决定计提数额。可收回金额低于账面价值的差额为应计提的固定资产减值准备；当期应计提的固定资产减值准备与个别财务报表中当期实际计提的固定资产减值准备的差额即为合并当期应予以调整的数额。具体可以分为三种情况：

（1）当期期末固定资产可收回金额大于扣除未实现内部销售利润前个别财务报表中的固定资产账面价值时，意味着不论是从个别财务报表还是从合并财务报表来看，固定资产都未发生减值，合并财务报表编制中不涉及固定资产减值准备的调整。

（2）当期期末固定资产可收回金额小于扣除未实现内部销售利润前个别财务报表中的固定资产账面价值，但大于扣除未实现内部销售利润后合并财务报表中的固定资产的账面价值时，意味着个别财务报表中固定资产发生了减值，而从合并财务报表编制的角度看则没有发生减值，所以应将个别财务报表中所提取的固定资产减值准备全部予以抵销。

（3）当期期末固定资产可收回金额小于扣除未实现内部销售利润后合并财务报表中的固定资产账面价值时，意味着无论从个别财务报表的角度，还是从合并财务报表的角度看，固定资产均发生了减值，应将个别财务报表中计提的固定资产减值准备部分予以抵销（个别财务报表中实际计提的固定资产减值准备与合并财务报表中应计提的减值准备的差额部分，其数额相当于不考虑减值准备时期末固定资产中包含的未实现利润）。

【例5-19】A公司为B公司的母公司。2018年1月1日，A公司将其生产的产品卖给B公司，B公司将该产品作为固定资产使用。A公司该产品的售价为20万元，成本为15万元。固定资产使用期限为5年，B公司采用年限平均法计提折旧，并假设从2018年1月1日起计提折旧。

（1）2018年12月31日，假定该固定资产期末可收回金额为168 000元。则：

B公司购入的固定资产期末账面价值=200 000−40 000=160 000（元）

由于固定资产期末可收回金额高于其账面价值（表明未发生减值），个别财务报表中不计提固定资产减值准备，合并财务报表编制中也不需要调整。

（2）2018年12月31日，假定固定资产期末可收回金额为158 000元，则：

B公司购入的固定资产期末账面价值=200 000−40 000=160 000（元）

B公司期末实际计提的固定资产减值准备=160 000−158 000=2 000（元）

从集团角度计算该固定资产期末账面价值=150 000−30 000=120 000（元）

由于从集团角度计算，期末固定资产可收回金额158 000元大于其账面价值120 000元，故不应计提固定资产减值准备，应将B公司多计提的固定资产减值准备2 000元予以冲回。编制的抵销分录为：

借：固定资产	2 000	
贷：资产减值损失		2 000

（3）2018年12月31日，假定固定资产期末可收回金额为118 000元，则：

B公司购入的固定资产期末账面价值=200 000−40 000=160 000（元）

B公司期末实际计提的固定资产减值准备=160 000−118 000=42 000（元）

从集团角度计算该固定资产期末账面价值=150 000−30 000=120 000（元）

从集团角度计算该固定资产期末应计提的固定资产减值准备=120 000−118 000=2 000（元）

由于从集团角度计算，期末固定资产可收回金额118 000元小于其账面价值120 000元，故从集团角度应计提固定资产减值准备2 000元。因此，从集团角度期末应冲销的固定资产减值准备为40 000元（42 000−2 000），这40 000元的差异实质上也是个别财务报表2018年年末固定资产中所包含的未实现内部利润（即个别财务报表的固定资产净值160 000元与合并财务报表的固定资产净值120 000元之间的差异）。编制的抵销分录为：

借：固定资产	40 000	
贷：资产减值损失		40 000

■　2）以前期间计提固定资产减值准备的公司间交易固定资产在本期继续使用对本期影响的抵销

在分析以前期间计提固定资产减值准备的公司间交易固定资产在本期继续使用对本期影响的抵销之前，我们先看一下期初固定资产账面价值与期末固定资产账面价值之间的关系以及个别财务报表与合并财务报表的期末固定资产账面价值之间的差异形成的原因。

显然，在固定资产计提了减值准备的情况下，固定资产账面价值是固定资产原值减去累计折旧再减去固定资产减值准备后的净额，即：

固定资产账面价值=固定资产原值-累计折旧-固定资产减值准备

对同一项固定资产来说，期末固定资产账面价值是其期初账面价值减去本期计提折旧再减去本期补提的减值准备后的结果，即：

期末固定资产账面价值=期初固定资产账面价值-本期计提折旧-本期补提的固定资产减值准备

因此，个别财务报表的期末固定资产账面价值与合并财务报表的期末固定资产账面价值之间的差异是由它们在期初固定资产账面价值上的差异、本期计提折旧上的差异和本期补提的固定资产减值准备上的差异共同决定的，即：

个别财务报表与合并财务报表期末固定资产账面价值的差异 = 个别财务报表与合并财务报表期初固定资产账面价值的差异 - 个别财务报表与合并财务报表本期计提折旧的差异 - 个别财务报表与合并财务报表本期补提的固定资产减值准备的差异

在明确了这种差异之后，我们就可以设计相应的抵销分录来抵销以前期间计提固定资产减值准备的公司间交易固定资产在本期继续使用时对本期的影响。显然，对于个别财务报表与合并财务报表期末固定资产账面价值的差异应调整本期末资产负债表上的固定资产项目的列报金额，对于个别财务报表与合并财务报表期初固定资产账面价值的差异则应调整期初未分配利润的列报金额，对于个别财务报表与合并财务报表本期计提折旧的差异应调整本期的管理费用，对于个别财务报表与合并财务报表本期补提的固定资产减值准备的差异则应调整本期资产减值损失项目的列报金额。这种调整是一种综合的抵销调整，能够同时将公司间交易的固定资产中未实现内部利润的影响一并消除，不必再另外按前面公司间固定资产交易的抵销处理方法进行抵销。综合的抵销分录为：

借：期初未分配利润　个别财务报表与合并财务报表期初固定资产账面价值的差异

　贷：管理费用　　个别财务报表与合并财务报表本期计提折旧的差异

　　资产减值损失　　个别财务报表与合并财务报表本期补提的固定资产减值准备的差异

　　固定资产　　个别财务报表与合并财务报表期末固定资产账面价值的差异

当然，我们也可以将上述综合抵销分录分解为三笔进行抵销：

（1）抵销个别财务报表与合并财务报表期初固定资产账面价值的差异。

借：期初未分配利润　个别财务报表与合并财务报表期初固定资产账面价值的差异

　贷：固定资产　　个别财务报表与合并财务报表期初固定资产账面价值的差异

（2）抵销个别财务报表与合并财务报表本期计提折旧的差异。

借：固定资产　　个别财务报表与合并财务报表本期计提折旧的差异

　贷：管理费用　　个别财务报表与合并财务报表本期计提折旧的差异

（3）抵销个别财务报表与合并财务报表本期补提的固定资产减值准备的差异。

借：固定资产　个别财务报表与合并财务报表本期补提的固定资产减值准备的差异

　贷：资产减值损失　　个别财务报表与合并财务报表本期补提的固定资产减值准备的差异

【例5-20】沿用【例5-19】中的资料，假设2018年至2021年年末该产品的可收回金额分别为150 000元、105 000元、69 000元和28 000元。

①2018年12月31日，应编制的合并财务报表抵销分录为：

借：营业收入 200 000
　贷：营业成本 150 000
　　固定资产 50 000

将未实现内部销售利润部分计提的折旧予以抵销：

借：固定资产 10 000
　贷：管理费用 10 000

B公司该固定资产的账面价值=200 000-40 000=160 000（元）

从集团角度看该固定资产的账面价值=150 000-30 000=120 000（元）

由于该固定资产可收回金额（150 000元）比B公司固定资产的账面价值（160 000元）低了10 000元，B公司在其个别财务报表中计提了10 000元的固定资产减值准备，但该固定资产的可收回金额（150 000元）高于从集团角度看该固定资产的账面价值（120 000元），意味着从合并财务报表的角度看固定资产没有发生减值，应将公司间交易形成的多提的减值准备予以抵销，编制的抵销分录为：

借：固定资产 10 000
　贷：资产减值损失 10 000

②2019年12月31日，编制合并财务报表抵销分录。

首先将固定资产原价中包含的未实现的销售利润、以前期间多计提的累计折旧和固定资产减值准备予以抵销，分别抵销的分录为：

借：期初未分配利润 50 000
　贷：固定资产 50 000

借：固定资产 10 000
　贷：期初未分配利润 10 000

借：固定资产 10 000
　贷：期初未分配利润 10 000

上述三笔抵销分录的结果实质上抵销的是个别财务报表与合并财务报表期初固定资产账面价值的差异，即个别财务报表2019年年初固定资产账面价值为150 000元，而合并财务报表2019年年初固定资产账面价值为120 000元，两者的差异为30 000元。因此，上述三笔分录可以合并为一笔抵销分录，即：

借：期初未分配利润 30 000
　贷：固定资产 30 000

其次，将个别财务报表与合并财务报表本期计提折旧的差异予以抵销：

B公司计提的固定资产的折旧=（固定资产原值-累计折旧-期初固定资产减值准备）÷固定资产剩余可使用年限

=（200 000-40 000-10 000）÷4=37 500（元）

本期合并财务报表应计提的固定资产的折旧=（150 000-30 000）÷4=30 000（元）

个别财务报表与合并财务报表本期计提折旧的差异为7 500元（37 500-30 000），应编制的抵销分录为：

借：固定资产　　7 500

　贷：管理费用　　7 500

最后，将个别财务报表与合并财务报表本期补提的固定资产减值准备的差异予以抵销：

B公司该固定资产的账面价值=150 000-37 500=112 500（元）

由于B公司固定资产的可收回金额（105 000元）比账面价值（112 500元）低了7 500元，则B公司2019年应补提固定资产减值准备7 500元。

从集团角度看固定资产的账面价值=120 000-30 000=90 000（元）

由于该固定资产的可收回金额（105 000元）高于从集团角度看该固定资产的账面价值（90 000元），意味着从合并财务报表的角度看固定资产没有发生减值，因而合并财务报表本期不需补提固定资产减值准备，因此，个别财务报表与合并财务报表本期补提的固定资产减值准备的差异为7 500元，抵销该差异应编制的抵销分录为：

借：固定资产　　7 500

　贷：资产减值损失　　7 500

上述三笔抵销分录也可以汇总为一笔抵销分录，即：

借：期初未分配利润　30 000（个别财务报表与合并财务报表期初固定资产账面价值的差异）

　贷：管理费用　7 500（个别财务报表与合并财务报表本期计提折旧的差异）

　　资产减值损失　7 500（个别财务报表与合并财务报表本期补提的固定资产减值准备的差异）

　　固定资产　15 000（个别财务报表与合并财务报表期末固定资产账面价值的差异）

③2020年12月31日，编制合并财务报表抵销分录。

个别财务报表与合并财务报表期初固定资产账面价值的差异=105 000-90 000=15 000（元）

个别财务报表与合并财务报表本期计提折旧的差异=105 000÷3-90 000÷3=5 000（元）

个别财务报表与合并财务报表本期补提的固定资产减值准备的差异=（105 000-105 000÷3-69 000）-0=1 000（元）

个别财务报表与合并财务报表期末固定资产账面价值的差异=69 000-60 000=9 000（元）

因此，综合抵销分录为：

借：期初未分配利润　　15 000

　贷：管理费用　　5 000

　　资产减值损失　　1 000

　　固定资产　　9 000

当然，也可以分解为三笔抵销分录：

首先，抵销个别财务报表与合并财务报表期初固定资产账面价值的差异，抵销分录为：

借：期初未分配利润　15 000
　贷：固定资产　15 000

其次，将个别财务报表与合并财务报表本期计提折旧的差异予以抵销，应编制抵销分录为：

借：固定资产　5 000
　贷：管理费用　5 000

最后，将个别财务报表与合并财务报表本期补提的固定资产减值准备的差异予以抵销，抵销分录为：

借：固定资产　1 000
　贷：资产减值损失　1 000

④2021年12月31日，应编制综合抵销分录。

个别财务报表与合并财务报表期初固定资产账面价值的差异=69 000−60 000=9 000（元）

个别财务报表与合并财务报表本期计提折旧的差异=69 000÷2−60 000÷2=4 500（元）

个别财务报表与合并财务报表本期补提的固定资产减值准备的差异=（69 000−69 000÷2−28 000）−（60 000−60 000÷2−28 000）=4 500（元）

个别财务报表与合并财务报表期末固定资产账面价值的差异=28 000−28 000=0

因此，综合抵销分录为：

借：期初未分配利润　9 000
　贷：管理费用　4 500
　　　资产减值损失　4 500

当然，也可以分解为三笔抵销分录：

首先，抵销个别财务报表与合并财务报表期初固定资产账面价值的差异，抵销分录为：

借：期初未分配利润　9 000
　贷：固定资产　9 000

其次，将个别财务报表与合并财务报表本期计提折旧的差异予以抵销，抵销分录为：

借：固定资产　4 500
　贷：管理费用　4 500

最后，将个别财务报表与合并财务报表本期补提的固定资产减值准备的差异予以抵销，抵销分录为：

借：固定资产　4 500
　贷：资产减值损失　4 500

5.4 公司间债权债务交易的抵销

公司间债权债务交易，是指母子公司或子公司之间由于赊购与赊销、投资与被投资等交易所形成的公司间债权债务交易。具体分为三类：内部产品购销导致的债权债务交易，如内部应收账款、应付账款、应收票据、应付票据、预付账款、预收账款等；内部资金融通导致的债权债务交易，如内部债权投资、应付债券、其他应收款、其他应付款、应收利息、应付利息等；内部投资控股导致的债权债务交易，如应收股利、应付股利等。这类公司间交易的特点是：这类公司间交易导致在企业集团一方个别报表中确认为债权（资产），必然在企业集团另一方个别报表中确认为债务（负债），但是对企业集团来说，集团内公司间交易产生的债权、债务都是内部债权债务，因此在合并财务报表中应将它们全部对应地予以抵销。

5.4.1 当期发生的公司间债权债务交易的抵销

当期发生的公司间债权债务交易，除应抵销其所形成的公司间债权债务对个别资产负债表相关项目的影响外，还需要考虑这些公司间债权债务交易产生的内部利息收入和利息支出以及内部应收款项计提的坏账准备对个别财务报表的影响。现分别说明如下：

■ 1）公司间债权债务交易的抵销

将母公司与子公司、子公司之间的债权与债务抵销时，应根据内部债权、债务的数额借记“应付账款”“应付票据”“应付债券”“预收账款”等项目，贷记“应收票据”“应收账款”“债权投资”“预付账款”等项目。

【例5-21】A公司为母公司，B公司为A公司的子公司。A公司因采购商品向B公司开出并承兑商业汇票10 000元，因销售商品预收B公司货款20 000元，向B公司销售商品30 000元，款项尚未收回；另外，B公司购买了A公司发行的债券200 000元作为债权投资。A公司和B公司编制的相关分录见表5-1。

表5-1 A、B公司编制的相关分录

A公司编制的相关分录			B公司编制的相关分录		
借：库存商品	10 000		借：应收票据	10 000	
贷：应付票据——B公司		10 000	贷：主营业务收入		10 000
借：银行存款	20 000		借：预付账款——A公司	20 000	
贷：预收账款——B公司		20 000	贷：银行存款		20 000
借：应收账款——B公司	30 000		借：库存商品	30 000	
贷：主营业务收入		30 000	贷：应付账款——A公司		30 000
借：银行存款	200 000		借：债权投资	200 000	
贷：应付债券		200 000	贷：银行存款		200 000

在合并工作底稿中应编制的抵销分录为：

借：应付票据 10 000

　　应付账款 30 000

　　应付债券 200 000

　　预收账款 20 000

贷：应收票据　　10 000
　　应收账款　　30 000
　　债权投资　　200 000
　　预付账款　　20 000

■　2）内部利息收入与利息支出

债权方企业会将收到的利息作为投资收益或冲减财务费用而列示在利润表中，债务方企业会将利息支出作为财务费用列示在利润表中。

企业集团公司间债权债务均属于内部资金调拨，由此债权债务产生的利息收入与利息支出也就相应不存在了。所以，应当将内部的利息收入与利息支出相抵销。

【例5-22】沿用【例5-21】中的资料，当期债券的利息为5 000元，分录见表5-2。

表5-2　**债权利息的相关分录**

B公司购买了A公司发行的债券作为债权投资，当期发生的债券利息为5 000元	
发行债券方（母公司）： 借：财务费用　　5 000 　贷：银行存款　　5 000	购买债券方（子公司）： 借：银行存款　　5 000 　贷：投资收益　　5 000

在合并工作底稿中应编制的抵销分录为：

借：投资收益　　5 000
　贷：财务费用　　5 000

■　3）内部应收款项计提的坏账准备的抵销

母公司与子公司、子公司之间应收账款与应付账款、其他应收款与其他应付款相互抵销后，其已抵销的应收账款和其他应收款所计提的坏账准备的数额也应予以抵销。在合并资产负债表中，坏账准备应当以抵销后应收账款和其他应收款计提的数额列示。编制抵销分录时，按已抵销的应收款项所计提的坏账准备，借记“应收账款”“其他应收款”等项目，贷记“资产减值损失”项目。

【例5-23】沿用【例5-21】中的资料，B公司按应收账款余额的10%计提坏账准备，当期计提3 000元的坏账准备。2019年12月31日编制合并财务报表时，编制如下抵销分录：

借：应收账款　　3 000
　贷：资产减值损失　　3 000

5.4.2　以前期间发生的公司间债权债务交易对本期影响的抵销

对于以前期间发生的公司间债权债务交易，其对本期个别财务报表可能产生的影响仍然体现在三个方面。一是这些内部的债权债务可能到本期末仍然未结算完毕，因此本期末个别资产负债表中仍然含有内部的债权和债务，抵销以前期间的公司间债权债务交易对本期末个别财务报表债权债务影响的方法与抵销当期发生的公司间交易形成的公司间债权债务影响的方法完全相同，即按本期末仍然未结算完毕的公司间债权债务的余额借记“应付账款”“应付票据”“应付债券”“预收账款”等项目，贷记“应收票据”“应收账款”“债权投资”“预付账款”等项目。二是这些内部的债权债务所形成的内部利息收入和内部利息支出的抵销，由于以前期间发生的公司间债权债务在其发生期产生的内部利息收入和内部利息支出均已对等抵销，因此，这种抵销不会影响以前期间的利润总额和期末未分配利润，本期的期初未分配利润也就不需要进行调整。但是，如果以前期间发生的公司间债权债务交易在本期又产生了内部利息收入和内部利息支出，则本期仍需要抵销这些内部利息收入和内部利息支出，抵销分录仍然为借记“投资收益”项目，贷记“财务费用”项目。三是内部应收款项计提的坏账准备的抵销，由于内部应收款项在上期期末计提了坏账准备，而本期期末可能内部应收款项已全部结算清楚，本期期末已不存在内部应收款项对应的坏账准备，也可能本期期末内部应收款项仍然有余额。因此，本期期末仍然存在内部应收款项对应的坏账准备，不论是哪一种情况，在合并财务报表工作底稿中都需编制抵销分录，抵销内部应收款项坏账准备对个别财务报表的影响。现分别说明如下：

■ 1）内部应收款项本期末的坏账准备与上期末的坏账准备相同

在这种情况下，由于本期期末内部应收款项的坏账准备与上期期末内部应收款项的坏账准备相同，因此，本期无须补提或冲销内部应收款项的坏账准备，也就是说，本期资产减值损失不会受到内部应收款项计提坏账准备的影响，只需将上期期末内部应收款项计提的坏账准备对期初未分配利润的影响与本期期末内部应收款项中所包含的内部应收款项的坏账准备加以抵销即可。抵销分录为：

借：应收账款（或其他应收款）　　本期期末内部应收款项所计提的坏账准备

　贷：期初未分配利润　　　　　　上期期末内部应收款项所计提的坏账准备

【例 5-24】沿用【例 5-21】、【例 5-23】中的有关资料，假设B公司2020年12月31日对A公司内部应收账款余额仍为30 000元，坏账准备的余额仍然保持为应收账款余额的10%。则B公司2020年年末编制合并财务报表时应作的抵销分录为：

借：应付账款　　30 000

　贷：应收账款　　30 000

借：应收账款　　3 000

　贷：期初未分配利润　　3 000

■ 2）内部应收款项本期期末的坏账准备大于上期期末的坏账准备

在这种情况下，意味着本期对内部应收款项补提了坏账准备，补提时在个别财务报表上增加了资产减值损失，同时减少了资产负债表上应收款项项目的列报金额，因此，在合并财务报表时应编制的抵销分录为：

借：应收账款（或其他应收款）　　本期期末内部应收款项所计提的坏账准备

　贷：期初未分配利润　　　　　　上期期末内部应收款项所计提的坏账准备

　　资产减值损失　　　　　　　　本期补提的内部应收款项的坏账准备

【例 5-25】沿用【例 5-21】、【例 5-23】中的有关资料，假设B公司2020年12月31日对A公司的应收账款仍为30 000元，但本期对该笔内部应收账款又补提了2 000

元的坏账准备，即到本期末该笔内部应收账款的坏账准备增加到5 000元，则2020年年末编制合并财务报表时应作的抵销分录为：

借：应付账款　　30 000
　贷：应收账款　　30 000
借：应收账款　　5 000
　贷：期初未分配利润　　3 000
　　资产减值损失　　2 000

3）内部应收款项本期末的坏账准备小于上期末的坏账准备

在这种情况下，意味着本期个别财务报表已冲回了内部应收款项的部分坏账准备，冲回时在个别财务报表上冲减了资产减值损失，同时增加了资产负债表上应收款项项目的列报金额，因此，在编制合并财务报表时应编制的抵销分录为：

借：应收账款（或其他应收款）　本期期末内部应收款项所计提的坏账准备
　资产减值损失　本期冲回的内部应收款项的坏账准备
　贷：期初未分配利润　上期期末内部应收款项所计提的坏账准备

【例5-26】沿用【例5-21】、【例5-23】中的有关资料，假设B公司2020年12月31日对A公司的应收账款为10 000元，其坏账准备仍然保持为应收账款余额的10%，则在2020年的个别财务报表中B企业已冲销了2 000元的坏账准备，相应冲减了资产减值损失2 000元，则抵销分录为：

①借：应付账款　　10 000
　贷：应收账款　　10 000
②借：应收账款　　1 000
　　资产减值损失　　2 000
　贷：期初未分配利润　　3 000

【例5-27】沿用【例5-21】、【例5-23】中的有关资料，假设B公司2020年12月31日对A公司的应收账款为20 000元，在个别财务报表中又补提了2 000元的坏账准备，即达到5 000元。2021年12月31日对A公司的内部应收账款余额为10 000元，内部应收账款的坏账准备余额为4 000元。则2020年合并工作底稿应作的抵销分录为：

借：应付账款　　20 000
　贷：应收账款　　20 000
借：应收账款　　5 000
　贷：资产减值损失　　2 000
　　期初未分配利润　　3 000

2021年合并工作底稿应作的抵销分录为：

借：应付账款　　10 000
　贷：应收账款　　10 000
借：应收账款　　4 000
　资产减值损失　　1 000
　贷：期初未分配利润　　5 000

5.5 公司间其他交易的抵销

5.5.1 公司间债券投资业务的抵销

在企业集团内部，一家公司常常持有另一家公司的债券作为投资。其取得方式有两种：一是直接从对方（发行公司）取得；二是间接地从外界取得。如果债券从对方直接取得，从整个合并的经济实体来看，实际上是集团内部资金的转移，由此产生的相互对应的应收和应付项目，以及利息收入和利息费用，在编制合并财务报表时应当予以抵销。

1）直接购入债券

当一家公司从企业集团直接购入另一家企业（发行债券的公司）的债券时，从一个独立法律实体（发行债券的公司）的观点来看，该债券仍保留在发行债券的公司的外部没有被赎回，即发行企业按被外界所持有债券的方式处理应付债券，购买企业按持有外界的债券的方式处理其债券投资。而从企业集团来看，这构成了债券的赎回。在编制合并财务报表的时候，应将集团公司内部的应付债券和债券投资予以抵销，借记“应付债券”项目，贷记“债权投资”项目。同时，债券以实际利率法进行核算，市场利率的变化会使债券的账面价值与市场价值不一致，相应地会产生利得或损失。在编制合并财务报表的时候，也应将相关的利得或损失予以抵销，借记“投资收益”项目，贷记“财务费用”项目。

【例5-28】2020年1月1日，母公司经批准发行的2年期的公司债券，票面价值为300万元，票面利率为10%，年实际利率为12%。每年年末付息，到期还本。实际收到的款项为286.56万元。采用实际利率法进行核算，假设子公司于2020年1月1日购入母公司发行的全部债券。编制2020年12月31日的相关抵销分录。

2020年12月31日实际利息费用=期初的账面价值×实际利率=286.56×12%=34.39（万元）

应付利息=债券面值×票面利率=300×10%=30（万元）

利息调整摊销额=34.39-30=4.39（万元）

2020年12月31日应付债券的账面价值=286.56+4.39=290.95（万元）

母、子公司的账务处理见表5-3。

表5-3 母、子公司的账务处理 单位：万元

时间	母公司的账务处理	子公司的账务处理
1月1日	借：银行存款 286.56 　应付债券——利息调整 13.44 贷：应付债券——面值 300	借：债权投资——成本 300 贷：银行存款 286.56 　债权投资——利息调整 13.44
12月31日	借：财务费用 34.39 贷：应付利息 30 　应付债券——利息调整 4.39	借：应收利息 30 　债权投资——利息调整 4.39 贷：投资收益——利息收入 34.39

2020年12月31日编制的抵销分录为：

借：应付债券 2 909 500

　　贷：债权投资　　2 909 500

借：投资收益　　343 900

　　贷：财务费用　　343 900

■ 2）间接购入债券

间接购入债券，是指债券投资企业持有的企业集团内部成员企业的债券并不是从发行债券的企业直接购进，而是在债券市场上从第三方手中购进的。一家企业发行债券后，市场利率的变动会导致债券的账面价值与市场价值不一致，意识到这一点，企业可能会赎回其外发债券。例如，当市场利率上升时，债券的市场价值会低于其账面价值，企业可能会自己赎回债券来确认这一利得。当母子公司组成企业集团时，母公司还可通过对子公司决策的控制，要求子公司购买债券发行公司的债券来实现这一目的。因此，企业集团内部成员从第三方（集团外部）购入其他成员企业发行的债券，应视同企业集团赎回债券处理，这种方式被称为推定赎回。

集团内部成员企业从外部购买债券时所支付的价格可能不同于集团内债券发行企业应付债券的账面价值，从集团角度看，集团在赎回债券时，赎回价格与账面价值之间的差额，就形成了损益，被称为“推定赎回损益”。如果投资企业债券购买价格高于发行企业应付债券的账面价值，则发生了“推定赎回损失”；如果投资企业债券购买价格小于发行企业应付债券的账面价值，则发生了“推定赎回利得”。在这种情况下，持有至到期投资中的债券投资与发行债券企业的应付债券抵销时，可能会出现差额，应当计入合并利润表的投资收益或财务费用项目。

5.5.2 公司间无形资产转让的抵销

无形资产包括专利权、商标权、著作权、非专利权、特许权、土地使用权等。根据会计准则的规定，无形资产按其使用寿命是否确定划分为使用寿命有限的无形资产和使用寿命不确定的无形资产。如果无形资产的使用寿命是有限的，以其估计的使用寿命为基础，进行累计摊销。同理，企业集团公司间交易无形资产也会产生未实现损益，在合并工作底稿上的抵销和调整与固定资产的处理完全相同。而对于使用寿命不确定的无形资产，在持有期间内不需要摊销，但应当在每个会计期间进行减值测试。下面以土地使用权为例，来讨论不需要摊销的项目在合并报表编制中的处理。

【例5-29】假设母公司A公司于2019年1月1日以5 000万元的价格从其子公司B公司（A公司拥有其90%的股份）购入土地使用权，而B公司取得该土地使用权的成本是4 000万元，A、B公司的账务处理见表5-4。编制相关的抵销分录。

表5-4　　A、B公司的账务处理

A公司的账务处理	B公司的账务处理
借：无形资产——土地使用权 50 000 000 　贷：银行存款 50 000 000	借：银行存款 50 000 000 　贷：无形资产——土地使用权 40 000 000 　　资产处置收益——土地使用权转让收益 10 000 000

应编制的抵销分录为：

借：资产处置收益　　10 000 000

　贷：无形资产　　10 000 000

【例5-30】沿用【例5-29】中的资料，2020年若A公司继续持有该土地使用权，2020年应编制的调整分录为：

借：期初未分配利润　　10 000 000

　贷：无形资产　　10 000 000

【例5-31】沿用【例5-29】中的资料，假定A公司在持有该土地使用权3年后（即2021年），以5 500万元的价格将该土地使用权转让给集团以外的企业。出售的当年，A公司账面上确认的土地使用权转让利得为500万元，但对于企业集团而言，实际实现的土地使用权转让利得是1 500万元。则在合并工作底稿中编制的调整分录为：

借：期初未分配利润　　10 000 000

　贷：资产处置收益　　10 000 000

根据企业会计准则的规定，使用寿命不确定的无形资产在持有期间内不需要摊销，但应当在每个会计期间进行减值测试。如果可收回金额低于账面价值，应当按其差额计提无形资产减值准备。由于个别财务报表中计提无形资产减值准备涉及“资产减值损失”和“无形资产”两个报表项目，所以在编制合并财务报表时这两个项目应予以调整。即当期应计提的无形资产减值准备与个别财务报表中当期实际计提的无形资产减值准备的差额为合并当期应予以调整的数额。

5.6 合并现金流量表

5.6.1 合并现金流量表的概述

■ 1）合并现金流量表的定义

合并现金流量表是综合反映母公司及其所有子公司组成的企业集团在一定会计期间现金和现金等价物流入和流出的报表。现金流量表作为一张主要报表已经为世界上一些主要国家的会计事务所采用，合并现金流量表的编制也成为各国会计实务的重要内容。

■ 2）编制合并现金流量表的方法

现金流量表要求按照收付实现制反映企业经济业务所引起的现金流入和流出，其有关经营活动产生的现金流量的编制方法有直接法和间接法两种。编制现金流量表的间接法是以本期税后利润为起点，对不影响现金的收入、费用和营业外收支加以调整，并考虑与经营活动有关的除现金以外的流动资产和流动负债的增减情况，从而反映企业经营活动的净现金流入或流出。直接法，是以收付实现制为基础，计算企业从营业收入和其他业务收入中收取的现金与为营业成本和其他营业成本而支付的现金进行比较，其差额就是企业经营活动的净现金流入或流出。《企业会计准则第

31号——现金流量表》明确规定企业应当采用直接法列示经营活动产生的现金流量。

■ 3）编制合并现金流量表的程序

合并现金流量表的编制原理、编制方法和编制程序与合并资产负债表、合并利润表的编制原理、编制方法和编制程序相同。首先，编制合并工作底稿，将母公司和所有子公司的个别现金流量表各项目的数据全部过入同一合并工作底稿；其次，根据当期母公司与子公司以及子公司之间发生的影响其现金流量增减变动的公司间交易，编制相应的抵销分录，通过抵销分录将个别现金流量表中所包含的集团内部的现金流入和现金流出予以抵销；最后，在此基础上计算出合并现金流量表的各项目的合并金额，并填制合并现金流量表；合并现金流量表补充资料，既可以以母公司和所有子公司的个别现金流量表为基础，在抵销母公司与子公司、子公司之间发生的公司间交易对合并现金流量表的影响后进行编制，也可以直接根据合并资产负债表和合并利润表进行编制。

5.6.2 编制合并现金流量表时应进行抵销处理的项目

个别现金流量表作为以个别企业为会计主体进行会计核算的结果，分别从母公司本身和子公司本身反映其在一定会计期间的现金流入和现金流出。在以其为基础计算的现金流入和现金流出项目的加总金额中，也必然包括了集团内部的现金流入和现金流出，因此，编制合并现金流量表时，也需将集团内部的现金流入和现金流出予以剔除。

编制合并现金流量表时需要进行抵销处理的项目，主要有以下几项：

■ 1）企业集团内部当期以现金进行直接投资所产生的现金流量的抵销处理

母公司直接以现金对子公司进行的长期股权投资，表现为母公司的现金流出，在母公司个别现金流量表中作为投资活动现金流出列示。子公司接受这一投资时，表现为现金流入，在个别现金流量表中反映为筹资活动的现金流入。从企业集团整体来看，母公司以现金对子公司进行的长期股权投资实际上相当于母公司将资本拨付给下属核算单位，并不引起整个企业集团的现金流量的增减变动。因此，编制合并现金流量表时，应当在母公司与子公司现金流量表数据简单相加的基础上，将母公司当期以现金对子公司长期股权投资所产生的现金流量予以抵销。应编制的抵销分录如下：

借：投资支付的现金

　贷：吸收投资收到的现金

■ 2）企业集团内部当期取得投资收益收到的现金与分配股利、利润或偿付利息支付的现金的抵销处理

母公司对子公司进行的长期股权投资和债权投资，在持有期间收到子公司分派的现金股利（利润）或债券利息，表现为现金流入，在母公司个别现金流量表中作为“取得投资收益收到的现金”列示。子公司向母公司分派现金股利（利润）或支付债券利息，表现为现金流出，在其个别现金流量表中反映为“分配股利、利润或偿付利息支付的现金”。从整个企业集团来看，这种投资收益的现金收支，并不引起整个企

业集团的现金流量的增减变动。因此，编制合并现金流量表时，应当在母公司与子公司现金流量表数据简单相加的基础上，将母公司当期取得投资收益收到的现金与子公司分配股利、利润或偿付利息支付的现金予以抵销。应编制的抵销分录如下：

借：分配股利、利润或偿付利息支付的现金

　贷：取得投资收益收到的现金

■ 3）企业集团内部以现金结算债权与债务所产生的现金流量的抵销处理

母公司与子公司、子公司之间当期以现金结算应收账款或应付账款等债权与债务，表现为现金流入或现金流出，在母公司个别现金流量表中作为“销售商品、提供劳务收到的现金”“收到其他与经营活动有关的现金”或“购买商品、接受劳务支付的现金”“支付其他与经营活动有关的现金”等项目列示，在子公司个别现金流量表中则作为对应的现金流出或现金流入项目列示。从整个企业集团来看，这种以现金结算债权与债务，并不引起整个企业集团的现金流量的增减变动。因此，编制合并现金流量表时，应当在母公司与子公司现金流量表数据简单相加的基础上，将母公司与子公司、子公司之间当期以现金结算债权与债务所产生的现金流量予以抵销。应编制的抵销分录如下：

借：购买商品、接受劳务支付的现金

　贷：销售商品、提供劳务收到的现金

借：支付其他与经营活动有关的现金

　贷：收到其他与经营活动有关的现金

■ 4）企业集团内部当期销售商品所产生的现金流量的抵销处理

母公司向子公司当期销售商品（或子公司向母公司销售商品或子公司之间销售商品，下同）所收到的现金，表现为现金流入，在母公司个别现金流量表中作为“销售商品、提供劳务收到的现金”列示。子公司向母公司支付购货款，表现为现金流出，在其个别现金流量表中反映为“购买商品、接受劳务支付的现金”。从整个企业集团来看，这种内部产品购销现金收支，并不会引起整个企业集团的现金流量的增减变动。因此，编制合并现金流量表时，应当在母公司与子公司现金流量表数据简单相加的基础上，将母公司与子公司、子公司之间当期销售商品所产生的现金流量予以抵销。应编制的抵销分录如下：

借：购买商品、接受劳务支付的现金

　贷：销售商品、提供劳务收到的现金

■ 5）企业集团内部处置固定资产等收回的现金净额与购建固定资产等支付的现金的抵销处理

母公司向子公司处置固定资产等非流动资产，表现为现金流入，在母公司个别现金流量表中作为“处置固定资产、无形资产和其他长期资产收回的现金净额”列示。子公司表现为现金流出，在其个别现金流量表中反映为“购建固定资产、无形资产和其他长期资产支付的现金”。从整个企业集团来看，这种固定资产处置与购置的现金收支，并不会引起整个企业集团的现金流量的增减变动。因此，编制合并现金流量表时，应当在母公司与子公司现金流量表数据简单相加的基础上，将母公司与子公司、子公司之间处置固定资产、无形资产和其他长期资产收回的现金与购建固定资产、无形资产和其他长期资产支付的现金相互抵销。应编制的抵销分录如下：

借：购建固定资产、无形资产和其他长期资产支付的现金

　贷：处置固定资产、无形资产和其他长期资产收回的现金净额

■ 6）母公司与子公司及子公司之间与债券投资有关的现金流量的抵销处理

母公司与子公司及子公司之间与债券投资有关的现金流量，在债券投资方的个别现金流量表中作为投资支付的现金列示；在债券发行方的个别现金流量表中作为吸收投资收到的现金列示。从企业集团角度看，上述现金流转对企业集团现金流量不产生影响。因此，在编制合并现金流量表时，应将债券投资方“投资支付的现金”项目和债券发行方的个别现金流量表中作为“吸收投资收到的现金”项目相互抵销。应编制的抵销分录如下：

借：投资支付的现金

　贷：吸收投资收到的现金

5.6.3 母公司在报告期内增减子公司在合并现金流量表中的反映

■ 1）母公司在报告期内增加子公司以及业务在合并现金流量表中的反映

母公司因追加投资等原因控制了另一家企业即实现了企业合并。根据《企业会计准则第20号——企业合并》的规定，企业合并形成母子公司关系的，母公司应当编制合并日的合并现金流量表。有关合并日合并现金流量表的编制，请参见第3章“控股权取得日合并财务报表的编制”的相关内容。但是，在企业合并发生当期的期末和以后会计期间，母公司应当根据合并财务报表准则的规定编制合并现金流量表。合并财务报表准则规定，在编制合并现金流量表时，应当区分同一控制下的企业合并增加的子公司以及业务和非同一控制下的企业合并增加的子公司以及业务两种情况。

（1）同一控制下企业合并增加的子公司以及业务，在编制合并现金流量表时，应当将该子公司以及业务合并当期期初至报告期末的现金流量纳入合并现金流量表。

（2）非同一控制下企业合并增加的子公司以及业务，在编制合并现金流量表时，应当将该子公司购买日至报告期末的现金流量纳入合并现金流量表。

■ 2）母公司在报告期内处置子公司以及业务在合并现金流量表中的反映

母公司在报告期内处置子公司以及业务，应将该子公司以及业务期初至处置日的现金流量纳入合并现金流量表。

5.6.4 合并现金流量表中有关少数股东权益项目的反映

合并现金流量表编制中的一个特殊问题是，当子公司为非全资子公司时，涉及子公司与其少数股东之间的现金流入和现金流出的处理问题。对于子公司与其少数股东之间的现金流入和现金流出，从整个企业集团来看，也影响到整体的现金流入和现金流出数量的增减变动，必须在合并现金流量表中予以反映。在合并现金流量表中，涉

及子公司与其少数股东之间现金流入和现金流出的，按《企业会计准则应用指南》的规定应单列"其中"项目反映，但无须通过编制抵销分录实现。具体要求是：

（1）对于公司的少数股东增加其在公司中的权益性资本投资，在合并现金流量表中应当在"筹资活动产生的现金流量"之下的"吸收投资收到的现金"项目之后单列，在"其中：子公司吸收少数股东投资收到的现金"项目反映。

（2）对于子公司向少数股东支付的现金股利，在合并现金流量表中应当在"筹资活动产生的现金流量"之下的"分配股利、利润或偿付利息所支付的现金"之后单列，在"其中：子公司支付给少数股东的股利、利润"项目反映。

（3）对于子公司的少数股东依法抽回其在子公司中的权益性投资，在合并现金流量表中应当在"筹资活动产生的现金流量"项目之后单列，在"其中：子公司依法减资支付给少数股东的现金"项目反映。

总结与结论

本章主要讨论的是集团公司内部母公司与其所属子公司之间以及各个子公司之间，除长期股权投资以外还会发生各种涉及损益或不涉及损益的公司间交易事项，该公司间交易事项已经发生并分别记录在母公司或子公司的个别财务报表中。但从企业集团的角度看，并不包括这类公司间交易事项，应予以抵销。企业集团公司间交易事项主要包括公司间存货交易、公司间固定资产交易和公司间债权债务交易，其他公司间交易包括债券投资交易和无形资产交易。在编制合并财务报表时，既要考虑当期发生的各类公司间交易的抵销，还要考虑以前期间发生的各类公司间交易对本期影响的抵销。

关键概念

1.公司间交易：指集团公司内部母公司与其所属的子公司之间以及各子公司之间发生的除股权投资以外的各种往来业务及交易事项。

2.未实现内部销售利润：未实现对企业集团外部销售的产品，在企业集团内部销售该产品发生的增值（即销售企业的毛利），它只有在产品对企业集团外部销售时才能实现。

3.公司间存货交易：指企业集团内部公司之间的商品或产品的销售业务。

4.公司间固定资产交易：指企业集团内部公司之间发生的与固定资产有关的购销业务。

5.公司间债权债务交易：指企业集团内部公司之间由于赊购与赊销、投资与被投资等交易所形成的债权债务交易。

6.推定赎回：指企业集团内部成员从第三方（集团外部）购入其他成员企业发行的债券，应视同企业集团赎回债券处理。

7.合并现金流量表：是综合反映母公司及其所有子公司组成的企业集团在一定会计期间现金和现金等价物流入和流出的报表。

课程思政

1.共同富裕

党的二十大报告特别强调"中国式现代化是全体人民共同富裕的现代化"。乐视网2014年的合并财务报表显示，2014年度乐视网净利润为1.29亿元，少数股东损益为−2.35亿元，而归属于上市公司普通股股东的净利润为3.64亿元。从2011年到2013年的合并财务报表也可以看出，乐视网归属于上市公司普通股股东的净利润分别为1.31亿元、1.94亿元和2.55亿元，呈逐年上升态势，但少数股东损益却一直为负数，且持续恶化。请从共同富裕的角度对这种现象进行评述，并思考解决对策。

2.合并会计报表的所得税会计处理

编制合并财务报表时需要对企业集团内部母公司与子公司之间以及子公司相互之间的内部交易对个别财务报表产生的影响进行抵销，但是，在进行公司间内部交易抵销时，我国《合并财务报表暂行规定》没有考虑抵销公司间内部交易对所得税的影响。王竹泉教授在"合并会计报表的所得税会计处理"（《会计研究》，1997年第12期）一文中，对公司间交易产生的未实现内部利润的特征进行了分析，并对未实现内部利润对所得税影响的抵销进行了设计。该论文获得了中国中青年财务成本研究会第三届（1993—1997年）优秀科研成果（论文类）的唯一一等奖。请结合该文对研究性学习和深化研究的路径进行思考。

3.关联交易表决

如果你是A公司的大股东，持有其55%的股份，A公司又持有B公司60%的股份，A公司拟以高出销售给无关联第三方价格25%的价格销售其生产的产品2亿元给B公司，由于这项交易涉及关联交易，需要经A公司和B公司的股东大会进行表决，请问你将如何对待A公司股东大会对该关联交易事项的表决？又将怎样对待B公司股东大会对该关联交易事项的表决？

思考与练习

一、思考题

1.为什么在编制合并财务报表时需要消除公司间交易？

2.公司间存货交易和固定资产交易产生的未实现内部销售损益有什么特点？其所导致的个别财务报表利润与合并财务报表利润的差异具有什么特点？

3.集团内部销售固定资产和无形资产与集团内部销售货物有什么不同？

4.公司间交易对以后年度合并财务报表编制产生什么影响？

5.存货跌价准备的抵销处理与坏账准备的抵销处理有什么不同？

二、练习题

1.（　　）的交易不属于公司间交易。

A.子公司销售货物给母公司

B.母公司销售货物给子公司

C.将从附属公司购入的货物出售给非附属公司

D.一个附属公司将货物销售给另一个附属公司

2.通过公司间交易获得的固定资产在合并财务报表中应该（　　）列示。

A.以购买日的公司间交易价格减去自购买日起计提的折旧

B.以销售者的原始价格减去财务报表日的累计折旧

C.以内部购买价格与销售者的原始价格减去累计折旧中的高者

D.以财务报表日的评估价值

3.甲公司只有乙公司一个子公司，2021年度，甲公司和乙公司个别现金流量表中“销售商品、提供劳务收到的现金”项目的金额分别为2 000万元和1 000万元，“购买商品、接受劳务支付的现金”项目的金额分别为1 800万元和800万元。2021年甲公司向乙公司销售商品收到现金100万元，不考虑其他事项，合并现金流量表中“购买商品、接受劳务支付的现金”项目的金额为（　　）万元。

A.3 000　　B.2 600　　C.2 500　　D.2 900

4.在内部销售商品未实现对外销售的情况下，编制抵销分录涉及的项目有（　　）。

A.营业收入　　B.营业成本　　C.期初未分配利润　　D.存货

5.母公司将成本为5 000元的商品销售给子公司，售价为6 000元，子公司当期将该批商品对集团外销售了40%。对于该项内部交易在合并利润表上应确认的销售成本为（　　）元。

A.5 000　　B.6 000　　C.2 000　　D.2 400

延伸阅读

[1] 储一昀. 高级财务会计 [M]. 上海：上海财经大学出版社，2017.

[2] 刘永泽，傅荣. 高级财务会计 [M]. 7版. 大连：东北财经大学出版社，2021.

[3] 周华. 高级财务会计 [M]. 3版. 北京：中国人民大学出版社，2019.

[4] 中华人民共和国财政部. 企业会计准则 [M]. 北京：经济科学出版社，2020.

[5] 王竹泉，朱炜. 同一控制下企业合并会计处理原则辨析 [J]. 财务与会计，2012（4）.

[6] 王竹泉. 合并会计报表的所得税会计处理 [J]. 会计研究，1997（12）.

[7] 王竹泉. 论合并会计报表对公司间资产交易的抵销 [J]. 上海会计，1998（9）.

本章教学视频1　　本章教学视频2　　本章教学课件　　本章学习指导

第6章

独资与合伙企业会计

高级财务会计

Advanced Financial Accounting

章前准备

一、学习目的与要求

通过本章的学习，了解独资与合伙企业的特点；理解独资与合伙企业会计的特点；掌握独资与合伙企业的账户设置、日常会计核算；掌握合伙企业权益变动以及清算的会计处理。

二、教学重点与难点

本章的教学重点是独资与合伙企业会计的特点、账户设置以及日常会计核算；教学难点是合伙企业权益变动以及清算的会计处理。

三、本章教案设计

本章教案

6.1　独资与合伙企业会计概述

6.1.1　独资企业会计概述

根据法律地位的不同，企业可分为法人企业和非法人企业。其中法人企业主要有公司制企业、非公司制法人企业，非法人企业主要有个人独资企业、合伙企业等。在我国可以根据《中华人民共和国个人独资企业法》（以下简称《个人独资企业法》）、《中华人民共和国私营企业暂行条例》成立独资企业。独资企业是指由个人出资经营，出资者对企业债务承担无限责任的一种企业组织形式。这里的出资者应是自然人而非法人，因此外商独资企业和国有独资企业并不属于本章所讲解的独资企业范围。独资企业一般具有如下特点：

（1）独资企业的投资人为单个的自然人，这就与国家主体和法人作为投资人相区别，也与两个以上公民投资设立的合伙企业相区别。

（2）独资企业申请设立后，独资企业与其投资者的民事人格不可分割，由于只有一个业主，企业会因业主死亡或个人不愿意继续经营而宣告企业寿命终止。

（3）出资者对企业全部财产和经营收益享有所有权和支配权，同时对企业的债务也承担无限清偿责任。

（4）独资企业不需交纳企业所得税，只对投资者个人取得的生产经营所得征收个人所得税。

（5）独资企业的业主（投资人）既是企业的所有者，往往又是企业的经营者。从法律地位角度看，独资企业并不是一个独立于业主以外的法律个体，独资企业的所有财产和对外所负的债务在法律上仍归业主所有。由此，法律规定独资企业业主对企业对外的债务承担无限偿付责任。也就是说，企业资产一旦不足以偿还对外的债务，则由业主用其在独资企业以外的个人其他财产继续偿还。但就会计角度，独资企业与业主本身则是两个不同的会计个体，不能因业主承担无限责任，而混淆企业的财务与业主个人财务。

6.1.2 合伙企业会计概述

现代企业制度可采用多种组织形式，合伙制企业亦为其中之一。它包括自然人、法人与其他组织设立的普通合伙企业和有限合伙企业。普通合伙企业由普通合伙人组成，合伙人对合伙企业债务承担无限连带责任。有限合伙企业由普通合伙人和有限合伙人组成，普通合伙人对合伙企业债务承担无限连带责任，有限合伙人以其认缴的出资额为限对合伙企业债务承担责任。我国2006年8月27日修订、2007年6月1日施行的《中华人民共和国合伙企业法》（以下简称《合伙企业法》）对规范和指导合伙企业起着重要作用。为方便起见，本章所讲解的合伙企业均指普通合伙企业。

合伙企业与公司制企业的区别可以概括如下：

（1）税收不同。对于合伙企业的收入所得，合伙企业自身不缴纳企业所得税，合伙企业以每一个合伙人为纳税义务人缴纳个人所得税；而对于公司的收入所得，公司自身缴纳企业所得税，股东就其分得的股息和红利缴纳个人所得税。

（2）责任不同。合伙企业和公司都要以其自身财产对外承担责任，但合伙企业的普通合伙人对合伙企业的债务承担无限连带责任，而公司的股东则对公司债务承担有限责任。

（3）设立条件不同。合伙企业的设立条件比较低，程序比较简单，费用较低；而公司的设立条件比较高，程序比较烦琐，费用较高。

（4）出资方式不同。合伙企业的出资方式比较灵活，个人可以以劳务、信用等出资；而个人不能以劳务、信用等方式出资成立公司。

（5）资本和信用需求度不同。合伙企业侧重“人合”，对信用的需求度较高，选择合伙人要非常慎重；公司侧重“资合”，对资本的需求度较高，对注册资本的要求和管理比较严格。

（6）利润分享和亏损承担不同。合伙企业的合伙人可平均或按出资比例，亦可按约定的其他比例来分享利润、承担亏损；公司的股东则只能按持有的股份比例和股份种类分享利润，对公司亏损不承担投资额以外的责任。

（7）投资人权利转让的限制不同。法律对合伙人转让其在合伙企业中的财产份额的限制较严，对外转让时须经全体合伙人一致同意；法律对股东转让其股权的限制则较松，有限责任公司股东对外转让股权时须经全体股东过半数同意，而股份有限公司股东可自由转让。

（8）控制和管理方式不同。合伙人对合伙企业实行共同管理，组织灵活，一般按人数行使表决权，控制直接，每一个合伙人对外均可代表合伙企业进行活动；公司股东则需通过设立组织机构进行管理，讲求规范的治理结构，一般按拥有的股份行使表决权，对公司进行间接控制，只有法定代表人和被授权的人才可对外代表公司进行活动。

6.2　独资企业的会计核算

6.2.1　独资企业的账户设置

独资企业作为一个独立的会计主体，同样拥有一定的资产供其运营，在经营过程中也会产生各种负债、取得各种收入、发生各种费用。因此，独资企业应有专设的企业财产目录和会计账簿，以便于纳税和使业主了解、掌握企业经营状况。独资企业与公司相比，其资产、负债以及收入和费用的会计处理基本相同。比如独资企业会计同样应遵循权责发生制原则，通过费用与收入的配比确立独资企业经营损益。由于独资企业的资产规模较小，业务相对简单，会计科目也可简化设置。比如其负债类账户可以只设置“借入款项”“应付款项”“应付职工薪酬”“应交税费”四个科目。其中，“借入款项”用于核算个人独资企业向业主以外的机构或个人借入的款项。

独资企业的特点决定了其在所有者权益方面的会计处理与其他企业组织形式的不同。独资企业所有者权益的特点是不需要对所有者权益的各个组成部分加以区分并单独核算。

首先，个人独资企业不需要区分投入资本、资本公积和盈余公积。个人独资企业不发行股票，不会产生股票溢价收入，也不会在追加投资时为维持一定的投资比例而产生资本公积。所以，属于个人独资企业所有者投入的资金无论是在组建时，还是在追加投资时，均全部作为业主投资入账。

其次，个人独资企业也不需要区分积累在企业中的业主投资净额与企业在经营中赚得的利润。由于个人独资企业业主完全享有企业的经营利益，并对企业债务承担无限责任。因此，业主对企业的投资、企业的利润分配、从企业中提款等事项的发生都将引起企业投入资本的变动。

个人独资企业所有者权益反映的内容主要包括两个方面：一是在开办企业时业主的最初投资额，以及在以后经营过程中业主追加的投资额；二是在经营过程中，业主与企业之间的往来事项对所有者权益的影响。因此，独资企业在所有者权益方面主要应设置“业主资本”、“业主往来”和“损益汇总”三个账户。

(1)“业主资本”账户。这一账户用来核算业主投资资本的增减变动数。账户的贷方记录业主的原始投资和增加投资，以及从“业主往来”账户转入的数额；借方记录业主资本的减少。期末余额在贷方，表示业主实际投入企业的资本额。

(2)“业主往来”账户。这一账户是用来登记业主个人与企业之间的往来业务，反映业主资本暂时性增减变动情况的账户。借方登记业主从企业提取自用的现金或商品、业主代收而未交给企业的应收款项、业主个人本期应承担的企业亏损以及业主追加投资的事项；贷方登记业主暂存企业的款项，包括业主个人的应得工资、应得利润以及企业代业主个人收取的款项。期末应将其余额转入“业主资本”账户。

(3)“损益汇总”账户。这一账户用来核算企业本期利润的形成及分配情况。贷方登记从各收入账户转入的本期全部收入数；借方登记从各费用账户转入的本期全部费用数。收入和费用配比后算得本期利润，全部归业主所有；若为亏损也由业主个人负担。从“损益汇总”账户的贷方转入“业主往来”账户的借方；结转后“损益汇总”账户期末应无余额。本期利润中一部分可供业主个人消费，另一部分可留在企业供扩大再生产。如果独资企业业主与职工签有协议，利润总额中有一定数额是分给职工的红利，则应将红利作为企业的负债处理，设置“应付职工红利”账户，从“损益汇总”的借方转入“应付职工红利”的贷方。

以上三个账户可以用T形账户简化表示如下：

业主资本：核算业主对独资企业投入资本及其增减数。

业主资本

减资数	原始投资和增加资本
	业主实际投资数

业主往来：核算业主个人与企业之间的往来业务、业主暂时性的资本变化，包括业主个人从企业的提款数、暂时存入数、应得工资和应得净利润等项目。

业主往来

业主提款数 企业代业主个人支付的款项	业主应得的工资和净利润 企业代业主个人收取的款项
企业应向业主收取的款项（期末转入业主资本）	企业应付业主的款项（期末转入业主资本）

损益汇总：核算独资企业本期损益的形成及分配情况。

损益汇总

全部费用转入 本期利润（转入业主往来的贷方）	全部收入转入 本期亏损（转入业主往来的借方）
	期末无余额

涉及以上三个账户的经济业务可以用以下分录简化表示：

①业主原始投资或增资。

借：库存现金

　贷：业主资本

②业主提款自用、支付个人所欠债务、企业应向业主收取的款项。

借：业主往来

　贷：库存现金

③业主取用商品。

借：业主往来

　贷：库存商品

④业主减资。

借：业主资本

　贷：库存现金

⑤企业支付业主工资。

借：应付职工薪酬

　贷：业主往来

6.2.2　独资企业的账务处理举例

刘某经批准开办一家独资企业，主要的经济活动如下：

(1) 刘某用现金投资80 000元。

借：库存现金　80 000

　贷：业主资本　80 000

(2) 刘某因个人需要，从企业提取现金4 200元。

借：业主往来　4 200

　贷：库存现金　4 200

(3) 刘某因生活需要取用企业经营商品供个人消费，该商品成本为580元。企业商品用于业主个人消费，应视同向企业提款。

借：业主往来　580

　贷：库存商品　580

(4) 企业代业主收取款项1 800元。这笔款项是业主的个人财产，企业代为收取，可视为业主将款项暂存在企业

借：库存现金　1 800

　贷：业主往来　1 800

(5) 业主用企业营业款1 600元支付个人所欠债务。

借：业主往来　1 600

　贷：库存现金　1 600

(6) 经计算应付业主工资2 000元，业主工资应作为利润分配。

借：应付职工薪酬　2 000

　贷：业主往来　2 000

(7) 年末结算，假设企业营业收入320 000元，营业成本240 000元，销售费用52 000元，将上述各损益账户结转。

借：营业收入　320 000

　贷：损益汇总　320 000

借：损益汇总　292 000

　贷：营业成本　240 000

　　　销售费用　52 000

（8）年末依据协议，将本年利润28 000元中的20%分配给职工，其余归刘某。

借：损益汇总　　28 000

　贷：应付职工红利　　5 600

　　　业主往来　　22 400

（9）12月31日，刘某决定拿出17 000元作为对独资企业的追加投资。从“业主往来”账户的借方转入“业主资本”账户的贷方。

借：业主往来　　17 000

　贷：业主资本　　17 000

（10）期末，将业主往来科目的余额2 820元结转到“业主资本”账户。

借：业主往来　　2 820

　贷：业主资本　　2 820

业主资本

		开业投资	80 000
		追加投资	17 000
		业主往来转入业主资本	2 820
		期末余额	99 820

业主往来

业主提款	4 200	企业代业主收款	1 800
业主取用商品	580	应付业主工资	2 000
企业代业主付款	1 600	应付业主利润	22 400
业主转入投资	17 000		
结转业主往来	2 820		
本期发生额	26 200	本期发生额	26 200
		期末余额	0

损益汇总

营业成本转入	240 000	营业收入转入	320 000
销售费用转入	52 000		
应付职工红利	5 600		
应付业主利润	22 400		
本期发生额	320 000	本期发生额	320 000

以上记录可看出，该企业期末所有者权益总计99 820元。

6.2.3 独资企业的财务报表

独资企业应定期编制财务报表，以综合反映企业的财务状况和经营成果。但与公司财务报表相比，也不尽相同。公司财务报表主要反映公司财务状况和经营成果，并为报表使用者提供对其决策有用的信息。因此，公司通常应编制供公众使用的中期、年度财务报表。而独资企业的财务报表主要是为满足业主、债权人和税务机关三类使用者的需要，一般不对外公开。个人独资企业编制的财务报表的种类主要包括：资产负债表和利润表。独资企业的资产负债表中的资产和负债项目与公司资产负债表基本相同。个人独资企业的利润表不再细分主营业务、其他业务和营业外收支，而统一记入“营业收入”、“营业成本”和“销售费用”项目。因此，个人独资企业的利润表格式见表6-1。如果业主非常关心其资本及资本增减变动情况，也可编制业主资本增减明细表（见表6-2），用以反映业主资本增减变动的原因及结果。如果个人独资企业规模较大，业务比较复杂，还需编制现金流量表用以反映企业现金增减变动的全貌。在一般情况下，个人独资企业的财务报表可于每年年终编制一次；但如果企业的经营规模较大，业务较繁忙，也可每月或每季度编制资产负债表和利润表，年终编制年度财务报表。

表6-1　**利润表（简表）**

项目	金额
营业收入	
减：营业成本	
销售费用	
本期利润	
减：员工分利	
业主分利	
未分配利润	

表6-2　**业主资本增减明细表**

项目	金额
业主期初投资	
本年增加投资	
其中：现金投资	
自往来账户转入投资	
本年减少投资	
期末投资净额	

6.3　合伙企业的会计核算

6.3.1　合伙企业的账户设置

合伙企业组织形式的特点决定了其会计的特别之处。从会计处理的角度来看，合伙企业与公司制企业相比最大的区别表现在对所有者权益的核算方式不同。

■ 1）合伙人投资时，应设置“合伙人资本”账户

该账户相当于公司会计中的“实收资本”账户，所不同的是“合伙人资本”账户除了记载各合伙人的原始投资额、追加投资额以及减少的投资额外，还应记录由“损益汇总”账户分配结转的各合伙人应分享的合伙企业收益额或应分担的合伙企业损失额。合伙企业一般不设置“资本公积”账户，由投入资本引起的各种增值可直接记入“合伙人资本”账户。合伙企业也不需要设置“盈余公积”账户，合伙企业实现的利润应通过提款或追加投资方式全部分给合伙人。由于合伙人对合伙企业债务承担无限责任，《合伙企业法》对合伙人个人投入资本或撤出资本除规定要经过全体合伙人同意外未加其他约束，因此合伙企业应通过协议规定减资条件和提用资产的限额，以防止合伙人任意减少投资或任意提用合伙企业资产，保证合伙企业的正常经营。

■ 2）为反映合伙企业的收益形成及分配，应设置“损益汇总”账户

该账户相当于公司会计中的“本年利润”和“利润分配”账户。所不同的是“损益汇总”账户除记载本期自有关账户转入的收入支出的数额，以及损益分配的数额外，期末余额应结转至“合伙人资本”账户。合伙企业在损益分配的方法和比例方面，与公司制企业不同的是，损益分配的比例不要求与各合伙人的出资比例保持一致。另外，合伙企业要增强抵御风险的能力，求得长远发展，在损益分配时首先必须建立风险基金和发展基金，“两金”都属于合伙人的权益，然后收益的剩余部分在合伙人之间分配。分配的依据要考虑劳务因素、资本因素、合伙人承担风险的能力。

■ 3）合伙人提用合伙企业资产时，应设置“合伙人提款”账户

由于合伙企业是以收益分配的形式给予合伙人报酬，所以合伙协议通常允许合伙人按月或按周从预计可分得的收益中提取适当金额，也可视为合伙人的薪金。另外，合伙人还可能提用合伙企业的实物或其他资产，或留用收回的合伙企业账款等。对这些业务应通过“合伙人提款”账户进行专门核算。期末该账户的借方余额应转入相应的“合伙人资本”明细账户，作为资本的减少。合伙人提用合伙企业资产虽然会使合伙企业权益减少，但并非该合伙企业的费用，因为这与为取得营业收入无关。该账户可使我们了解各合伙人在一定期间的提款记录，然后与协议上约定的提款数相比较，以便为超额提款建立会计控制。

■ 4）合伙人与合伙企业发生借贷业务，应设置“应收合伙人借款”“应付合伙人贷款”账户

合伙人需要资金时，可能从合伙企业暂时提取一笔款项，或者将外界客户支付给合伙企业的款项暂时留用，并且合伙人愿意按照借款方式办理。这种业务应通过“应收合伙人借款”账户，而不是记入“合伙人提款”账户。相应地，合伙企业需要资金时，合伙人可能贷款给合伙企业，此时不能认为是合伙人资本的增加，而是记入“应付合伙人贷款”账户。合伙企业与合伙人之间的借贷款，在日常经营中作为合伙企业的资产和负债。但由于合伙人对企业债务的无限责任，在企业清算时，这类借贷款要并入“合伙人资本”账户，作为合伙人权益的组成部分。由此可见，合伙人权益中无论是资本投放、经营积累，还是合伙人提款或企业经营损益，最终都归入每一个合伙人开设的“合伙人资本”账户。

6.3.2 合伙企业的设立

■ 1）合伙企业设立的条件

设立合伙企业，应当具备下列条件：

① 有两个以上合伙人，合伙人为自然人的，应当具有完全民事行为能力；

② 有书面合伙协议；

③ 有合伙人认缴或者实际缴付的出资；

④ 有合伙企业的名称和生产经营场所；

⑤ 法律、行政法规规定的其他条件。

合伙人可以用货币、实物、知识产权、土地使用权或者其他财产权利出资，也可以用劳务出资。合伙人以实物、知识产权、土地使用权或者其他财产权利出资，需要评估作价的，可以由全体合伙人协商确定，也可以由全体合伙人委托法定评估机构评估。合伙人以劳务出资的，其评估办法由全体合伙人协商确定，并在合伙协议中载明。

■ 2）合伙企业设立的会计处理

合伙人投入资本不需要分为资本和资本溢价，因此，在会计核算中只需设置“合伙人资本”账户，用来核算合伙人投资以及随净损益增减变动的数额。收到合伙人投资或实现净利润中所占份额记入该账户贷方，合伙人减少投资或发生亏损中所占份额记入该账户借方。余额在贷方，表示合伙人对企业的实际投资额，按每一出资人设置明细账户。

（1）合伙人出资额等于资本额。

合伙人按合伙契约规定的出资额出资，其出资可以采用货币、实物、土地使用权、知识产权或其他财产权利缴纳，除货币外出资的计价一般由合伙人协商确定，或合伙人认可的第三方评估确定。

【例6-1】甲、乙、丙三人合伙设立一家企业。甲投资现金40 000元；乙投资一项专利，评估价40 000元；丙投资设备，评估价20 000元。如出资额等于资本额，其会计分录如下：

借：库存现金	40 000	
无形资产	40 000	
固定资产	20 000	
贷：合伙人资本——甲		40 000
——乙		40 000
——丙		20 000

（2）合伙人出资额不等于资本额。

由于合伙企业是以契约为基础的，因而合伙人在合伙企业中所占有的资本份额可能与其出资的公允价值并不相符。经合伙人同意，合伙人出资额可以不等于其资本额，在这种情况下就需要确定有关合伙人资本的数额，不管是合伙人原始投资还是新合伙人加入，其会计处理通常采用红利法和商誉法。红利法是指合伙企业坚持原始成本原则，在合伙企业所有者权益变更时，账面上不确认由差额产生的商誉，而只按交易行为本身，用红利形式来调整有关合伙人资本的方法。商誉法认为投入到合伙企业的资产，应以其现行公允价值计量。新合伙企业所得的有形、无形资产（包括合伙人创造的商誉），均应确认入账。商誉是指某一合伙人，有能力提供高额非常收益，包括经验、独特技术、管理才能或有良好客户资源等，此种商誉的计价一般由合伙人谈判协商。

①合伙人出资额小于资本额。

【例6-2】甲、乙、丙三人合伙设立一家企业。甲投资现金40 000元；乙投资一项专利，评估价40 000元；丙投资设备，评估价20 000元。合伙人协议商定三人在企业中所占的资本份额相同，即丙的出资额小于资本额。

采用红利法其会计分录如下：

借：库存现金　　40 000
　　无形资产　　40 000
　　固定资产　　20 000
　贷：合伙人资本——甲　　33 333
　　　　　　　　——乙　　33 333
　　　　　　　　——丙　　33 334

采用商誉法其会计分录如下：

借：库存现金　　40 000
　　无形资产　　40 000
　　固定资产　　20 000
　　无形资产——商誉　　20 000
　贷：合伙人资本——甲　　40 000
　　　　　　　　——乙　　40 000
　　　　　　　　——丙　　40 000

②合伙人出资额大于资本额。

【例6-3】甲、乙、丙三人合伙设立一家企业。甲投资现金40 000元；乙投资一项专利，评估价40 000元；丙投资设备，评估价60 000元。合伙人协议商定三人在企业中所占的资本份额相同，即丙的出资额大于资本额。

采用红利法其会计分录如下：

借：库存现金　　40 000
　　无形资产　　40 000
　　固定资产　　60 000
　贷：合伙人资本——甲　　46 666
　　　　　　　　——乙　　46 667
　　　　　　　　——丙　　46 667

采用商誉法其会计分录如下：

借：库存现金	40 000	
无形资产	40 000	
固定资产	60 000	
无形资产——商誉	40 000	
贷：合伙人资本——甲		60 000
——乙		60 000
——丙		60 000

6.3.3　合伙企业的经营

1）合伙企业经营成果的分配

合伙人从合伙企业所获得的收益分配比例也可能与其所持的资本份额不一致。合伙企业的损益分配可以直接按协议规定的固定比例分配；也可以先分配工资报酬、资本报酬等，再按固定比例分配剩余收益。上述这些会计处理方法是合伙企业会计特有的，在公司会计中是不存在的。下面就两个主要的经营成果分配方法（比率分摊法和资本账户余额分摊法）进行举例讲解。

（1）按约定比率分摊的方法。

合伙企业可以按一个约定的（并在合伙协议中加以明确规定的）比率对合伙损益加以分摊。若合伙协议未约定损益分摊比例的，按《合伙企业法》的规定，由各合伙人平均分摊，这种情况可视为各合伙人按相等的比率分配损益。其计算公式为：

各合伙人应分得的净收益（净损失）=合伙企业净收益（净损失）×约定分配比率

该分摊方法较为简单，对于投入资本和劳务差异对经营成果的作用不予考虑，适用于资本额与劳务对企业经营成果影响不大的合伙企业。

（2）以合伙人资本账户余额分摊的方法。

该方法以每个“合伙人资本”账户余额占资本总额的比例来分摊合伙企业的损益。其主要适用于大量投资是企业成功的主要因素的合伙企业。其计算公式为：

各合伙人应分得的净收益（净损失）=合伙企业净收益（净损失）×（各合伙人资本账户余额÷资本总额）

应用该法的主要问题是合伙人资本账户余额计算依据的公允性。其通常有4个依据：

① 原始资本余额；

② 每年年初资本账户余额；

③ 每年年末资本账户余额；

④ 每年资本账户的平均余额（包括算术平均余额或者加权平均余额）。

在年度内各合伙人资本账户数量变动不大的情况下，应用项目①、②、③作分配损益的依据既简单又有一定的合理性。但是，若各合伙人资本账户数量在年度里变动很大，使用这几种方法就有失公允了。此时，使用每年各合伙人资本账户的平均余额

（特别是加权平均余额）更公平些。

【例 6-4】假设某合伙企业的合伙人甲、乙、丙，其合伙人资本账户的期初余额分别为 40 000 元、50 000 元和 70 000 元，合计 160 000 元，全年的损益汇总为 80 000 元。

如果合伙协议规定，净收益按固定比例分配，甲 25%，乙 35%，丙 40%，分配分录如下：

甲：80 000×25%=20 000（元）

乙：80 000×35%=28 000（元）

丙：80 000×40%=32 000（元）

借：损益汇总　　80 000

　贷：合伙人资本——甲　　20 000

　　　　　　　　——乙　　28 000

　　　　　　　　——丙　　32 000

如果合伙协议规定，净收益按资本账户期初余额的比例分配，分配分录如下：

甲：80 000×（40 000÷160 000）=20 000（元）

乙：80 000×（50 000÷160 000）=25 000（元）

丙：80 000×（70 000÷160 000）=35 000（元）

借：损益汇总　　80 000

　贷：合伙人资本——甲　　20 000

　　　　　　　　——乙　　25 000

　　　　　　　　——丙　　35 000

2）合伙人提款

合伙人提款核算中应设置“合伙人提款”账户，该账户是合伙人资本的调整账户，合伙人作为投资者在预计盈利时的提款数或合伙人作为经营者取得工资的提款数记入该账户借方，每月工资费用分配数及年终转入净利润记贷方，年终余额转入“合伙人资本”账户。

（1）合伙人作为经营者取得工资提款时，如甲乙两人商定，甲每月工资 2 000 元，乙每月工资 1 500 元，每月发放工资时的会计分录如下：

借：合伙人提款——甲　　2 000

　　　　　　　——乙　　1 500

　贷：库存现金　　3 500

工资费用分配时的会计分录如下：

借：管理费用　　3 500

　贷：合伙人提款——甲　　2 000

　　　　　　　　——乙　　1 500

（2）合伙人作为投资者平时预计盈利提款时，应严格按合伙权比例提取。

借：合伙人提款

　贷：库存现金

(3) 年终将企业实现的税后净利润减去提取风险基金及发展基金后结转至合伙人提款账户。

借：损益汇总

　贷：合伙人提款

(4) 年终将合伙人提款账户余额结转至合伙人资本账户。

借：合伙人提款

　贷：合伙人资本

合伙企业要建立提款的会计控制，在不影响企业正常经营的情况下，使提款数不超过合伙协议所允许的提款数。

6.3.4 合伙权益的变动

■ 1）新合伙人入伙

当一个新的合伙人被允许加入时，原合伙企业的资产和负债的公允价值将按一定比例分配给他。新合伙人付出的资本应等于契约规定的所占资本总额的一定份额。如果不等，则必须进行调整。一般在这种情况下，合伙企业的经营已走上正轨，获利能力比一般企业高，原合伙人可能要求新合伙人付出较多的投资，而取得低于其出资额的资本。

【例6-5】甲、乙合伙开设企业，两人资本均为40 000元，现新合伙人丙愿意出资55 000元取得企业1/3合伙权，并已取得原合伙人同意。

新合伙人加入时会计处理方法辨析

根据红利法，合伙企业1/3的合伙权应为45 000元（(40 000+40 000+55 000)×1÷3)，企业收到丙投资时，应作如下会计分录：

借：库存现金	55 000	
贷：合伙人资本——甲		5 000
——乙		5 000
——丙		45 000

商誉法下其差额视为原合伙企业资产增值或未入账的商誉。如上例，假定原合伙企业资产、负债账面价值都相当于公允价值，企业商誉应为30 000元（(55 000×3-40 000×2 -55 000)），企业收到丙投资时，作如下会计分录：

借：库存现金	55 000	
无形资产——商誉	30 000	
贷：合伙人资本——甲		15 000
——乙		15 000
——丙		55 000

■ 2）合伙人退伙

合伙人因为某种原因而不愿或不能继续参加合伙，经其他合伙人同意，可以退伙，退伙的主要方式有：对外界出售其合伙权、将合伙权出售给其他合伙人、由合伙企业退还其应得的权益。

（1）对外界出售合伙权或将合伙权出售给其他合伙人。

其出售价格及收付款项属于退伙人的私事，不论售价多少，对合伙企业的资产和资本总额没有影响，只在合伙企业资本账户上作过户记录。

【例6-6】某合伙企业由合伙人甲、乙、丙组成，其资本数额分别为40 000元、40 000元、20 000元，现丙合伙人要求退伙，经其他合伙人同意，将其合伙权出售给丁，企业应作如下过户记录：

借：合伙人资本——丙　　20 000

　贷：合伙人资本——丁　　20 000

（2）合伙企业退还其应得权益。

合伙人的退出或死亡将减少合伙者人数，并且要求合伙企业清算退出者或死亡者所有的权益。合伙关系的退出情况有两种：

①退出者或死亡者得到与其账面价值相同的金额；

②退出者或死亡者得到的金额超过其资本账面价值。

【例6-7】假设某公司由A、B、C三人合伙组成，C的退出将解散原有的合伙关系，而A、B将组成新的合伙公司继续经营。在C退出之日该公司拥有的资本余额见表6-3。

表6-3　**合伙人资本明细表**　单位：元

合伙人	金额
A	200 000
B	200 000
C	200 000
总资本	600 000

假定退出者拥有的权益价值等于账面价值，按合伙契约的规定：C退出时，必须得到与其资本账面价值相等的金额。因此，对继续经营的新合伙公司来说，该笔分录应为：

借：合伙人资本——C　　200 000

　贷：库存现金　　200 000

假定退出者拥有的权益价值超过账面价值，如果继续经营的新合伙人同意支付给C250 000元，并且该数额已被C接受。这时在红利法的处理下，首先继续经营的新合伙人认为，应将超出账面价值部分作为资本红利支付给C，则记录合伙人退出的分录为：

借：合伙人资本——A　　25 000

　　　　　　——B　　25 000

　　　　　　——C　　200 000

　贷：库存现金　　250 000

在商誉法下，多支付的50 000元被认为是总额为150 000元（50 000×3）的未被确认的商誉的一部分。如果该金额被确认的话，其会计处理为：

借：无形资产——商誉 150 000

　贷：合伙人资本——A 50 000

　　　　　　　　——B 50 000

　　　　　　　　——C 50 000

合伙人退出的会计处理为：

借：合伙人资本——C 250 000

　贷：库存现金 250 000

合伙企业商誉与合并商誉的比较分析

6.4 独资企业和合伙企业的清算

6.4.1 独资企业清算的法律程序

■ 1）清算人的产生

清算人，是指清算企业中执行清算事务及对外代表者。《个人独资企业法》规定："个人独资企业解散，由投资人自行清算或者由债权人申请人民法院指定清算人进行清算。"

■ 2）通知或公告债权人申报债权

投资人自行清算的，应当在清算前15日内书面通知债权人，无法通知的，应当予以公告。债权人应当在接到通知之日起30日内，未接到通知的应当在公告之日起60日内，向投资人申报其债权。

个人独资企业解散后，原投资人对个人独资企业存续期间的债务仍应承担偿还责任，但债权人在5年内未向债务人提出偿债请求的，该责任消灭。

■ 3）清理财产，清偿债务

在清算期间，个人独资企业不得开展与清算目的无关的经营活动。在清偿债务前，投资人不得转移、隐匿财产。个人独资企业及其投资人在清算前或清算期间隐匿或转移财产，逃避债务的，依法追回其财产，并按照有关规定予以处罚；构成犯罪的，追究刑事责任。

个人独资企业解散的，财产应当按照下列顺序清偿：

① 所欠职工工资和社会保险费用；

② 所欠税款；

③ 其他债务。

个人独资企业财产不足以清偿债务的，投资人应当以其个人的其他财产予以清偿。

■ 4）清算终结，企业消灭

个人独资企业清算结束后，投资人或人民法院指定的清算人应当编制清算报告，并于15日内到登记机关办理注销登记。注销登记一旦完成，个人独资企业即告消灭。

独资企业清算的会计处理较为简单，其基本原理与合伙企业的一次清算分配法相近，本书仅以合伙企业为例进行讲解。

6.4.2 合伙企业清算的法律程序

合伙清算是合伙会计的一项重要内容。根据《合伙企业法》的规定，合伙企业有下列情形之一的，应当解散：

① 合伙期限届满，合伙人决定不再经营；

② 合伙协议约定的解散事由出现；

③ 全体合伙人决定解散；

④ 合伙人已不具备法定人数满30天；

⑤ 合伙协议约定的合伙目的已经实现或者无法实现；

⑥依法被吊销营业执照、责令关闭或者被撤销；

⑦ 法律、行政法规规定的其他原因。

合伙企业解散，应当由清算人进行清算。清算人由全体合伙人担任；经全体合伙人过半数同意，可以自合伙企业解散事由出现后15日内指定一个或者数个合伙人，或者委托第三人，担任清算人。自合伙企业解散事由出现之日起15日内未确定清算人的，合伙人或者其他利害关系人可以向人民法院申请指定清算人。

清算人在清算期间执行下列事务：

① 清理合伙企业财产，分别编制资产负债表和财产清单；

② 处理与清算有关的合伙企业未了结事务；

③ 清缴所欠税款；

④ 清理债权、债务；

⑤ 处理合伙企业清偿债务后的剩余财产；

⑥ 代表合伙企业参加诉讼或者仲裁活动。

清算人自被确定之日起10日内将合伙企业解散事项通知债权人，并于60日内在报纸上公告。债权人应当自接到通知书之日起30日内，未接到通知书的自公告之日起45日内，向清算人申报债权。债权人申报债权，应当说明债权的有关事项，并提供证明材料。清算人应当对债权进行登记。清算期间，合伙企业存续，但不得开展与清算无关的经营活动。

合伙企业财产在支付清算费用和职工工资、社会保险费用、法定补偿金以及缴纳所欠税款、清偿债务后的剩余财产，按照合伙协议的约定办理；合伙协议未约定或者约定不明确的，由合伙人协商决定；协商不成的，由合伙人按照实缴出资比例分配、分担；无法确定出资比例的，由合伙人平均分配、分担。

清算结束，清算人应当编制清算报告，经全体合伙人签名、盖章后，在15日内向企业登记机关报送清算报告，申请办理合伙企业注销登记。合伙企业注销后，原普通合伙人对合伙企业存续期间的债务仍应承担无限连带责任。合伙企业不能清偿到期债务的，债权人可以依法向人民法院提出破产清算申请，也可以要求普通合伙人清偿。合伙企业依法被宣告破产的，普通合伙人对合伙企业债务仍应承担无限连带责任。

6.4.3 合伙企业清算的会计程序

合伙企业清算首先应将非现金资产转换为现金；然后确认清算期间的清算费用与损益，并按约定的损益分配比例，将变卖财产的损益转入各合伙人资本账户；清偿所有债务；最后按各合伙人资本账户的余额进行分配。具体可按以下步骤进行：

① 清理合伙企业财产，分析编制资产负债表、财产清单和债权债务清单；

② 收回债权，将各项非现金资产转换为现金；

③ 处理与清算有关的合伙企业未了结的事务，支付清算费用；

④ 将上述②、③步骤中产生的清算损益，按合伙契约中规定的损益分配方法分配记入各合伙人的资本账户；

⑤ 清偿企业债务，如果资不抵债，合伙人要以个人财产进行清偿，如果某个合伙人无力清偿其应负担的份额，其他合伙人要负连带清偿责任；

⑥ 返还合伙人的出资。

6.4.4 合伙企业清算的会计方法

合伙清算最简单的方法就是一次清算。但现实生活中，由于不能满足一次清算的所有条件，更多的是采用分期清算。在分期清算中，当损益分配比例与资本比例不一致时，需要编制安全清算的现金分配计划。

■ 1）一次分配清算

当合伙企业的全部非现金资产在短期内能全部变现，并且清算收益或损失也能全部确认时，可以采用这种简单的清算方法。合伙企业可以按照分配的程序清偿债务并将剩余资金分配给投资者。

【例6-8】假设某合伙企业由甲、乙、丙三个人组成，按合伙协议约定，三人的损益分配比例为4：3：3。该企业清算前的资产负债表见表6-4。

表6-4 **资产负债表** 单位：元

资产	金额	负债及合伙人资本	金额
库存现金	10 000	负债	20 000
其他资产	40 000	合伙人资本——甲	12 000
		合伙人资本——乙	9 000
		合伙人资本——丙	9 000
合计	50 000	合计	50 000

有关的清算会计处理如下：

①该企业出售其非现金资产，得到30 000元，非现金资产的处置损失为10 000元。

借：库存现金	30 000	
清算损益	10 000	
贷：其他资产		40 000

②用现金支付清算期间的清算费用5 000元。

借：清算损益	5 000	
贷：库存现金		5 000

③用现金清偿全部债务20 000元。

借：负债	20 000	
贷：库存现金		20 000

④该企业清算损失为15 000元（10 000+5 000），按照4：3：3的比例分配。

借：合伙人资本——甲	6 000	
——乙	4 500	
——丙	4 500	
贷：清算损益		15 000

⑤该企业的剩余现金为15 000元（10 000+30 000−5 000−20 000），按合伙人资本的账户金额分配给合伙人。

借：合伙人资本——甲	6 000	
——乙	4 500	
——丙	4 500	
贷：库存现金		15 000

■ 2）分期分配清算

通常企业的清算需要花费较长时间，因为非现金资产的变现往往不能一次完成，而需分批变现，在这种情况下需进行分期分配清算。由于非现金资产变现的间断性和合伙人急于得到分配资金存在着矛盾，因而出现了一个问题：有多少现金可以安全地分配给各合伙人而不至于出现清算结束后某合伙人分配所得金额超额的情况。在具体实践中，通常有谨慎退款计划和现金预分计划两种方法。

（1）谨慎退款计划。

谨慎退款计划是通过编制安全清偿表的方式确定每次的可分配金额。在每次决定分配金额时均需编制安全清偿表，直至各合伙人资本账户余额的比例等于损益分配比例为止。

① 安全清偿表的假设条件。所有合伙人本身无清偿能力；所有非现金资产均有可能损失，且为做到最大程度的安全，通常将非现金资产的价值视为实际的损失。

② 安全清偿表的编制步骤。假定所有剩余的非现金资产都为实际损失，并将之按损益分配比例转入各合伙人的资本账户；保留足够的现金支付企业的外部债务，还要将估计的清算费用及其他或有支出按损益分配比例转入各合伙人的资本账户；如果出现某合伙人资本账户出现亏损，则需将该亏损转入其他合伙人的资本账户。企业的

现金在留足对外债务、清算费用及其他或有支出的清偿资金后，可按安全清偿表的合伙人权益账户的贷方余额分配。

③ 安全清偿表的编制原理。由于合伙企业各合伙人的资本余额比例在清算前往往会与损益分配比例不一致，从而产生了各合伙人资本余额承受资产变卖损失能力的差异，因此为保护资产变卖损失承受能力强的合伙人的利益，就需实施安全清偿。安全清偿表的编制目的是使在分期清偿资金给各合伙人的同时，努力使剩余的资本账户余额比例接近直至等于损益分配比例，从而使各合伙人承担风险的大小接近直至最终等于分配比例，避免盲目分配带来的风险集中和分配不公的现象。

④ 安全清偿表编制的终止。在出现下列情形之一时，无须继续编制安全清偿表：

a. 当假定的非现金资产全部作为损失以及清算费用和其他支出都转入各合伙人的资本账户后，没有任何合伙人出现资本账户亏损的，亦即如果首次分配包括了所有合伙人，则以后数期的清偿无须编制安全清偿表，而直接按损益分配比例进行分配；

b. 如果在某次分配后各合伙人的资本账户余额比例已等于损益分配比例，则终止安全清偿表的编制，直接按损益分配比例进行分配。

【例 6-9】假设某合伙企业由甲、乙、丙三个人组成，按合伙协议约定，三人的损益分配比例为2：2：1。企业预留清算费用为5 000元，偿还债务后向合伙人分配现金的日期为12月9日、12月19日和12月31日。实际清算费用为4 000元，于12月15日支付。该企业资产变现情况见表6-5，企业的分期清算表见表6-6，安全清偿表见表6-7。

表6-5 **企业资产变现情况** 单位：元

变现日期	账面价值	变现价格	变现损益
12月4日	30 000	20 000	(10 000)
12月14日	15 000	7 500	(7 500)
12月25日	15 000	22 000	7 000

表6-6 **分期清算表** 单位：元

项目	库存现金	非现金资产	负债	资本余额		
				合伙人甲	合伙人乙	合伙人丙
清算前余额	5 000	60 000	15 000	15 000	27 500	7 500
12月4日资产变现	20 000	(30 000)		(4 000)	(4 000)	(2 000)
余额	25 000	30 000	15 000	11 000	23 500	5 500
清偿债务	(15 000)		(15 000)			
余额	10 000	30 000	0	11 000	23 500	5 500
12月9日付现	(5 000)				(5 000)	

续表

项目	库存现金	非现金资产	负债	资本余额		
				合伙人甲	合伙人乙	合伙人丙
余额	5 000	30 000	0	11 000	18 500	5 500
12月14日资产变现	7 500	(15 000)		(3 000)	(3 000)	(1 500)
12月15日支付清算费用	(4 000)			(1 600)	(1 600)	(800)
余额	8 500	15 000	0	6 400	13 900	3 200
12月19日付现	(8 500)			(400)	(7 900)	(200)
余额	0	15 000	0	6 000	6 000	3 000
12月25日资产变现	22 000	(15 000)		2 800	2 800	1 400
余额	22 000	0	0	8 800	8 800	4 400
12月31日付现	22 000			8 800	8 800	4 400
余额	0	0	0	0	0	0

表6-7　**安全清偿表**　单位：元

项目	合伙人甲	合伙人乙	合伙人丙
损益分配比例	2	2	1
12月9日付现			
付现前的资本余额	11 000	23 500	5 500
预留的清算费用5 000元	(2 000)	(2 000)	(1 000)
余额	9 000	21 500	4 500
非现金资产的变现损失30 000元	(12 000)	(12 000)	(6 000)
余额	(3 000)	9 500	(1 500)
借方资本余额的分摊（由乙承担）	3 000	(4 500)	1 500
安全付现	0	5 000	0
12月19日付现			
付现前的资本余额	6 400	13 900	3 200
非现金资产的变现损失15 000元	(6 000)	(6 000)	(3 000)
余额	400	7 900	200
安全付现	400	7 900	200

清算时合伙企业的会计分录如下：

12月4日，变现资产的账面价值30 000元，变现价值20 000元，变现损失10 000元。

借：库存现金　20 000
　　清算损益　10 000
　贷：非现金资产　30 000
借：合伙人资本——甲　4 000
　　　　　　　——乙　4 000
　　　　　　　——丙　2 000
　贷：清算损益　10 000

清偿合伙企业的负债15 000元。

借：负债　15 000
　贷：库存现金　15 000

12月9日，合伙企业优先向合伙人乙支付5 000元。

借：合伙人资本——乙　5 000
　贷：库存现金　5 000

12月14日，变现资产的账面价值15 000元，变现价值7 500元，变现损失7 500元。

借：库存现金　7 500
　　清算损益　7 500
　贷：非现金资产　15 000
借：合伙人资本——甲　3 000
　　　　　　　——乙　3 000
　　　　　　　——丙　1 500
　贷：清算损益　7 500

支付清算费用4 000元。

借：清算损益　4 000
　贷：库存现金　4 000
借：合伙人资本——甲　1 600
　　　　　　　——乙　1 600
　　　　　　　——丙　800
　贷：清算损益　4 000

12月19日，向合伙人付现8 500元，甲400元，乙7 900元，丙200元。

借：合伙人资本——甲　400
　　　　　　　——乙　7 900
　　　　　　　——丙　200
　贷：库存现金　8 500

12月25日，变现资产的账面价值15 000元，变现价值22 000元，变现收益7 000元。

借：库存现金　　22 000
　贷：清算损益　　7 000
　　　非现金资产　　15 000
借：清算损益　　7 000
　贷：合伙人资本——甲　　2 800
　　　　　　　　——乙　　2 800
　　　　　　　　——丙　　1 400
借：合伙人资本——甲　　8 800
　　　　　　　——乙　　8 800
　　　　　　　——丙　　4 400
　贷：库存现金　　22 000

（2）现金预分计划。

现金预分计划是指对合伙人按其承受损失的能力排序，依此来编制假定损失吸收表，再由此制订现金预分计划。现金预分计划避免了安全清偿表无法作为规划的工具且不能提供信息帮助合伙人预计他们将获得现金的分配时间等弊端，从方法上弥补了安全清偿表的不足。

【例6-10】假设合伙企业的基本情况见表6-8。现金预分计划的编制步骤如下：

第一步，编制现金预分计划付款计算表（见表6-9）计算应向承担损失能力较大的合伙人付款的金额。当所有合伙人具有相等的承担损失的能力时，按合伙人的损益分配比例分配资产。

第二步，编制现金预分计划，见表6-10。据此计划，企业取得的现金在20 000元以内的部分，应全部偿债；累计在30 000元以内时，以其中超过20 000元但最多10 000元的部分预留清算费用；累计在36 000元以内时，以其中超过30 000元但最多6 000元的部分全部给予合伙人甲；累计在52 000元以内时，以其中超过36 000元但最多16 000元的部分按约定比例分配给合伙人甲和乙；累计现金超过52 000元时，其超过部分按约定损益分配比例分配给所有合伙人。

表6-8　**合伙企业的基本情况**　金额单位：元

项目	合伙人甲	合伙人乙	合伙人丙
损益分配比例	30%	50%	20%
资本余额	33 000	45 000	14 000
合伙企业的负债为20 000元			
预计的清算费用为10 000元			

表6-9 **现金预分计划付款计算表** 金额单位：元

序号	项目	资本余额			承担损失的能力		
		合伙人甲	合伙人乙	合伙人丙	合伙人甲	合伙人乙	合伙人丙
1	损益分配比例	30%	50%	20%			
	资本余额	33 000	45 000	14 000			
	分配预计的清算费用	(3 000)	(5 000)	(2 000)			
2	余额	30 000	40 000	12 000			
	承担损失的能力				100 000	80 000	60 000
3	使第一、二合伙人有相等承担损失能力				(20 000)		
	新的承担损失能力				80 000	80 000	60 000
4	需减少的资本额	(6 000)*					
5	新的资本余额	24 000	40 000	12 000			
6	使合伙人有相等的承担损失的能力				(20 000)	(20 000)	
	新的承担损失能力				60 000	60 000	60 000
7	需减少的资本额	(6 000)	(10 000)				
8	新的资本余额	18 000	30 000	12 000			

*-6 000=-20 000×30%

表6-10 **现金预分计划表** 金额单位：元

分配层次	待分配现金	偿债	预算清算费用	合伙人甲	合伙人乙	合伙人丙
1	20 000	20 000				
2	10 000		10 000			
3	6 000			6 000		
4	16 000			6 000	10 000	
5	此后取得的可供分配的资产			30%	50%	20%

假定企业实际的资产变现和分配见表6-11，按现金预分计划表6-10进行分配，见表6-12。需要说明的是在实际分配资产时，向合伙人的付款在实际清算费用前进行，因为在制订现金预分计划时，已预留了清算费用10 000元。在按表6-10进行资产分配时，必须在满足上一层次的分配后才能进行下一层次的分配。

表6-11　**合伙企业资产变现和分配情况**　单位：元

日期	金额	用途
6月14日	20 000	偿债
7月1日	5 000	向合伙人付款
7月14日	8 000	支付清算费用
7月26日	9 000	向合伙人付款
8月2日	30 000	向合伙人付款

表6-12　**按现金预分计划进行分配**　单位：元

日期	金额	偿债	支付清算费用	合伙人甲	合伙人乙	合伙人丙	分配层次
6月14日	20 000	20 000					1
7月1日	5 000			5 000			3
7月14日	8 000		8 000				2
7月26日	9 000			1 000			3
				3 000	5 000		4
8月2日	30 000			3 000	5 000		4
				6 600	11 000	4 400	5
	72 000	20 000	8 000	18 600	21 000	4 400	

总结与结论

独资企业是指由个人出资经营，出资者对企业债务承担无限责任的一种企业组织形式。合伙企业是指由两个或两个以上的业主共同投资经营、共负盈亏、共担风险的企业组织。独资企业与合伙企业会计的特点主要体现在所有者权益项目的设置与公司制企业不同。独资企业一般设置“业主资本”账户、“业主往来”账户、“损益汇总”账户来核算企业的经济业务，合伙企业一般设置“合伙人资本”账户、“损益汇总”账户、“合伙人提款”账户来核算企业的经济业务。合伙企业在清算时，可以采用一次分配清算或分期分配清算进行会计处理。

关键概念

1. 独资企业：指由个人出资经营，出资者对企业债务承担无限责任的一种企业组织形式。

2. 合伙企业：与独资公司相对，合伙企业是指由两个或两个以上的合伙人通过订立合伙协议，共同出资经营、共负盈亏、共担风险的企业组织形式。它包括自然人、法人和其他组织设立的普通合伙企业和有限合伙企业。

3. 普通合伙企业：由普通合伙人组成，合伙人对合伙企业债务承担无限连带责任。

4. 有限合伙企业：由普通合伙人和有限合伙人组成，普通合伙人对合伙企业债务承担无限连带责任，有限合伙人以其认缴的出资额为限对合伙企业债务承担责任。

5. 约定比率分摊法：是合伙企业分配经营成果的一种方法，是指合伙企业按一个约定的并在合伙协议中加以明确规定的比率对合伙损益加以分摊。

6. 资本账户余额分摊法：是合伙企业分配经营成果的一种方法，该方法以每个"合伙人资本"账户余额占资本总额的比例来分摊合伙企业的损益。主要适用于大量投资是企业成功的主要因素的合伙企业。

7. 合伙清算：指合伙终止后的财产清理程序。合伙终止后，全体合伙人有权共同清算或者委托一个或几个合伙人或其他的人负责清算。

8. 谨慎退款计划：是通过编制安全清偿表的方式确定每次的可分配金额。在决定每次可分配金额时均需编制安全清偿表，直至各合伙人资本账户余额的比例等于损益分配比例为止。

9. 现金预分计划：指对合伙人按其承受损失的能力排序，依此来编制假定损失吸收表，再由此制订现金预分计划。

10. "业主往来"账户：这一账户用来登记业主个人与企业之间的往来业务，反映业主资本暂时性增减变动情况的账户；借方登记业主从企业提取自用的现金或商品、业主代收而未交给企业的应收款项、业主个人本期应承担的企业亏损以及业主追加的投资；贷方登记业主暂存企业的款项，包括业主个人的应得工资、应得利润以及企业代业主个人收取的款项；期末应将其余额转入"业主资本"账户。

11. "损益汇总"账户：这一账户用来核算企业本期利润的形成及分配情况。贷方登记从各收入账户转入的本期全部收入，借方登记从各费用账户转入的本期全部费用。收入和费用配比后算得本期利润，全部归业主所有；若为亏损也由业主个人负担。

12. "合伙人提款"账户：该账户是合伙人资本的调整账户，合伙人作为投资者在预计盈利时的提款数或合伙人作为经营者取得工资的提款数记入该账户借方，每月工资费用分配数及年终转入净利润记贷方，年终余额转入"合伙人资本"账户。

课程思政

1. 合伙企业权益变动

在合伙企业权益变动时，通常采用红利法或权益法进行会计核算。在红利法下，持续经营假设依然成立，合伙企业仍以历史成本计量无需重估，不产生商誉。而在商誉法下，需要采用公允价值进行重新评估。请思考，对于一个期望有新合伙人加入的合伙企业来说，两种方法对原合伙人和拟加入的新合伙人的公平性各有什么影响？

2. 合伙人发生与合伙企业无关的债务

《中华人民共和国合伙企业法》第四十一条规定：合伙人发生与合伙企业无关的债务，相关债权人不得以其债权抵销其对合伙企业的债务；也不得代位行使合伙人在合伙企业中的权利。请结合调研案例对这一规定的公平性和公正性进行分析。

思考与练习

一、思考题

1.简述个人独资企业的设立条件。

2.一次清算分配法和分次清算分配法有何区别？分别适用哪种情况？

3.请论述合伙企业清偿的基本顺序。

4.请试述合伙企业与公司制企业的区别。

5.简述导致合伙企业权益变动的情形及其相应的账务处理方法。

二、练习题

1.用以反映独资企业业主资本增减变动情况的报表是（　　）。

A.资产负债表　　B.利润表　　C.资本变动表　　D.利润分配表

2.随着新合伙人的资本投入，合伙企业的资产总额和资本总额都会增加，它标志着（　　）。

A.原合伙关系的解除　　B.原合伙关系的延续

C.新合伙企业的建立　　D.原合伙关系的解除和新合伙关系的建立

3.独资企业的业主将本期经营所得的工资、利润全部作为对企业的追加投资，应作的会计分录为（　　）。

A.借：应付职工薪酬

　贷：业主资本

B.借：收益汇总

　贷：业主资本

C.借：应付职工薪酬

　贷：业主资本

D.借：业主往来

　　收益汇总

　贷：业主资本

4.安全清偿是指（　　）。

A.分配给各个合伙人的现金不能超过其出资比例

B.分配的现金不能超过现有数额

C.分配给各合伙人的现金不能超过其分配比例

D.分配的现金不能小于现有数额

5."合伙人资本"账户为借方余额被认为是对该账户为贷方余额的合伙人欠有一笔负债，那么（　　）。

A.资本账户为贷方余额的各合伙人按相对损益分配比例负责这笔债务

B.资本账户为贷方余额的各合伙人按相对出资比例负责这笔债务

C.资本账户为借方余额的合伙人拿出个人财产偿还其对合伙企业的负债

D.资本账户为借方余额的合伙人向银行借款来偿还其对合伙企业的负债

延伸阅读

[1] 刘永泽，傅荣. 高级财务会计 [M]. 5版. 大连：东北财经大学出版社，2016.

[2] 石本仁. 高级财务会计 [M]. 3版. 北京：中国人民大学出版社，2015.

[3] 耿建新，戴德明. 高级会计学 [M]. 7版. 北京：中国人民大学出版社，2016.

[4] 崔君平，徐振华. 高级财务会计 [M]. 北京：清华大学出版社，2015.

[5] 张虹. 普通合伙企业分期清算会计研究 [J]. 会计之友，2017 (19).

[6] 王竹泉，杜媛. 新合伙人加入时会计处理方法辨析 [J]. 上海会计，2004 (1).

[7] 王竹泉，杜媛. 合伙企业商誉与合并商誉的比较分析 [J]. 财会月刊，2003 (9).

[8] 潘正军. 并表型有限合伙企业会计处理问题探析 [J]. 财务与会计，2021 (3).

本章教学视频　　本章教学课件　　本章学习指导

第 7 章

分支机构会计

高级财务会计

Advanced Financial Accounting

章前准备

一、学习目的与要求

通过本章的学习，了解分支机构的基本特征；理解分支机构会计的特点；掌握总部与分支机构之间内部往来的会计处理；掌握总部与分支机构报表的汇总处理。

二、教学重点与难点

本章的教学重点是总部与分支机构之间内部往来的会计处理以及总部与分支机构报表的汇总，教学难点是汇总会计报表中抵销分录的编制。

三、本章教案设计

本章教案

7.1　分支机构会计的基本特征和特点

7.1.1　分支机构的基本特征

分支机构是现代企业拓展延伸的一种组织形式，随着企业扩张和集团经济的发展，越来越多的分支机构在企业的发展中起着举足轻重的作用。分支机构在不同的企业或行业有不同的名称，如在有些企业称为分支机构，有些企业称为分厂，商业系统称为分店，银行系统称为分行等。分支机构往往开设在公司总部以外的地区或城市，也可以开设在与公司总部同一城市的不同城区。

企业设立分支机构，应由企业法人向市场监督管理部门申请登记，经登记主管机关核准，领取营业执照，并在核准登记的经营范围内从事经营活动。分支机构不具有企业法人资格，其民事责任由设立该分支机构的企业承担。分支机构在经营业务、经营方针等各方面都要受到公司总部不同程度的控制，这种控制主要表现在资金的筹措、投放、人事管理以及经营决策的确定等方面。尽管分支机构不是独立的法律主体，但是在一定意义上，它却是相对独立的会计主体。尤其在分散制的分支机构中，分支机构独立设置账户，独立核算业务，独立编制会计报表。但应当明确的是，这种独立是相对的，其核算的内容只是分支机构所能控制和负责的部分，其会计报表只是满足内部管理的需要，不对外提供。

根据总公司在资金和商品购销上对分支机构的控制程度不同，分支机构可分为分散制分支机构和集中制分支机构两类。

■　1）分散制分支机构

分支机构奉行总公司统一的经营方针和管理方针，它们在总公司的管辖下，拥有相对独立的业务经营自主权，其所需资本完全依赖总公司。具体表现如下：分支机构可以以自己的名义开立银行往来账户，取得的销售收入作为分支机构的存款，各项营业开支自行支付；分支机构可拥有完备的商品库存，其货源大部分由总公司供给，也可以从别处购进；分支机构可全权支配营运资金，自行决定可实行赊销的客户和赊销的额度，并由分支机构直接向客户交货取款，分支机构单独核算其盈亏。

■ 2）集中制分支机构

分支机构不设置正式账簿，只有简单的辅助或备查记录，所有会计事项及其凭证都随时报送总公司，由总公司并入自己的账簿。或者分支机构虽设有正式账簿，但仍将一部分账项，如应收账款、应付账款和固定资产等，划归总公司直接处理和登记，而在分支机构账簿上则不予记录。集中制可以节省会计处理成本，并能保持总公司及各分支机构会计处理的一致性。但是由于各项凭证寄送时容易遗失或延误，会影响会计报表编报的完整性和时效性，在实际工作中很少采用。

7.1.2 分支机构会计的特点

作为整个企业的一个组成部分，分支机构必须严格遵守总部统一的经营方针和管理方针。分支机构在总部授权范围内具有财务自主权，并作为单独一级核算单位进行独立核算。它们通常需要设置一套较为完整的账簿，用来记录其本身发生的经济业务，单独核算财务状况和经营成果，定期编制会计报表，向总部报告。但分支机构会计科目的名称与编号、会计报表的内容和格式，以及内部控制制度和会计方针等，一般由总部事先规定。

总部对分支机构的营运资金实行严密控制，分支机构的销售额、现金回收率、库存资金占用等经营目标由总部核定并下达给各分支机构执行，总部定期对各分支机构的经营情况进行考核。在此前提下，分支机构通常也具有相对独立的经营自主权。它们可以拥有齐全的库存商品，除向总部进货之外，也可以自行向其他厂商购进商品。顾客订货时，分支机构可以自行决定顾客的订货条件，并直接向顾客交货。赊购、赊销引起的应付、应收款项，由分支机构自行负责结算。分支机构可以以自己的名义在银行开户，存取现金，委托银行办理结算业务。一般来说，分支机构的固定资产投资、巨额租赁和巨额广告投入等均由总部直接控制，分支机构无权对外投资、购置固定资产等。

分支机构会计有如下特点：

■ 1）总部与分支机构的账户设置

总部与分支机构之间的经营与管理关系密切，它们之间会发生大量的往来业务，总部与分支机构要设置一些相对应的账户，从不同的角度反映同一会计事项。

总部的“分支机构往来”账户与分支机构的“总部往来”账户是一对相对账户。“分支机构往来”账户借方记录拨付给分支机构的商品、现金、其他资产以及分支机构转来的利润；贷方记录分支机构交来的商品、现金、其他资产以及分支机构转来的亏损。“总部往来”账户的借方登记向总部交付的商品、现金、其他资产以及期末上转的亏损；贷方登记收到总部拨来的商品、现金、其他资产以及期末上转的利润。它们的金额相等、记账的方向相反，期中可能因为单证传递的时间差异而出现暂时的不一致，但在年度末必须查明原因，抵销双方差额。

■　2）总部与分支机构会计信息的披露

总部与分支机构应分别作为会计主体编制财务报表，以满足内部管理的需要，因此，还要将总部与分支机构的会计报表汇总起来，抵销和调整总部与分支机构之间的交易和会计事项，编制反映整个企业财务状况和经营成果的汇总会计报表，满足对外提供会计信息的需要。分支机构单独编制的会计报表只供内部使用，它必须与总部单独编制的会计报表汇总后，即编成汇总会计报表后方可作为企业正式的会计报表对外提供。

7.2　分支机构的会计核算

分支机构的主要会计核算包括：总部与分支机构之间以及分支机构之间的交易和往来，在各自的账簿体系中应当如何记录，在各自编制的内部财务报告中应当如何反映；在汇总编制整个企业对外的财务报告时，应当如何处理这些内部交易和往来业务对各内部财务报告的影响。这些往来业务在以各分支机构作为会计主体时均被视为对外业务予以记录和报告，但若以整个企业作为会计主体时这些业务只能作为对内业务，其影响不应包括在以整个企业作为会计主体对外编制的财务报告中，在编制整个企业对外财务报告时必须被完全抵销。正确核算这些内部往来业务，不仅关系到各分支机构作为内部核算单位的会计核算和内部报告的准确性，而且关系到整个企业编制的对外财务报告的准确性。

7.2.1　总部与分支机构之间内部往来的种类

总部与分支机构之间内部往来业务大致有以下几类：

一是总部向各分支机构拨付营运资金（包括现金、商品、备件等）；

二是总部向各分支机构分配应由其负担的费用；

三是各分支机构将货款移交总部；

四是各分支机构将内部核算的利润转账给总部；

五是各分支机构之间商品、备件的调拨或销售。

上述内部往来按其是否涉及实体性资金的移动又可以分为两大类：

一是伴随着实体性资金移动的内部往来业务，如现金、实物资产的转移等；

二是没有实体性资金移动的内部往来业务，如总部向各分支机构分配其各自应承担的费用、各分支机构将利润转账给总部等。

由于实体性资金在各内部核算单位之间的移动所牵涉的环节较多，往往需要周转数日才能到达对方，再加上在实体性资金转移过程中出现差错、损失等事项，导致往来双方的记录经常出现差异。如果往来双方业务频繁，上述差异将使核对往来双方的账目变得异常复杂，使总部汇编整个企业对外的财务报告更加困难。因此，如何处理好前一类内部往来业务是分支机构会计应着重解决的一个重要问题。

7.2.2 总部与分支机构之间内部往来的会计处理

对于分支机构实行内部独立核算的企业来说，总部和各分支机构之间的商品、备件等资产的往来在会计核算上可以有两种不同的核算方式：

一是作购销业务处理；

二是不作购销业务处理，只当作存货存放地点的变化，因此，只在各自的存货明细账之间结转。

在采取两种不同的会计核算方式时，总部与分支机构之间内部往来的账务处理是不同的，其所导致的财务报告问题也不相同，下面分别加以分析：

■ 1）对内部转移的商品、备件等不作购销处理

在对内部转移的商品、备件不作购销处理的情况下，内部转移的商品、备件是按照转出方的账面成本价计价的。在会计处理上，这种方式的存货转移只是当作存货存放地点发生变化，不需考虑存货转移产生的内部未实现利润及其对内部财务报告影响的抵销问题。但是，由于存货转移是在两个内部独立核算的单位之间进行的，而且这两个单位通常相距遥远，为了清楚地界定双方的经管责任，并和企业内部资金核算相适应，需要设置“内部往来”账户，以反映商品、备件等内部转移对各自的经济影响。但是，如何对“内部往来”进行记录和反映，却有不同的处理方法。不同的处理方法不仅对内部往来的确认时间和标准不一致，而且对在途资金及损失的处理也不同。尽管在编制整个企业对外的财务报告时，我们不需要考虑由于存货转移产生的内部未实现利润及其对内部财务报告影响的抵销问题，但是，对各自财务报告中的内部往来的余额仍然需要加以抵销。因此，不同的处理方法还需考虑内部往来的核对及编制整个企业对外财务报告时对内部往来的抵销处理问题。

（1）传统的做法及存在的问题。

按照传统的处理方法，当发生实体性资金（除商品、备件外，还包括货币资金）转移的内部往来业务时，转出货物或款项的一方在转出时就借记“××内部往来”账户，贷记“库存商品”、“库存现金”或“银行存款”等账户，转入方则在收到货物或款项后借记“库存商品”、“库存现金”或“银行存款”等账户，贷记“××内部往来”账户。因此，在货物或款项到达转入方之前双方的内部往来账目必然有差额，而且这种处理方法使在途资金被遗漏在各个内部会计核算系统之外，这不仅不利于有关各方对在途资金的监控和关注，而且在汇编整个企业对外的财务报告时，这些在途资金对往来双方账目差额的影响必须被调整，否则正常的抵销程序无法进行。

（2）两种改进的方法。

由于信息技术的发展，解决上述问题并不困难。计算机或电传技术可使信息在瞬间到达对方，从而可以消除由于路途遥远给会计处理带来的困难，使发生内部往来的双方登记内部往来账目的时间做到统一。具体处理方法有两种：

第一种处理方法：转出方转出货物或款项时即登记在途资产账，暂不登记内部往来账，待转入方收到货物或款项时双方再同时登记内部往来账。

【例 7-1】乙地区分支机构将销售货款650 000元汇给总部，双方的会计处理如下：

①乙地区分支机构的会计处理

a.汇出款项时，会计处理为：

借：在途货币资金　　650 000

　贷：银行存款　　650 000

b.收到总部的收款通知时，会计处理为：

借：总部往来　　650 000

　贷：在途货币资金　　650 000

②总部的会计处理

a.乙地区分支机构汇出款项时，不作会计处理。

b.收到乙地区分支机构汇来的款项时，会计处理为：

借：银行存款　　650 000

　贷：乙地区分支机构往来　　650 000

【例 7-2】总部转出库存商品2 000件给甲地区分支机构，成本为300 000元，按成本价计价进行内部结算，不考虑增值税，双方有关会计处理如下：

①总部的会计处理

a.转出商品时，会计处理为：

借：在途商品　　300 000

　贷：库存商品　　300 000

b.收到甲地区分支机构的收货通知时，会计处理为：

借：甲地区分支机构往来　　300 000

　贷：在途商品　　300 000

②甲地区分支机构的会计处理

a.总部转出商品时，不作会计处理。

b.收到总部转入的商品时，会计处理为：

借：库存商品　　300 000

　贷：总部往来　　300 000

同时，将收货通知传给总部，总部作上述第二笔会计处理。采用这种方法，如果运输途中出现短缺、损失等事项，则短缺和损失由转出方负责核算。

【例 7-3】若甲地区分支机构只收到1 940件商品，短缺60件，则该分支机构应将实际收货信息及时通知总部，双方的会计处理为：

①总部的会计处理

借：待处理财产损溢　　9 000

　　甲地区分支机构往来　　291 000

　贷：在途商品　　300 000

②甲地区分支机构的会计处理

借：库存商品　　291 000

贷：总部往来　291 000

上述会计处理方法的不足之处在于对内部往来业务的确认是以最终完成为标准，而不是以其发生为标准，因而使内部往来的反映有不完整之嫌。

第二种处理方法：转出方在转出货物或款项时，直接登记内部往来账，同时立即通知转入方入账，转入方同时登记在途资产账和内部往来账。

仍以【例7-1】为例，则双方的会计处理应为：

①乙地区分支机构的会计处理

汇出款项时，会计处理为：

借：总部往来　650 000

贷：银行存款　650 000

将有关汇款凭证传真给总部，通知总部入账。

②总部的会计处理

a.收到乙地区分支机构汇出款项的通知时，会计处理为：

借：在途货币资金　650 000

贷：乙地区分支机构往来　650 000

b.收到乙地区分支机构汇来的款项时，会计处理为：

借：银行存款　650 000

贷：在途货币资金　650 000

对于【例7-2】，双方的会计处理应为：

①总部的会计处理

转出商品时，会计处理为：

借：甲地区分支机构往来　300 000

贷：库存商品　300 000

将有关发货凭证传真给对方，通知甲地区分支机构入账。

②甲地区分支机构的会计处理

a.收到总部传真的转出商品的凭证及入账通知时，会计处理为：

借：在途商品　300 000

贷：总部往来　300 000

b.收到总部转入的商品时，会计处理为：

借：库存商品　300 000

贷：在途商品　300 000

采用这种处理方法，如果运输途中出现短缺、损失等事项，则短缺和损失由转入方负责核算。

【例7-4】若甲地区分支机构只收到1 940件商品，短缺60件，则该分支机构的会计处理为：

借：库存商品　291 000

待处理财产损溢　9 000

贷：在途商品　300 000

需要说明的是，上述方法的应用虽然可以大大减少往来双方账目间的差异，但却不可能完全消除这些差异，由于往来双方账务处理错误，或虽然信息及时传递给对方，但对方却未及时入账等原因造成的往来双方账目之间的差异不能通过上述方法来消除，因此，定期地进行往来双方账目的核对仍是十分必要的。只不过采取上述会计处理方法后，往来账目核对的工作量将会大大减少。在编制整个企业对外的财务报告时，对内部往来的抵销将更为方便。

■ 2）对内部转移的商品、备件等作购销处理

在对内部转移的商品、备件作购销处理的情况下，对于内部转移的商品、备件的计价主要有两种做法：一是按照转出方的账面成本价计价；二是按成本加成方法确定的内部转让价格计价。按照转出方的账面成本价计价，其优点是：计价简单，且不会由于存货转移产生内部未实现利润，因此，无须考虑存货转移产生的内部未实现利润对内部财务报告影响的抵销问题（但内部销售收入和内部销售成本仍然需要加以抵销）。这种方法的缺点是：不利于内部业绩评价，因为在这种方法下，产品经营的利润全部归转入方，体现不出转出方的贡献。按成本加成方法确定的内部转让价格计价，能够更加合理地评价转入、转出部门各自的贡献，但成本加成率的确定较为困难，而且由于转让价格不等于转出方的账面成本，因此，存货转移必然会导致内部未实现利润的产生，在编制对外财务报告时，就必须考虑抵销未实现利润对转让双方内部财务报告的影响问题。至于“内部往来”账户的其他会计处理问题，与对内部转移的商品、备件不作购销处理的情况下是一样的。

与对内部转移的商品、备件不作购销处理的情况一样，按照传统的处理方法，当发生商品、备件转移的内部往来业务时，转出货物的一方在转出时，借记“××内部往来”账户，贷记“营业收入”账户；转入方则在收到货物后，借记“库存商品”“原材料”等账户，贷记“××内部往来”账户。因此，在货物到达转入方之前双方的内部往来账目也必然有差额，而且这种处理方法也会使在途资金被遗漏在各个内部会计核算系统之外，这不仅不利于有关各方对在途资金的监控和关注，而且在汇编整个企业对外的财务报告时，还必须将这些在途资金对往来双方账目差额的影响加以调整，否则正常的抵销程序将无法进行。对于这一问题的解决办法，同样可以有两种：

第一种处理方法：转出方转出货物时即登记在途商品或发出商品账，暂不登记内部往来账。待转入方收到货物或款项时双方再同时登记内部往来账。

【例7-5】总部转出库存商品1 000件给甲地区分支机构，成本为100 000元，按成本加20%的利润作为转让价进行内部结算，不考虑增值税，双方有关会计处理如下：

①总部的会计处理

a.转出商品时，会计处理为：

借：在途商品或发出商品	100 000	
贷：库存商品		100 000

b.收到甲地区分支机构的收货通知时，会计处理为：

借：甲地区分支机构往来	120 000	

贷：营业收入 120 000

借：营业成本 100 000

贷：在途商品或发出商品 100 000

②甲地区分支机构的会计处理如下

a.总部转出商品时，不作会计处理。

b.收到总部转入的商品时，会计处理为：

借：库存商品 120 000

贷：总部往来 120 000

同时，将收货通知传给总部，总部作上述第二笔会计处理。采用这种方法，如果运输途中出现短缺、损失等事项，则短缺和损失由转出方负责核算。

【例7-6】若甲地区分支机构只收到980件商品，短缺20件，则该分支机构应将实际收货信息及时通知总部，双方的会计处理为：

①总部的会计处理

借：甲地区分支机构往来 117 600

贷：营业收入 117 600

借：营业成本 98 000

贷：在途商品或发出商品 98 000

借：待处理财产损溢 2 000

贷：在途商品或发出商品 2 000

②甲地区分支机构的会计处理

借：库存商品 117 600

贷：总部往来 117 600

上述会计处理方法的不足之处在于对内部往来业务的确认是以最终完成为标准，而不是以其发生为标准，因而使内部往来的反映有不完整之嫌。

第二种处理方法：转出方在转出货物或款项时，直接登记内部往来账，同时立即通知转入方入账，转入方同时登记在途资产账和内部往来账。

仍以【例7-5】为例，则双方的会计处理应为：

①总部的会计处理

转出商品时，会计处理为：

借：甲地区分支机构往来 120 000

贷：营业收入 120 000

借：营业成本 100 000

贷：库存商品 100 000

将有关发货凭证传真给对方，通知甲地区分支机构入账。

②甲地区分支机构的会计处理

a.收到总部传真的转出商品的凭证及入账通知时，会计处理为：

借：在途商品 120 000

贷：总部往来 120 000

b.收到总部转入的商品时，会计处理为：

借：库存商品　　120 000

　贷：在途商品　　120 000

采用这种处理方法，如果运输途中出现短缺、损失等事项，则短缺和损失由转入方负责核算。

【例 7-7】若甲地区分支机构只收到980件商品，短缺20件，则该分支机构的会计处理为：

借：库存商品　　117 600

　　待处理财产损溢　　2 400

　贷：在途商品　　120 000

3）分支机构的其他会计业务处理

一般情况下，分支机构收到总部拨入的生产经营资金，借记“库存现金”“银行存款”科目，贷记“总部往来”科目。分支机构用总部拨入的资金购买存货，借记“库存商品”“原材料”等科目，贷记“库存现金”“银行存款”科目。分支机构发生销售费用等，借记“销售费用”科目，贷记“库存现金”“银行存款”科目。

分支机构承担的由总部转来的费用，应当采取科学的分摊方法，一般选择与该项费用密切相关的指标为分配标准，用比例法进行分配。发生时，可确认应由分支机构负担的部分，直接由分支机构承担。对于总部与分支机构共同发生的费用，则先记入总部有关账户，然后采用一定的方法在总部与分支机构之间合理分配。

分支机构销售商品和结转成本的会计处理无特别之处，月末将所有收入及成本费用通过“总部往来”科目结转至总部，由总部汇总核算经营成果。有些总部要求分支机构月末先将收入及成本费用结转至“本年利润”科目，再将本年利润结转至总部。

一家企业可能有多个分支机构，它们之间可能也会发生往来业务，也需要在各分支机构的账上反映。如果各分支机构之间业务往来不多，分支机构之间并不需要设立专门的相对账户，而是将其记到“总部往来”账户上。例如，从A分支机构向B分支机构调拨商品，A分支机构借记“总部往来”账户，贷记“库存商品”账户；B分支机构在收到商品后，借记“库存商品”账户，贷记“总部往来”账户；总部对这项业务所作的记录是借记“分支机构往来——B”账户，贷记“分支机构往来——A”账户。

如果各分支机构之间业务往来比较多或相互之间比较近，而离总部比较远，这时，再采用上述的做法就很不方便了。各分支机构就应该设立“内部往来”账户，其下再按各分支机构名称设立明细账户，分支机构之间的业务往来，就由各分支机构之间直接划账核算，不再通过总部来核算。但是在结账前，各有关分支机构要互相核对，调整未达账项，保持相符。同样，在编制汇总会计报表的时候，各分支机构之间以及总部与分支机构的往来账户的借方合计数和贷方合计数应该相等，相互抵销。

分支机构的固定资产一般是由总部入账的。如固定资产由总部直接购置，则总部借记“固定资产——分支机构设备”科目，贷记“库存现金”或适当的负债类科目。如果由分支机构自行购置固定资产，则分支机构借记“总部往来”科目，贷记“库存现金”或适当的负债类科目；总部借记合适的资产类科目如“固定资产——分支机构设备”科目，贷记“分支机构往来”科目。

总部还经常发生一些诸如保险费用、广告费等使所有分支机构受益的费用。显然，诸如折旧以及保险费、广告费等都必须被当作为提高分支机构的盈利能力而发生的。对于这些费用的处理有两种选择：一是保留在总部，二是分摊到分支机构的利润表中以完整地反映其经营状况。总部向分支机构摊销的费用借记总部的“分支机构往来”科目，贷记相应的费用科目；分支机构则借记费用科目，贷记“总部往来”科目。如果总部不直接经营业务而只行使会计和控制中心的职能，则大部分或全部费用都必须向分支机构摊销。为了便于对各分支机构的成果进行比较，总部可以向分支机构计算投资利息。

7.3 汇总会计报表的编制

7.3.1 总部与分支机构汇总报表的特点

分支机构作为一个独立的会计主体，通常要设置一套完整的账簿，用来记录从总部收到的商品和资金，以及对外的购货、销货、应付账款、应收账款及发生的费用等，并定期编制会计报表，向总部报告其财务状况和经营成果。账户的名称和编号、会计报表的内容和格式以及内部控制制度和会计方针，一般都由总部根据资产关系统一规定。

在会计期终了，为使管理当局了解分支机构的经营成果和财务状况，分支机构应当编制独立的利润表和资产负债表。由于总分支机构各自编制的独立报表只能供内部管理之用，不可作为对外提供的报表，所以，总部应以本部的会计报表和账簿记录以及各分支机构的报表为基础，编制能反映企业整体的经营成果和财务状况的汇总会计报表，以满足投资者、债权人和其他有关方面的需要。

汇总会计报表把总部和分支机构视为一个整体，内部交易和各种往来事项均须抵销，使其只反映与外界发生的交易事项的结果。汇总财务报表的编制与合并财务报表的编制程序相近。其主要有以下三个步骤：

① 合并相同的项目；

② 抵销总部与分支机构的内部往来业务；

③ 抵销总部与分支机构内部交易所产生的未实现利润。

为了便于编制汇总会计报表，可先编制汇总会计报表的工作底稿。

7.3.2 总部与分支机构内部往来业务的抵销

■ 1）对内部转移的商品、备件等不作购销处理时内部往来的抵销

当对内部转移的商品、备件不作购销处理时，则商品、备件的内部转移不会产生

未实现内部利润问题。因此，在编制整个企业对外的财务报告时不需考虑未实现内部利润对内部财务报告影响的抵销问题，只需考虑对总部与分支机构往来的抵销。在没有记账错误及信息传递或账务处理滞后的情况下，按照上述改进处理办法，总部往来的余额与各地区分支机构往来的余额将会完全对等。因此，在编制整个企业对外的财务报告时，只需对等地加以抵销即可。抵销分录为：

借：总部往来（假设分支机构账面“总部往来”余额为贷方余额）

贷：××地区分支机构往来

或 借：××地区分支机构往来

贷：总部往来（假设分支机构账面“总部往来”余额为借方余额）

■ 2）对内部转移的商品、备件等作购销处理时内部往来的抵销

（1）当内部转移商品、备件按转出方的账面成本价计价时。

在这种情况下，虽然内部转移并不产生未实现利润，但是，由于在转出方编制的内部财务报告中，已确认了内部转移商品、备件等的销售收入和销售成本，而从整个企业作为会计主体的角度，这种内部转移的销售收入和销售成本显然不应确认。因此，在编制整个企业对外的财务报告时，需将这种内部销售收入和内部销售成本对等地加以抵销。编制抵销分录为：

借：营业收入（按转出方的账面成本价）

贷：营业成本

至于总部往来和各地区分支机构往来的抵销仍如上述，即抵销分录为：

借：总部往来（假设分支机构账面“总部往来”余额为贷方余额）

贷：××地区分支机构往来

或 借：××地区分支机构往来

贷：总部往来（假设分支机构账面“总部往来”余额为借方余额）

（2）当内部转移商品、备件按成本加成计价时。

在这种情况下，不仅内部往来、内部销售收入和内部销售成本需要抵销，而且还需要将内部转移所确认的未实现利润对内部财务报告的影响加以抵销。这种抵销需要区分两种情况：

第一种情况，期初无内部交易的商品、备件。这又可以分为三种情况：

①期初无内部交易的商品、备件，只有本期新发生的内部交易，则当内部交易的商品、备件在本期全部未对外销售的情况下，应全额抵销内部销售收入、内部销售成本和转入方商品、备件中所包括的未实现利润，编制抵销分录为：

借：营业收入

贷：营业成本

存货

②期初无内部交易的商品、备件，只有本期新发生的内部交易，则当内部交易的商品、备件在本期全部对外销售的情况下，由于内部交易的未实现利润在对外交易时也得到了实现，因此只需按原确认的内部销售收入的金额全额抵销“营业收入”和

“营业成本”即可。编制抵销分录为：

借：营业收入

　贷：营业成本

③期初无内部交易的商品、备件，只有本期新发生的内部交易，而当期内部交易的商品、备件在本期只有一部分对外销售的情况下，由于内部交易的未实现利润中有一部分在对外交易时得到了实现，另一部分则包括在未对外销售的商品或备件的成本中。因此，在编制整个企业对外的财务报告时，应将已实现对外销售的部分按上述第二种情况作抵销处理，即按该部分商品或备件原确认的内部销售收入的金额全额抵销“营业收入”和“营业成本”项目。对于到期末仍未实现对外销售的部分则按上述第一种情况作抵销处理，即按该部分商品或备件原确认的内部销售收入、内部销售成本的金额分别抵销“营业收入”和“营业成本”项目，按原确认的内部销售利润抵销“存货”项目，编制抵销分录为：

借：营业收入

　贷：营业成本

　　存货

至于上述三种情况下总部往来和各分支机构往来的抵销处理，都是相同的，即抵销分录为：

借：总部往来（假设分支机构账面“总部往来”余额为贷方余额）

　贷：××地区分支机构往来

或　借：××地区分支机构往来

　　　贷：总部往来（假设分支机构账面“总部往来”余额为借方余额）

第二种情况，期初有内部交易的商品、备件。此时也可再分为三种情况：

①期初内部交易的商品、备件在本期全部未对外销售，此时应按期初内部交易的商品、备件中所包含的未实现利润的数额抵销“期初未分配利润”和“存货”项目，编制抵销分录为：

借：期初未分配利润

　贷：存货

②期初内部交易的商品、备件在本期全部实现了对外销售，此时期初内部交易的商品、备件中所包含的未实现利润在本期全部对外销售时得到了实现。此时应按期初内部交易的商品、备件中所包含的未实现利润的数额抵销“期初未分配利润”和“营业成本”项目，编制抵销分录为：

借：期初未分配利润

　贷：营业成本

③期初内部交易的商品、备件在本期有一部分实现了对外销售，由于期初内部交易的商品、备件中所包含的未实现利润有一部分在本期对外交易时得到了实现，另一部分则仍然包括在未对外销售的商品或备件的成本中。因此在编制整个企业对外的财务报告时，应将本期已实现对外销售的部分按上述第二种情况作抵销处理，即按该部

分期初内部交易的商品、备件中所包含的未实现利润的数额抵销“期初未分配利润”和“营业成本”项目，编制抵销分录为：

借：期初未分配利润

　贷：营业成本

对于到本期末仍未实现对外销售的部分，则按上述第一种情况作抵销处理，即按该部分商品或备件原确认的未实现利润的数额抵销“期初未分配利润”和“存货”项目，编制抵销分录为：

借：期初未分配利润

　贷：存货

至于上述三种情况下期末总部往来和各分支机构往来的抵销处理，仍然是相同的，即抵销分录为：

借：总部往来（假设分支机构账面“总部往来”余额为贷方余额）

　贷：××地区分支机构往来

或　借：××地区分支机构往来

　　贷：总部往来（假设分支机构账面“总部往来”余额为借方余额）

对于既有期初内部交易的商品、备件，又有本期新发生的内部交易的情况，在编制整个企业对外的财务报告时，可分期初内部交易的商品、备件和本期新发生的内部交易进行抵销处理，在此不再赘述。

7.3.3 汇总会计报表的编制

【例7-8】假定A公司于2021年年初设立一家分支机构，总部要求分支机构进行独立核算，单独编制财务报表。总部与分支机构均采用永续盘存制，分支机构经营的商品一部分由总部按成本拨给，一部分自行采购。分支机构使用的固定资产由总部统一核算和管理。总部为分支机构支付的费用，如广告费、保险费、折旧费等，由总部通知并划转给分支机构，由分支机构入账。假定总部发运给分支机构的商品按成本加成20%计价。

2021年该分支机构与总部发生的经济业务如下：

（1）总部拨给分支机构现金18 000元。

（2）总部向分支机构调拨商品，成本为50 000元，按成本加成20%计价。

（3）假定总部发运给分支机构的商品，向外界销售了60%，赊销30 000元，现销20 000元。

（4）分支机构汇交总部现金24 000元。

（5）总部发生应由分支机构负担的费用5 760元。

为反映上述业务，分支机构应编制如下分录：

①借：库存现金	18 000	
贷：总部往来		18 000

②借：库存商品	60 000	
贷：总部往来		60 000
③借：应收账款	30 000	
库存现金	20 000	
贷：营业收入		50 000
借：营业成本（60 000×60%）	36 000	
贷：库存商品（60 000×60%）		36 000
④借：总部往来	24 000	
贷：库存现金		24 000
⑤借：销售费用	5 760	
贷：总部往来		5 760

总部应编制如下分录：

①借：分支机构往来	18 000	
贷：库存现金		18 000
②借：分支机构往来	60 000	
贷：营业收入		60 000
借：营业成本	50 000	
贷：库存商品		50 000
③借：库存现金	24 000	
贷：分支机构往来		24 000
④借：分支机构往来	5 760	
贷：销售费用		5 760

总部往来

④24 000	①18 000 ②60 000 ⑤ 5 760
	59 760

分支机构往来

①18 000 ②60 000 ④ 5 760	③24 000
59 760	

在编制汇总财务报表时，需要作以下两笔抵销分录：

（1）编制的抵销分录（以报表项目列示）为：

借：营业收入	60 000	
贷：营业成本		56 000
库存商品		4 000

（2）将总部账上和分支机构账上的相对账户抵销，应编制的分录为：

借：总部往来　　59 760

　贷：分支机构往来　　59 760

将上述两笔抵销分录过入工作底稿中的“抵销分录”栏后，即可进行加减计算，求出汇总财务报表项目的数据。汇总财务报表工作底稿见表7-1。

表7-1　**汇总财务报表工作底稿（简表）***

2021年度

单位：元

项目	总部	分支机构	抵销分录		汇总报表
			借方	贷方	
利润表					
营业收入	460 000	105 760	①60 000		505 760
减：营业成本	370 000	70 000		①56 000	384 000
减：销售费用	12 000	15 360			27 360
净利润	78 000	20 400	60 000	56 000	94 400
资产负债表					
库存现金	70 400	24 040			94 440
应收账款	100 000	26 120			126 120
库存商品	180 000	80 000		①4 000	256 000
分支机构往来	59 760	—		②59 760	0
固定资产	100 000	—			100 000
资产合计	510 160	130 160		63 760	576 560
应付账款	80 000	50 000			130 000
应交税费	12 160	—			12 160
总部往来	—	59 760	②59 760		0
股本	200 000	—			200 000
资本公积	140 000	—			140 000
未分配利润	78 000	20 400	4 000		94 400
负债和所有者权益合计	510 160	130 160	63 760		576 560

*总部与分支机构的个别报表数据均为假设。

由于工作底稿仅仅是为了便于编制汇总财务报表而设置的，并不是企业必须具备的会计程序，因此，工作底稿上的两笔抵销分录均不必记入总部和分支机构的正式账册。

总结与结论

当企业发展到一定规模后，为了适应经营活动的需要，会在本地或外地设立分支机构从事经营活动。分支机构作为一个独立的会计主体，要设置一套完整的账簿，对与总部或与外界发生的经济业务进行会计核算，并定期编制会计报表，向总部报告其财务状况和经营成果。总部则以本部的会计报表和账簿记录及各分支机构的报表为基础，编制能反映企业整体的财务状况和经营成果的汇总会计报表，以满足投资者、债权人和其他有关方面的需要。汇总会计报表的编制，与母子公司合并会计报表的编制类似。在编制汇总会计报表时，要抵销总部和分支机构的相对账户，合并其他账户，对于总部与分支机构之间的内部交易所产生的未实现利润应加以抵销。

关键概念

1. 分支机构：是现代企业拓展延伸的一种组织形式，分支机构往往开设在公司总部以外的地区或城市，也可以开设在与公司总部同一城市的不同城区。

2. 分散制的分支机构：分支机构奉行总公司统一的经营方针和管理方针，它们在总公司的管辖下，拥有相对独立的业务经营自主权，其所需资本完全依赖总公司。具体表现如下：分支机构可以以自己的名义开立银行往来账户，取得的销售收入作为分支机构的存款，各项营业开支自行支付；分支机构可拥有完备的商品库存，其货源大部分由总公司供给，也可以从别处购进；分支机构可全权支配营运资金，自行决定可实行赊销的客户和赊销的额度，并由分支机构直接向客户交货取款，分支机构单独核算其盈亏。

3. 集中制的分支机构：分支机构不设置正式账簿，只有简单的辅助或备查记录，所有会计事项及其凭证都随时报送总公司，由总公司并入自己的账簿；或者分支机构虽设有正式账簿，但仍将一部分账项划归总公司直接处理和登记，而在分支机构账簿上则不予记录。

4. “总部往来”账户：该账户的借方登记向总部交付的商品、现金、其他资产以及期末上转的亏损；贷方登记收到总部拨来的商品、现金、其他资产以及期末上转的利润。

5. “分支机构往来”账户：该账户借方记录拨付给分支机构的商品、现金、其他资产以及分支机构期末转来的利润；贷方记录分支机构交来的商品、现金、其他资产以及分支机构期末转来的亏损。

6. 汇总财务报表：把总部和分支机构视为一个整体，内部交易和各种往来事项均须抵销，使其只反映与外界发生的交易事项的结果。其编制步骤为：①合并相同的项目；②抵销总部与分支机构的内部往来业务；③抵销总部与分支机构内部交易所产生的未实现利润。

课程思政

1.新华社民族品牌工程

“新华社民族品牌工程”是响应品牌强国战略的综合服务体系，旨在“服务民族企业发展，助力中国品牌建设”。成立分支机构作为企业一项重要的内部扩展战略是中国企业提升国际竞争力、发展民族品牌的重要路径。然而，在企业分支机构，尤其是跨区域分支机构的开设或成立过程中，受交易成本、信息不对称，甚至是市场分割的制约，提高了企业分支机构开设与扩张的成本。请结合对我国企业跨地区经营的现状和问题的调研，探讨全国统一大市场建设的战略意义。

2.跨地区（国）经营企业的会计核算和管理控制

党的二十大报告要求：建设现代化产业体系，坚持把发展经济的着力点放在实体经济上，推进新型工业化，加快建设制造强国、质量强国、航天强国、交通强国、网络强国、数字中国。近年来，大数据、人工智能、移动互联网、云计算、物联网、区块链等新一代信息技术的普及和应用彻底改变了分支机构会计核算和管理控制的模式。请选择一家在全国（全球）各地设置分支机构的企业进行调研，了解该企业对分支机构业务的会计处理和管理控制是如何实现的，并撰写调研报告和专题建议。

思考与练习

一、思考题

1.请解释“分支机构往来”和“总部往来”这两个账户的性质。

2.在编制汇总财务报表的时候为什么必须抵销内部往来项目？

3.总公司调拨给分支机构的商品有几种计价方法？优缺点如何？

4.将总部的费用分摊给分支机构或者将分支机构的费用归集到总部，对企业的整体利润会产生影响吗？为什么要进行这种分摊？

5.企业将转移价格定为正常售价有何优点？你的意见如何？

二、练习题

1.下列对发给分支机构存货的计价方法中，（　　）虚夸了分支机构的获利能力。

A.按成本加成计价　　　　B.按售价计价

C.按成本计价　　　　D.按高于成本计价

2.在总公司的独立资产负债表中，向分支机构拨付的营运资金余额应列入（　　）。

A.应收账款　　B.分支机构往来　　C.应付账款　　D.其他资产

3.编制总部和分支机构汇总会计报表时，其抵销项目应记入（　　）的会计账簿。

A.分支机构　　　　B.总公司

C.总公司与分支机构　　　　D.都不记

4.销售代理机构与分支机构最主要的区别在于（　　）。

A.是否有自主经营权　　　　B.是否独立核算

C.是否独立纳税　　　　D.是否为法律主体

5.下列选项中，不属于总公司设置的账户的是（　　）。

A.分支机构往来　　B.备抵存货超成本数

C.应付账款　　D.固定资产

延伸阅读

[1] 刘永泽，傅荣．高级财务会计［M］．5版．大连：东北财经大学出版社，2016.

[2] 石本仁．高级财务会计［M］．3版．北京：中国人民大学出版社，2015.

[3] 耿建新，戴德明．高级会计学［M］．7版．北京：中国人民大学出版社，2016.

[4] 宋渊洋，黄礼伟．为什么中国企业难以国内跨地区经营［J］．管理世界，2014（12）.

[5] 朱凯，潘怡麟，张淑怡，等．管制下的市场分割与租值耗散——基于企业集团跨地区经营的视角［J］．财经研究，2019（4）.

[6] 盛斌，王浩．银行分支机构扩张与企业出口国内附加值率——基于金融供给地理结构的视角［J］．中国工业经济，2022（3）.

[7] 李志生，金凌，孔东民．分支机构空间分部、银行竞争与企业债务决策［J］．经济研究，2020（10）.

本章教学视频　　本章教学课件　　本章学习指导

第8章

分部报告

高级财务会计

Advanced Financial Accounting

章前准备

一、学习目的与要求

通过本章的学习，了解分部报告的意义；理解分部信息的特点；掌握报告分部的确定原则和具体确定标准；理解分部报告的披露要求。

二、教学重点与难点

本章的教学重点为报告分部的确定原则和具体确定标准、分部报告的披露要求，教学难点为报告分部确定标准的实际运用。

三、本章教案设计

本章教案

8.1 分部报告的概念与作用

随着企业与企业集团的多元化经营，一家企业或企业集团内部可能包含了不同业务、不同产品、不同行业、不同地区的经营分部，而这些分部的利润率、成长机会、风险类型、经营业绩等方面都存在较大差异。企业合并报表往往忽略了分部之间的个体差异，从而不利于报表使用者据以进行分析和决策。绝大多数财务报表使用者都同意以下观点：合并的财务信息是重要的，但如果企业集团能辅之以分部信息，合并的财务信息就会更加有用。在这种情况下，反映不同经营分部的风险报酬信息越来越受到会计信息使用者的重视。

分部报告能向财务报表使用者揭示具有不同风险和报酬的分部财务信息，从而有助于他们了解企业集团在不同行业、不同业务、不同部门的盈利水平、成长机会及风险情况，更准确地预测企业集团整体未来现金流量的金额、时间及其不确定性。同时，分部报告还有助于报表使用者将单一产品或单一业务企业的经营业绩、现金流量等与多元化经营的企业集团内相似的分部进行对比，从而能提高可比性，通过比较作出更有利的决策。

当一个法人企业从事多样化经营时，其个别报表通常不能详细地反映不同行业、不同产品、不同地区的具体信息。即使不是以合并报表为基础，分部报告也有助于报表使用者更好地了解企业经营业绩，评价企业经营风险，预测企业未来现金流量的金额、时间及其不确定性。

8.2 分部报告的内容

分部报告的内容主要包括分部收入、分部费用、分部利润（亏损）、分部资产和分部负债（美国的《财务会计准则公告第131号——企业分部及相关信息的披露》不要求在分部报告中披露分部负债），一些准则还要求披露包括偶然项目、非正常项目、分部信息与公司合并数字之间的调整项目以及分部应采用的会计政策等相关内容。

■ 1）分部收入

分部收入包括归属于分部的对外交易收入和对其他分部交易收入。

对于分部收入中是否应包括分部间的交易收入，通常有两种观点：一种观点认为，对于某些分部来讲，内部交易占其总收入的绝大部分，如果将内部交易冲销，将会严重低估此类部门的收入；另一种观点认为，部门间的相互交易并不是互为独立个体的一般买卖双方的常规交易，所以不应列计为收入。其中，多数准则都将分部间交易收入列入分部收入。由于企业内部转移价格会直接影响到各分部的收入及业绩，IASC、FASB等均要求企业对外披露其分部间转移价格的基础，以及这一基础发生变化的性质和变化期间对分部损益的影响，缺少这些信息很可能会降低分部信息的有用性。

我国的《企业会计准则第35号——分部报告》（以下简称《分部报告准则》）指出，分部收入通常不包括下列项目：

（1）利息收入（包括因预付或借给其他分部款项而确认的利息收入）和股利收入，但分部的日常活动是金融性质的除外，如采用成本法核算的长期股权投资所取得的股利收入（投资收益）、债券投资实现的利息收入等都不应当包括在分部收入中。

一般情况下，企业是以企业整体为基础来计划和管理投资、融资行为，与某个分部的经营无直接关联。因此，利息和股利收入通常不是其个别分部的日常经营活动的一部分，因预付或借给其他分部款项而确认的利息收入与此相同。但是，如果某个分部的日常经营活动的全部或绝大部分都是资产的借贷或投资，即该分部的经营主要为金融性质的活动，那么分部收入将包括利息收入和股利收入，以及出售投资和清偿债务实现的利得等。比如商业银行、证券公司、保险公司、财务公司、金融租赁公司等，对此类分部，这些项目就属于营业收入的一部分。

（2）营业外收入。营业外收入包括企业实现的与日常经营业务无直接关系的各项收入，如固定资产盘盈、处置固定资产净收益、出售无形资产净收益、处置抵债资产收入、长券长款收入、罚没收入等。由于分部利润（亏损）采用的是日常经营收入的概念，与日常经营收入无关的营业外收入就不应包括在内。

（3）处置投资产生的净收益，但分部的日常活动是金融性质的除外。企业处置投资产生的净收益，主要包括出售投资获得的收益以及债务清偿所获得的收益两部分。由于处置投资产生的净收益不属于企业的营业收入范畴，因此也不应包括在分部收入中。但是，如果分部的日常活动是金融性质的，则处置投资形成的净收益属于其日常经营收入范畴，就应当包括在分部收入之中。

（4）采用权益法核算的长期股权投资在被投资单位实现的净利润中应享有的份额，但分部的日常活动是金融性质的除外。企业的长期股权投资采用权益法核算时，应当在取得股权投资后，按照应享有或应分担的被投资单位实现的净利润份额，确认投资收益并调整长期股权投资的账面价值。由于非金融企业的投资收益不属于企业营业收入的范畴，因此不应当包括在分部收入之中。

■ 2）分部费用

分部费用包括可以归属于分部的对外交易费用和与其他分部交易的费用，主要由可归属于分部的对外交易费用构成，通常包括营业成本、税金及附加、销售费用等。

在分部费用、分部资产的确认与计量中通常会遇到“合理的分摊基础”这一问题。一般认为，合理的分摊基础应由企业管理层根据公司整体及分部个别情况，进行专业判断与主观认定。通常合理分摊基础包括分部工资、分部收入（可用于分摊费用）、分部资产、分部固定资产及存货占分部存货总数的比例等。

《分部报告准则》指出，分部费用通常不包括下列项目：

（1）利息费用（包括因预收或向其他分部借款而确认的利息费用），如发行的债券产生的利息费用等，但分部的日常活动是金融性质的除外。

（2）营业外支出，如处置固定资产、无形资产等发生的净损失。

（3）处置投资发生的净损失，但分部的日常活动是金融性质的除外。

（4）采用权益法核算的长期股权投资在被投资单位发生的净损失中应承担的份额，但分部的日常活动是金融性质的除外。

（5）所得税费用。

（6）与企业整体相关的管理费用和其他费用。

需要特别说明的是，企业所得税通常是企业整体税收政策所考虑的内容而非某一分部活动所考虑的，如目前许多企业以总公司作为纳税主体，商业银行以一级法人主体（总行）集中纳税等。因此，分部费用通常不包括所得税费用。

关于与企业整体相关的管理费用和其他费用，由于这些费用是与整个企业相关而非与某个特定分部相关，因此不应当包括在分部费用中。然而有些在企业层次上发生的费用是由企业代某个所属分部支付的，当这些费用与分部的经营活动相关且能直接归属于或能按合理的基础分配给该分部时，则属于分部费用。

■ 3）分部利润（亏损）

分部利润（亏损）指分部收入减去分部费用后的余额。因此，不属于分部收入的总部收入、营业外收入等，不属于分部费用的所得税、营业外支出等，在计算分部利润（亏损）时不得作为考虑因素。从这个意义上说，分部利润（亏损）与企业的利润（亏损）总额或净利润（净亏损）包含的内容不同。企业在披露分部信息时，分部利润（亏损）应当单独进行披露。如果企业需要提供合并财务报表，分部利润（亏损）应当在调整少数股东损益前确定。通常，分部资产与分部利润（亏损）、分部费用等之间存在一定的对应关系：

（1）如果分部利润（亏损）包括利息或股利收入，则分部资产中就应当包括相应的应收账款、贷款、投资或其他金融资产。

（2）如果分部费用包括某项固定资产的折旧费用，则分部资产中就应当包括该项固定资产。

（3）如果分部费用包括某项无形资产或商誉的摊销额或减值额，则分部资产中就应当包括该项无形资产或商誉。

■ 4）分部资产

分部资产包括企业在分部的经营中使用的、可直接归属于该分部的资产，以及能够以合理的基础分配给该分部的资产，但不包括递延所得税资产。分部资产的披露金额应当按照扣除相关累计折旧或摊销额以及累计减值准备后的金额确定，即按照分部资产的账面价值来确定。

■ 5）分部负债

分部负债，是指分部经营活动形成的可归属于该分部的负债，不包括递延所得税负债。与分部资产的确认条件相同，分部负债的确认也应当符合下列两个条件：一是可直接归属于该分部；二是能够以合理的基础分配给该分部。

根据上述定义，分部负债应当包括但不限于以下项目：应付账款、其他应付款、预收账款、预计负债等。

分部负债通常不包括下列项目：借款、应付债券、融资租入固定资产所发生的相关债务、在经营活动之外为融资目的而承担的负债、递延所得税负债等。

需要说明的是，一般情况下企业发生的借款或发行的债券通常是以整个企业为基础而发生或发行的，不可能直接归属于某个分部。但是，如果某个分部的分部费用包括该借款或应付债券的利息支出，那么其分部负债中就应包含该项借款或应付债券。

8.3 报告分部的确定

8.3.1 经营分部

报告分部的确定是分部报告的关键问题，《分部报告准则》要求企业在披露分部信息时，应当首先确定经营分部。

■ 1）经营分部的概念

经营分部，是指企业内同时满足下列条件的组成部分：

① 该组成部分能够在日常活动中产生收入、发生费用；

② 企业管理层能够定期评价该组成部分的经营成果，以决定向其配置资源、评价其业绩；

③ 企业能够取得该组成部分的财务状况、经营成果和现金流量等有关会计信息。

■ 2）经营分部的确定

企业确定经营分部应当以内部组织结构、管理要求、内部报告制度为主要依据。经济特征不相似的应当分别确定为不同的经营分部。在实务中，并非所有的经营分部均作为独立的经营分部来考虑，在某些情况下，两个或两个以上的经营分部如果具有相似的经济特征，那么这些经营分部经常会表现出相似的长期财务业绩，如长期平均毛利率、资金回报率、未来现金流量等，此时将它们合并披露可能更为恰当。

具有相似经济特征的两个或多个经营分部同时满足下列条件时，可以合并为一个经营分部：

（1）各单项产品或劳务的性质相同或相似。各单项产品或劳务的性质，包括产品或劳务的规格、型号、最终用途等。通常情况下，产品和劳务的性质相同或相似的，其风险、报酬率及其成长率可能较为接近，一般可以将其划分到同一经营分部中；对于性质完全不同的产品或劳务，不应当将其划分到同一经营分部中。

（2）生产过程的性质相同或相似。生产过程的性质，包括采用劳动密集或资本密集方式组织生产、使用相同或相似设备和原材料、采用委托生产或加工方式等。对于生产过程的性质相同或相似的，可以将其划分为一个经营分部，如按资本密集型和劳动密集型划分经营部门。对于资本密集型的部门而言，其占用的设备较为先进，占用的固定资产较多，相应所负担的折旧费用也较多，其经营成本受资产折旧费用影响较大，受技术进步因素的影响也较大；而对于劳动密集型部门而言，其使用的劳动力较多，相对而言劳动力的成本即人工费用的影响较大，其经营成果受人工成本的影响较大。

（3）产品或劳务的客户类型相同或相似。产品或劳务的客户类型包括大宗客户、零散客户等。对于购买产品或接受劳务的同一类型客户，如果其销售条件基本相同，例如相同或相似的销售价格、销售折扣，相同或相似的售后服务，因而具有相同或相似的风险和报酬；而不同的客户，其销售条件不尽相同，由此可能导致其具有不同的风险和报酬。

（4）销售产品或提供劳务的方式相同或相似。销售产品或提供劳务的方式包括批发、零售、自产自销、委托销售、承包等。企业销售产品或提供劳务的方式不同，其承受的风险和报酬也不相同。比如在赊销方式下，可以扩大销售规模，但发生的收账费用较大，应收账款产生坏账的风险也很大；而在现销方式下，则不存在应收账款的坏账问题，不会发生收账费用，但销售规模的扩大有限。

（5）生产产品或提供劳务受法律、行政法规的影响相同或相似。生产产品或提供劳务受法律、行政法规的影响包括经营范围或交易定价机制等。企业生产产品或提供劳务总是处于一定的经济法律环境之下，所处的环境必然对其经营活动产生影响。对在不同法律环境下生产的产品或提供的劳务进行分类，进而向会计信息使用者提供不同法律环境下产品生产或劳务供应的信息，有利于会计信息使用者对企业未来的发展走向作出判断和预测。对相同或相似法律环境下的产品生产或劳务提供进行归类，以提供其经营活动所生成的信息，同样有利于反映该类产品生产和劳务提供的会计信息。比如商业银行、保险公司等金融企业易受特别的、严格的监管政策影响，在考虑该类企业确定某组成部分的产品和劳务是否相关时，应当仔细考虑所受监管政策的影响。

【例8-1】PG公司是一家全球性公司，总部在美国，主要生产A、B、C3个品牌的洗发用品和各种护肤品、化妆品等，以及对相关产品的运输、销售，每种产品均由独立的业务部门完成。其生产的产品主要销往中国、日本、欧洲、美国等地。该公司各项业务2021年12月31日的相关收入、费用、利润等信息见表8-1。假定经预测，3个生产部门今后5年内平均销售毛利率与本年度差异不大，并且洗发用品的生产过程、客户类型、销售方式等类似。

表8-1　　PG公司各部门财务报表部分数据（1）　　金额单位：万元

项目	品牌A	品牌B	品牌C	护肤品	化妆品	销售公司	运输公司	合计
营业收入	106 000	130 000	195 000	260 000	299 000	270 000	50 000	1 310 000
对外交易	100 000	120 000	170 000	180 000	200 000	270 000	50 000	1 090 000
分部间交易	6 000	10 000	25 000	80 000	99 000	—	—	220 000
销售费用	74 200	92 300	135 500	156 000	197 800	220 000	30 000	905 800
对外交易	60 000	78 300	119 000	149 000	179 200	205 000	30 000	820 500
分部间交易	14 200	14 000	16 500	7 000	18 600	15 000	—	85 300
营业利润	31 800	37 700	59 500	104 000	101 200	50 000	20 000	404 200
销售毛利率	30%	29%	30.51%	40%	33.85%	18.52%	40%	—
资产总额	350 000	400 000	550 000	650 000	840 000	700 000	300 000	3 790 000
负债总额	150 000	170 000	230 000	300 000	350 000	300 000	180 000	1 680 000

从上述资料可以看出，PG公司生产洗发用品的部门有3个，分别生产品牌A、品牌B、品牌C，其销售毛利率分别是30%、29%、30.51%。由于其近5年平均销售毛利率差异不大，因此可以认为这3个洗发用品分部具有相近的长期财务业绩；同时，A、B、C这3个部门都生产洗发用品，其生产过程、客户类型、销售方式等类似，符合确定业务分部所考虑因素的相似性。因此，PG公司在确定业务分部时，可以将生产3个品牌洗发用品的分部予以合并，组成一个“洗发用品”分部。合并后，洗发用品分部的分部收入为431 000万元，分部费用为302 000万元，分部利润为129 000万元。

8.3.2　报告分部的确定标准

1）重要性标准的判断

报告分部是指符合经营分部的定义，按规定应予披露的经营分部。报告分部的确定应当以经营分部为基础，经营分部的划分通常是以不同的风险和报酬为基础，而不论其是否重要。经营多种产品或者跨多个地区经营的企业可能会拥有大量、规模较小、不是很重要的经营分部，而单独披露如此之多且规模较小的经营分部信息不仅会给财务报表使用者带来困惑，报表编制者也会产生不必要的披露成本。因此，报告分部的确定应当考虑重要性原则，符合重要性标准的经营分部才能确定为报告分部。

经营分部满足下列条件之一的，企业应当将其确定为报告分部：

（1）该经营分部的分部收入占所有分部收入合计的10%或者以上。

分部收入是指可归属于分部的对外交易收入和对其他分部交易收入。从上述定义可以看出，分部收入包括两部分：一是对外交易收入，二是对其他分部交易收入。

当某分部的分部收入大部分是对外交易收入，并且满足上述条件时，则可以将其确定为报告分部；反之，当某分部的分部收入大部分是通过与其他分部交易而取得，并且企业的内部管理不是按垂直一体化经营的不同层次来划分的，即使满足上述10%的条件，也不能将其确定为报告分部。

【例8-2】沿用【例8-1】的资料。洗发用品分部合并后，其分部收入合计431 000万元，其中对外交易收入合计390 000万元。对外交易收入占该分部收入合计的比例为90.49%（390 000÷431 000×100%），大部分收入为对外交易取得。同时，由于洗发用品分部收入占所有分部收入合计的比例为32.90%（431 000÷1 310 000×100%），满足了不低于10%的条件。因此，该企业在确定报告分部时，应当将洗发用品分部确定为报告分部。

（2）该分部的分部利润（亏损）的绝对额，占所有盈利分部利润合计额或者所有亏损合计额的绝对额两者中较大者的10%或者以上。

分部利润（亏损），是指分部收入减去分部费用后的余额。分部费用，是指可归属于分部的对外交易费用和对其他分部交易费用。当企业的分部收入大部分是通过对外交易而取得，并且该分部的分部利润或者分部亏损的绝对额，占所有盈利分部利润合计额或者所有亏损分部亏损合计额的绝对额两者较大者的10%或者以上，则可以将其确定为报告分部。

（3）该分部的分部资产占所有分部资产合计额的10%或者以上。

分部资产，是指分部经营活动使用的可以归属于该分部的资产。具体来说，分部资产应符合下列两个条件：一是在分部的经营中使用、可直接归属于该分部；二是能够以合理的基础分配给该分部。根据上述定义，分部资产应当包括但不限于以下项目：分部在经营活动中所使用的流动资产、固定资产、融资租入的资产、可直接归属于或者以合理的基础分配给某分部的商誉、无形资产等。而递延所得税资产，以及服务于整个企业或者管理总部的资产，则不属于分部资产。

企业在计量分部资产时，应当按照分部资产的账面价值进行计量，即按扣除相关累计折旧或摊销额以及累计减值准备后的金额计量。当某一分部的大部分收入是对外交易收入，并且分部资产占所有分部资产合计额的10%或者以上，则可以将其确定为报告分部。

【例8-3】沿用【例8-1】的资料。由于3个品牌的洗发用品已经合并为一个洗发用品分部，因此PG公司应比较生产洗发用品、护肤品、化妆品的各个分部以及销售公司、运输公司等部门的分部资产情况。具体计算见表8-2。通过计算可以看出，洗发用品分部、护肤品分部、化妆品分部、销售公司分部的分部资产占所有分部资产合计额的比例分别为34.30%、17.15%、22.16%、18.47%，符合不低于10%的要求，因此PG公司在确定报告分部时，应当将洗发用品分部、护肤品分部、化妆品分部、销售公司分部作为报告分部。

表8-2　**PG公司各部门财务报表部分数据（2）**　金额单位：万元

项目	洗发用品	护肤品	化妆品	销售公司	运输公司	合计
营业收入	431 000	260 000	299 000	270 000	50 000	1 310 000
对外交易	390 000	180 000	200 000	270 000	50 000	1 090 000
分部间交易	41 000	80 000	99 000	—	—	220 000
⋮	⋮	⋮	⋮	⋮	⋮	⋮
资产总额	1 300 000	650 000	840 000	700 000	300 000	3 790 000
占分部资产合计的百分比	34.30%	17.15%	22.16%	18.47%	7.92%	100%

经营分部的三种测试方法，满足其中的一条即可确定为独立的经营分部。

【例 8-4】假定MY企业集团有以下六个可独立识别的分部，它们分别为甲、乙、丙、丁、戊和己。六个部分是否满足经营分部的确定条件，可以从以下三个方面进行测试。

（1）收入测试。2021年度该集团分部收入分别见表8-3。

表8-3　**收入测试**　单位：元

分部	来自对外销售收入	分部间销售收入	合计		判定值（10%）	是否应作为报告分部
甲	50 000	—	50 000	≤	100 000	否
乙	210 000	100 000	310 000	≥	100 000	是
丙	240 000	40 000	280 000	≥	100 000	是
丁	50 000	40 000	90 000	≤	100 000	否
戊	100 000	20 000	120 000	≥	100 000	是
己	90 000	50 000	140 000	≥	100 000	是
合计	740 000	260 000	1 000 000			
公司总部	60 000	—	60 000			
总计	800 000	260 000	1 060 000			

（2）利润（亏损）测试。上述各分部在2021年度的利润（或亏损）情况见表8-4。

表8-4　**营业利润（亏损）测试**　单位：元

分部	营业利润（亏损）	营业利润	营业亏损		判定值（10%）	是否应作为报告分部
甲	（20 000）		（20 000）	≤	28 000	否
乙	180 000	180 000		≥	28 000	是
丙	20 000	20 000		≤	28 000	否
丁	（40 000）		（40 000）	≥	28 000	是
戊	80 000	80 000		≥	28 000	是
己	（10 000）		（10 000）	≤	28 000	否
合计	210 000	280 000	（70 000）			
公司总部	20 000	20 000				
总计	230 000	300 000	（70 000）			

（3）资产测试。上述各分部2021年度的资产情况见表8-5。

表8-5　**资产测试**　单位：元

分部	资产		判定值（10%）	是否应作为报告分部
甲	300 000	≤	450 000	否
乙	1300 000	≥	450 000	是
丙	1 000 000	≥	450 000	是
丁	600 000	≥	450 000	是
戊	900 000	≥	450 000	是
己	400 000	≤	450 000	否
合计	4 500 000			
公司总部	700 000			
总计	5 200 000			

综合分析结果详见表8-6。由于只需满足其中一个标准，就可以作为报告分部，综合上述测试结果，在该集团中，乙、丙、丁、戊、己均可作为报告分部报告，但甲可以不作为报告分部。

表8-6 综合分析结果

分部	是否符合收入测试	是否符合营业利润（亏损）测试	是否符合资产测试	综合结果
甲	否	否	否	否
乙	是	是	是	是
丙	是	否	是	是
丁	否	是	是	是
戊	是	是	是	是
己	是	否	否	是

■ 2）低于10%重要性标准的选择

经营分部未满足三个重要性判断标准的，可以按照下列规定进行处理：

（1）不考虑该分部的规模，直接将其指定为报告分部。在这种情况下，无论该分部是否满足10%的重要性标准，企业可以根据需要直接将其指定为报告分部。

（2）将该经营分部与一个或一个以上的具有相似经济特征、满足经营分部合并条件的其他经营分部合并，作为一个报告分部。对报告分部10%的重要性测试可能会导致企业拥有大量未满足10%数量临界线的经营分部，在这种情况下，企业可以将一个或一个以上类似的、满足经营分部合并条件的小分部合并成一个报告分部。

（3）不将该经营分部直接指定为报告分部，也不将该经营分部与其他未作为报告分部的经营分部合并为一个报告分部的，企业在披露分部信息时，应当将该经营分部的信息与其他组成部分的信息合并，作为其他项目单独披露。

■ 3）报告分部75%的标准

企业的经营分部达到规定的10%重要性标准认定为报告分部后，确定为报告分部的对外交易收入合计额占合并总收入或企业总收入的比重应当达到75%。如果未达到75%的标准，企业必须增加报告分部的数量，将其他未作为报告分部的经营分部纳入报告分部的范围，直到该比重达到75%。此时，其他未作为报告分部的经营分部很可能未满足前述规定的10%重要性标准，但为了使报告分部的对外交易收入合计额占合并总收入或企业总收入的总体比重能够达到75%的比例要求，也应当将其确定为报告分部。

【例8-5】沿用【例8-1】的资料。根据报告分部的确定条件，符合条件已被确定为报告分部的分别是洗发用品分部、护肤品分部、化妆品分部、销售公司分部。由于各报告分部的对外交易收入占企业总收入的比重分别为35.77%、16.51%、18.35%、24.77%，合计为95.41%，已达到75%的限制性标准，所以不需要再增加报告分部的数量。具体计算见表8-7。

表8-7 PG公司各分部财务报表数据（3） 金额单位：万元

项目	洗发用品	护肤品	化妆品	销售公司	小计	运输公司	合计
营业收入	431 000	260 000	299 000	270 000	1 260 000	50 000	1 310 000
对外交易	390 000	180 000	200 000	270 000	1 040 000	50 000	1 090 000
分部间交易	41 000	80 000	99 000	—	220 000	—	220 000
对外交易收入占企业对外交易总收入百分比	35.78%	16.51%	18.35%	24.77%	95.41%	4.59%	100%

■ 4）报告分部的数量

根据确定报告分部的原则，企业确定的报告分部数量可能超过10个，此时企业提供的分部信息可能变得非常烦琐，不利于会计信息使用者理解和使用。因此，报告分部的数量通常不应当超过10个。如果报告分部的数量超过10个，企业应当考虑将具有相似经济特征、满足经营分部合并条件的报告分部进行合并，以使合并后的报告分部数量控制在10个以内。

■ 5）为提供可比信息确定报告分部

企业在确定报告分部时，除应当遵循相应的确定标准以外，还应当考虑不同会计期间分部信息的可比性和一致性。对于某一经营分部，在上期可能满足报告分部的确定条件从而确定为报告分部，但本期可能并不满足确定条件。此时如果企业仍然认为该经营分部重要，单独披露该经营分部的信息能够更有助于会计信息使用者了解企业的整体情况，则无须考虑该经营分部确定为报告分部的条件，仍应当将该经营分部确定为本期的报告分部。

对于某一经营分部，在本期可能满足报告分部的确定条件从而确定为报告分部，但上期可能并不满足报告分部的确定条件从而未确定为报告分部。此时，出于比较目的提供的以前会计期间的分部信息应当予以重述，将该经营分部反映为一个报告分部，即使其不满足确定为报告分部的条件也是如此。如果重述所需要的信息无法获得，或者不符合成本效益原则，则不需要重述以前会计期间的分部信息。不论是否对以前期间相应的报告分部信息进行重述，企业均应当在报表附注披露这一事实。

8.4 分部信息的披露

■ 1）描述性信息

企业在披露分部信息时，应当有助于会计信息使用者评价企业所从事经营活动的性质、财务影响以及经营所处的经济环境。企业应当以对外提供的财务报表为基础披露分部信息；对外提供合并财务报表的企业，应当以合并财务报表为基础披露分部信息。确定报告分部考虑的因素，通常包括企业管理层是否按照产品和服务、地理区域、监管环境差异或综合各种因素进行组织管理。

■ 2）每一报告分部的利润（亏损）总额、资产总额、负债总额信息

企业在披露分部费用时，折旧费、摊销费以及其他重大的非现金费用应当单独披露。在披露分部资产总额时，当期发生的在建工程成本总额、购置的固定资产和无形资产的成本总额，应当单独披露。对于不属于任何一个分部的资产，应当作为其他项目单独披露。另外，对于不属于任何一个分部的负债，应当作为其他项目单独披露。

■ 3）分部会计政策

企业应当在报表附注中披露计量每一报告分部利润（亏损）的下列会计政策：

① 分部间转移价格的确定基础；

② 相关收入和费用分配给报告分部的基础；

③ 确定报告分部利润（亏损）使用的计量方法发生变化的性质，以及这些变化产生的影响。

企业应当在附注中披露计量每一报告分部资产、负债的下列会计政策：

① 分部间转移价格的确定基础；

② 相关资产或负债分配给报告分部的基础。

■ 4）报告分部信息与企业信息总额的衔接

企业披露的分部信息，还应当与合并财务报表或企业财务报表中的总额信息相衔接，主要包括以下几个方面：

① 分部收入应当与企业的对外交易收入相衔接；

② 分部利润（亏损）应当与企业营业利润（亏损）和企业净利润（净亏损）相衔接；

③ 分部资产总额应当与企业资产总额相衔接；

④ 分部负债总额应当与企业负债总额相衔接。

■ 5）报告分部的比较信息

企业在披露分部信息时，为可比起见，应当提供前期的比较数据。对于某一经营分部，如果本期满足报告分部的确定条件确定为报告分部，即使前期没有满足报告分部的确定条件未确定为报告分部，也应当提供前期的比较数据。但是，重述信息不切实可行的除外。企业内部组织结构改变导致报告分部组成发生变化的，应当提供前期比较数据，但是提供比较数据不切实可行的除外。企业未提供前期比较数据的，应当在报告分部组成发生变化的当年，同时披露以新的报告分部和旧的报告分部为基础编制的分部信息。不论企业是否提供前期比较数据，均应披露这一事实。

■ 6）未作为报告分部信息组成部分进行披露的内容

除已经作为报告分部信息组成部分的披露内容外，企业还应当披露下列信息：

（1）每一产品和劳务或每一类似产品和劳务的对外交易收入。但是，披露相关信息不切实可行的除外。企业披露相关信息不切实可行的，应当披露这一事实。企业披露的每一产品和劳务或每一类似产品和劳务的对外交易收入金额，应当以用于编制企业财务报表的信息为基础。

（2）企业取得的来自于本国的对外交易收入总额，以及企业从其他国家或地区取

得的对外交易收入总额。但是，披露相关信息不切实可行的除外。企业披露相关信息不切实可行的，应当披露这一事实。如果企业从某个国家或地区取得的对外交易收入金额重要，应当单独予以披露。

（3）企业取得的位于本国的非流动资产（不包括金融资产、独立账户资产、递延所得税资产）总额，以及企业位于其他国家或地区的非流动资产（不包括金融资产、独立账户资产、递延所得税资产）总额。但是，披露相关信息不切实可行的除外。企业披露相关信息不切实可行的，应当披露这一事实。如果企业取得的位于某个国家或地区的非流动资产金额重要，应当单独予以披露。

（4）企业对主要客户的依赖程度。企业与某一外部客户交易收入占合并总收入或企业总收入的10%或以上，应当披露这一事实，并披露来自该外部客户的总收入以及相关报告分部的特征。企业不需要报告主要客户的身份，每一报告分部也不需要报告来自该客户的收入。

分部报告的分析与利用

【例8-6】沿用【例8-1】的资料。假定PG公司总部资产总额为20 000万元，总部负债总额为12 000万元，其他资料见表8-8。

表8-8　**PG公司各分部财务报表数据（4）**　单位：万元

项目	品牌A	品牌B	品牌C	护肤品	化妆品	销售公司	运输公司	合计
折旧费用	8 250	8 850	11 220	20 620	21 250	23 620	14 500	108 310
摊销费用	750	900	1 530	860	1 580	210	—	5 830
资本性支出	20 000	15 000	58 500	35 000	7 600	850	400	137 350

根据上述相关资料可以判断，PG公司确定的报告分部分别是洗发用品分部、护肤品分部、化妆品分部、销售公司分部。具体披露的分部信息见表8-9（注：前期的比较数据略）。

表8-9　**PG公司各分部财务报表数据（5）**　单位：万元

项目	洗发用品	护肤品	化妆品	销售公司	抵销	合计
一、营业收入	431 000	260 000	299 000	270 000	（220 000）	1 040 000
1.对外交易	390 000	180 000	200 000	270 000		1 040 000
2.分部间交易	41 000	80 000	99 000		（220 000）	0
二、销售费用	302 000	156 000	197 800	220 000	（85 300）	790 500
三、营业利润（亏损）	129 000	104 000	101 200	50 000	（134 700）	249 500
四、资产总额	1 300 000	650 000	840 000	700 000		3 490 000
五、负债总额	550 000	300 000	350 000	300 000		1 500 000
六、补充信息						
1.折旧和摊销费用	31 500	21 480	22 830	23 830		99 640
2.资本性支出	93 500	35 000	7 600	850		136 950

总结与结论

合并财务报表能综合地反映企业集团整体的财务状况和经营成果，但不能提供反映不同行业、不同业务、不同部门的盈利水平、成长机会以及风险类型等的重要信息，而分部报告则弥补了这方面的不足。企业在确定报告分部时，应当结合重要性标准作出判断。企业提供的分部信息，应当能够帮助会计信息使用者更好地理解企业以往的经营业绩，评估企业的风险和报酬，把握企业整体的经营情况，对未来的发展趋势作出合理的预期。

关键概念

1.经营分部：指企业内同时满足下列条件的组成部分：

（1）该组成部分能够在日常活动中产生收入、发生费用；

（2）企业管理层能够定期评价该组成部分的经营成果，以决定向其配置资源、评价业绩；

（3）企业能够取得该组成部分的财务状况、经营成果和现金流量等有关会计信息。

2.报告分部：指符合经营分部的条件，按规定应予披露的分部。

3.分部资产：包括企业在分部的经营中使用的、可直接归属于该分部的资产，以及能够以合理的基础分配给该分部的资产。

4.分部负债：指分部经营活动形成的可归属于该分部的负债，不包括递延所得税负债。

5.分部收入：包括归属于分部的对外交易收入和对其他分部交易收入。

6.分部费用：包括可以归属于分部的对外交易费用和对其他分部交易费用。主要由可归属于分部的对外交易费用构成，通常包括营业成本、税金及附加、销售费用等。

课程思政

1.分部报告主要报告形式的选择

《企业会计准则第35号——分部报告》规定：企业应当区分主要报告形式和次要报告形式披露分部信息：

（1）风险和报酬主要受企业的产品和劳务差异影响的，披露分部信息的主要形式应当是业务分部，次要形式是地区分部。

（2）风险和报酬主要受企业在不同的国家或地区经营活动影响的，披露分部信息的主要形式应当是地区分部，次要形式是业务分部。

（3）风险和报酬同时较大地受企业产品和劳务的差异以及经营活动所在国家或地区差异影响的，披露分部信息的主要形式应当是业务分部，次要形式是地区分部。

除上述规定外，还有哪些因素可能会影响管理当局在选择分部报告主要形式时的价值追求和立场？

2.企业集团或大型企业内部资本错配

分部报告为研究企业集团或大型企业内部经营活动内部资本错配提供了重要的信息，王竹泉等（2017）在《中国工业经济》发表了《资本错配、资产专用性与公司价值——基于营业活动重新分类的视角》一文，针对资本经营实践的日益普及，创新提出了营业活动（不仅包含经营活动，而且包括投资活动）内部资本错配这一研究领域。请结合该文的研究和本章的知识点深入探讨如何改进分部报告从而为优化营业活动内部资本配置提供信息支撑。

思考与练习

一、思考题

1.经营分部的确定条件是什么？

2.简述确定报告分部10%重要性的标准。

3.分部收入一般不包括哪些项目？

4.报告分部信息应注意与企业的哪些信息相衔接？

5.未作为报告分部信息组成部分进行披露的内容包括什么？

二、练习题

1.企业披露分部信息时，下列各项中，属于分部营业收入的是（　　）。

A.对外部客户的营业收入　　B.非常项目取得的利息收入

C.投资收入形成的利得　　D.股利收入

2.下列关于10%重要性标准的表述中，错误的是（　　）。

A.该分部的分部收入占所有分部收入合计额的10%或者以上

B.该分部的分部利润（亏损）的绝对额，占所有盈利分部利润合计额或者所有亏损分部亏损合计额的绝对额二者中较大者的10%或者以上

C.该分部的分部资产占所有分部资产合计额的10%或者以上

D.该分部的销售费用达到各分部销售费用合计额的10%以上

3.已经纳入分部报告范围的各个分部对外营业收入总额应达到企业营业收入总额的75%，否则，（　　）。

A.不再提供分部报告

B.按已经纳入并低于营业收入总额的75%提供分部报告

C.将更多的分部纳入分部报告编制范围

D.无规定

4.下列费用中，不属于分部期间费用的是（　　）。

A.所得税费用　　B.分部管理费用

C.分部财务费用　　D.分部销售费用

5.分部负债一般不包括（　　）。

A.应付账款　　B.递延所得税负债

C.预收账款　　D.预付账款

延伸阅读

[1] 崔君平. 高级财务会计 [M]. 北京：清华大学出版社，2015.

[2] 胡明霞，黄胜忠. 分部报告准则中分部的确认方法及其国际比较 [J]. 财会通讯，2008 (3).

[3] 聂萍，陈共荣. 分部信息质量特征研究：来自中国上市公司分部信息披露的经验证据 [J]. 会计研究，2007 (9).

[4] 杜亚飞，杨广青，汪泽镕. 管理层股权激励、机构投资者持股与经营分部盈余质量 [J]. 现代财经，2020 (12).

本章教学视频　　本章教学课件　　本章学习指导

第9章

中期财务报告

高级财务会计

Advanced Financial Accounting

章前准备

一、学习目的与要求

通过本章的学习，了解中期财务报告的定义、构成和理论基础；掌握中期财务报告的确认、计量与编报的要求和原则；掌握中期财务报告附注的编制要求；熟悉中期财务报告附注的披露内容。

二、教学重点与难点

本章的教学重点为中期财务报告的确认、计量与编报的要求和原则，教学难点为中期合并财务报表、母公司财务报表和比较财务报表的编报要求。

三、本章教案设计

本章教案

9.1　中期财务报告概述

9.1.1　中期财务报告的定义与内容

随着证券市场规模的逐渐扩大，会计信息使用者对财务报告信息的及时性要求逐渐提高，许多信息即使非常可靠，但是如果在提供时间上相对滞后，其价值也会受损。以年度为基础对外披露财务报告往往无法满足会计信息使用者的决策需要，而中期财务报告正好可以在很大程度上弥补年度财务报告时间间隔过长的缺陷，提高会计信息的质量，保护投资者的利益。中期财务报告在投资决策和资源配置中的作用已经越来越受到重视。

世界上大部分国家的会计准则都要求上市公司提供中期财务报告，为了规范中期财务报告的内容以及编制中期财务报告应当遵循的确认和计量原则，根据《企业会计准则——基本准则》，我国财政部颁布了《企业会计准则第32号——中期财务报告》（以下简称《中期财务报告准则》）。《中期财务报告准则》指出，中期财务报告是指以中期为基础编制的财务报告。“中期”是指短于一个完整的会计年度（自公历1月1日起至12月31日止）的报告期间，它可以是一个月、一个季度或者半年，也可以是其他短于一个会计年度的期间，如1月1日至9月30日的期间等。由此可以得知，中期财务报告包括月度财务报告、季度财务报告、半年度财务报告，也包括年初至本中期末的财务报告。中期财务报告至少应当包括以下部分：

① 资产负债表；

② 利润表；

③ 现金流量表；

④ 附注。

其他公司报告——分部报告与中期财务报告

9.1.2 中期财务报告的理论基础

对于编报中期财务报告的目的，主要有两种观点：一种观点认为中期财务报告的编报目的与年报一样，是为了提供特定期间内企业的财务状况和经营成果的信息，差别不过是缩短期间、加快报告频率。在这种观点下，中期财务报告信息着眼于过去，着重如何真实反映企业过去的财务状况和经营成果，强调的是客观性、可靠性和反映经济现实。另一种观点认为中期财务报告的编报目的主要是为报表使用者提供对决策有用的信息，帮助其预测企业年度内未来期间的财务状况和经营成果。因此中期财务报告信息应着眼于未来，着重如何有助于投资者、债权人对企业的未来作出正确的分析，强调的是相关性和提供预测信息。不同的目的导致了不同的理论观点与研究方法。

中期财务报告依据的理论基础主要有一体观和独立观。一体观视每一中期为年度会计期间的有机组成部分，中期会计估计、成本分配和各应计项目的处理必须考虑到全年发生的情况，年度经营费用需基于年度预测值（如销售量、业务量）进行估计并分配给各个中期。美国和中国台湾地区中期财务报告依据的理论基础是一体观。独立观视每一中期为一个独立的会计期间，其会计估计、成本分配和各应计项目的处理与年度财务报告的政策相一致。英国、加拿大、新西兰、澳大利亚和中国香港中期财务报告依据的理论基础是独立观。国际会计准则和我国《中期财务报告准则》要求中期财务报告和年度财务报告应采用相同的会计政策，倾向于独立观。

采用一体观编制中期报告的优点是可以避免因人为割裂会计期间造成的收益非正常波动，使收入和费用能合理配比；缺点是容易导致年度内各中期收益的平滑和盈利操纵，影响信息的可靠性。采用独立观编制中期报告的优点是所反映的企业业绩资料较具可靠性，不易被操纵；缺点是容易导致中期收入和费用的不配比，影响对企业业绩的正确评价与预测。

9.1.3 中期财务报告的历史发展

企业对外公布中期报告这一会计实务已基本上得到世界大多数国家和地区的认同。今后随着会计准则的国际趋同，中期报告将在更多国家和地区予以实施。

■ 1）美国

美国是实行中期财务报告制度较早的国家。最初提出报送中期资料，是1934年证券交易条例发布后，证券管理委员会（SEC）要求上市公司当某一年有某种特殊事项发生时，填报含有中期资料的8-K表；1945年SEC开始要求公司采用8-K表提供例行的季度报告资料；1949年8-K表转为9-K表，以后历经了几次变化，到1970年开始以包括季度财务报表及相关资料在内的10-Q表代替9-K表。

虽然美国各证券交易所和美国证券交易委员会多年来一直致力于中期报告信息质量的提高，但由于这些证券管理机构主要规范的是中期报告披露的内容和格式问题，因此对编制过程中涉及的关键词问题并没有深入地加以探讨，会计实务界也对中期报告编制过程中应予遵循的会计准则、会计程序和方法分歧极大。直到1973年5月，美国会计原则委员会发布了第28号意见书《中期财务报告》，就中期财务报告的编制作了详细的规定，以供各界遵循。

美国财务会计准则委员会（FASB）取代美国会计原则委员会以后，分别于1974年和1977年发布了两项与中期报告有关的财务会计准则公告。其中，第3号公告《在中期财务报告中报告会计变更》修正了第28号意见书中关于会计变更的部分；而第18号公告《企业分部财务报告——中期财务报表》则补充了第28号意见书中关于分部季度财务报告的规定。除此以外，美国财务会计准则委员会在其后发布的诸多公告中也就涉及中期报告的有关问题作了相应的规定。这些随着实务的深入陆续发布并修正原有中期财务报告原则的做法，使美国关于中期报告的信息披露体系日趋完善。

■　2）国际会计准则委员会

国际会计准则委员会（IASC）于1996年向社会各界广泛征求意见，发布了中期报告原则的征求意见稿，并在参考相关评论的基础上，于1998年9月颁布了《国际会计准则第34号——中期财务报告》。IAS No.34对中期财务报告的基本组成作了规定，即中期财务报告至少应包括：简化资产负债表、简化利润表、反映权益变动的简化报表、简化现金流量表以及选择的说明性附注。该准则将中期财务报告的最基本内容界定为包括简化的财务报表和选择的说明性附注，主要是考虑了及时性和成本效益原则，也可避免重复以前已报告过的信息。但该准则同时表明——决不禁止或阻拦企业提供完整报表。这是IASC首次就中期财务报告问题发布准则，它是IASC与证券业国际组织为各国企业跨国上市会计信息披露的协调而进行的合作项目所设定的核心准则之一。

■　3）中国

我国证监会于1994年6月底颁布了《公开发行股票公司信息披露的内容与格式准则第三号〈中期报告的内容与格式（试行）〉》。随后，于1996年、1998年、2000年对此准则进行了修订。2001年4月和2002年6月，证监会分别发布了《公开发行证券的公司信息披露编报规则第13号——季度报告内容与格式特别规定》和《公开发行证券的公司信息披露内容与格式准则第3号——半年度报告》，将原来的中期报告分为半年度和季度报告。财政部于2001年11月颁布了《企业会计准则——中期财务报告》，并于2002年1月1日起在所有上市公司实行。2006年2月15日，根据新的《企业会计准则——基本准则》，财政部颁布了《企业会计准则第32号——中期财务报告》（以下简称《中期财务报告准则》），该准则规范了中期财务报告的内容和编制中期财务报告应当遵循的确认与计量原则。该准则的发布实施，有利于规范上市公司的行为，有利于保护广大投资者的利益，促进证券市场健康发展，进一步提升中国会计准则国际化水平。

9.2 中期财务报告的确认与计量

9.2.1 中期财务报告确认与计量的基本原则

■ 1）中期会计要素的确认和计量原则应当与年度财务报表相一致

企业在中期根据所发生的交易或者事项，对资产、负债、所有者权益（股东权益）、收入、费用和利润等会计要素进行确认和计量时，应当符合相应会计要素的定义和确认、计量标准，不能因为财务报告期间的缩短（相对于会计年度而言）而改变。例如，不能根据会计年度内以后中期将要发生的交易或者事项来判断当前中期的有关项目是否符合会计要素的定义，也不能人为均衡会计年度内各中期的收益。再如，企业在中期资产负债表日对于待处理财产损溢项目，也应当像会计年度末一样，将其计入当期损益，不能递延到以后中期，因为它已经不符合资产的定义和确认标准。另外，企业在中期资产负债表日不能把潜在义务（即使该义务很可能在会计年度的以后中期变为现时义务）确认为负债，也不能把当时已经符合负债确认条件的现时义务（即使履行该义务的时间和金额还须等到会计年度以后中期才能够完全确定）递延到以后中期进行确认。

【例 9-1】甲公司为一家生产企业，需要编制季度财务报告。2022 年 6 月 30 日，甲公司在盘点库存时，发现一批账面价值为 260 万元的存货已经毁损。

本例中，对甲公司而言，该批存货已无任何价值，不会再给企业带来经济利益，不再符合资产的定义。因此，在编制甲公司第 2 季度财务报告时，该批存货就不能再作为资产列报，而应当确认一项损失。

■ 2）中期会计计量应当以年初至本中期末为基础

无论企业中期财务报告的频率是月度、季度还是半年度，企业中期会计计量的结果最终应当与年度财务报告中的会计计量结果相一致。为此，企业中期财务报告的计量应当以年初至本中期末为基础，即企业在中期应当以年初至本中期末作为中期会计计量的期间基础，而不应当以本中期作为会计计量的期间基础。

【例 9-2】乙企业需要编制季度财务报告。该企业在 2022 年 2 月 28 日对外设立一家子公司。对于这一事项，按照中期财务报表附注的编制应当以“年初至本中期末”为基础的原则，企业不仅应当在 2022 年度第 1 季度财务报告的会计报表附注中予以披露，在 2022 年度第 2 季度财务报告和第 3 季度财务报告的会计报表附注中，也应当予以披露。

■ 3）中期采用的会计政策应当与年度财务报告相一致

为了保持企业前后各期会计政策的一贯性，以提高会计信息的可比性和有用性，企业在中期不得随意变更会计政策，应当采用与年度财务报告相一致的会计政策。如果上年度资产负债表日之后按规定变更了会计政策，且该变更后的会计政策将在本年度财务报告中采用，中期财务报告应当采用该变更后的会计政策。中期的会计政策、会计估计变更应当符合规定。

9.2.2　季节性、周期性或者偶然性取得收入的确认和计量

企业取得的季节性、周期性或者偶然性收入，应当在发生时予以确认和计量，不应在中期财务报表中预计或者递延，但会计年度末允许预计或者递延的除外。企业在会计年度中不均匀发生的费用，应当在发生时予以确认和计量，不应在中期财务报表中预提或者待摊，但会计年度末允许预提或者待摊的除外。收入的确认和计量原则应当严格遵循《企业会计准则第14号——收入》《企业会计准则第15号——建造合同》《企业会计准则第21号——租赁》等的规定。

企业经营的季节性特征，是指企业营业收入的取得或者营业成本的发生主要集中在全年度的某一季节或者某段期间内。例如，供暖企业的营业收入主要来自于冬季；冷饮企业的营业收入主要来自于夏季。

企业经营的周期性特征，是指企业每隔一个周期就会稳定地取得一定的收入或者发生一定的成本的情况。例如，某房地产开发企业开发房地产通常需要一个周期，如需要2—3年才能完成开发，而该企业又不能同时开发多个项目，这样在房地产开发完成并出售之前，企业不能确认收入，所发生的相关成本费用则作为房地产的开发成本，企业通常只有在将所开发完成的房地产对外出售之后才能确认收入。

通常情况下，企业各项收入一般是在一个会计年度的各个中期内均匀发生的，各中期之间实现的收入差异不会很大。但是，因季节性、周期性或者偶然性取得的收入，往往集中在会计年度的个别中期内。对于这些收入，《中期财务报告准则》规定企业应当在发生时予以确认和计量，不应当在中期财务报告中予以预计或者递延。也就是说，企业应当在这些收入取得并实现时予以确认和计量，不应当为了平衡各中期的收益而将这些收入在会计年度的各个中期之间进行分摊。

9.2.3　会计年度中不均匀发生的费用的确认与计量

企业在会计年度中不均匀发生的费用，应当在发生时予以确认和计量，不应在中期财务报表中预提或者待摊，但会计年度末允许预提或者待摊的除外。不均匀发生的费用通常包括员工培训费、年度财务报表审计费等，这些费用往往集中在会计年度的个别中期内，企业不应当为了使各中期间收益平滑而将这些费用在会计年度的各个中期之间进行分摊。

【例9-3】丙公司根据年度培训计划，在2022年6月份对员工进行了专业技能和管理知识方面的集中培训，共发生培训费用50万元。

本例中，对于该项培训费用，公司应当直接计入6月份的损益，既不能在6月份之前预提，也不能在6月份之后待摊。

9.3 中期财务报告的编报

9.3.1 中期财务报告应遵循的原则

■ 1）应当遵循与年度财务报告相一致的会计政策原则

企业在编制中期财务报告时，应当将中期视为一个独立的会计期间，所采用的会计政策应当与年度财务报表所采用的会计政策相一致，包括会计要素确认和计量原则的一致。企业在编制中期财务报告时不得随意变更会计政策。

■ 2）应当遵循重要性原则

重要性原则是企业编制中期财务报告的一项十分重要的原则。在遵循重要性原则时应注意以下几点：

（1）重要性程度的判断应当以中期财务数据为基础，而不得以预计的年度财务数据为基础。这里所指的“中期财务数据”，既包括本中期的财务数据，也包括年初至本中期期末的财务数据。主要是考虑有些对于预计的年度财务数据显得不重要的信息对于中期财务数据而言可能是重要的。

【例 9-4】丁公司在2022年第1季度因遭受自然灾害而发生固定资产损失90万元，公司第1季度净利润为100万元，预计全年的净利润为6 000万元。本例中，第1季度所发生的资产损失占该季度净利润的90%，属于重要事项，企业应当在第1季度的财务报告中予以披露。但是，如果公司在判断该事项的重要性程度时，以预计的全年净利润总额为基础，此时，该损失仅占预计全年净利润的1.5%，在编制年度财务报告时可能会被认为属于非重要事项而不予披露，其结果可能误导丁公司第1季度财务报告使用者的经济决策。

（2）重要性原则的运用应当保证中期财务报告包括与企业中期期末财务状况、经营成果及现金流量相关的信息。企业在运用重要性原则时，应当避免在中期财务报告中由于不确认、不披露或者忽略某些信息而对信息使用者的决策产生误导。

（3）重要性程度的确定需要根据具体情况作具体分析和职业判断。通常，在判断某一项目的重要性程度时，应当将项目的金额和性质结合在一起予以考虑，而且在判断项目金额的重要性时，应当以资产、负债、净资产、营业收入、净利润等直接相关项目的数字作为比较基础，并综合考虑其他相关因素。在一些特殊情况下，单独依据项目的金额或者性质就可以判断其重要性。例如，企业发生会计政策变更，该变更事项对当期期末财务状况或者当期损益的影响可能比较小，但对以后期间财务状况或者损益的影响却比较大，因此会计政策变更从性质上属于重要事项，应当在财务报告中予以披露。

■ 3）应当遵循及时性原则

中期财务报告所涵盖的会计期间短于一个会计年度，其编报的时间通常也短于年度财务报告，所以，中期财务报告应当能够比年度财务报告更加及时地提供信息。为了体现企业编制中期财务报告的及时性原则，中期财务报告的计量相对于年度财务数据的计量而言，在很大程度上依赖于估计。例如，企业通常在会计年度末对存货进行全面、详细的实地盘点，因此，对年末存货可以达到较为精确的计价。但是在中期期末，由于时间上的限制和成本方面的考虑，有时不大可能对存货进行全面、详细的实地盘点，在这种情况下，对于中期末存货的计价就更大程度上依赖于会计估计，但是，企业应当确保所提供的中期财务报告包括了相关的重要信息。

需要强调的是，中期财务报告编制的重要性和及时性原则，是企业编制中期财务报告时需要特殊考虑的两个原则。同时，对于其他会计原则，比如可比性原则、谨慎性原则、实质重于形式原则等，企业在编制中期财务报告时也应当像编制年度财务报告一样予以遵循。

9.3.2 中期财务报告的编制要求

在编制中期财务报告时，应注意以下几个问题：

（1）资产负债表、利润表、现金流量表和附注是中期财务报告至少应编制的法定内容，关于其他财务报表或者相关信息，如所有者权益（或股东权益）变动表等，企业可以根据需要自行决定。但其他财务报表或者相关信息一旦在中期财务报告中提供，就应当遵循准则的各项规定。比如企业编制的所有者权益（或股东权益）变动表，其内容和格式也应当与上年度相一致。

（2）中期资产负债表、利润表和现金流量表的格式和内容，应当与上年度财务报表相一致。但如果当年新施行的会计准则对财务报表格式和内容作了修改，中期财务报表应当按照修改后的报表格式和内容编制，与此同时，在中期财务报告中提供的上年度比较财务报表的格式和内容也应当作相应的调整。如《中期财务报告准则》规定，基本每股收益和稀释每股收益应当在中期利润表中单独列示。企业在提供比较中期财务报告时，应当按新准则的要求作出相应调整。

9.3.3 中期合并财务报表和母公司财务报表的编报要求

如果企业上年度编制了合并财务报表，中期期末应当编制合并财务报表。上年度财务报告除了包括合并财务报表，还包括母公司财务报表，中期财务报告也应当包括母公司财务报表。如果报告中期内处置了所有应当纳入合并范围的子公司，则中期财务报告只需提供母公司财务报表，但上年度比较财务报表仍应当包括合并财务报表，上年度可比中期没有子公司的除外。《中期财务报告准则》的具体要求如下：

（1）上年度编报合并财务报表的企业，其中期财务报告也应当编制合并财务报表，而且该合并财务报表的合并范围、合并原则、编制方法以及格式与内容等也应当与上年度合并财务报表相一致。但当年企业会计准则有新规定的除外。

（2）如果企业在报告中期内处置了所有子公司，而且在报告中期又没有新增子公司，那么企业在其中期财务报告中就不必编制合并财务报表。尽管如此，企业提供上年度比较财务报表的同时仍然应当提供上年度合并财务报表和母公司财务报表，除非在上年度可比中期末，企业没有子公司。也就是说，上年度的子公司是在上年度可比中期末之后新增的，因而在上年度可比中期的财务报告中并没有编制有关合并财务报表，在这种情况下，上年度可比中期的财务报表（即比较利润表和比较现金流量表）就不必提供合并财务报表。

【例9-5】ABC公司有一家A子公司，在2021年年末拥有该子公司60%的股权，且拥有控制权，所以，ABC公司在2021年年末将A公司报表并入到了其合并财务报表中。2022年1月15日，ABC公司将A公司35%的股权有偿转让给了另外一家公司，通过此次股权转让，ABC公司仅拥有A公司25%的股权，而且失去了对该公司的控制权，所以，A公司不再符合ABC公司编制合并财务报表的合并范围要求，ABC公司在编制2022年度中期财务报告时，就不应当再将A公司财务报表纳入合并范围。如果ABC公司只有这一家子公司，那么ABC公司2021年年度财务报告应当编制合并财务报表，而在2022年度各中期财务报告中只需要编制ABC公司的个别财务报表即可，无须再编制合并财务报表。在这种情况下，尽管公司在上年度编制了合并财务报表，但是在本年度（包括各中期）却不必编制合并财务报表。

【例9-6】行远公司成立于2021年年初，公司成立之初没有一家子公司，因此公司在2021年第1季度财务报告中只需要提供公司本身的个别财务报表即可，不必编制合并财务报表。在2021年第2季度，公司购并一家ABC公司，获得了该公司80%的股权，从而使得该公司成为行远公司的控股子公司。这样，在2021年第2季度财务报告中，行远公司就需要同时提供合并财务报表和母公司财务报表。第3季度财务报告和2021年的年度财务报告都是如此。假定在2022年第1季度，公司又将ABC子公司对外出售，这样，行远公司又没有了子公司，尽管公司在上年度财务报告中编制了合并财务报表，但是在2022年第1季度财务报告中，公司无须编制合并财务报表。而且由于在上年第1季度财务报告中公司也没有编制合并财务报表，所以，在提供《中期财务报告准则》要求的上年度比较财务报表时，除了上年度末的资产负债表仍然应当包括合并财务报表和母公司财务报表之外，其他比较财务报表（包括比较利润表和比较现金流量表）都不必提供合并财务报表。在2022年第2季度，公司仍然没有需要纳入合并财务报表合并范围的子公司，因此仍然不必编制合并财务报表，但是，在提供《中期财务报告准则》要求的上年度比较财务报表时，应当同时提供合并财务报表和母公司财务报表。

（3）如果企业在报告中期内新增子公司，在这种情况下，企业在中期末就需要将该子公司财务报表纳入合并财务报表的合并范围中。

（4）应当编制合并财务报表的企业，如果在上年度财务报告中除了提供合并财务报表之外，还提供了母公司财务报表，如上市公司，那么在其中期财务报告中除了应当提供合并财务报表之外，也应当提供母公司财务报表。

9.3.4 比较财务报表的编制要求

为了提高财务报告信息的可比性、相关性和有用性，企业在中期末除了编制中期末资产负债表、中期利润表和现金流量表之外，还应当提供前期比较财务报表。中期财务报告应当提供比较财务报表，包括：

① 本中期期末的资产负债表和上年度末的资产负债表；

② 本中期的利润表、年初至本中期末的利润表以及上年度可比期间的利润表；

③ 年初至本中期末的现金流量表和上年度年初至可比本中期末的现金流量表。

【例9-7】某企业按要求需要提供半年度中期财务报告，则该企业在截至2022年6月30日的上半年财务报告中应当提供的财务报表见表9-1。

表9-1 2022年上半年中期财务报告中应当提供的财务报表

报表类别	本年度中期财务报表时间（或者期间）	上年度比较财务报表时间（或者期间）
资产负债表	2022年6月30日	2021年12月31日
利润表	2022年1月1日至6月30日	2021年1月1日至6月30日
现金流量表	2022年1月1日至6月30日	2021年1月1日至6月30日

【例9-8】某企业按照要求需提供季度财务报告，则该企业在截至2022年3月31日、6月30日和9月30日分别提供的各季度财务报告（即第1、2、3季度财务报告）中就应当分别提供如下财务报表：

（1）2022年第1季度财务报告中应当提供的财务报表见表9-2。

表9-2 2022年第1季度中期财务报告中应当提供的财务报表*

报表类别	本年度中期财务报表时间（或者期间）	上年度比较财务报表时间（或者期间）
资产负债表	2022年3月31日	2021年12月31日
利润表	2022年1月1日至3月31日	2021年1月1日至3月31日
现金流量表	2022年1月1日至3月31日	2021年1月1日至3月31日

注：*在第1季度财务报告中，“本中期”与“年初至本中期末”的期间是相同的，所以在第1季度财务报告中只需提供一张利润表，因为在第1季度，本中期利润表即为年初至本中期末利润表，相应地，上年度的比较财务报表也只需提供一张利润表。

（2）2022年第2季度财务报告中应当提供的财务报表见表9-3。

表9-3 2022年第2季度中期财务报告中应当提供的财务报表

报表类别	本年度中期财务报表时间（或者期间）	上年度比较财务报表时间（或者期间）
资产负债表	2022年6月30日	2021年12月31日
利润表（本中期）	2022年4月1日至6月30日	2021年4月1日至6月30日
利润表（年初至本中期末）	2022年1月1日至6月30日	2021年1月1日至6月30日
现金流量表	2022年1月1日至6月30日	2021年1月1日至6月30日

（3）2022年第3季度财务报告中应当提供的财务报表见表9-4。

表9-4　　2022年第3季度中期财务报告中应当提供的财务报表

报表类别	本年度中期财务报表时间（或者期间）	上年度比较财务报表时间（或者期间）
资产负债表	2022年9月30日	2021年12月31日
利润表（本中期）	2022年7月1日至9月30日	2021年7月1日至9月30日
利润表（年初至本中期末）	2022年1月1日至9月30日	2021年1月1日至9月30日
现金流量表	2022年1月1日至9月30日	2021年1月1日至9月30日

需要说明的是，企业在中期财务报告中提供比较财务报表时，应当注意以下几个方面：

（1）企业在中期内按新会计准则的规定，对财务报表项目进行了调整，则上年度比较财务报表项目及其金额应当按照本年度中期财务报表的要求进行重新分类，以确保其与本年度中期财务报表的相应信息相互可比。同时，企业还应当在附注中说明财务报表项目重新分类的原因及内容。如果企业因原始数据收集、整理或者记录等方面的原因，无法对比较财务报表中的有关项目进行重新分类，应当在附注中说明不能进行重新分类的原因。

（2）企业在中期内发生了会计政策变更的，其累积影响数能合理确定且涉及本会计年度以前中期财务报表净损益和其他相关项目数字的，应当予以追溯调整，视同该会计政策在整个会计年度一贯采用；对于比较财务报表可比期间以前的会计政策变更的累积影响数，应当根据规定调整比较财务报表最早期间的期初留存收益，财务报表其他相关项目的数字也应当一并调整。同时，在附注中说明会计政策变更的性质、内容、原因及其影响数；无法追溯调整的，应当说明原因。

（3）对于在本年度中期内发生的调整以前年度损益事项，企业应当调整本年度财务报表相关项目的年初数，同时，中期财务报告中相应的比较财务报表也应当为已经调整以前年度损益后的报表。

9.4　中期财务报告附注

9.4.1　中期财务报告附注的编制要求

中期财务报告附注，是对中期资产负债表、利润表、现金流量表等报表中所列示项目进行的文字描述或明细阐述，以及对未能在这些报表中列示项目的说明等。其目的是使财务报告信息对会计信息使用者的决策更加相关、有用。相对于年度财务报告中的附注而言，中期财务报告中的附注是适当简化的，中期财务报告附注的编制应当遵循重要性原则和成本效益原则。财务报表项目在报告中期作了调整或者修订的，上年度比较财务报表项目有关金额应当按照本年度中期财务报表的要求重新分类，并在附注中说明重新分类的原因及其内容，无法重新分类的，应当在附注中说明不能重新分类的原因。

■ 1）中期财务报告附注应当以年初至本中期末为基础编制

编制中期财务报告的目的是向报告使用者提供自上年度资产负债表日之后所发生的重要交易或者事项，因此，中期财务报告附注应当以“年初至本中期末”为基础进行编制，而不应当仅仅只披露本中期所发生的重要交易或者事项。

【例9-9】SJP公司为一家水果生产和销售企业，需要对外提供季度财务报告。公司水果的收获和销售主要集中在每年的第3季度。该公司在2022年1月1日至9月30日（即年初至第3季度末）累计实现净利润400万元，其中第1季度发生亏损1 400万元，第2季度发生亏损1 200万元，第3季度实现净利润3 000万元。第3季度末的存货（库存水果）为150万元，公司考虑到该批存货已经过了销售旺季，可变现净值已经远低于账面价值，确认了存货跌价损失120万元。

本例中，尽管该批存货跌价损失仅仅占SJP公司第3季度净利润总额的4%，可能并不重要。但是，该项损失占公司1—9月份累计净利润的30%，对于理解SJP公司2022年1—9月份的经营成果而言，却属于重要事项。所以，SJP公司应当在第3季度财务报告附注中披露该事项。在实务工作中，企业还应当综合考虑资产规模、经营特征等因素，对重要性作出较为合理的判断。

■ 2）中期财务报告附注应当对自上年度资产负债表日之后发生的重要交易或者事项进行披露

为了全面反映企业财务状况、经营成果和现金流量，中期财务报告准则规定，中期财务报告附注应当以年初至本中期末为基础编制，披露自上年度资产负债表日之后发生的，有助于理解企业财务状况、经营成果和现金流量变化情况的重要交易或者事项。此外，与理解本中期财务状况、经营成果和现金流量有关的重要交易或者事项，也应当在附注中作相应披露。

【例9-10】HK公司在2022年1月1日至9月30日累计实现净利润3 200万元，其中，第3季度实现净利润80万元，公司在第3季度转回前期计提的坏账准备100万元，第3季度末应收账款余额为800万元。

本例中，尽管该公司第3季度转回的坏账准备仅仅占HK公司1—9月份净利润总额的3.125%（100÷3 200×100%），可能并不重要，但是该项转回金额占第3季度净利润的125%（100÷80×100%），占第3季度末应收账款余额的12.5%，对于理解第3季度（7—9月份）经营成果和第3季度末财务状况而言，属于重要事项，所以，HK公司应当在第3季度财务报告附注中披露该事项。在实务工作中，企业还应当综合考虑资产规模、经营特征等因素，以对重要性作出较为合理的判断。

9.4.2 中期财务报告附注的披露内容

《中期财务报告准则》规定，中期财务报告附注至少应当包括以下信息：

（1）中期财务报告所采用的会计政策与上年度财务报表相一致的声明。企业中期会计政策发生变更的，应当说明会计政策变更的性质、内容、原因及其影响数；无法进行追溯调整的，应当说明原因。

（2）会计估计变更的内容、原因及其影响数；影响数不能确定的，应当说明原因。

（3）前期差错的性质及其更正金额；无法进行追溯重述的，应当说明原因。

（4）企业经营的季节性或者周期性特征。

（5）存在控制关系的关联方发生变化的情况；关联方之间发生交易的，应当披露关联方关系的性质、交易类型和交易要素。

（6）合并财务报表的合并范围发生变化的情况。

（7）对性质特别或者金额异常的财务报表项目的说明。

（8）证券发行、回购和偿还情况。

（9）向所有者分配利润的情况，包括在中期内实施的利润分配和已提出或者已批准但尚未实施的利润分配情况。

（10）根据《企业会计准则第35号——分部报告》规定披露分部报告信息的，应当披露主要报告形式的分部收入与分部利润（亏损）。

（11）中期资产负债表日至中期财务报告批准报出日之间发生的非调整事项。

（12）上年度资产负债表日以后所发生的或有负债和或有资产的变化情况。

（13）企业结构变化情况，包括企业合并，对被投资单位具有重大影响、控制或共同控制关系的长期股权投资的购买或者处置，以及终止经营等。

（14）其他重大交易或者事项，包括重大的长期资产转让及其出售情况、重大的固定资产和无形资产取得情况、重大的研究和开发支出、重大的资产减值损失情况等。

企业在提供上述（5）和（10）有关关联方交易、分部收入与分部利润（亏损）信息时，应当同时提供本中期（或者本中期期末）和本年度初至本中期期末的数据，以及上年度可比中期（或者可比期末）和可比年初至中期期末的比较数据。

此外，在同一会计年度内，如果以前中期财务报告中的某项估计金额在最后一个中期发生了重大变更、而企业又不单独编制该最后中期的财务报告的，企业应当在年度财务报告的附注中披露该项会计估计变更的内容、原因及其影响金额。例如，某公司需要编制季度财务报告，但不需单独编制第4季度财务报告。假设该公司在第4季度里，对第1季度、第2季度或者第3季度财务报表中所采用的会计估计，如固定资产折旧年限、资产减值、预计负债等估计作了重大变更，则需要在其年度财务报告附注中，按照《企业会计准则第28号——会计政策、会计估计变更和差错更正》的规定，披露该项会计估计变更的内容、原因及其影响金额。同样，假如一家公司是需要编制半年度财务报告的企业，但不单独编制下半年财务报告，如果该公司对于上半年财务报告中所采用的会计估计在下半年作了重大变更，应当在其年度财务报告的附注中予以说明。

总结与结论

我国《中期财务报告准则》要求，中期会计要素的确认和计量原则应当与年度财务报表相一致，并采用与年度财务报告相同的会计政策。为了提高财务报告信息的可比性、相关性和有用性，企业在中期末除了编制中期末资产负债表、中期利润表和现金流量表之外，还应当提供前期比较财务报表。如果企业上年度编制合并财务报表的，中期期末应当编制合并财务报表。另外，企业应当在中期财务报告附注中披露中期财务报告准则规定的信息。

关键概念

1.中期：短于一个完整的会计年度的报告期间。

2.中期财务报告：以中期为基础编制的财务报告。中期财务报告包括月度财务报告、季度财务报告、半年度财务报告，也包括年初至本中期末的财务报告。

3.一体观：指视每一中期为年度会计期间的有机组成部分，中期会计估计、成本分配和各应计项目的处理必须考虑到全年发生的情况，年度经营费用需基于年度预测值（如销售量、业务量）进行估计并分配给各个中期的观点。

4.独立观：指视每一中期为一个独立的会计期间，其会计估计、成本分配和各应计项目的处理与年度财务报告的政策相一致的观点。

5.企业经营的季节性：指企业营业收入的取得或者营业成本的发生主要集中在全年度的某一季节或者某段期间内。

6.企业经营的周期性：指企业每隔一个周期就会稳定地取得一定的收入或者发生一定的成本的情况。

7.中期财务报告附注：指对中期资产负债表、利润表、现金流量表等报表中列示项目的文字描述或明细阐述，以及对未能在这些报表中列示项目的说明等。

课程思政

1.编制中期财务报告的目的

对于编制中期财务报告的目的，人们有不同的认识 。一种认识认为，中报的目的与年报一样，是为了提供一个特定期间内企业的财务状况和经营成果，差别不过是缩短了期间，加快了报告的频率。在这种认识下，中期财务报告信息着眼于过去，着重如何真实反映企业过去的财务状况和经营成果，强调的是客观性 、可靠性和反映经济现实 。另外一种认识认为，中期财务报告的目的主要是为报表使用者提供对决策有用的信息，帮助其预测企业年度内未来期间的财务状况和经营成果，因此中期财务报告信息应着眼于未来，着重如何有助于投资者 、债权人对企业的未来作出正确的分析，强调的是相关性和提供预测信息（沈小南，1999）。请结合我国资本市场中期财务报告的实践对这两种不同认识可能对会计人员职业道德产生的影响进行分析评价。

2.存量流量兼顾的短期财务风险综合评估体系

王竹泉等（2020）在《管理世界》发表了《我国实体经济短期金融风险的评价与

研判——存量与流量兼顾的短期财务风险综合评估与预警》一文，该文在对传统短期财务风险分析指标缺陷分析的基础上，重构了存量流量兼顾的短期财务风险综合评估体系，运用新旧两套体系测度了2009年一季度至2019年一季度共41个季度季末起一年内我国非金融A股上市公司短期财务风险水平，并测度了重大突发公共卫生事件对实体经济短期金融风险的冲击。请结合该文的研究对中期财务报告的意义和作用进行分析，并对如何更好发挥会计信息在防范系统性金融风险中的作用进行深入思考。

思考与练习

一、思考题

1.企业编制的中期财务报告至少应当包括哪些部分？

2.中期财务报告的编制原则是什么？

3.企业在中期会计报表附注中至少应当披露哪些内容？

4.编报中期财务报告的理论基础有几种？不同基础对中期财务报告的信息披露有何影响？

5.中期财务报告编制的理论基础有哪些？各国制定的中期财务报告准则倾向于哪种理论？

二、练习题

1.《企业会计准则第32号——中期财务报告》规定，企业在确认、计量和披露各中期会计报表项目时，应当遵循（　　）。

A.重要性原则　　B.历史成本原则

C.明晰性原则　　D.收付实现制原则

2.企业在判断重要性程度时，应当以（　　）为基础。

A.预计的年度财务资料　　B.中期财务资料

C.预计的中期财务资料　　D.上年度的年度财务资料

3.如果企业上年度财务报告中既包括了合并会计报表，又包括了母公司会计报表，但是在报告中期内，企业处置了所有纳入上年度合并会计报表编制范围的子公司，按照准则要求，企业提供的上年度比较会计报表应当包括（　　）。

A.母公司报表和合并报表，除非上年度可比中期报告没提供合并报表

B.母公司会计报表

C.合并会计报表

D.所有子公司个别会计报表

4.对于季节性、周期性或者偶然性取得的收入，其正确处理方法是（　　）。

A.除了在会计年度末允许预计或者递延的之外，企业都应当在发生时予以确认和计量，不应当在中期会计报表中预计或者递延

B.在中期会计报表中允许预计或者递延，在会计年度末再调整

C.在中期会计报表中既可以预计或者递延，也可以在发生时予以确认和计量

D.在中期会计报表中企业不应确认和计量

5.我国上市公司2022年第3季度现金流量表反映的现金流量是（　　）。

A.7—9月的现金流量　　B.1—6月的现金流量
C.1—9月的现金流量　　D.上年7—9月的现金流量

延伸阅读

[1] 崔君平．高级财务会计［M］．北京：清华大学出版社，2015.
[2] 李婧丹．中期财务报告准则的国际比较［J］．商业会计，2009（2）.
[3] 陈玉菁，薛跃．高级财务会计［M］．上海：华东师范大学出版社，2013.
[4] 盛文平，田凤萍．高级财务会计［M］．哈尔滨：哈尔滨工业大学出版社，2013.
[5] 简建辉，杨帆．中期财务报告自愿审计的动机和市场反应分析——基于中国上市公司的经验证据［J］．审计研究，2012（3）.
[6] 李婧丹．中期财务报告准则的国际比较［J］．商业会计，2009（1）.
[7] 李新颖．资本市场对中期财务报告盈余披露反应实证研究［J］．中国注册会计师，2019（3）.

本章教学视频　　本章教学课件　　本章学习指导

第10章

衍生工具会计

高级财务会计

Advanced Financial Accounting

章前准备

一、学习目的与要求

通过本章的学习，了解衍生工具的概念、分类及衍生工具交易的特点，深刻理解衍生工具会计确认和计量的方法，掌握主要衍生工具交易的会计处理原则，并熟练地运用这些原则进行投资、投机和套期保值的有关会计处理。

二、教学重点与难点

本章教学的重点是以CAS No.22、CAS No.24等金融工具会计准则和CAS No.39有关公允价值计量准则为依据，帮助学生理解并掌握衍生工具的类别以及金融工具和衍生工具的定义；充分理解和掌握各种衍生工具公允价值的确定和会计计量方法；充分理解采用套期活动会计的特定条件，三类套期关系的会计处理程序，以及如何应用衍生工具进行套期会计处理；了解衍生工具在财务报告中的披露要求。教学的难点是各种衍生工具公允价值的具体确定和会计计量方法，采用套期活动会计的特定条件及三类套期关系的会计处理程序，如何应用具体衍生工具进行套期会计处理。

三、本章教案设计

本章教案

10.1 衍生工具会计概述

10.1.1 金融工具与衍生工具的定义

■ 1）金融工具的定义

在金融界，金融工具一般被解释为在金融市场的交易中形成的“对其他单位的债权凭证和所有权凭证”[1]。金融工具种类繁多，彼此性质很不相同，但它们在本质上表现出金融交易合同的共性。国际会计准则委员会和美国财务会计准则委员会等会计准则制定机构正是根据这些共性，从会计的角度，分别定义了金融工具和衍生金融工具。

我国《企业会计准则第22号——金融工具确认和计量》（CAS No.22）指出：“金融工具，是指形成一方的金融资产并形成其他方的金融负债或权益工具的合同。”其中，金融资产，是指企业持有的现金、其他方的权益工具以及符合下列条件之一的资产：

（1）从其他方收取现金或其他金融资产的合同权利。

（2）在潜在有利条件下，与其他方交换金融资产或金融负债的合同权利。

（3）将来须用或可用企业自身权益工具进行结算的非衍生工具合同，且企业根据

① 史密斯．金融结构与金融发展［M］．周朔，等译．上海：上海人民出版社，1994.

该合同将收到可变数量的自身权益工具。

（4）将来须用或可用企业自身权益工具进行结算的衍生工具合同，但以固定数量的自身权益工具交换固定金额的现金或其他金融资产的衍生工具合同除外。

金融负债，是指企业符合下列条件之一的负债：

（1）向其他方交付现金或其他金融资产的合同义务。

（2）在潜在不利条件下，与其他方交换金融资产或金融负债的合同义务。

（3）将来须用或可用企业自身权益工具进行结算的非衍生工具合同，且企业根据该合同将交付可变数量的自身权益工具。

（4）将来须用或可用企业自身权益工具进行结算的衍生工具合同，但以固定数量的自身权益工具交换固定金额的现金或其他金融资产的衍生工具合同除外。企业对全部现有同类别非衍生自身权益工具的持有方同比例发行配股权、期权或认股权证，使之有权按比例以固定金额的任何货币换取固定数量的该企业自身权益工具的，该类配股权、期权或认股权证应当分类为权益工具。其中，企业自身权益工具不包括应当按照《企业会计准则第37号——金融工具列报》分类为权益工具的可回售工具或发行方仅在清算时才有义务向另一方按比例交付其净资产的金融工具，也不包括本身就要求在未来收取或交付企业自身权益工具的合同。

我国《企业会计准则第37号——金融工具列报》（CAS No.37）指出：权益工具，是指能证明拥有某个企业在扣除所有负债后的资产中的剩余权益的合同。企业发行的金融工具同时满足下列条件的，符合权益工具的定义，应当将该金融工具分类为权益工具：

（1）该金融工具应当不包括交付现金或其他金融资产给其他方，或在潜在不利条件下与其他方交换金融资产或金融负债的合同义务；

（2）将来须用或可用企业自身权益工具结算该金融工具。如为非衍生工具，该金融工具应当不包括交付可变数量的自身权益工具进行结算的合同义务；如为衍生工具，企业只能通过以固定数量的自身权益工具交换固定金额的现金或其他金融资产结算该金融工具。

金融工具根据其性质可分为基础金融工具和衍生金融工具。基础金融工具是在商品经济社会货币发挥支付手段职能的基础上，伴随信用关系的发展而发展起来的，已被人们所熟识并在运用上具有较悠久的历史。其表现出以下特点：

① 基础金融工具的取得或发生通常伴随着资产的流入或流出；

② 基础金融工具的价值取决于标的物市场的价值。

主要表现为现金、银行存款、银行可转让存单等货币资金，普通股和优先股等股权证券，公司债、金融债券和国库券等债权证券以及应收账款、应收票据、应付账款和应付票据等往来款项。基础金融工具符合会计要素定义，属于传统财务报表的表内项目。

2）衍生金融工具的定义

CAS No.22中指出，衍生工具，是指属于本准则范围并同时具备下列特征的金融工具或其他合同：

（1）其价值随特定利率、金融工具价格、商品价格、汇率、价格指数、费率指数、信用等级、信用指数或其他变量的变动而变动，变量为非金融变量的，该变量不应与合同的任何一方存在特定关系。

（2）不要求初始净投资，或者与对市场因素变化预期有类似反应的其他合同相比，要求较少的初始净投资。

（3）在未来某一日期结算。

常见的衍生金融工具包括远期合同、期货合同、互换合同和期权合同等。

根据CAS No.22对衍生工具的定义，可以看出，衍生金融工具是在基础金融工具的基础上演绎和派生出来的合同。与基础金融工具相比，衍生金融工具具有以下两个突出特征：

其一，衍生性。

衍生金融工具一般是由一个或几个基础金融工具为标的衍生出来的，其价值也是由作为标的的基本金融工具衍生出来的。比如，股票期权就是以股票这个基本工具衍生出来的期权合同。

其二，杠杆性。

由于衍生金融工具不需要或只需要较少的初始净投资，并且一般以净额进行结算，因此，具有基础金融工具无法比拟的杠杆性。这种以小搏大的杠杆效应，一方面使得衍生金融工具具有不断创新的动力，另一方面也使其成为一种风险高和不确定性较大的金融商品。

10.1.2 衍生金融工具的分类

衍生金融工具包括的内容有很多，从不同的角度可以进行不同的分类，其中比较常见的分类方法有四种。

1）根据其据以衍生的基础金融工具分类

根据其据以衍生的基础金融工具的不同，衍生金融工具一般可分为以下三类：

① 股票衍生金融工具，主要包括股票期货、股票期权、股指期货、股指期权以及上述合同的混合合同等。

② 外汇衍生金融工具，主要包括远期外汇合约、外汇期货、外汇期权、货币互换合同等。

③ 利率衍生金融工具，主要包括远期利率协议、利率期货、利率期权、利率互换合同以及上述合同的混合合同等。

2）根据风险与收益的对称性分类

根据交易双方风险与收益的对称性（或交易双方责权的对称性）不同，衍生金融工具一般可分为以下两类：

① 风险和收益对称式衍生金融工具，指交易双方都必须于将来某一日按约定条件交易。属于这类的衍生金融工具主要包括各种远期合同（如远期外汇合约、远期利率协议等）、各种期货（如股票期货、股指期货、货币期货、利率期货等）及互换合

同（如货币互换、利率互换等）。

② 风险和收益不对称式衍生金融工具，指只有合同买方有权利选择是否履行合约的权利。属于这类的衍生金融工具主要包括期权合同（如股票期权、股指期权、货币期权、利率期权等）以及各种期权的变形（如可转换债券、利率上限、利率下限和认股权证等）。

■ 3）根据交易场所进行的分类

根据交易场所的不同，衍生金融工具一般可分为以下两类：

① 场内交易衍生金融工具，也称交易所交易的衍生金融工具，包括期货合约、部分标准化的期权合约等。

② 场外交易衍生金融工具，也称柜台交易的衍生金融工具，包括远期合约、互换合约、大部分期权合约等。

■ 4）根据交易方法与特点进行的分类

根据交易方法与特点的不同，衍生金融工具一般可分为以下四类：

① 金融远期，主要包括远期外汇合约、远期利率协议等。

② 金融期货，主要包括货币期货、利率期货、股指期货等。

③ 金融期权，主要包括股票期权、股指期权、货币期权、利率期权等。

④ 金融互换，主要包括货币互换、利率互换等。

根据交易方法与特点进行的分类是衍生金融工具最基本、最常见的分类，后面将对这类衍生金融工具逐一进行介绍。

衍生金融工具的分类不是一成不变的。随着衍生金融工具日新月异，上述分类的界限正在模糊，由两种、三种甚至更多不同种类的衍生金融工具及其他金融工具经过变化、组合及合成过程创造出再衍生金融工具。而且，世界上一些大的金融机构还能够根据用户的特殊需要设计出相应的衍生金融工具并为之创造市场，这些因素都将影响刚刚确定的衍生金融工具的分类方法。

10.1.3 衍生金融工具的功能与风险

■ 1）衍生金融工具的功能

20世纪70年代，维系全球经济的布雷顿森林货币体系瓦解以后，在很长一段时间内，世界资本市场波动频繁，充满不确定性风险，一时间，银行业被视为“没落行业”。而衍生金融工具的出现，为这一“没落行业”提供了生机。由于衍生金融工具的价值取决于作为标的物的基础金融工具的价值，这就决定了衍生金融工具必然具有规避作为标的物的基础金融工具的固有风险以及利用基础金融工具本身价格的波动来投机套利的两大功能。

（1）规避风险的功能。

衍生金融工具的主要功能是对冲风险，即通过与被避险资产或负债价值变动相反的某些衍生金融工具进行对冲（hedge），对个人和企业提供价格、利率或汇率等方面的保护，以防范标的资产或负债发生负面变动而带来财务上的损失。例如，签订远期外汇合约以规避外币资产或负债因汇率变动而遭受的财务损失。

（2）投机套利的功能。

在衍生金融工具的市场上，衍生金融工具的持有者并非都是套期保值者，有些持有者属于地道的投机者。一般情况下，衍生金融工具市场中套期保值者的头寸并非都能恰好匹配对冲，这为衍生金融工具的投机套利提供了大量的机会。这些投机者并不需要直接拥有标的资产，他们只需预测价格可能的变动方向，并交纳较少的交易保证金，便可以在变动结果与其预测趋势相一致时以小博大，获得高额的投机利润。

衍生金融工具的以上两大功能使其成为一把双刃剑：一方面，作为风险管理的手段，如果使用得当，其可以很好地为企业规避风险，甚至可以为企业赚取高额利润；另一方面，鉴于衍生金融工具本身的不确定性和投机套利功能使得它在某些时候可能成为企业巨大的风险源，如果使用不当，将会使企业倾家荡产。

■　2）衍生金融工具的风险

与衍生金融工具相关的风险主要包括以下几个方面：

（1）市场风险。

市场风险是指标的物价格、利率、汇率或相关权益朝不利方向变动造成财务损失的风险。市场风险包括以下三种类型：

① 货币风险，是指金融工具的价值因市场汇率变化而波动的风险；

② 公允价值利率风险，是指金融工具的价值因市场利率变化而波动的风险；

③ 价格风险，是指金融工具的价值因市场价格变化而波动的风险，不论这种价格变化是由与某一特定工具或其发行者有关的因素所引起，还是由影响市场内交易的所有工具的因素所引起。

市场风险表现的不仅是潜在的损失，也包括潜在的利得。

对于期货和互换业务而言，市场风险是其基础价格或利率变动的风险；对于期权而言，市场风险还受基础价格波动幅度和期权行使期限的影响。而所有市场风险均受市场流动性及全球和地方性的政治、经济事件的影响。

（2）信用风险。

信用风险是指金融工具的一方不能履行义务而导致另一方发生金融损失的风险，此类风险主要发生于场外交易。因为在场内交易中，买卖的交易由清算所经手，清算所既是买方的卖方，又是卖方的买方，加上交易所严密的市场组织体系、健全的保证金制度等，信用风险大为降低。

（3）流动性风险。

流动性风险主要包括两个方面：一是业务量流动风险，指由于市场业务量不足以至于衍生金融工具用户无法平仓的风险；二是资金流动风险，指主体因难以筹集到相应的资金而履行与衍生金融工具相关的承诺或在市场出现逆势时无法按时追加保证金的风险。流动性风险一般出现在新兴的衍生金融工具和场外交易市场。一般而言，场内成熟的衍生交易市场（如期权和期货等）规模较大、参与者多，因而，流动性风险较小。

（4）现金流量利率风险。

现金流量利率风险是指金融工具的未来现金流量因市场利率变化而波动的风险。

例如，就浮动利率债务工具而言，这种波动会引起普通金融工具的实际利率的变化，且其公允价值不发生相应的变化。

（5）操作风险。

操作风险是指因不适当的制度、不良的管理、欺诈或人为的错误造成的财务上可能损失的风险。拥有健全的内部控制制度，保证严格的操作过程，可以减小操作风险。

（6）法律风险。

法律风险是指因法院、立法机关或主管机关的裁决，判定衍生金融工具的买卖或合同无效而造成的财务上损失的风险。为减小法律风险，应该保证由熟悉衍生金融工具的专家参与交易法规条例的制定，并尽力使法律能够跟上衍生交易发展的实际。

我国2017年新修订的《企业会计准则第37号——金融工具列报》（CAS No.37）要求企业应当披露与各类金融工具风险相关的定性和定量信息，以便财务报表使用者评估报告期末金融工具产生的风险的性质和程度，更好地评价企业所面临的风险敞口。相关风险包括信用风险、流动性风险、市场风险等。

10.2 非套期性衍生工具会计

10.2.1 非套期性衍生工具的会计确认与计量

目前，关于以投资或投机为主要目的的非套期性衍生工具确认与计量的会计处理应遵循我国《企业会计准则第22号——金融工具确认和计量》（CAS No.22）。

1）关于衍生金融工具的确认

CAS No.22分别规定了金融资产和金融负债进行初始确认和终止确认的条件。

（1）初始确认的条件。CAS No.22指出，企业成为金融工具合同的一方时，应当确认一项金融资产或金融负债。此条标准，同样适用于衍生金融工具的初始确认。

（2）终止确认的条件。金融资产或金融负债终止确认，是指企业将之前确认的金融资产或金融负债从其资产负债表中予以转出。根据CAS No.22的规定，金融资产满足下列条件之一的，应当终止确认：

① 收取该金融资产现金流量的合同权利终止。

② 该金融资产已转移，且该转移满足《企业会计准则第23号——金融资产转移》关于金融资产终止确认的规定。

金融负债（或其一部分）的现时义务已经解除的，企业应当终止确认该金融负债（或该部分金融负债）。衍生工具终止确认的条件也应以上述条件为准。

2）关于衍生金融工具的计量

CAS No.22对金融资产和金融负债的初始计量及后续计量分别作了规定。

（1）关于初始计量。

金融资产和金融负债应该按照公允价值进行初始计量。对于以公允价值计量且其变动计入当期损益的金融资产和金融负债，相关交易费用应当直接计入当期损益；对于其他类别的金融资产和金融负债，相关交易费用应当计入初始确认金额。交易费用，是指可直接归属于购买、发行或处置金融工具的增量费用。增量费用是指企业没有发生购买、发行或处置相关金融工具的情形就不会发生的费用，包括支付给代理机构、咨询公司、券商、证券交易所、政府有关部门等的手续费、佣金、相关税费以及其他必要支出，不包括债券溢价、折价、融资费用、内部管理成本和持有成本等与交易不直接相关的费用。其中，企业应当根据《企业会计准则第39号——公允价值计量》的规定，确定金融资产和金融负债在初始确认时的公允价值。公允价值通常为相关金融资产或金融负债的交易价格。金融资产或金融负债公允价值与交易价格存在差异的，企业应当区别下列情况进行处理：

① 在初始确认时，金融资产或金融负债的公允价值依据相同资产或负债在活跃市场上的报价或者以仅使用可观察市场数据的估值技术确定的，企业应当将该公允价值与交易价格之间的差额确认为一项利得或损失。

② 在初始确认时，金融资产或金融负债的公允价值以其他方式确定的，企业应当将该公允价值与交易价格之间的差额递延。初始确认后，企业应当根据某一因素在相应会计期间的变动程度将该递延差额确认为相应会计期间的利得或损失。该因素应当仅限于市场参与者对该金融工具定价时将予考虑的因素，包括时间等。

（2）关于后续计量。

金融资产的后续计量与金融资产的类别密切相关，初始确认后，企业应当对不同类别的金融资产，分别以摊余成本、以公允价值计量且其变动计入其他综合收益或以公允价值计量且其变动计入当期损益进行后续计量。依据CAS NO.22第十九条的规定，衍生工具应当将其分类为以公允价值计量且其变动计入当期损益的金融资产，其后续计量应该按照公允价值进行。

同样，金融负债初始确认后，企业应当对不同类别的金融负债，分别以摊余成本、以公允价值计量且其变动计入当期损益或以CAS NO.22第二十一条规定的其他适当方法进行后续计量。依照此规定衍生工具属于以公允价值计量且其变动计入当期损益的金融负债，其后续计量应该按照公允价值进行。

通过以上阐述可以看出，一般而言，当企业成为衍生工具合同的一方（即合同的权利方或义务方）时，该衍生工具应该在合同双方分别被确认为金融资产或金融负债；而当企业失去对该衍生工具的控制权或与该衍生工具相关的负债已经消失或部分消失时，企业应该终止或部分终止对该项衍生工具的确认。衍生工具应该以公允价值进行初始计量和后续计量，与衍生工具相关的初始交易费用以及以后各期因衍生工具公允价值变动而产生的差异应该计入当期损益。

10.2.2　衍生金融工具会计核算涉及的会计科目

依据财政部2018年6月15日发布的《一般企业财务报表格式》中有关资产与负债的列报项目，为核算企业衍生金融工具的公允价值及其变动形成的资产或负债，企业应该设置“衍生金融资产”和“衍生金融负债”科目。当企业取得或形成衍生金融资产时，按其公允价值，借记“衍生金融资产”。在衍生金融资产获取过程中发生的交易费用应该直接记入“投资收益”科目。在资产负债表日，衍生金融资产的公允价值高于账面价值时，借记“衍生金融资产”科目，贷记“公允价值变动损益”科目；反之，则作相反的会计分录。当企业产生衍生金融负债时，按其公允价值，贷记“衍生金融负债”。与衍生金融负债相关的交易费用应该直接记入“投资收益”科目。在资产负债表日，衍生金融负债的公允价值高于账面价值时，贷记“衍生金融负债”科目，借记“公允价值变动损益”科目；反之，则作相反的会计分录。

10.2.3 主要衍生工具及其会计核算

1）金融远期及其会计核算

（1）金融远期及其特点。

金融远期属于远期合约，它产生于20世纪70年代中期，是最早出现的衍生金融工具。金融远期合约是指签约双方同意在未来日期交换某项金融资产的合约形式，其内容包括交换资产、交换日期和交换价格。根据合同双方对条款的不同需要，金融远期合约可基本分为远期外汇合约和远期利率协议。

金融远期合约具有以下特点：

① 灵活性。金融远期合约属于非标准化的场外交易，可以根据交易者的具体要求，经过双方协商决定每份合约的具体交易金额、交割时间和其他交易条件。

② 无须交纳初始保证金。

鉴于金融远期合约的特点使其存在一些不足之处，比如，要寻找交易对手比较困难，并且，即便寻找到交易对手，合同双方也都需要承担一定的信用风险，即交易对手不能履约的风险。

表10-1是中国银行2022年3月30日的人民币远期外汇牌价。商业银行从远期外汇合同赚取的收入一般是买入价与卖出价之间的差价

表10-1　　中国银行人民币远期外汇牌价

日期：2022年3月30日　星期三　　单位：人民币/100外币

		美元	欧元	英镑
七天	买入	633.9741	702.7194	828.2811
	卖出	637.0741	711.0431	837.1113
一个月	买入	634.9375	704.3432	829.2601
	卖出	638.2075	712.9614	838.4335
三个月	买入	636.7375	708.1744	831.3625
	卖出	640.0575	716.8683	840.6387
六个月	买入	639.095	715.0552	835.9402
	卖出	642.415	723.8254	845.3652
九个月	买入	640.345	720.7942	838.2833
	卖出	643.865	729.8192	848.1042
十二个月	买入	641.2655	726.1834	840.5046
	卖出	644.8855	735.3538	850.3453

（2）金融远期的会计核算。

作为投资或投机性的金融远期合约一般根据企业管理金融资产的业务模式和金融资产的合同现金流量特征，将其归类为以公允价值计量且其变动计入当期损益的金融资产或金融负债，然后按照以公允价值计量且其变动计入当期损益的金融资产或金融负债的核算规则进行会计处理，具体而言，签订金融远期合约的企业应当：

① 在其成为合约的一方时进行初始确认；

② 按公允价值进行初始计量和后续计量；

③ 后续计量时发生的公允价值变动损益计入当期损益；

④ 处置时，其公允价值与初始入账金额之间的差额确认为投资收益，并调整公允价值变动损益。

下面我们以远期人民币债券合约为例说明。

【例10-1】甲方2016年9月10日约定5个月后在2017年2月10日以单张101.437元的价格买入110013债券资产5 000万元。具体交易内容如下：

11国债13（代码110013），期限为7年，单张面值100元，票面利率3.01%，起息日为2014年11月25日，到期日为2021年11月25日，每年付息一次。

甲方收到全国银行间同业拆借中心银行间债券远期买方成交通知单，见表10-2。

表10-2 全国银行间同业拆借中心银行间债券远期买方成交通知单

成交日期：2016年9月10日

买入方	甲方		
卖出方	乙方		
债券名称	11国债13	债券代码	110013
远期交易期限（天）	153	远期收益率（%）	2.7107
交易净价（元）	101.437	结算日应计利息（元）	2.284
交易全价（元）	103.721	券面总额（万元）	5 000.00
净价金额（元）	50 718 500.00	结算日应计利息总额（元）	1 142 150.68
结算日	2017年2月10日	全价金额（元）	51 860 650.68
结算方式	券款兑付	手续费（元）	125.00
买入方保证金（券）金额（元）		卖出方保证金（券）金额（元）	
买入方保证券简称		卖出方保证券简称	
保证金（券）提交日期		是否允许变更保证金（券）	

甲方会计分录：

2016年9月10日买入远期债券合约，签订协议只作备忘记录。

2016年9月30日按公允价值计量，公允价值净价为102元。

借：衍生金融资产——远期买入交易　　51 000 000

　贷：公允价值变动损益　　51 000 000

公允价值低于其账面余额的差额作相反的会计分录，公允价值变动情况见表10-3。

表10-3　**公允价值变动情况表（1）**　单位：元

日期	2016年9月10日	2016年9月30日	2016年10月31日	2016年11月30日	2016年12月31日	2017年1月31日
公允价值（净价）	0	102	100	99.2	98	99.4

2016年10月31日按公允价值计量，公允价值净价为100元。

50 000 000×（100-102）÷100=-1 000 000（元）

借：公允价值变动损益　　1 000 000

　贷：衍生金融资产——远期买入交易　　1 000 000

2016年11月30日按公允价值计量，公允价值净价为99.2元。

50 000 000×（99.2-100）÷100=-400 000（元）

借：公允价值变动损益　　400 000

　贷：衍生金融资产——远期买入交易　　400 000

2016年12月31日按公允价值计量，公允价值净价为98元。

50 000 000×（98-99.2）÷100=-600 000（元）

借：公允价值变动损益　　600 000

　贷：衍生金融资产——远期买入交易　　600 000

结转2016年利润。

借：公允价值变动损益　　49 000 000

　贷：本年利润　　49 000 000

2017年1月31日按公允价值计量，公允价值净价为99.4元。

50 000 000×（99.4-98）÷100=700 000（元）

借：衍生金融资产——远期买入交易　　700 000

　贷：公允价值变动损益　　700 000

2017年2月10日发生实际的资金交割和债券过户，买入的债券拟在“债权投资”账户内核算：

借：债权投资——成本　　50 000 000

　　　　——利息调整　　718 500

　应收利息——债券票面利息　　1 142 150.68

　公允价值变动损益　　49 700 000

　贷：银行存款　　51 860 650.68

　　衍生金融资产——远期买入交易　　49 700 000

结转2017年利润：

借：本年利润　　49 000 000

　贷：公允价值变动损益　　49 000 000

乙方2016年9月10日约定5个月后在2017年2月10日以每张101.437元的价格卖出110013债券资产5 000万元。具体交易内容如下：

11国债13（代码110013），期限为7年，单张面值100元，票面利率为3.01%，起息日为2014年11月25日，到期日为2021年11月25日，每年付息一次。

假定拟卖出的远期债券原来归类为“交易性金融资产”，100（单位净价）+1.2（应计利息）=101.20（元），50 000 000+600 000=50 600 000（元），但同时形成了一项衍生金融负债。

乙方收到全国银行间同业拆借中心银行间债券远期卖方成交通知单，见表10-4。

表10-4　**全国银行间同业拆借中心银行间债券远期卖方成交通知单**

成交日期：2016年9月10日

买入方	甲方		
卖出方	乙方		
债券名称	11国债13	债券代码	110013
远期交易期限（天）	153	远期收益率（%）	2.7107
交易净价（元）	101.437	结算日应计利息（元）	2.284
交易全价（元）	103.721	券面总额（万元）	5 000.00
净价金额（元）	50 718 500.00	结算日应计利息总额（元）	1 142 150.68
结算日	2017年2月10日	全价金额（元）	51 860 650.68
结算方式	券款兑付	手续费（元）	125.00
买入方保证金（券）金额（元）		卖出方保证金（券）金额（元）	
买入方保证券简称		卖出方保证券简称	
保证金（券）提交日期		是否允许变更保证金（券）	

2016年9月10日因远期债券合约公允价值为0，不需做会计处理，只在备查簿中记录。

2016年9月30日按公允价值继续计量原属于以公允价值计量且其变动计入当期损益的金融资产，公允价值净价为102元。

102÷100×50 000 000=51 000 000（元）

借：公允价值变动损益　　51 000 000

　贷：衍生金融负债——远期卖出交易　　51 000 000

相关日期的公允价值变动见表10-5。

表10-5　**公允价值变动情况表（2）**　单位：元

日期	2016年9月10日	2016年9月30日	2016年10月31日	2016年11月30日	2016年12月31日	2017年1月31日
公允价值（净价）	100（成本）	102	100	99.2	98	99.4

2016年10月31日按公允价值计量，公允价值净价为100元。

50 000 000×（100−102）÷100=−1 000 000（元）

借：衍生金融负债——远期卖出交易　　1 000 000

　贷：公允价值变动损益　　1 000 000

2016年11月30日按公允价值计量，公允价值净价为99.2元。

50 000 000×（99.2−100）÷100=−400 000（元）

借：衍生金融负债——远期卖出交易　　400 000

　贷：公允价值变动损益　　400 000

2016年12月31日按公允价值计量，公允价值净价为98元。

50 000 000×（98−99.2）÷100=−600 000（元）

借：衍生金融负债——远期卖出交易　　600 000

　贷：公允价值变动损益　　600 000

2017年1月31日按公允价值计量，公允价值净价为99.4元。

50 000 000×（99.4−98）÷100=700 000（元）

借：公允价值变动损益　　700 000

　贷：衍生金融负债——远期卖出交易　　700 000

因乙方卖出的远期债券原来归类为以公允价值计量且其变动计入当期损益的金融资产，乙方以公允价值计量且其变动计入当期损益的金融资产会计分录如下：

2016年9月30日公允价值净价为102元。

50 000 000×（102−100）÷100=1 000 000（元）

借：交易性金融资产——公允价值变动　　1 000 000

　贷：公允价值变动损益　　1 000 000

9月末计提应收利息。

借：应收利息——债券票面利息　　125 416.67

　贷：投资收益　　125 416.67

2016年10月31日公允价值净价为100元。

50 000 000×（100−102）÷100=−1 000 000（元）

借：公允价值变动损益　　1 000 000

　贷：交易性金融资产——公允价值变动　　1 000 000

10月末计提应收利息。

借：应收利息——债券票面利息　　125 416.67

　贷：投资收益　　125 416.67

2016年11月25日收到利息1 505 000元。

借：银行存款　　1 505 000

　贷：应收利息——债券票面利息　　850 833.34

　　　投资收益　　654 166.66

2016年11月30日公允价值净价为99.2元。

50 000 000×（99.2−100）÷100=−400 000（元）

借：公允价值变动损益　　400 000

　贷：交易性金融资产——公允价值变动　　400 000

11月末计提应收利息。

借：应收利息——债券票面利息　　125 416.67

　贷：投资收益　　125 416.67

2016年12月31日公允价值净价为98元。

50 000 000×（98−99.2）÷100=−600 000（元）

借：公允价值变动损益　　600 000

　贷：交易性金融资产——公允价值变动　　600 000

12月末计提应收利息。

借：应收利息——债券票面利息　　125 416.67

　贷：投资收益　　125 416.67

结转2016年利润。

借：投资收益　　1 155 833.34

　　本年利润　　48 844 166.66

　贷：公允价值变动损益——债券　　1 000 000

　　　　　　　　　——衍生金融负债　　49 000 000

2017年1月31日公允价值净价为99.4元。

50 000 000×（99.4−98）÷100=700 000（元）

借：交易性金融资产——公允价值变动　　700 000

　贷：公允价值变动损益　　700 000

1月末计提应收利息。

借：应收利息——债券票面利息　　125 416.67

　贷：投资收益　　125 416.67

2017年2月10日发生实际的资金交割和债券过户，卖出的债券根据其原来在投资中的分类，分别消去账面余额，会计分录如下：

借：银行存款　　51 860 650.68

　　衍生金融负债——远期卖出交易　　49 700 000

　　交易性金融资产——公允价值变动　　300 000

　贷：交易性金融资产——成本　　50 000 000

　　　应收利息——债券票面利息　　376 250.01

　　　投资收益　　51 484 400.67

结转2017年利润。

借：投资收益　　51 609 817.34

　贷：本年利润　　51 609 817.34

总利润=2016年利润+2017年利润

　　=−48 844 166.66+51 609 817.34

　　=2 765 650.68（元）

从上述甲乙双方的远期债券合约的会计处理可以看到：

（1）衍生金融工具基本上是零和博弈，签约一方的损失正好等于另一方的利得。

（2）远期合约的公允价值变动取决于基础资产（债券）的价格变动，当基础资产的价格变动对一方有利时，远期合约就有正的公允价值，因此，远期合约就是这一方的金融资产；反之，则是金融负债。

■ 2）金融期货及其会计核算

（1）金融期货交易的特点。

金融期货交易是买卖双方在有组织的交易所内，以公开竞价的方式达成协议并约定在未来某一特定的时间交割标准数量特定金融工具的交易合约。金融期货最早以外汇期货的形式诞生于1972年美国芝加哥的国际货币市场，它标志着现代金融创新的开始。

金融期货与金融远期都是签订远期交易协议、约定以一定价格到期交割一定数量金融工具的衍生金融工具，但与金融远期相比，却有着自身的特点：

① 金融期货集中在交易所内进行，一般不容许场外交易。交易所为金融期货提供交易场所和必需的设备，同时制定一系列规章、制度，保证市场的规范和秩序，并最大限度地控制期货风险，使参与的交易者可以在有序、公平、集中的市场上平等竞价、买卖合约。

② 金融期货的交易对象是标准化合约。期货合约中交易的金融工具的类别、数量、交割期等细则均有固定档次的不同规格，将这种标准化合约作为一种特定商品进行买卖，双方只需就合约中金融工具的远期交割价格（一般理解为合约价值）达成协议，简化了交易手续，减少了交易成本，使期货交易简单易行。

③ 金融期货实行保证金制度。期货交易者在立仓时必须交纳一定的初始保证金，多为所买卖合约的价值的5%～10%，并需在持仓期间维持一定的履约保证金水平，以其为所买卖的合约提供一种财力保证。

④ 金融期货实行保证金的盯市。每日交易结束后，结算所即对会员的持仓量按当日合约市价进行计算，将每日市价变动引起的盈亏记入保证金账户。当会员保证金账户余额超出维持保证金水平时，会员可将多余的部分提出自用，若账户余额低于维持保证金水平时，会员必须补足。这种盯市不仅发生在结算所与会员之间，也发生在经纪人与客户之间，它给交易者带来一个不断变动的保证金账户和一系列未实现的期货交易盈亏。

⑤ 金融期货最终实际交割比例很小。进入金融期货市场，一般目的不是让渡或取得某项金融工具的使用权或所有权，而是避免价格风险或进行投机，由于期货合约到期前的对冲十分方便，金融期货多以平仓作为交易的结束，而不是交割。

可见，金融期货交易是以立仓、持仓、平仓为过程，以合约保证金为中心，以避险和投机为目的的交易方式。

（2）金融期货的会计核算。

下面，让我们以利率期货为例，说明金融期货的会计核算问题。

【例10-2】假设2021年1月31日乙公司预计期货价格将下跌，卖出美国国债期货合约USD10 000 000，约定价格为USD82，交纳初始保证金USD300 000。2月28日期货价格不但没有降低，反而升高至USD82.5，因此需要追缴保证金USD50 000。3月31日期货价格为USD82。4月15日期货价格为USD81，于是将期货合约平仓，并取回保证金USD350 000。乙公司的决算日是12月31日。

在利率期货合约存续期间，乙公司应作会计分录如下：

2021年1月31日立仓，在经纪公司存入期货交易保证金。

借：衍生金融资产——期货保证金（国债期货合约）　　USD300 000

　贷：银行存款　　USD300 000

2021年2月28日持仓，因期货价格上升确认公允价值变动损失并追加保证金USD50 000。

借：公允价值变动损益　　USD50 000

　贷：衍生金融资产——期货保证金（国债期货合约）　　USD50 000

借：衍生金融资产——期货保证金（国债期货合约）　　USD50 000

　贷：银行存款　　USD50 000

USD（82.5−82）÷100×10 000 000=USD50 000

2021年3月31日持仓，因期货价格下降确认公允价值变动利得USD50 000。

借：衍生金融资产——期货保证金（国债期货合约）　　USD50 000

　贷：公允价值变动损益　　USD50 000

USD（82−82.5）÷100×10 000 000=−USD50 000

2021年4月15日平仓，因期货价格下降确认公允价值变动利得USD100 000，并收回保证金。

借：衍生金融资产——期货保证金（国债期货合约）　　USD100 000

　贷：公允价值变动损益　　USD100 000

USD（81−82）÷100×10 000 000=−USD100 000

借：银行存款　　USD350 000

　贷：衍生金融资产——期货保证金（国债期货合约）　　USD350 000

借：公允价值变动损益　　USD100 000

　贷：投资收益　　USD100 000

3）金融期权及其会计核算

（1）金融期权及特点。

金融期权是指合约双方按约定价格在约定日期内就是否买卖某种金融工具达成的合约，该合约赋予期权购买者在向期权出售者支付一定费用后，获得能在未来某特定时间以某一特定价格向期权出售者买进或卖出一定数量的某种金融商品或金融期货合约的权利。其中，期权的购买者或持有者（holder）称为期权的买方，期权的出售者或发行者（writer）称为期权的卖方。期权的买方有权在未来的一段特定时期内或者一个特定日期按约定的价格向期权的卖方购买或者销售特定数量的某种金融商品；而期权的卖方有义务在未来的一段特定时期内或者一个特定日期，在期权买方的要求下，按约定的价格向期权买方销售或者购买特定数量的某种金融商品；期权的买方在价格发生不利变动的情况下有权不执行上述买卖合约。因此，期权买方的优势在于其拥有的是权利而不是义务，他可以从市场价格和执行价格中选择对他有利的价格，从而将他的损失限制在权利金的范围内；但是，他的收益却是无限的，这取决于市场多大幅度地朝着有利于他的方向变化。但期权卖方的处境则相反，其可能承担的风险是无限的，而可能得到的收益却是有限的。所以，与远期合约、金融期货等衍生金融工具相比，金融期权的最大特点在于其风险与收益的不对称性，所以说，期权交易只是"单刃的剑"。

为了得到期权买方的有利地位，期权买方必须向期权卖方支付一定金额的权利金（premium），作为转嫁风险的报酬，权利金就是期权合约的价格。期权合约的执行价格（exercise price），是指在金融期权交易中，期权合约之标的物（某种金融商品）的约定价格。这一价格一经确定，则在期权有效期内，无论期权之标的物（某种金融商品）的市场价格上涨到什么水平或下跌到什么水平，只要期权购买者要求执行该期权，期权出售者都必须以此协定价格履行其必须履行的义务。

在会计核算中，按期权所赋予的权利不同，将期权分为买方期权（call option，也称为看涨期权）和卖方期权（put option，也称为看跌期权）两种。买方期权是指期权的购买者拥有一种权利，而非义务，在预先规定的时间内以执行价格从期权出售者手中买入一定数量的金融工具。卖方期权则是指期权的购买者拥有在预先规定的时间内，以执行价格向期权出售者卖出规定的金融工具的权利。例如，目前在我国非常流行股票认购权证和认沽权证，认购权证的购买者持有的就是特定股票的买方期权，认沽权证的购买者持有的就是特定股票的卖方期权。无论是买方期权，还是卖方期权，期权的购买者都要为获得买或卖的权利而向期权的出售者支付一定数量的权利金。

期权的公允价值一般需要采用估值技术来确定，须满足 CAS No.39 第十八、十九、二十四、二十七和二十八条的要求。为了提高金融工具信息的有用性，CAS No.39 第四十四条要求在报表附注里披露使用的估值技术、输入值和估值流程的描述性信息。同时披露采用这种估值技术确定的公允价值的本期变动额计入当期损益的数额。无论期权的公允价值是如何确定的，期权的公允价值都可以分为两个组成部分：内在价值和时间价值。

所谓"内在价值"（intrinsic value），是指期权合约本身所具有的价值，也就是期权购买者如果立即执行该期权可获得的收益。例如，一种股票的市场价格为每股60元人民币，而以这种股票为标的物的认股权证（看涨期权）的协定价格为每股50元。如果这一份认股权证（看涨期权）的交易单位为100股该种股票，那么，它的购买者只要执行此期权即可获得1 000元（（60-50）×100）的收益。这1 000元的收益就是这一份认股权证（看涨期权）的内在价值或履约价值。很显然，一种期权有无内在价值以及内在价值的大小，取决于该期权之协定价格与其标的物之市场价格的关系。而根据协定价格与市场价格的关系，我们可把期权分为三种不同的类型：实值期权（价内期权）、虚值期权（价外期权）和平值期权（平价期权）。

所谓"实值"（in-the-money），是指期权的内在价值为正；所谓"虚值"（out-of-the-money），是指期权的内在价值为负；所谓"平值"（at-the-money），是指期权的内在价值为零。所以，对看涨期权（买方期权）而言，市场价格高于协定价格为实值，市场价格低于协定价格为虚值；而对看跌期权（卖方期权）而言，市场价格低于协定价格为实值，市场价格高于协定价格为虚值。若市场价格等于协定价格，则无论看涨期权还是看跌期权均为平值。以股票期权为例，股票期权价值的计算见表10-6。

表10-6　**股票期权价值计算**

	看涨期权（认购权证）	看跌期权（认沽权证）
实值（价内）期权	标的股票市场价格>协定价格	标的股票市场价格<协定价格
平值（平价）期权	标的股票市场价格=协定价格	标的股票市场价格=协定价格
虚值（价外）期权	标的股票市场价格<协定价格	标的股票市场价格>协定价格

看涨期权（认购权证）的内在价值=（基础资产的即期价格-协定价格）×名义数量

看跌期权（认沽权证）的内在价值=（协定价格-基础资产的即期价格）×名义数量

对期权购买者而言，期权合约只赋予他可以行使的权利，而未规定他必须履行的义务。换言之，期权购买者既可执行期权，也可放弃期权。执行期权或放弃期权乃是由期权之协定价格与标的物之市场价格的关系决定的。对期权购买者而言，他之所以执行期权，是因为该期权有内在价值，他通过执行期权将有利可图；相反，他之所以放弃期权，是因为该期权无内在价值，他执行期权将无利可图，甚至反受损失。

内在价值固然是决定期权合约公允价值的主要因素，但不是唯一因素。在现实的期权交易中，各种期权合约通常是以高于内在价值的价格买卖的。尤其是那些平价期权和虚值期权，它们的内在价值显然为零，但在到期之前，它们的市场价格（公允价值）却往往大于零。也就是说，即使是平价期权或虚值期权，它们的出售者也并不因为它们没有内在价值而免费提供给他人。之所以如此，是因为期权合约的价格除了决定于内在价值之外，还决定于时间价值。只要能够计算出期权的内在价值，那么期权合约的公允价值中的剩余部分就是时间价值了。

所谓“时间价值”（time value），也称“外在价值”（extrinsic value），是指期权购买者为购买期权而实际付出的权利金超过该期权合约内在价值的那部分价值。期权购买者之所以乐于支付那部分额外的费用，是因为他希望随着时间的推移和标的物市场价格的变动，该期权的内在价值得以增加，从而使虚值期权或平价期权变为实值期权，或使实值期权的内在价值进一步增加。

与内在价值不同，时间价值通常不易直接计算，它一般是用实际的期权价格（公允价值）减去该期权的内在价值而求得的。例如，某债券的现行价格为105元，而以该债券为标的物、协定价格为100元的看涨期权（买入期权）则以6.5元成交。这样，该看涨期权（买入期权）的内在价值为5元（105-100），时间价值为1.5元（公允价值6.5元-内在价值5元）。

（2）金融期权的会计核算。

金融期权在进行会计处理时，只有当期权合约被指定为有效套期工具时，才有必要将期权的内在价值和时间价值分开核算。其他情况下，期权合约在资产负债表上都是按照整体公允价值报告的，并且整体公允价值的变动应计入当期损益。

我们以美国债券期权合约为例，说明看涨期权合约的会计核算。

【例10-3】A公司于2021年1月3日签订一项购入债券期货150 000美元的3个月的看涨期权合约，并向立权的经纪公司交付3 000美元的权利金。如果不考虑货币时间价值，预期该债券期货将上涨到153 000美元。假设1月31日该债券期货市场价值上涨到155 000美元，相应的期权公允价值将上涨至5 000美元。2月25日，A公司预测债券期货的涨幅已经到了极限，决定按照5 200美元的价格转让此项期权合约，手续费假设为100美元。会计处理如下：

1月3日，初始确认。记录购入期权。

借：衍生金融资产——买入期权	USD3 000	
贷：银行存款		USD3 000

1月31日，后续确认。确认此项期权合约公允价值的变动。

借：衍生金融资产——买入期权	USD2 000	
贷：公允价值变动损益		USD2 000

2月25日，终止确认。转让并终止确认此项期权合约。

借：银行存款	USD5 100	
财务费用	USD 100	
贷：衍生金融资产——买入期权		USD5 000
投资收益		USD 200
借：公允价值变动损益	USD2 000	
贷：投资收益		USD2 000

4）金融互换及其会计核算

（1）金融互换的特点。

金融互换是指两个或两个以上当事人按共同商定的条件，在金融市场上进行不同金融工具的交换，从而在一定时间内发生一系列款项收付的金融交易。用来交换的金融工具可以是不同的货币，即货币互换；也可以是同种货币的不同形式利率，即利率互换。

金融互换产生的原因主要是：

① 回避因利率、汇率变动而可能造成的风险损失；

② 通过利率和货币的互换尽量降低筹资成本。

所以，金融互换被认为是20世纪80年代最重要的金融创新工具。在此我们主要解释利率互换的会计处理。

（2）利率互换及其会计处理。

利率互换（interest swap）是双方在债务币种相同的情况下，互相交换不同形式利率（固定利率和浮动利率）的一种预约业务。因为利率互换是在同一种货币间进行，所以不进行本金互换，而只是在各期互换以不同利率计算的利息差额，即由应付利息多的一方付给另一方利息净差额，故一般采用净额支付的方法来结算。由于没有期初及最后的本金互换，所以利率互换的现金流动只发生在付息日。由于是净额清算，因此现金流动是单向的。

按利率的性质划分，利率互换有固定/浮动利率互换，浮动/浮动利率互换、固定/固定利率互换三种。其中，固定/浮动利率互换是标准型（plain vanilla）利率互换（又被戏称为“香草”交易），其特点是交易一方将其浮动利率债务下的利息支付与对方固定利率债务下的利息支付相交换，两种债务均用同种货币表示。人们之所以会采用利率互换，是为了实现现金的流入和流出更好地相匹配，或为了节约利息成本。由于利率互换属于衍生金融工具，因此，根据我国《企业会计准则第22号——金融工具确认和计量》的规定，应该通过“衍生金融资产”或“衍生金融负债”账户进行核算。利率互换的会计处理是建立在公允价值计量基础上的，因此利率互换的公允价值的确定成为会计处理的首要问题。在利率互换期内，因即期市场利率在不断地变动，所以会计期末应根据当时的即期市场利率评估利率互换的公允价值。对于利率互换合约的某一方来说，利率互换的公允价值就是交易方根据名义本金计算的收入流和支出流的现值之差。用公式表示为：

$$FV_{swap} = \frac{CF_1}{(1 + r_1)^1} + \frac{CF_2}{(1 + r_2)^2} + \cdots + \frac{CF_n}{(1 + r_n)^n} = \sum_{i=1}^{n} \frac{CF_i}{(1 + r_i)^i}$$

其中：FV——互换的公允价值；

CF_i——第i期所对应的利率互换利息结算净额；

r_i——第i期的利率互换利息现金流对应的即期市场利率。

下面我们举例说明利率互换合约的公允价值的确定，即如何对利率互换合约进行会计核算。因互换期限内即期市场利率不停地变动，导致互换合约价值也随之发生变动。为了简化问题，我们假设收益率曲线是水平的，也就是表示未来各期的期望利率等于当前时期的市场利率。水平的收益率曲线意味着：

① 预估的未来各期的净支付等于当前时期的净支付；

② 未来各期的贴现率相同。

【例10-4】2020年1月1日，A公司决定买入“按浮动利率支付，固定利率收入”的利率互换，期限是2年，名义本金额是1 000万美元。在这一互换下，每个日历季度的最后一天，公司会收到银行按固定利率6.5%计算的3个月的固定利息，同时支付按“LIBOR+25个基点”的浮动利率计算的浮动利息。LIBOR在每个日历季度开始日复位。2020年1月1日，LIBOR是6.25%。

在假设收益率曲线水平的情况下，利率在互换期限内的现金流及互换公允价值见表10-7。

表10-7 **A公司在互换期限内的现金流及互换公允价值**

季度末日期	浮动利率：LIBOR+25个基点	固定利率6.5%与浮动利率的差别	下季度收取（支付）的现金	还要支付的季度数	按LIBOR+25贴现的净现值（互换合约公允价值）	利率互换公允价值变动金额
2020年1月1日	6.50%	0	0	8	0	0
2020年3月31日	6.55%	（0.05%）	（USD1 250）	7	（USD8 204）	（USD8 204）

续表

季度末日期	浮动利率：LIBOR+25个基点	固定利率6.5%与浮动利率的差别	下季度收取（支付）的现金	还要支付的季度数	按LIBOR+25贴现的净现值（互换合约公允价值）	利率互换公允价值变动金额
2020年6月30日	6.75%	（0.25%）	（USD6 250）	6	（USD35 381）	（USD27 177）
2020年9月30日	7.00%	（0.50%）	（USD12 500）	5	（USD59 348）	（USD23 967）
2020年12月31日	6.85%	（0.35%）	（USD8 750）	4	（USD33 551）	USD25 797
2021年3月31日	6.70%	（0.20%）	（USD5 000）	3	（USD14 511）	USD19 040
2021年6月30日	6.95%	（0.45%）	（USD11 250）	2	（USD21 926）	（USD7 415）
2021年9月30日	7.15%	（0.65%）	（USD16 250）	1	（USD15 964）	USD5 962
2021年12月31日	NA	NA	0	0	0	USD15 964

在计算利率互换合约的公允价值时，假设现行浮动利率将在剩余的互换期间保持不变，下个利息交换日应收或应付的现金金额也是以后各个利息交换日应收或应付的金额。例如2020年6月30日的LIBOR+25点是6.75%，净支付是6 250美元；假定剩下的5次支付额也均是6 250美元，按6.75%进行年金现值折现计算，即6 250美元×PVIFA（6.75%÷4，6）则此时利率互换价值是35 381美元。

根据表10-7，A公司在互换期间利率互换合约的相关会计处理如下：

2020年1月1日，因互换合约公允价值为0，不作会计分录，只作备忘录。

2020年3月31日，确认利率互换合约公允价值并记录互换损失。

借：公允价值变动损益　　USD8 204

　贷：衍生金融资产——利率互换　　USD8 204

2020年3月31日，根据利率互换合约支付现金。

借：财务费用　　USD1 250

　贷：银行存款　　USD1 250

2020年6月30日，根据利率互换合约支付现金并记录互换合约公允价值变动。

借：财务费用　　USD6 250

　贷：银行存款　　USD6 250

借：公允价值变动损益　　USD27 177

　贷：衍生金融资产——利率互换　　USD27 177

2020年9月30日，根据利率互换合约支付现金并记录互换合约公允价值变动。

借：财务费用　　USD12 500

　贷：银行存款　　USD12 500

借：公允价值变动损益　　USD23 967

　贷：衍生金融资产——利率互换　　USD23 967

2020年12月31日，根据利率互换合约支付现金并记录互换合约公允价值变动。

借：财务费用 USD8 750

贷：银行存款 USD8 750

借：衍生金融资产——利率互换 USD25 797

贷：公允价值变动损益 USD25 797

2021年3月31日，根据利率互换合约支付现金并记录互换合约公允价值变动。

借：财务费用 USD5 000

贷：银行存款 USD5 000

借：衍生金融资产——利率互换 USD19 040

贷：公允价值变动损益 USD19 040

2021年6月30日，根据利率互换合约支付现金并记录互换合约公允价值变动。

借：财务费用 USD11 250

贷：银行存款 USD11 250

借：公允价值变动损益 USD7 415

贷：衍生金融资产——利率互换 USD7 415

2021年9月30日，根据利率互换合约支付现金并记录互换合约公允价值变动，合同到期。

借：财务费用 USD16 250

贷：银行存款 USD16 250

借：衍生金融资产——利率互换 USD5 962

贷：公允价值变动损益 USD5 962

10.3 套期性衍生工具会计

10.3.1 套期的含义

套期（hedge）原意是建立"防护墙"，有规避风险之意。CAS NO.24对套期的解释为：套期，是指企业为管理外汇风险、利率风险、价格风险、信用风险等特定风险引起的风险敞口，指定金融工具为套期工具，以使套期工具的公允价值或现金流量变动，预期抵销被套期项目全部或部分公允价值或现金流量变动的风险管理活动。

套期涉及"套期工具"和"被套期项目"两个要素。

■ 1）套期工具

套期工具，是指企业为进行套期而指定的、其公允价值或现金流量变动预期可抵销被套期项目的公允价值或现金流量变动的金融工具。

（1）符合条件的套期工具。

其具体包括：

① 以公允价值计量且其变动计入当期损益的衍生工具，但签出期权除外。企业

只有在对购入期权（包括嵌入在混合合同中的购入期权）进行套期时，签出期权才可以作为套期工具。嵌入在混合合同中但未分拆的衍生工具不能作为单独的套期工具。

② 以公允价值计量且其变动计入当期损益的非衍生金融资产或非衍生金融负债，但指定为以公允价值计量且其变动计入当期损益且其自身信用风险变动引起的公允价值变动计入其他综合收益的金融负债除外。企业自身权益工具不属于企业的金融资产或金融负债，不能作为套期工具。

③ 对于外汇风险套期，企业可以将非衍生金融资产（选择以公允价值计量且其变动计入其他综合收益的非交易性权益工具投资除外）或非衍生金融负债的外汇风险成分指定为套期工具。

（2）套期工具的指定。

在运用套期会计并确立套期关系时，符合条件的金融工具必须被整体指定为套期工具，但下列情形除外：

① 对于期权，企业可以将期权的内在价值和时间价值分开，只将期权的内在价值变动指定为套期工具。

② 对于远期合同，企业可以将远期合同的远期要素和即期要素分开，只将即期要素的价值变动指定为套期工具。与此类似，企业可以将金融工具的外汇基差单独分拆，只将排除外汇基差后的金融工具指定为套期工具。

③ 企业可以将套期工具的一定比例指定为套期工具，但不可以将套期工具剩余期限内某一时段的公允价值变动部分指定为套期工具。

④ 企业可以将两项或两项以上金融工具（或其一定比例）的组合指定为套期工具（包括组合内的金融工具形成风险头寸相互抵销的情形）。

⑤ 对于一项由签出期权和购入期权组成的期权（如利率上下限期权），或对于两项或两项以上金融工具（或其一定比例）的组合，其在指定日实质上相当于一项净签出期权的，不能将其指定为套期工具。只有在对购入期权（包括嵌入在混合合同中的购入期权）进行套期时，净签出期权才可以作为套期工具。

⑥ 在合并财务报表层面，只有与企业集团之外的对手方签订的合同才能被指定为套期工具。

■ 2）被套期项目

被套期项目，是指使企业面临公允价值或现金流量变动风险，且被指定为被套期对象的、能够可靠计量的项目。

（1）符合条件的被套期项目，可以是：

①已确认资产或负债。

②尚未确认的确定承诺。确定承诺，是指在未来某特定日期或期间，以约定价格交换特定数量资源、具有法律约束力的协议。

③极可能发生的预期交易。预期交易，是指尚未承诺但预期会发生的交易。

④境外经营净投资。

企业可以将上述单个项目、项目组合或其组成部分指定为被套期项目，其中项目组成部分是指小于项目整体公允价值或现金流量变动的部分。

⑤企业可以将符合被套期项目条件的风险敞口与衍生工具组合形成的汇总风险敞口指定为被套期项目。

⑥运用套期会计时，在合并财务报表层面，只有与企业集团之外的对手方之间交易形成的资产、负债、尚未确认的确定承诺或极可能发生的预期交易才能被指定为被套期项目；对于同一企业集团内的主体之间的交易，只在这些主体的个别财务报表层面可以运用套期会计，在企业集团合并财务报表层面不得运用套期会计，但下列情形除外：

一是在合并财务报表层面，符合《企业会计准则第33号——合并财务报表》规定的投资性主体与其以公允价值计量且其变动计入当期损益的子公司之间的交易，可以运用套期会计。

二是企业集团内部交易形成的货币性项目的汇兑收益或损失，不能在合并财务报表中全额抵销的，企业可以在合并财务报表层面将该货币性项目的外汇风险指定为被套期项目。

三是企业集团内部极可能发生的预期交易，按照进行此项交易的主体的记账本位币以外的货币标价，且相关的外汇风险将影响合并损益的，企业可以在合并财务报表层面将该外汇风险指定为被套期项目。

（2）被套期项目的指定。

在套期关系中，企业只能将下列项目组成部分或其组合指定为被套期项目：

① 项目整体公允价值或现金流量变动中仅由某一个或多个特定风险引起的公允价值或现金流量变动部分（风险成分）。根据在特定市场环境下的评估，该风险成分应当能够单独识别并可靠计量。风险成分也包括被套期项目公允价值或现金流量的变动仅高于或仅低于特定价格或其他变量的部分。

② 一项或多项选定的合同现金流量。

③ 项目名义金额的组成部分，即项目整体金额或数量的特定部分，其可以是项目整体的一定比例部分，也可以是项目整体的某一层级部分。若某一层级部分包含提前还款权，且该提前还款权的公允价值受被套期风险变化影响的，企业不得将该层级指定为公允价值套期的被套期项目，但企业在计量被套期项目的公允价值时已包含该提前还款权影响的情况除外。

10.3.2 套期会计的含义与内容

套期会计是指企业将套期工具和被套期项目产生的利得或损失在相同会计期间计入当期损益（或其他综合收益）以反映风险管理活动影响的方法。套期会计的核心是在同一会计期间对称地确认套期工具的利得（或损失）与被套期项目的损失（或利得），反映主体采用金融工具进行风险管理活动对于财务报表的影响。

套期会计的内容包括：

1）运用套期会计的标准

套期工具与被套期项目是一项套期关系的两个组成要素。只有当企业特定的风险管理策略将这两个要素有机地连接起来，才构成一项套期关系。为了减少企业管理当局对套期关系认定进行职业判断时的失误和主观性，我国《企业会计准则第24号——套期会计》（CAS No.24）规定了运用套期会计的标准。

CAS No.24指出，只有同时具备下列所有条件时，才能运用套期会计方法对套期关系进行会计处理：

（1）套期关系仅由符合条件的套期工具和被套期项目组成。

（2）在套期开始时，企业正式指定了套期工具和被套期项目，并准备了关于套期关系和企业从事套期的风险管理策略和风险管理目标的书面文件。该文件至少载明了套期工具、被套期项目、被套期风险的性质以及套期有效性评估方法（包括套期无效部分产生的原因分析以及套期比率确定方法）等内容。

（3）套期关系符合套期有效性要求。

套期有效性，是指套期工具的公允价值或现金流量变动能够抵销被套期风险引起的被套期项目公允价值或现金流量变动的程度。套期工具的公允价值或现金流量变动大于或小于被套期项目的公允价值或现金流量变动的部分为套期无效部分。

■ 2）套期有效性的要求

CAS No.24有关符合套期会计条件的有效性要求包括：

（1）被套期项目和套期工具之间存在经济关系。该经济关系使得套期工具和被套期项目的价值因面临相同的被套期风险而发生方向相反的变动。

关于被套期项目和套期工具之间的经济关系是指由同一基础或被套期风险而引起的套期工具和被套期项目的价值变化预期发生反方向变动。需要主体对套期有效性作前瞻性评估，以评估套期关系未来是否预计仍将有效。

（2）被套期项目和套期工具经济关系产生的价值变动中，信用风险的影响不占主导地位。信用风险主要是违约风险，这个要求意指套期工具应该与被套期项目存在价值变动方向的一致性。具体来说，套期工具的价格应在一定时期内一直高于（或低于）被套期项目，且并不见得受违约风险的影响。

（3）套期关系的套期比率，应当等于企业实际套期的被套期项目数量与对其进行套期的套期工具实际数量之比，但不应当反映被套期项目和套期工具相对权重的失衡，这种失衡会导致套期无效，并可能产生与套期会计目标不一致的会计结果。例如，企业确定拟采用的套期比率是为了创造更多的被套期项目进行公允价值调整以达到增加使用公允价值会计的目的，可能会产生与套期会计目标不一致的会计结果。可用图10-1表示主体运用套期会计的条件。[①]

■ 3）套期有效性的评估方法

企业应当在套期开始日及以后期间持续地对套期关系是否符合套期有效性要求进行前瞻性评估，尤其应当分析在套期剩余期限内预期将影响套期关系的套期无效部分产生的原因。企业至少应当在资产负债表日及相关情形发生重大变化将影响套期有效性要求时对套期关系进行评估。

① 此图参照安永会计师事务所2016年第3期的研究报告《国际财务报告准则第9号——金融工具》（对非金融主体）。

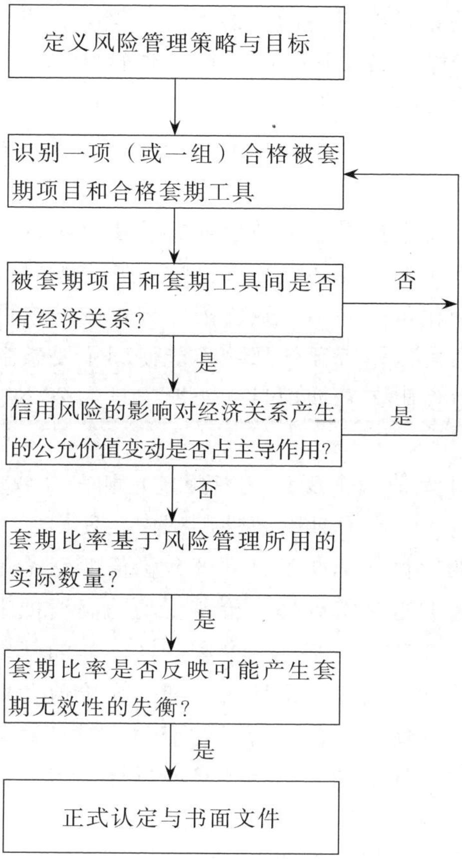

图10-1　主体运用套期会计的条件

按照被套期项目与套期工具的关键条款匹配与否，对套期有效性评价的复杂程度有所不同。常见的评估套期有效性的方法有四种：

① 主要条款比较法；

② 简单情景分析方法；

③ 回归分析法；

④ 蒙特卡罗模拟方法。

其中，主要条款比较法为定性评估方法，其余三种为定量评估方法。

（1）主要条款比较法（critical terms analysis）是评估是否满足经济关系要求的最简单的方法。如果套期工具和被套期项目的主要条款均能准确地匹配，则被套期项目与套期工具之间可能存在较高的抵销程度，则主体可以根据此类主要条款执行的定性评估认定因为同一被套期风险，套期工具和被套期项目的价值总体上呈相反方向变动。因此，被套期项目与套期工具之间存在经济关系。被套期项目和套期工具的主要条款包括：

① 名义金额和本金；

② 到期时间；

③ 基础变量。

当然，不同的套期关系具有不同的主要条款。例如，指定6个月期、名义金额为100万美元的美元看涨期权作为6个月后到期、本金为100万美元的无息应付美元票据的套期工具，就是高度有效的套期。

（2）简单情景分析方法是评估套期关系是否满足经济关系要求的最简单的定量方法。该方法的目的是揭示被套期项目和套期工具在特定情况下公允价值变动的表现。通常需要模拟几个情景，每个情景假定被套期的潜在风险将在一定时期内以特定的方式变动。简单情景分析方法的主要缺点是选择情景的主观性。一旦套期开始，所选择的情景与被套期风险的变化可能并不一致，因此分析的结论可能无法预计套期的实际情况。因此，该方法虽然可以用于评估那些不能使用主要条款比较法的套期关系，但必须明确的是，该方法也仅限于套期项目和套期工具的公允价值变动几乎可以完全抵销的情况。

（3）回归分析是一种评估一个变量（因变量）和一个或多个其他变量（自变量）之间的相关水平的统计技术。在套期有效性测试中，使用回归分析的主要目标是确定归因于特定风险的被套期项目和套期工具的公允价值变动是否在过去高度相关，以此支持未来被套期项目和套期工具将有公允价值变动的高度抵销。回归分析法通常在使用代理套期时（即当被套期项目的基础变量和套期工具的基础变量不同时）应用。

由于套期有效性的目标是比较两个变量，即公允价值套期中被套期项目的被套期风险的公允价值的变动与套期工具公允价值的变动，或自套期开始后被套期项目预计未来现金流量公允价值的累计变动与套期工具的累计利得或损失，因此通常会采用简单的线性回归。

回归分析包括三个主要步骤，如图10-2所示。

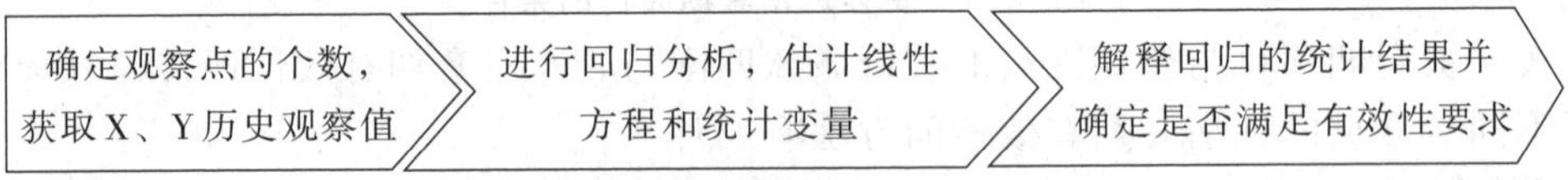

图10-2　回归分析的三个主要步骤

①确定观察点的个数。历史数据可以用于证明套期关系中被套期项目和套期工具之间的相互关系。在回归分析中使用的数据是特定期间一系列配对的观察结果。

在回归分析中，经常面临的决策是如何确定观察点个数。在实务中，并非纳入的历史数据点越多越好。虽然理论上纳入数据集的数据点越多，回归分析的可靠性通常越高。然而，如果从过长的期间取得大量数据点，可能会导致数据集无法代表套期关系。经常使用的观察结果个数至少是30个。虽然在理论上，通常可以假设基础数据的分布是正态分布或接近正态分布，那么，当已经通过必需置信区间的F统计值和t统计值的检验时，使用少于30个的观察结果也可能得出高度有效的套期关系。然而，由于观察结果的数量在整个套期关系期间必须保持不变，因此必须在开始时在套期文件记录中规定该数量。为使在未来报告期通过套期有效性测试的机会最大化，使用至少30个观察结果可能更为安全。

如果主体希望在初始确认套期工具（对于现金流量套期的情况）或初始确认套期工具和被套期项目（对于公允价值套期的情况）时指定套期关系，主体不一定拥有这些特定工具的历史数据。如果在初始确认日期之前合同不存在，或者一项工具虽然存在但由另一方持有因而不能获得过往公允价值数据，那么就会出现这种情况。在这种情况下，主体应考虑使用类似金融工具的数据，或通过假设金融工具在初始确认日期之前已存在并使用过往市场数据计算金融工具的假定公允价值以生成数据点。

②进行回归分析，估计最佳拟合线回归分析使用“最小二乘法”方法拟合通过一组X和Y观测值的线。该技术确定使实际Y观测值和预测的Y值之间的平方差最小化的线的斜率和截距。估计的线性方程通常表示为：

$$Y=\alpha+\beta X+\varepsilon$$

其中：X是由被套期风险引起的套期工具公允价值（或现金流量）的变化；Y是归因于被套期风险的被套期项目的公允价值（或现金流量）的变化；α是截距（其中：线与Y轴交义）；β是线的斜率；ε是随机误差项。

③解释回归的统计结果，并确定回归是否表明被套期项目和套期工具之间存在经济关系，以下统计数据必须达到可接受的水平，以便为被套期项目和套期工具之间存在经济关系提供足够的证据。

在运用线性回归分析确定套期有效性时，套期只有满足以下全部条件才能认为是高度有效的：

① R^2的值应大于或等于0.8。R^2是决定系数，它是相关性系数（或R）的平方。R表明两个变量什么时候线性相关。R值的范围在-1至+1之间。R^2计量了从X得出的Y变动部分（即多少Y的变动可由X的变动所解释）。该值越高，表明Y与X的相关性越高。R^2是一个平方数，因此它总是正数，并且它不能超过1，因为X不能解释超过100%的Y的变动。

② β斜率因素在新修订的CAS NO.24中没有要求。直线的斜率β是Y的变动对比X的变动，上升或下降的值表明对于X的每项变动将导致Y正向或反向的变动。例如，+1的斜率表明对于X发生的每项变动均令Y按正比率增加。在套期关系中，套期用于抵销被套期项目价值的变动，因此，套期关系的回归等式应具有指定范围内的负斜率，且数值应为-1.25～-0.8。因为主体将对被套期项目的敞口进行多头操作，而对套期工具的敞口进行空头操作，反之亦然。此外，“β”代表套期的最佳套期比率，表明需要使用“更多”或“更少”的套期工具以补偿被套期项目的变动。

③ t统计值应达到95%的置信程度。针对X系数的t统计值评估了斜率为零的可能性。斜率为零表明X与Y变量之间不存在关系。

④ F统计值须达到95%的置信程度。F统计值评估了X和Y变量之间不存在线性关系的可能性。为了达到95%的置信程度，F的重要性水平应低于5%。如果F的重要性水平低于5%，那么不存在线性关系的可能性低于5%。

（4）蒙特卡罗模拟方法是一种通过基于风险的概率分布重复估计被套期风险的数百条不同路径来提供多种情景的工具。蒙特卡罗模拟方法可以评估“经济关系”，在大量的潜在被套期风险情景下，测试套期项目和套期工具的公允价值变动。当套期工具的支付高度依赖于套期工具寿命期间的潜在风险的行为时（例如，障碍期权），蒙特卡罗模拟可以非常有效地评估套期效果。

■ 4）符合条件的套期关系的会计处理

当主体满足了运用套期会计的标准时，就须对套期关系进行会计处理。按照CAS NO.24的要求，符合套期关系条件的套期分为三种类型。

（1）公允价值套期。

公允价值套期，是指对已确认资产或负债、尚未执行的确定承诺，或上述项目组成部分的公允价值变动风险敞口进行的套期。该公允价值变动源于特定风险，且将影响企业的损益或其他综合收益。可以指定为公允价值套期的被套期项目包括：已确认资产或负债、尚未确认的确定承诺，或该资产或负债、尚未确认的确定承诺中的可辨认部分。如用远期外汇合约对未确认的外币确定承诺、外币应收（应付）账款的外币风险所作的套期。

（2）现金流量套期。

现金流量套期，是指对现金流量变动风险敞口进行的套期。该现金流量变动源于与已确认资产或负债、极可能发生的预期交易，或与上述项目组成部分有关的特定风险，且将影响企业的损益。

已确认的资产或负债承受的现金流量变动风险与已确认的资产或负债承受的公允价值变动风险不同，前者涉及现金流量，如受浮动利率影响的债权或债务的未来利息收入或利息支付；后者不涉及现金流量，仅仅是价格上的变动，如已入账存货未来的跌价损失。

预期交易可能承受的风险与已确认的资产或负债承受的风险也不相同。前者承受的基本上都是未来现金流量风险；后者承受的多数是未来公允价值变动的风险，少数属于现金流量风险，如浮动利率债券风险。再比如，企业在未来6个月里预计需要消耗100个单位的原材料，目前库存有40个单位，预期采购60个单位。在未来6个月内，原材料的价格存在波动，但库存的40个单位与预期采购的60个单位因价格变动所面临的风险并不一样，其中库存的40个单位的原材料所承受的是公允价值变动风险，而预期采购的60个单位的原材料所承受的是现金流量风险。

（3）境外经营净投资套期。

境外经营净投资套期，是指对境外经营净投资外汇风险敞口进行的套期。境外经营净投资，是指企业在境外经营净资产中的权益份额。

因为境外经营主体往往以所在国的货币为功能货币。例如，A国企业设在B国的经营主体，通常以所在国B币作为实用货币。因此，其期末报送A国的会计报表必须要折算为A币。此时按期末即期汇率进行折合，会产生外汇风险。通常总是资产大于负债，故相抵的结果总为净资产上产生的外汇风险敞口。为了防止这种外汇风险敞口的影响，投资企业常采用借入一笔贷款（非衍生金融工具）或购买一笔远期外汇合约（衍生金融工具）来规避。如果从账面看，境外经营主体的净资产就是投资主体的“长期股权投资”科目的内容，对前者防险，实质上就是对后者防险。

应注意上述一般都是以金融衍生工具为套期工具，而只有上述对汇率变动风险进行套期时，非衍生金融资产或负债才可以被指定为套期工具。此外，对确定承诺的外汇风险进行的套期，企业可以将其作为现金流量套期或公允价值套期处理。

■ 5）套期关系的再平衡

套期关系再平衡，是指对已经存在的套期关系中被套期项目或套期工具的数量进行调整，以使套期比率重新满足套期有效性要求。按照上述套期关系的要求，主体应该对套期关系是否存在高相关性而不断进行评价。若一套期关系不再符合关于套期关系，尤其是数量关系的上述有效性要求，但该指定套期关系的风险管理目标仍保持一致，则主体应调整套期关系的套期比率以使其再次符合套期会计的标准。再平衡作用就是避免套期撤销指定和重新指定的发生，以确保套期关系的延续。

对套期关系进行再平衡的条件是在立即对套期关系进行调整之前，首先确认套期关系调整前的无效套期部分，其次要对在套期剩余期限内预期将影响套期关系无效部分的原因予以分析，最后要相应更新套期关系的书面文件。主体通过增加被套期项目或套期工具数量、减少被套期项目或套期工具数量等方法实现再平衡

■ 6）套期会计的终止运用

主体若发生下列情形之一，即应终止运用套期会计：

① 因风险管理目标发生变化，导致套期关系不再满足风险管理目标。

② 套期工具已到期、被出售、合同终止或已行使。

③ 套期关系不再满足准则所规定的运用套期会计方法的其他条件。

套期会计终止运用的主要情景见表10-8。

表10-8 **套期会计终止运用的主要情景**

引起套期关系终止的情景	套期会计终止运用
风险管理目标发生了变化	完全或部分
被套期项目和套期工具间的经济关联不复存在	完全
信用风险影响主导套期关系的价值变动	完全
作为重新平衡的一部分，被套期项目或套期工具的数量减少	部分
套期工具到期	完全
套期工具（完全或部分）已被出售、终止或已行使	完全或部分
被套期项目（或其一部分）不复存在或预计不会发生	完全或部分

应注意的是在适用套期关系再平衡的情况下，企业应当首先进行套期关系再平衡，然后再对套期关系进行评估。套期关系若满足下列条件，企业就不得撤销套期关系的指定并由此终止套期关系：

① 套期关系仍然满足风险管理目标。

② 套期关系仍然满足准则运用套期会计方法的其他条件。

企业若发生下列情形之一，不作为套期工具到期或合同终止：

① 套期工具展期或被另一套期工具替换，而且该展期或替换是企业书面文件所载明的风险管理目标的组成部分。

② 由于法律法规或其他相关规定的要求，套期工具的原交易对手方变更为一个

或多个清算交易对手方（例如清算机构或其他主体），以最终达成由同一中央交易对手方进行清算的目的。

如果存在套期工具其他变更的，该变更应当仅限于替换交易对手方所必需的变更。

可用图10-3表示套期有效性评估和再平衡的关系。①

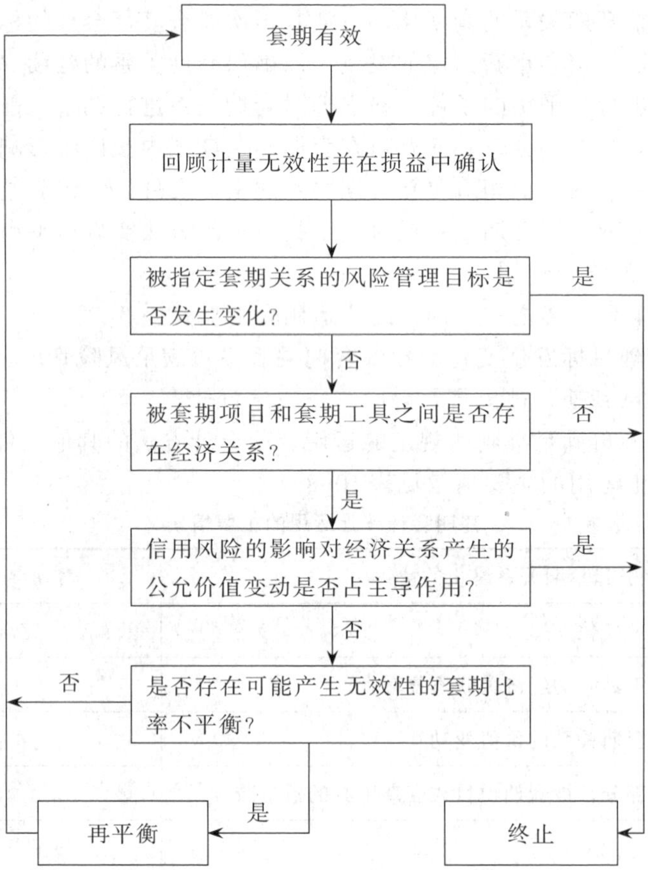

图10-3　套期有效性评估和再平衡的关系

套期会计核算应设置的主要会计科目：

（1）“套期工具”科目，其性质为共同类科目。该科目核算套期工具形成的资产或负债，按照套期工具的种类（期货、期权、远期合约、互换）进行明细核算。

新套期会计准则的国际趋同程度研究

“套期工具”科目余额期末在资产负债表中列报，其中“套期工具”科目所属明细科目期末借方余额合计数在“交易性金融资产”项目中列示，期末贷方余额合计数在“交易性金融负债”项目中列示。

（2）“套期损益”科目，其性质为损益类科目。该科目用以核算公允价值套期下套期工具和被套期项目公允价值变动形成的利得和损失，按套期关系进行明细核算。

① 此图参照安永会计师事务所2016年第3期的研究报告《国际财务报告准则第9号——金融工具》（对非金融主体）。

“套期损益”科目余额期末于利润表中列报，依据“套期损益”科目发生额在“公允价值变动损益”项目中列示。

（3）“被套期项目”科目，其性质为共同类科目，用以核算公允价值套期下被套期项目及其在套期期间公允价值变动形成的资产或负债，并按被套期项目进行明细核算。

“被套期项目”科目余额期末在资产负债表中列报，其中“被套期项目”科目中归属于存货的余额减去相关“存货跌价准备”科目余额后的金额在“存货”项目中列示；若归属于确定承诺的“被套期项目”科目所属明细科目期末借方余额合计数在“其他流动资产”或“其他非流动资产”项目中列示，期末贷方余额合计数在“其他流动负债”或“其他非流动负债”项目中列示。

（4）“其他综合收益——套期储备”科目，其性质为所有者权益类科目。该明细科目核算现金流量套期下套期工具累计公允价值变动中的有效部分，按被套期项目进行明细核算。

“其他综合收益——套期储备”发生额在期末列示于利润表，并在“将重分类进损益的其他综合收益”项目所属的“现金流量套期储备”项目中列示。

（5）“净敞口套期损益”科目，其性质属于损益类科目，核算净敞口套期下被套期项目累计公允价值变动转入当期损益的金额，按被套期项目进行明细核算。

“净敞口套期损益”科目发生额期末在利润表“公允价值变动损益”项目之前和“投资收益”项目之后增设“净敞口套期损益”项目列报，以单独反映构成风险净敞口的被套期项目在影响损益时结转的累计公允价值变动额。

10.3.3　公允价值套期及其会计核算

1）CAS No.24对公允价值套期会计确认的有关规定

公允价值套期满足运用套期会计方法条件的，应当按照下列规定处理：

（1）套期工具产生的利得或损失应当计入当期损益。如果套期工具是对选择以公允价值计量且其变动计入其他综合收益的非交易性权益工具投资（或其组成部分）进行套期的，套期工具产生的利得或损失应当计入其他综合收益。

（2）被套期项目因被套期风险敞口形成的利得或损失应当计入当期损益，同时调整未以公允价值计量的已确认被套期项目的账面价值。被套期项目为以公允价值计量且其变动计入其他综合收益的金融资产（或其组成部分）的，其因被套期风险敞口形成的利得或损失应当计入当期损益，其账面价值已经按公允价值计量，不需要调整；被套期项目为企业选择以公允价值计量且其变动计入其他综合收益的非交易性权益工具投资（或其组成部分）的，其因被套期风险敞口形成的利得或损失应当计入其他综合收益，其账面价值已经按公允价值计量，不需要调整。

被套期项目为尚未确认的确定承诺（或其组成部分）的，其在套期关系指定后因被套期风险引起的公允价值累计变动额应当确认为一项资产或负债，相关的利得或损失应当计入各相关期间损益。当履行确定承诺而取得资产或承担负债时，应当调整该资产或负债的初始确认金额，以包括已确认的被套期项目的公允价值累计变动额。

公允价值套期中，被套期项目为以摊余成本计量的金融工具（或其组成部分）的，企业对被套期项目账面价值所作的调整应当按照开始摊销日重新计算的实际利率进行摊销，并计入当期损益。该摊销可以自调整日开始，但不应当晚于对被套期项目终止进行套期利得和损失调整的时点。被套期项目为以公允价值计量且其变动计入其他综合收益的金融资产（或其组成部分）的，企业应当按照相同的方式对累计已确认的套期利得或损失进行摊销，并计入当期损益，但不调整金融资产（或其组成部分）的账面价值。

■ 2）公允价值套期会计核算

（1）对已确认的资产或者负债进行公允价值套期。

当企业指定一项套期工具对某项已确认资产或负债的公允价值变动风险进行套期，且该项套期满足套期会计的运用条件时，那么，在套期关系存在的期间，套期工具产生的利得或损失应当计入当期损益，已确认资产或者负债因被套期风险敞口形成的利得或损失应当计入当期损益，同时调整未以公允价值计量的已确认资产或者负债的账面价值。现在，让我们以对固定利率债券套期为例，说明对已确认资产或负债的公允价值套期的会计处理。

【例10-5】在2018年7月31日，ABC公司按面值发行一固定利率债券[①]。该债券的主要条款见表10-9。

表10-9 **固定利率债券条款**

发行日期	2018年7月31日
发行方	ABC
发行价	EUR100 000 000
到期日	3年期（2021年7月31日）
名义金额	EUR100 000 000
票面利率	4.94%，按年结息，按30/360计算

虽然市场利率在不断变动，但以固定利率负债的融资主体其应付利息的支付并没有受到利率变化的影响；那么该主体为什么还愿意使利率随行就市呢？通常情况下，一个主体的财务部门不愿意以发行固定利率债券方式获得资金需求，而投资者一般都热衷于固定利率债券的投资。为了解决融资主体的资金需求，财务部门一般迫不得已采用固定利率发行债券，然后再通过利率互换方式最终获得浮动利率的资金支持。

ABC公司认为将所有发行的固定利率新债券转换为浮动利率负债对公司是最适合的套期策略。因此，ABC公司在发行债券的同时与XYZ银行签订了一份“接收固定、支付浮动”的利率互换协议，有关条款见表10-10。

① 此例参照RAMIREZ J .Accounting for Derivatives［M］. 2nd ed.Printed in USA，WILEY，2014.

表10-10　　**利率互换条款**

交易日	2018年7月31日
交易方	ABC与XYZ银行
到期日	3年期（2021年7月31日）
名义金额	EUR100 000 000
初始公允价值	0
期初本金交换	在开始日，ABC收到EUR名义金额，支付USD名义金额
ABC支付	每年按Euribor12m结息，以实际天数/360天为基础
ABC收款	每年按4.34%结息，以30/360天为基础
欧元同业拆借利率	Euribor在年度利息期开始前2天确定

债券与利率互换的套期策略形成的应付与应收利息现金流如图10-4所示。

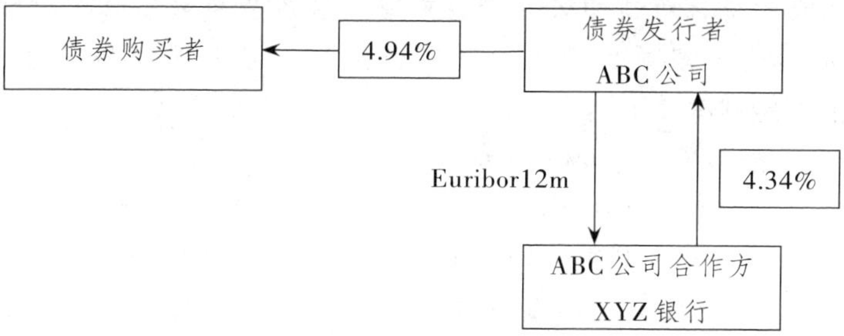

图10-4　债券与利率互换的套期策略形成的应付与应收利息现金流

ABC公司套期文件的内容见表10-11。

表10-11　　**套期关系文件内容**

风险管理目标和进行套期的策略	套期的目的是减少实体发行的固定利率债券的公允价值的变动性。 此套期目标与集团整体利率风险管理策略相一致，该策略将所有新发行的债券的固定利率转换为浮动利率，然后通过固定利率和浮动利率净债务占总债务的比例来管理利率风险敞口。 利率风险为所指定的被套期风险，是因欧元银行间同业拆借利率的变化而导致被套期项目的欧元公允价值变化的风险。 因信用或其他风险而造成的公允价值变动在套期关系中没有被对冲，因此，60个基点的信用价差被排除在套期关系之外
套期类型	公允价值套期
被套期项目	票面利率为4.94%的3年期固定利率债券，编号为678902。由于债券信用息差（60个基点）不包括在套期关系之中，整个套期关系包括1亿元的债券本金和息票利率（4.34%）相关的现金流

续表

套期工具	利率互换，编号014569；该互换的主要条款为名义金额1亿欧元、3年期、按固定利率4.34%收取并以欧元同业拆借利率支付。互换的交易对方是XYZ银行，与此交易方相关的信用风险被认为是非常低的
套期有效性评估	1.套期有效性评估时间：在套期开始时或报告日进行套期有效性的前瞻性评估。 2.套期有效性评估方法：应用情景分析法分析套期工具与被套期项目的经济关系、ABC公司应付债券的信贷利差（0.60%）（即信用风险）变化而引起的被套期债券公允价值变动程度以及套期工具的公允价值能够抵销被套期风险引起的被套期项目公允价值变动的程度。 3.判断是否符合套期有效性要求的条件 （1）套期工具与被套期项目之间应当存在经济关系； （2）信用风险的影响不应主导该经济关系所产生的价值变动； （3）套期比率应当等于企业实际套期的被套期项目数量与对其进行套期的套期工具实际数量之比

在利用利率互换合约对生息金融资产或付息金融负债的利率风险进行套期时，一般是将金融资产或者金融负债的公允价值或者现金流量变动中可归属于某个基准利率变动的部分指定为被套期项目。例如，某企业发行一笔固定利率为8%的债券，那么，可以将这个固定利率表述为：

固定利率=基准利率+信贷差价=6%+2%=8%

基准利率的常见选择是LIBOR（即伦敦银行间利率），但除此之外还有其他可选择的利率，如美国联邦基金利率、Euribor（欧元区同业拆借利率）和Shibor（上海银行间同业拆借利率）。企业的生息金融资产和付息金融负债的利率一般都不会正好等于某个基准利率，造成企业债券利率与基准利率之间的信贷差价原因主要是企业的信用评级，这也是信用风险产生的根源。之所以将被套期风险限定在基准利率引起的利率风险，是因为企业很难找到恰好能够抵销其全部利率风险的互换对手，这是退而求其次的结果，也是套期会计条件所要求的。

2018年7月31日即套期开始日采用情景分析法分析套期工具与被套期项目的套期预期有效性，具体如下：

情景分析法1：Euribor利率上升2%，比较被套期项目与套期工具的公允价值变动比率。具体计算与比较结果见表10-12。

表10-12 **具体计算与比较结果（1）**

情景分析法	套期工具	被套期项目
初始公允价值	0	100 000 000
期末公允价值	（5 302 000）	94 629 000
公允价值累计变动	（5 302 000）	5 371 000
套期抵消比率	5 302 000÷5 371 000×100%=98.7%	

情景分析法2：Euribor利率下降-2%，比较被套期项目与套期工具的公允价值变动比率，具体计算与比较结果见表10-13。

表10-13　　具体计算与比较结果（2）

情景分析法	套期工具	被套期项目
初始公允价值	0	100 000 000
期末公允价值	5 746 000	（105 822 000）
公允价值累计变动	5 746 000	（5 822 000）
套期抵消比率	5 746 000÷5 822 000×100%=98.7%	

①关于被套期项目的公允价值计算。被套期项目的公允价值是通过汇总未来每期支付的固定现金流的现值得出的。因为被套期的风险只是利率风险，所以ABC公司的信贷利差（0.60%）变化而引起的债券公允价值变动不属于被套期项目公允价值的变动部分，即被套期的固定现金流是按基准利率Euribor计算的每年固定利息金额4 340 000欧元，它仅是债券票面利息4 940 000欧元的一部分。具体计算见表10-14至表10-16。

表10-14　　2018年12月31日被套期项目（债券）公允价值

现金流日期	折现系数(1)	预期现金流	现值
2019年7月31日	0.9781	（2 521 000）(2)	（2 466 000）(3)
2020年7月31日	0.9363	（4 340 000）(4)	（4 064 000）
2021年7月31日	0.8920	（104 340 000）(5)	（93 071 000）
公允价值			（99 601 000）

（1）依据市场收益率曲线确定；

（2）100 000 000 ×4.34%×212÷365，212天是从估值日2018年12月31日到2019年7月31日的日历天数；

（3）2 521 000 ×0.9781；

（4）100 000 000 ×4.34%×365÷365；

（5）本金+利息=100 000 000 +4 340 000。

表10-15　　2019年12月31日被套期项目（债券）公允价值

现金流日期	折现系数(1)	预期现金流	现值
2020年7月31日	0.9773	（2 521 000）(2)	（2 464 000）
2021年7月31日	0.9378	（104 340 000）(3)	（97 850 000）
公允价值			（100 314 000）

（1）依据市场收益率曲线确定；

（2）100 000 000 ×4.34%×212÷365，212天是从估值日2019年12月31日到2020年7月31日的日历天数；

（3）本金+利息=100 000 000 +4 340 000。

表10-16　**2020年12月31日被套期项目（债券）公允价值**

现金流日期	折现系数	预期现金流	现值
2021年7月31日	0.9759	（102 521 000）	（100 050 000）
公允价值			（100 050 000）

②关于套期工具公允价值的计算。

有关日期的欧元同业拆借固定利率见表10-17。

表10-17　**有关日期的欧元同业拆借固定利率**

日期	Euribor 12m 固定利率
2018年7月29日	3.70%
2019年7月29日	3.85%
2020年7月29日	4.05%

互换的公允价值是通过对每个预期的未来结算净额的现值与信用估值调整（CVA）来计算。

首先用市场收益率曲线来计算2018年12月31日的互换的公允价值见表10-18。

表10-18　**2018年12月31日套期工具公允价值**

日期	隐含的银行利率	折现系数	预期浮动利率现金流	预期固定利率现金流	结算净额	现值
2019年7月31日	3.70%	0.9781	（2 179 000）(1)	2 521 000 (2)	342 000 (3)	335 000 (4)
2020年7月31日	4.40%	0.9363	（4 461 000）(5)	4 340 000 (6)	（121 000）	（113 000）
2021年7月31日	4.90%	0.8920	（4 968 000）	4 340 000	（628 000）	（560 000）
CVA						4 000
公允价值						（334 000）

（1）100 000 000×3.70%×212÷360，3.7%是2018年7月31日前2个交易日（2018年7月29日）的欧元银行同业拆借利率，212天是估值日到2019年7月31日的日历天数；

（2）100 000 000×4.34%×212÷365，4.34%是互换的固定利率，212天是2018年12月31日到2019年7月31日的日历天数；

（3）（2 179 000）+2 521 000=342 000；

（4）342 000×0.9781；

（5）100 000 000×4.40%×365÷360，4.40%是2019年7月31日前2个交易日（2019年7月29日）的欧元银行同业拆借利率，365天是2019年7月31日到2020年7月31日的日历天数；

（6）100 000 000×4.34%×365÷365，4.34%是互换的固定利率，365天是2019年7月31日到2020年7月31日的日历天数。

然后用市场收益率曲线来计算2019年12月31日的互换的公允价值见表10-19。

表10-19　　**2019年12月31日套期工具公允价值**

日期	隐含的银行利率	折现系数	预期浮动利率现金流	预期固定利率现金流	结算净额	现值
2020年7月31日	3.85%	0.9773	(2 267 000)(1)	2 521 000(2)	254 000	248 000
2021年7月31日	4.15%	0.9378	(4 208 000)	4 340 000	132 000	124 000
CVA						(4 000)
公允价值						368 000

(1) 100 000 000×3.85%×212÷360，3.85%是2019年7月31日前2个交易日（2019年7月29日）的欧元银行同业拆借利率，212天是估值日到2020年7月31日的日历天数；

(2) 100 000 000×4.34%×212÷365，4.34%是互换的固定利率，212天是2019年12月31日到2020年7月31日的日历天数。

最后用市场收益率曲线来计算2020年12月31日的互换的公允价值见表10-20。

表10-20　　**2020年12月31日套期工具公允价值**

日期	隐含的银行利率	折现系数	预期浮动利率现金流	预期固定利率现金流	结算净额	现值
2021年7月31日	4.20%	0.9759	(2 385 000)	2 521 000	136 000	133 000
CVA						(1 000)
公允价值						132 000

③依据前面的计算，将套期工具与被套期项目的公允价值计算结果及其变动额进行归集，见表10-21。

表10-21　　**套期工具与被套期项目的公允价值**

日期	套期工具		被套期项目	
	公允价值期末余额	公允价值变动额	公允价值期末余额	公允价值变动额
2018年7月31日	0	—	(100 000 000)	—
2018年12月31日	(334 000)	(334 000)	(99 601 000)	399 000
2019年12月31日	368 000	702 000	(100 314 000)	(713 000)
2020年12月31日	132 000	(236 000)	(100 050 000)	264 000
2021年7月31日	0	(132 000)	(100 000 000)	50 000

④确定套期工具有效部分与无效部分的金额。

在套期工具公允价值的每个估值日期，套期有效部分应是套期工具与被套期项目的公允价值变动额中的较低者（考虑二者反向特征），而其无效的部分为剩余部分。具体见表10-22。

表10-22　　套期工具有效部分与无效部分的金额

日期	2018年12月31日	2019年12月31日	2020年12月31日	2021年7月31日
套期工具公允价值的变动	(334 000)	702 000	(236 000)	(132 000)
被套期项目公允价值的变动（反向）	399 000	(713 000)	264 000	50 000
前两项的低者	334 000	702 000	236 000	50 000
套期有效部分	(334 000)	702 000	(236 000)	(50 000)
套期无效部分	0	0	0	(82 000)

⑤确定被套期项目的有效部分与无效部分的金额。

与确定套期工具的有效套期与无效套期金额的规定一样，被套期项目在每个估值日期，其套期有效部分也是套期工具与被套期项目的公允价值变动额中的较低者（考虑二者反向特征），其无效的部分则为剩余部分。具体见表10-23。

表10-23　　被套期项目的有效部分与无效部分的金额

日期	2018年12月31日	2019年12月31日	2020年12月31日	2021年7月31日
被套期项目公允价值的变动	399 000	(713 000)	264 000	50 000
套期工具公允价值变动有效部分（反向）	(334 000)	702 000	(236 000)	(50 000)
被套期项目有效部分	334 000	(702 000)	236 000	50 000
被套期项目无效部分	65 000	(11 000)	28 000	0

⑥与应付债券相关的应计利息金额、利率互换的应付/应收利息结算净额见表10-24。

表10-24　与应付债券相关的应计利息金额、利率互换的应付/应收利息结算净额

日期	债券票面应计利息	互换结算净额
2018年12月31日	(2 071 000)[(1)]	272 000[(2)]
2019年7月31日	(2 869 000)[(3)]	377 000[(4)]
2019年12月31日	(2 071 000)	183 000
2020年7月31日	(2 869 000)	254 000
2020年12月31日	(2 071 000)	98 000
2021年7月31日	(2 869 000)	136 000

（1）100 000 000×4.94%×153÷365，153天即7月31日至12月31日的计息天数，4.94%为债券票面利率；

（2）|100 000 000×3.70%×153÷360−100 000 000×4.34%×153÷360|，互换利差结算净额；

（3）100 000 000×4.94%×212÷365，212天即12月31日至7月31日的计息天数，4.94%为票面利率；

（4）|100 000 000×3.70%×212÷360−100 000 000×4.34%×212÷360|，互换利差结算净额。

ABC公司在套期期间应作的会计处理如下：

2018年7月31日：

①记录债券发行。

借：银行存款　　EUR100 000 000

　贷：应付债券　　EUR100 000 000

②记录将债券指定为被套期项目。

借：应付债券　　EUR100 000 000

　贷：被套期项目——应付债券　　EUR100 000 000

③因互换的公允价值为零，所以不需要作会计分录，但应作备忘录，记录企业签订了一项利率互换合同。

2018年12月31日：

①记录支付现金利息。

借：财务费用　　EUR2 071 000

　贷：应付利息　　EUR2 071 000

②记录互换合同结算净额EUR272 000。

借：应收利息　　EUR272 000

　贷：财务费用　　EUR272 000

③记录套期工具的公允价值变动EUR334 000（损失），为套期有效金额，计入套期损益。

借：套期损益　　EUR334 000

　贷：套期工具——利率互换　　EUR334 000

④记录被套期项目的公允价值变动。因债券公允价值的变动额为EUR399 000的利得收益，为了规避风险，其中，EUR334 000的利得收益被认为是有效的，作为利息收入记为套期损益，其余EUR65 000利得被认为是无效的，被记入本年利润。

借：被套期项目——应付债券　　EUR399 000

　贷：套期损益　　EUR334 000

　　　本年利润　　EUR65 000

2019年7月31日：

①记录债券利息费用与应付利息EUR2 869 000。

借：财务费用　　EUR2 869 000

　贷：应付利息　　EUR2 869 000

②记录互换合约结算净额EUR377 000。

借：应收利息　　EUR377 000

　贷：财务费用　　EUR377 000

③记录支付债券应计利息EUR4 940 000。

借：应付利息　　EUR4 940 000

　贷：银行存款　　EUR4 940 000

④收到互换利息结算净额EUR589 000。

借：银行存款　　EUR589 000

　贷：应收利息　　EUR589 000

2019年12月31日：

①债券利息费用与应付利息EUR2 071 000。

借：财务费用　　EUR2 071 000

　贷：应付利息　　EUR2 071 000

②记录互换合约结算净额EUR183 000。

借：应收利息　　EUR183 000

　贷：财务费用　　EUR183 000

③记录套期工具公允价值变动额EUR702 000（利得），为套期有效金额，计入套期损益。

借：套期工具　　EUR702 000

　贷：套期损益　　EUR702 000

④记录被套期债券公允价值的变动额EUR713 000（损失），为了规避风险，其中，EUR702 000的损失被认为是套期有效，作为利息费用被确认为套期损益，额外的EUR11 000的损失被认为是套期无效，被记入本年利润。

借：套期损益　　EUR702 000

　　本年利润　　EUR11 000

　贷：被套期项目——应付债券　　EUR713 000

2020年7月31日：

①记录债券利息费用与应付利息EUR2 869 000。

借：财务费用　　EUR2 869 000

　贷：应付利息　　EUR2 869 000

②记录互换合约结算净额EUR254 000。

借：应收利息　　EUR254 000

　贷：财务费用　　EUR254 000

③记录支付债券应计利息EUR4 940 000。

借：应付利息　　EUR4 940 000

　贷：银行存款　　EUR4 940 000

④收到互换利息结算净额EUR649 000。

借：银行存款　　EUR649 000

　贷：应收利息　　EUR649 000

2020年12月31日：

①记录债券利息费用与应付利息EUR2071 000。

借：财务费用　　EUR2 071 000

　贷：应付利息　　EUR2 071 000

②记录互换合约结算净额EUR98 000。

借：应收利息 EUR98 000

贷：财务费用 EUR98 000

③记录套期工具公允价值变动额EUR236 000（损失），为套期有效金额，计入套期损益。

借：套期损益 EUR236 000

贷：套期工具——利率互换 EUR236 000

④记录被套期债券公允价值的变动额EUR264 000（利得），为了规避风险，其中，EUR236 000的利得被认为套期有效，确认为套期损益，额外的EUR28 000的利得被认为是套期无效，记入本年利润。

借：被套期项目——应付债券 EUR264 000

贷：套期损益 EUR236 000

本年利润 EUR28 000

2021年7月31日：

①记录债券利息费用与应付利息EUR2 869 000。

借：财务费用 EUR2 869 000

贷：应付利息 EUR2 869 000

②记录互换合约结算净额EUR136 000。

借：应收利息 EUR136 000

贷：财务费用 EUR136 000

③记录支付债券应计利息EUR4 940 000与本金EUR100 000 000。

借：应付利息 EUR4 940 000

应付债券——本金 EUR100 000 000

贷：银行存款 EUR104 940 000

④收到互换利息结算净额EUR234 000。

借：银行存款 EUR234 000

贷：应收利息 EUR234 000

⑤记录套期工具公允价值变动额EUR132 000（损失），其中EUR50 000为套期有效金额，记入“套期损益”账户，其余EUR82 000为套期无效金额记入“本年利润”账户。

借：套期损益 EUR50 000

本年利润 EUR82 000

贷：套期工具——利率互换 EUR132 000

⑥记录被套期债券公允价值的变动额EUR50 000（利得），均套期有效，计入套期损益。

借：被套期项目——应付债券 EUR50 000

贷：套期损益 EUR50 000

⑦记录套期关系解除。

借：被套期项目——应付债券 EUR100 000 000

贷：应付债券　　　　EUR100 000 000

关于这个例子，需要注意以下几点：

① 如果符合套期会计方法的所有条件的话，被套期项目由被套期风险引起的公允价值变动就等于套期工具互换合约的公允价值变动额。

② 在每个估值日期，确定套期工具的有效套期与无效套期金额或被套期项目有效套期与无效套期金额，依据套期工具与被套期项目的公允价值变动额中的较低者（考虑二者反向特征）确定，其无效的部分则为剩余部分。

③ 依据市场收益率曲线来计算每个估值日的利率互换合约公允价值。

（2）对确定承诺进行公允价值套期。

所谓确定承诺，是指企业与其他方签订的，在未来的某个特定日期或期间，以约定价格交换特定数量资源的协议，该协议具有法律约束力。《企业会计准则第24号——套期会计》（CAS No.24）要求，被套期项目为尚未确认的确定承诺（或其组成部分）的，其在套期关系指定后因被套期风险引起的公允价值累计变动额应当确认为一项资产或负债，相关的利得或损失应当计入各相关期间损益。当履行确定承诺而取得资产或承担负债时，应当调整该资产或负债的初始确认金额，以包括已确认的被套期项目的公允价值累计变动额。并且CAS No.24允许对确定承诺的外汇风险进行的套期，企业可以将其作为公允价值套期或现金流量套期处理。

现举例说明用远期合约为确定承诺的外汇风险进行公允价值套期。[①]

【例10-6】2017年10月1日，美国公司ABC向德国供应商GEM发出一份购买专用设备的订单，设备将于2018年1月31日交货，并于2018年3月31日支付1 500万欧元的货款。因为订单签订时的即期汇率是0.8美元/欧元，所以ABC公司已安排1 200万美元现金支付2018年3月31日的货款。ABC公司担心在货款支付日前，欧元对美元的比价可能上涨，于是决定按远期价格0.805美元/欧元为2018年3月31日的货款买入1 500万欧元的远期合约，以规避这笔预期支付款的汇率风险。

ABC公司用远期合约为购买承诺进行公允价值套期如图10-5所示．

图10-5　ABC公司用远期合约为购买承诺进行公允价值套期

ABC公司指定这份远期合约为2017年10月1日至2018年1月31日的购买承诺作公允价值套期保值。由于该远期合约锁定了1 207.5万美元（EUR1 500万×US0.805/EUR）的现金流量，所以也可指定为2018年1月31日到2018年3月31日已记录的应付账款作现金流量套期保值。

ABC公司套期文件的内容见表10-25。

① 此例选自特朗布利M A.衍生工具与套期会计［M］. 王莛，译. 上海：立信会计出版社，2009.

表10-25 **套期关系文件**

风险管理目标和进行套期的策略	套期的目标是保护与确定承诺及其应付账款产生的1 500万欧元现金流相等额的美元价值，此目标与实体的整体外汇风险管理策略相一致，旨在降低以外币计价的交易对利润表的影响。 汇率风险为被指定的套期风险，原因是欧元与美元汇率可能上涨的不利变动而导致的应付账款的美元公允价值变动
套期类型	公允价值套期
被套期项目	被套期项目是购买专用设备的订单承诺及其应付账款而形成的现金流，预计将于2018年1月31日完成
套期工具	远期合约的参考编号012545，合约方是XYZ银行，与XYZ银行相关的信用风险被认为非常低。远期合约为买入名义金额1 500万欧元并卖出金额1 207.5万美元，2018年3月31日到期，采用实物结算方式
套期有效性评估	1.套期有效性评估时间：在套期开始时或报告日进行套期有效性的前瞻性评估。 2.套期有效性评估方法：应用主要条款分析法分析套期有效性。 3.判断是否符合套期有效性要求的条件： （1）套期工具与被套期项目之间应当存在经济关系。 由于套期工具（远期合约）的到期日、货币种类及货币金额与被套期项目（购货承诺）的相应条款匹配，所以期望的套期保值将会高度有效。 （2）信用风险的影响不应主导该经济关系所产生的价值变动。 尽管XYZ银行对主体的信用评级产生足够影响，但信用风险的影响并没有主导经济关系带来的价值变动。 （3）套期比率应当等于企业实际套期的被套期项目名义金额与对其进行套期的套期工具实际名义金额之比，套期比率1：1，套期比率没有产生无效的效果

远期合约以及随后的即期汇率和远期汇率报价见表10-26。

表10-26 **即期汇率和远期汇率报价**

日期	美元/欧元的即期汇率	2018年3月31日美元/欧元远期汇率
2017年10月1日	0.800	0.805
2017年12月31日	0.820	0.823
2018年1月31日	0.810	0.812
2018年3月31日	0.830	0.830

假设增量借款成本的年利率为12%（月利率为1%），套期工具在各计量日估算的公允价值见表10-27。

表10-27　　**计量日套期工具的公允价值估算**

远期合约公允价值（美元）	2017年10月1日	2017年12月31日	2018年1月31日	2018年3月31日
2018年3月31日远期汇率（美元/欧元）	0.805	0.823	0.812	0.830
远期合约汇率	0.805	0.805	0.805	0.805
差异	0	0.018	0.007	0.025
估计的结算现金流	0	270 000 (1)	105 000 (3)	375 000 (5)
折现系数 (10)	0.94205	0.97059	0.9803	1
远期合约公允价值	0	262 059 (2)	102 931 (4)	375 000 (6)
远期合约公允价值变动额	—	262 059 (7)	(159 128) (8)	272 069 (9)

（1）\$15 000 000×（0.823−0.805）= \$270 000

（2）\$270 000×0.97059=\$262 059

（3）\$15 000 000×（0.812−0.805）= \$105 000

（4）\$105 000 ×0.9803=\$102 932

（5）\$15 000 000×（0.830−0.805）= \$375 000

（6）\$375 000×1= \$375 000

（7）\$262 059−0=\$262 059

（8）\$102 931−\$262 059=\$（159 128）

（9）\$375 000− \$102 931=\$272 069

（10）折现系数=1÷（1+1%）^{t}，t代表折现日至合约到期日的月数。

被套期项目购买承诺在各计量日估算的公允价值见表10-28。

表10-28　　**计量日被套期项目购买承诺的公允价值估算**

日期	2017年10月1日	2017年12月31日	2018年1月31日
远期汇率（美元/欧元）	0.800	0.820	0.810
差异	0	0.020	0.010
估计的结算现金流	0	300 000 (1)	150 000 (3)
折现系数	$1÷1.01^4$=0.96098	1÷1.01=0.9901	1
被套期项目公允价值	0	297 030 (2)	150 000 (4)
被套期项目公允价值变动额	—	297 030 (5)	(147 030) (6)

（1）\$15 000 000×（0.820−0.800）= \$300 000

（2）\$300 000×0.9901=\$297 030

（3）\$15 000 000×（0.810−0.800）= \$150 000

（4）\$150 000 × 1=\$150 000

（5）$297 030-0=$297 030

（6）$150 000-$297 030=-$147 030

依据前面的计算，将套期工具与被套期项目购买承诺公允价值计算结果及其变动额进行归集，见表10-29和表10-30。

表10-29　　套期工具与被套期项目购买承诺的公允价值

日期	套期工具		被套期项目	
	公允价值期末余额	公允价值变动额	公允价值期末余额	公允价值变动额
2017年10月1日	0	—	0	—
2017年12月31日	262 059	262 059	297 030	297 030
2018年1月31日	102 931	（159 128）	150 000	（147 030）
2018年3月31日	375 000	272 069	—	—

表10-30　　现金流量套期有效部分与无效部分金额

日期	2017年12月31日	2018年1月31日
套期工具公允价值的变动额	262 059	（159 128）
被套期项目公允价值的变动额——购买协议	297 030	（147 030）
前两项的低者	262 059	（147 030）
套期有效部分	262 059	（147 030）
套期无效部分	34 971	（12 098）

具体套期会计处理如下：

2017年10月1日，公司发出购货订单并签订了远期合约，这两笔业务都不要求作会计确认及处理。

2017年12月31日，因欧元汇率上涨，使购买承诺作为负债登记入账，并与其价值变动（依据即期汇率调整）一同确认为收益。按远期汇率反映并调整远期合约价值的变动，其变动额计入收益。

借：套期损益——有效部分　　USD262 059
　　本年利润——无效部分　　USD34 971
　贷：被套期项目——购买承诺　　USD297 030

借：套期工具　　USD262 059
　贷：套期损益　　USD262 059

2018年1月31日的会计处理：

借：被套期项目——购买承诺　　USD147 030
　贷：套期损益——有效部分　　USD147 030

借：套期损益——有效部分　　USD147 030
　　本年利润——无效部分　　USD12 098

贷：套期工具 USD159 128

借：固定资产 USD12 000 000

被套期项目——购买承诺 USD150 000

贷：应付账款 USD12 150 000

2018年3月31日，远期合约为应付账款的现金流量进行套期保值。因而远期合约公允价值变动记入套期储备账户。2018年3月31日，按现行即期汇率反映并调整应付账款的账面价值，应付账款的价值变动确认为收益，编制按结算价调整远期合约价值及将“其他综合收益”账户余额转入收益的会计分录。另外，在2018年3月31日，向德国供应商支付货款并结算远期合约。相关会计处理为：

借：应付账款 USD12 150 000

贷：被套期项目——应付账款 USD12 150 000

借：套期工具 USD272 069

贷：其他综合收益——套期储备 USD272 069

借：其他综合收益——套期储备 USD272 069

本年利润 USD27 931

贷：被套期项目——应付账款 USD300 000

借：被套期项目——应付账款 USD12 450 000

贷：应付账款 USD12 450 000

借：应付账款 USD12 450 000

贷：银行存款 USD12 450 000

借：银行存款 USD375 000

贷：套期工具 USD375 000

ABC公司购买设备所形成的应付账款现金流出量为12 450 000美元，而套期工具远期合约产生的现金流入量为375 000美元，由此可见该套期帮助ABC公司将购买设备的现金流出量锁定在12 075 000美元（EUR15 000 000×US0.805/EUR1），达到预期目的。

10.3.4 现金流量套期及其会计核算

1）CAS No.24对现金流量套期会计核算的有关规定

CAS No.24对现金流量套期会计处理的具体规定是：

（1）套期工具产生的利得或损失中属于套期有效的部分，作为现金流量套期储备，应当计入其他综合收益。现金流量套期储备的金额，应当按照下列两项的绝对额中较低者确定：

① 套期工具自套期开始的累计利得或损失；

② 被套期项目自套期开始的预计未来现金流量现值的累计变动额。

每期计入其他综合收益的现金流量套期储备的金额应当为当期现金流量套期储备的变动额。

（2）套期工具产生的利得或损失中属于套期无效的部分（即扣除计入其他综合收益后的其他利得或损失），应当计入当期损益。

现金流量套期储备的金额，应当按照下列规定处理：

（1）被套期项目为预期交易，且该预期交易使企业随后确认一项非金融资产或非金融负债的，或者非金融资产或非金融负债的预期交易形成一项适用于公允价值套期会计的确定承诺时，企业应当将原在其他综合收益中确认的现金流量套期储备金额转出，计入该资产或负债的初始确认金额。

（2）对于不属于预期交易的现金流量套期，企业应当在被套期的预期现金流量影响损益的相同期间，将原在其他综合收益中确认的现金流量套期储备金额转出，计入当期损益。

（3）如果在其他综合收益中确认的现金流量套期储备金额是一项损失，且该损失全部或部分预计在未来会计期间不能弥补的，企业应当在预计不能弥补时，将预计不能弥补的部分从其他综合收益中转出，计入当期损益。

当企业对现金流量套期终止运用套期会计时，在其他综合收益中确认的累计现金流量套期储备金额，应当按照下列规定进行处理：

（1）被套期的未来现金流量预期仍然会发生的，累计现金流量套期储备的金额应当予以保留，并按照前述现金流量套期储备的金额规定进行会计处理。

（2）被套期的未来现金流量预期不再发生的，累计现金流量套期储备的金额应当从其他综合收益中转出，计入当期损益。被套期的未来现金流量预期不再极可能发生但可能预期仍然会发生，在预期仍然会发生的情况下，累计现金流量套期储备的金额应当予以保留，须按照前述现金流量套期储备的金额规定进行会计处理。

■　2）现金流量套期会计核算例解

（1）对未来预期交易的现金流量套期。

预期交易是尚未承诺却必须是“很可能发生（highly probable）”的事项。如企业预计的销售和商品采购等。对“很可能发生”的判断必须基于一些可观察的事实以及随后的情况，而不能仅仅依据管理层的意图，因为意图是无法验证的。所谓可观察的事实包括：[①]

① 过去是否经常发生类似的交易；

② 企业完成该交易的财务能力及经营能力；

③ 为了一个特定的活动投入了大量的资源（例如，在短期内就可以投入使用的制造设施，该设施仅能用于加工特定的商品）；

④ 如果交易并未发生，企业将遭受多大程度的损失或者企业经营将遭到多大程度的破坏；

⑤ 利用在特征上存在很大差异的其他交易达到相同的商业目的的可能性有多大（例如，如果一个主体打算筹集现金，它可以有几个途径，包括向银行借入短期贷款

① IASB. Guidance on implementing International Accounting Standard 39—Financial instruments: recognition and measurement [S]. F.3.7 Hedge accounting: forecast transaction, 2007.

和发行普通股等）；

⑥ 企业的商业计划。

因预期交易不同于确定承诺，确定承诺是未执行合约，但具有法律约束力，其履约可能性相当大；而预期交易虽然也是未发生的事项，但没有确保其将来实际发生的法律保障手段，并不产生义务或享有权利，没有像确定承诺交易中对交易进行价值调整的基础，所以在会计处理时仅考虑套期工具的价值变化。由于预期交易与确定承诺产生的风险敞口不同，因此其适用现金流量套期。具体的做法是将套期工具在套期期间的利得或损失分为有效套期和无效套期两部分，有效套期部分作为现金流量套期储备，应当计入其他综合收益；无效套期部分（即扣除计入其他综合收益后的其他利得或损失），应当计入当期损益；当预期交易实现后，且该预期交易使企业随后确认一项非金融资产或非金融负债的，或者非金融资产或非金融负债的预期交易形成一项适用于公允价值套期会计的确定承诺时，企业应当将原在其他综合收益中确认的现金流量套期储备金额转出，计入该资产或负债的初始确认金额。

下面，我们将以对外币预期交易[①]的套期为例，说明现金流量套期的会计处理。

【例 10-7】假如出口商 ABC 为欧洲的公司，其功能货币为欧元，在 2017 年 10 月 1 日打算将 1 亿美元商品卖给美国客户并以美元结算应收账款。该销售预计于 2018 年 3 月 31 日发生，其后续应收账款在 2018 年 6 月 30 日以美元结算。

由于该销售使出口商面临未来 1 亿美元的应收收入未被兑换成欧元之前，可能遭遇美元相对于欧元发生贬值的风险。ABC 公司为对冲其对欧元/美元汇率的风险敞口，在 2017 年 10 月 1 日签订一份外汇远期合约，具体条款见表 10-31。

表 10-31　　**外汇远期合约**

开始日	2017 年 10 月 1 日
合约方	ABC 公司和 XYZ 银行
到期日	2018 年 6 月 30 日
ABC 卖出货币额	USD100 000 000
ABC 买入货币额	EUR80 000 000
远期汇率	1.25
结算方式	实物交割

为该预期交易进行套期的时间安排如图 10-6 所示。

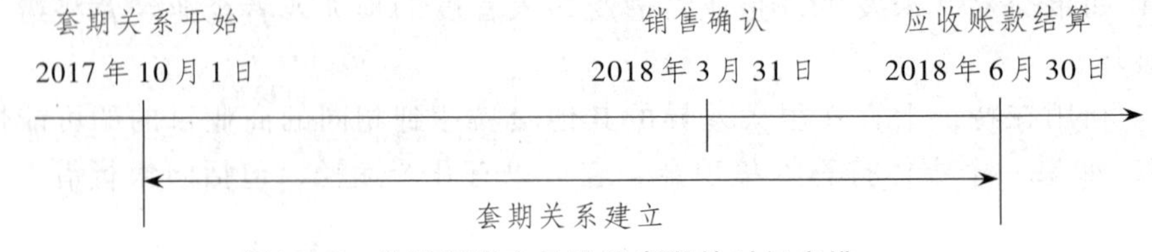

图 10-6　为该预期交易进行套期的时间安排

① 此例参照 RAMIREZ J.Accounting for Derivatives［M］. 2nd ed.Printed in USA，WILEY，2014.

由于被套期项目为预期交易，没有具体数值来代表被套期项目的价值变动。为了评价套期的有效性，FASB与IASB采用了“虚拟衍生工具”概念来代表被套期项目。“虚拟衍生工具”是一份想象的合约，该合约创造出假定的现金流，该现金流的变化方向恰好与套期工具现金流变化的方向相反，进行被套期项目价值变动与套期工具的公允价值变动的对比，来评估套期效果。

本案例中，虚拟衍生工具和套期工具的期限是一致的，从而提高了套期的效果。虚拟衍生工具的条款见表10-32。

表10-32　**虚拟衍生工具**

开始日	2017年10月1日
合约方	ABC公司和信用风险交易对手
到期日	2018年6月30日
ABC卖出货币额	USD100 000 000
ABC买入货币额	EUR79 872 000
远期汇率	1.2520*
初始公允价值	0

*虚拟衍生工具远期汇率1.2520与套期工具远期汇率1.25的差异是信贷估值调整（CVA）引起的。

ABC公司制定套期关系文件见表10-33。

表10-33　**套期关系文件**

风险管理目标和进行套期的策略	套期的目标是保护与预期销售及其应收账款产生的1亿美元现金流等额的欧元价值，此目标与实体的整体外汇风险管理策略相一致，旨在降低以外币计价的交易对利润表的影响。 汇率风险为被指定的套期风险，原因是欧元与美元汇率的不利变动而导致的高预期销售和应收账款的欧元公允价值变动
套期类型	现金流量套期
被套期项目	被套期项目是预期1亿美元的商品销售及其应收账款而形成的现金流，预计将于2018年6月30日完成。因为交易谈判已经完成，而类似预期销售的潜在买家在过去也曾发生此规模的交易，故此次交易极其可能发生
套期工具	远期合约的参考编号为012545，合约方是XYZ银行，与XYZ银行相关的信用风险被认为非常低。远期合约为卖出名义金额1亿美元并买入名义金额8 000万欧元，2018年6月30日到期，采用实物结算方式

续表

套期有效性评估	1.套期有效性评估时间：在套期开始时或报告日进行套期有效性的前瞻性评估。 2.套期有效性评估方法：应用情景分析法分析套期工具与被套期项目（虚拟衍生工具）的经济关系。 3.判断是否符合套期有效性要求的条件： （1）套期工具与被套期项目之间应当存在经济关系。 基于定量分析，ABC公司认为被套期项目的公允价值变化将会大大抵消套期工具的公允价值变化，证实这两个要素的值通常会向相反的方向移动。 （2）信用风险的影响不应主导该经济关系所产生的价值变动。 尽管XYZ银行对主体的信用评级产生足够影响，但信用风险的影响并没有主导经济关系带来的价值变动。 （3）套期比率应当等于企业实际套期的被套期项目数量与对其进行套期的套期工具实际数量之比。 套期比率1∶1，反映主体的被套期项目数量与套期工具数量相同，套期比率没有产生无效的效果

套期开始时，采用情景分析法进行套期有效性的评价，具体见表10-34。

表10-34　**套期有效性**

	套期工具	虚拟衍生工具
USD名义金额	100 000 000	100 000 000
远期汇率	1.25	1.2520
EUR名义金额	80 000 000	79 872 000
USD名义金额	100 000 000	100 000 000
2018年6月30日即期汇率	1.3585	1.3585
EUR等值金额	73 611 000	73 611 000
EUR名义金额与等值的差	6 389 000	6 261 000
折现系数	1.00	1.00
公允价值	6 389 000	6 261 000
套期抵消比率	6 389 000÷6 261 000×100%=102%	

对套期工具与替代被套期项目的虚拟衍生工具进行公允估值：

①有关日期的即期汇率和远期汇率见表10-35。

表10-35　**有关日期的即期汇率和远期汇率**

日期	即期汇率	远期汇率（*）2018年6月30日	折现系数 2018年6月30日
2017年10月1日	1.2350	1.2520	0.9804
2017年12月31日	1.2700	1.2800	0.9839
2018年3月31日	1.2950	1.3000	0.9901
2018年6月30日	1.3200	1.3200	1.0000

*无信用风险的远期汇率。

在进行套期会计处理时，其作为远期外汇合约以公允价值记录，远期外汇合约的公允价值是依据外币货币性项目预计未来现金流量和合约开始日远期汇率变化引起的未来现金流量折现计算确定，其计算公式是：

$$远期外汇合约公允价值绝对值=\frac{\left|现行远期汇率-协议约定汇率\right|\times 名义数量}{(1+i)^t}$$

其中，i代表折现率，t代表至到期日的剩余期数。

②套期工具的公允价值计算见表10-36。

表10-36　**套期工具的公允价值**

	2017年10月1日	2017年12月31日	2018年3月31日	2018年6月30日
EUR名义金额	80 000 000	80 000 000	80 000 000	80 000 000
USD名义金额	100 000 000	100 000 000	100 000 000	100 000 000
远期汇率（2018年6月30日）	/1.2520	/1.2800	/1.3000	/1.3200
EUR等值	79 872 000	78 125 000	76 923 000	75 758 000
EUR名义金额与等值的差	128 000	1 875 000	3 077 000	4 242 000
折现系数	×0.9804	×0.9839	×0.9901	×1.0000
无信用风险的公允价值	125 000	1 845 000	3 047 000	4 242 000
CVA（信用估值调整）(1)	（125 000）	（3 000）	（1 000）	0
公允价值期末余额(2)	0	1 842 000	3 046 000	4 242 000
公允价值本期变动额	—	1 842 000	1 204 000	1 196 000

（1）由XYZ银行提供ABC公司的CVA评估值。

（2）无信用风险公允价值+CVA

③虚拟衍生工具的公允价值计算见表10-37。

表10-37　**虚拟衍生工具的公允价值**

	2017年10月1日	2017年12月31日	2018年3月31日	2018年6月30日
EUR名义金额	79 872 000	79 872 000	79 872 000	79 872 000
USD名义金额	100 000 000	100 000 000	100 000 000	100 000 000
远期汇率（2018年6月30日）	/1.2520	/1.2800	/1.3000	/1.3200
EUR等值	79 872 000	78 125 000	76 923 000	75 758 000
EUR名义金额与等值的差	0	1 747 000	2 949 000	4 114 000
折现系数	×0.9804	×0.9839	×0.9901	×1.0000
公允价值期末余额	0	1 719 000	2 920 000	4 114 000
公允价值累计变动	0	1 719 000	2 920 000	4 114 000

④套期工具公允价值变动有效部分与无效部分计算见表10-38。

表10-38　**套期工具公允价值变动有效部分与无效部分金额**　单位：欧元

	2017年12月31日	2018年3月31日	2018年6月30日
套期工具公允价值的累计变动	1 842 000	3 046 000	4 242 000
虚拟衍生工具公允价值的累计变动	1 719 000	2 920 000	4 114 000
前两项的低者	1 719 000	2 920 000 (1)	4 114 000
前期有效金额的累计	0	1 719 000 (2)	2 920 000
可利用金额	1 719 000	1 201 000 (3)	1 194 000
套期工具公允价值的变动额	1 842 000	1 204 000 (4)	1 196 000
有效部分	1 719 000	1 201 000 (5)	1 194 000
无效部分	123 000	3 000 (6)	2 000

（1）3 046 000与2 920 000的低者；

（2）前期有效金额的累计；

（3）2 920 000-1 719 000；

（4）套期工具公允价值期末余额与套期工具公允价值期初余额的差额；

（5）可利用金额与套期工具公允价值变动额相比取低者；

（6）套期工具公允价值变动额-有效部分=无效部分

ABC公司在套期期间应作的会计处理如下：

2017年10月1日：

因远期外汇合约公允价值为零，无须作会计分录，只作备忘登记。

2017年12月31日：

记录套期工具公允价值变动，其中有效套期部分为EUR1 719 000，记入“其他综合收益——套期储备”账户；无效套期部分为EUR123 000，记入“本年利润”账户。

借：套期工具　EUR1 842 000

　贷：其他综合收益——套期储备　EUR1 719 000

　　　本年利润　EUR123 000

2018年3月31日：

①记录发生商品销售同时确认销售成本。

借：应收账款——USD　EUR77 220 000

　贷：主营业务收入　EUR77 220 000

借：主营业务成本　EUR68 000 000

　贷：库存商品　EUR68 000 000

②记录套期工具公允价值变动，其中有效套期部分为EUR1 201 000，记入“其他综合收益——套期储备”账户；无效套期部分为EUR3 000，记入“本年利润”账户。

借：套期工具　　EUR1 204 000
　贷：其他综合收益——套期储备　　EUR1 201 000
　　本年利润　　EUR3 000

③记录将“其他综合收益——套期储备”转入当期损益EUR2 920 000。依据CAS NO.24的要求，被套期的未来现金流量预期不再发生的，累计现金流量套期储备的金额应当从其他综合收益中转出，计入当期损益。

借：其他综合收益——套期储备　　EUR2 920 000
　贷：本年利润　　EUR2 920 000

2018年6月30日：

①调整应收账款账面价值。

借：财务费用——汇兑损益　　EUR1 462 000
　贷：应收账款　　EUR1 462 000

②记录套期工具公允价值变动，其中有效套期部分为EUR1 194 000，记入“其他综合收益——套期储备”账户；无效套期部分为EUR2 000，记入“本年利润”账户。

借：套期工具　　EUR1 196 000
　贷：其他综合收益——套期储备　　EUR1 194 000
　　本年利润　　EUR2 000

③依据CAS NO.24的要求，被套期的未来现金流量预期不再发生的，累计现金流量套期储备的金额应当从其他综合收益中转出，计入当期损益。将“其他综合收益——套期储备”转入当期损益：

借：其他综合收益——套期储备　　EUR1 194 000
　贷：本年利润　　EUR1 194 000

④记录收到美元应收账款 。

借：现金——USD　　EUR75 758 000
　贷：应收账款　　EUR75 758 000

⑤套期工具净额结算。

借：现金——EUR　　EUR80 000 000
　贷：现金——USD　　EUR75 758 000
　　套期工具　　4 242 000

表10-39简要地列出全部会计分录，但不包括有关商品销售成本的分录，显示通过远期合同将应收账款的现金流入量锁定为EUR 80 000 000。

表10-39　　**会计分录**　　单位：欧元

	现金	套期工具	应收账款	其他综合收益	本年利润
2017年10月1日					
签订远期合约	0	0			
2017年12月31日					
远期期末估值		1 842 000		1 719 000	123 000
2018年3月31日					
远期期末估值		1 204 000		1 201 000	3 000
其他综合收益转出				(2 920 000)	2 920 000
商品销售收入			77 220 000		77 220 000
2018年6月30日					
远期期末估值		1 196 000		1 194 000	2 000
其他综合收益转出				(1 194 000)	1 194 000
远期合约结算	80 000 000 (75 758 000)	(4 242 000)			
应收账款账面调整			(1 462 000)		(1 462 000)
应收账款结算	75 758 000		(75 758 000)		
合计	80 000 000	0	0	0	80 000 000

（2）对浮动利率金融负债的现金流量套期。

因没有浮动利率生息资产，对于已发行浮动利率债券的企业来说，因担心市场利率的不利变化而增加应付利息的现金流出量，则可购买“按固定利率支付、浮动利率收入”的利率互换合约，把浮动利率负债转换为固定利率负债，从而可以规避浮动利率所带来的现金流出量不确定性风险。

【例10-8】在2018年1月1日，ABC公司准备在7月15日发行浮动利率债券。该债券的主要条款见表10-40。

表10-40　　**浮动利率债券条款**

发行日期	2018年7月15日
发行方	ABC
发行价	EUR100 000 000
到期日	3年期（2021年7月15日）
名义金额	EUR100 000 000
票面利率	Euribor12m+信贷价差，按年结息，实际按360天计算，信贷价差为100bp

ABC公司因遭受12个月的欧元区银行同业拆借利率上行走势的影响，使自己的信贷价差增大。公司计划用3年期“支付固定利率、收到浮动利率”的利率互换，将浮动利率债券的利率进行锁定，降低其暴露的利率风险。

ABC公司在2018年1月1日与XYZ银行签订了一份“收到固定利率、支付浮动利率”的互换协议，有关条款见表10-41。

表10-41　**利率互换条款**

交易日	2018年1月1日
开始日	2018年7月15日
交易方	ABC公司与XYZ银行
到期日	3年期（2021年7月15日）
名义金额	EUR100 000 000
ABC公司支付	每年按4.61%结息，以30/360天为基础
ABC公司收款	每年按Euribor12m结息，以实际天数/360为基础
Euribor 确定	Euribor在年度利息期开始前2天确定
初始公允价值	0

ABC公司将互换合约指定为预期发行的浮动利率债券的套期工具。利率互换公允价值的有效金额将在“其他综合收益——套期储备”中得到确认。当债券票面利息影响损益时，记入“其他综合收益——套期储备”账户中累积的互换公允价值变动额随后将转出计入损益。如果套期被很好地建立，那么债券的有效利率接近于互换固定利率和信用价差的总和（即5.61%=4.61%+1%）。

套期策略的利息现金流如图10-7所示：

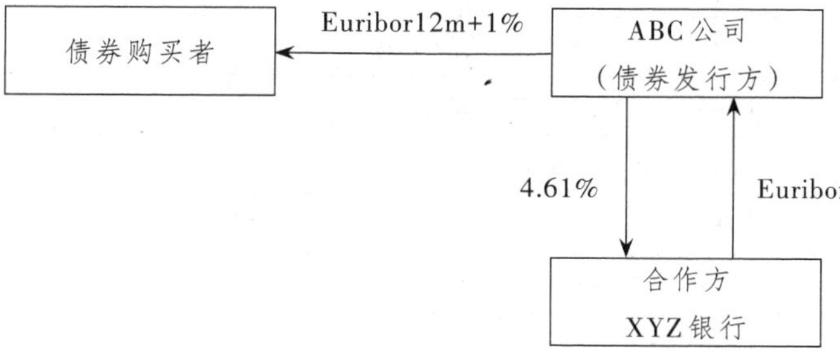

图10-7　套期策略的利息现金流

ABC公司套期文件的内容见表10-42。

表10-42　**套期关系文件**

风险管理目标和进行套期的策略	套期的目的是减少由实体发行浮动利率债券而引起的预期未来现金流量的可变动性。此套期目标与集团整体利率风险管理策略相一致，该策略将所有预期发行的债券的浮动利率转换为固定利率，然后通过固定和浮动利率净债务占总债务的比例来管理利率风险敞口。 利率风险：所指定的被套期风险是由于欧元银行间同业拆借利率的变化而导致被套期项目的欧元价值变化的风险。 因信用或其他风险而造成的公允价值变动在套期关系中没有被对冲，因此，100个基点的信用价差被排除在套期关系之外

续表

套期类型	现金流量套期
被套期项目	预期2018年7月15日发行的3年期浮动利率债券的票面应付利息现金流。由于债券发行得到董事会的批准，预计将会发生，并已委托授权予银团机构
套期工具	利率互换，编号014569；该互换的主要条款为名义金额1亿欧元、3年期、按固定利率4.61%收取并以欧元同业拆借利率支付。互换的交易方是XYZ银行，与此交易方相关的信用风险被认为是非常低的
套期有效性评估	1.套期有效性评估时间：在套期开始时或报告日进行套期有效性的前瞻性评估。 2.套期有效性评估方法：采用情景分析法将套期工具公允价值的变动与虚拟衍生品公允价值的变动进行比较，来评估套期有效性。虚拟衍生工具条款假定其公允价值变化正好抵消因被套期风险而产生的被套期项目的公允价值的变化。虚拟衍生工具是一个没有交易方信用风险且初始公允价值为零的理论性利率互换。 3.判断是否符合套期有效性要求的条件： （1）套期工具与被套期项目之间应当存在经济关系； （2）信用风险的影响不应主导该经济关系所产生的价值变动； （3）套期比率应当等于企业实际套期的被套期项目数量与对其进行套期的套期工具实际数量之比

虚拟衍生工具的主要条款见表10-43。

表10-43 **虚拟衍生工具条款**

交易日	2018年1月1日
开始日	2018年7月15日
交易方	ABC公司与无信用风险交易方
到期日	3年期（2021年7月15日）
名义金额	EUR100 000 000
ABC公司支付	每年按Euribor12m结息，以实际天数/360为基础
ABC公司收款	每年按4.615%结息，以30/360天为基础
Euribor确定	Euribor在年度利息期开始前2天确定
初始公允价值	0

在套期开始时进行套期有效性评估，具体见表10-44。

表10-44 **套期有效性评估**

情景分析法	套期工具	虚拟衍生工具
初始公允价值	0	0
期末公允价值	468 000	464 000
公允价值累计变动	468 000	464 000
套期抵消比率	464 000÷468 000×100%=99.1%	

应付债券与利率互换的应计金额，见表10-45。

表10-45　　应付债券与利率互换的应计金额

日期	Euribor 12m[1]	Days[2]	互换结算净额[3]	债券票面应计利息[4]
2018年12月31日	4.20%	169	（163 000）	（2 441 000）
2019年7月15日	4.20%	196	（189 000）	（2 831 000）
2019年12月31日	4.70%	169	72 000	（2 676 000）
2020年7月15日	4.70%	196	83 000	（3 103 000）
2020年12月31日	5.05%	169	236 000	（2 840 000）
2021年7月15日	5.05%	196	274 000	（3 294 000）

（1）7月13日确定Euribor；

（2）日历天数；

（3）100 000 000×Euribor 12m×实际天数/360−100 000 000×4.61%×实际天数/365，互换利差结算净额；

（4）100 000 000×（Euribor 12m+1%）×实际天数/365

关于套期工具公允价值的估算。假设ABC公司在12月31日报告年度财务报表，计算2018年12月31日的套期工具的公允价值见表10-46。

表10-46　　2018年12月31日套期工具的公允价值

日期	Euribor利率	折现系数	预期浮动利率现金流量	预期固定利率现金流量	预期结算净额[1]	现值[2]
2019年7月15日	4.30%[3]	0.9771	2 287 000[4]	（2 476 000）[5]	（189 000）	（185 000）
2020年7月15日	4.70%[6]	0.9327	4 765 000[7]	（4 610 000）[8]	155 000	145 000
2021年7月15日	5.12%	0.8867	5 191 000	（4 610 000）	581 000	51 5000
CVA						（7 000）
公允价值						468 000

（1）预期结算金额=预期浮动利率现金流量+预期固定利率现金流量；

（2）现值=预期结算金额×折现系数；

（3）4.30%是欧元同业拆借利率，用于计算折现率，以实际天数/360为计算基础，实际天数是从2018年12月31日至2019年7月15日；

（4）100 000 000 ×4.20% ×196÷360，4.20%是2018年7月13日确定的Euribor利率，196天是从2018年12月31日至2019年7月15日的日历天数；

（5）100 000 000 ×4.61% ×196÷360，4.61%是互换的固定利率，196天是从2018年12月31日至2019年7月15日的日历天数，虽然固定利率的基础是30/360，但它与实际/365的基础比较接近，以使其更简单；

（6）4.70%是欧元同业拆借利率，于2019年7月13日确定，从2019年12月31日至2020年7月13日为止；

（7）100 000 000 ×4.70% ×365÷360，4.70%是于2019年7月13日确定的Euibor利率，365天是从2019年7月15日至2020年7月15日的日历天数；

（8）100 000 000 ×4.61% ，4.61%是互换的固定利率。

关于虚拟衍生工具公允价值的估算。ABC公司计算2018年12月31日的虚拟衍生工具的公允价值见表10-47。

表10-47　　2018年12月31日虚拟衍生工具的公允价值

日期	Euribor利率	折现系数	预期浮动利率现金流量	预期固定利率现金流量*	预期结算净额	现值
2019年7月15日	4.30%	0.9771	2 287 000	(2 478 000)	(191 000)	(187 000)
2020年7月15日	4.70%	0.9327	4 765 000	(4 615 000)	155 000	140 000
2021年7月15日	5.12%	0.8867	5 191 000	(4 615 000)	576 000	511 000
CVA						0
公允价值						464 000

*预期固定利率现金流量=100 000 000 ×4.615%。

有关套期工具与虚拟衍生工具的公允价值变动见表10-48。

表10-48　　套期工具与虚拟衍生工具的公允价值变动

日期	套期工具			虚拟衍生工具	
	公允价值期末余额	公允价值变动额	公允价值累计变动额	公允价值期末余额	公允价值累计变动额
2018年1月1日	0	—	—	0	—
2018年12月31日	468 000	468 000	468 000	464 000	464 000
2019年12月31日	779 000	311 000	779 000	781 000	781 000
2020年12月31日	264 000	(515 000)	264 000	264 000	264 000
2021年7月15日	0	(264 000)	0	0	0

确定套期工具有效部分与无效部分的金额，见表10-49。在每个估值日期，套期有效的部分是套期工具与替代被套期项目的虚拟衍生工具的公允价值变动额中的较低者，其无效的部分为剩余部分。

表10-49　　套期工具有效部分与无效部分的金额

	2018年12月31日	2019年12月31日	2020年12月31日	2021年7月15日
套期工具公允价值的累计变动	468 000	779 000	264 000	0
虚拟衍生工具公允价值的累计变动	464 000	781 000	264 000	0
前两项的低者	464 000	779 000	264 000	0
前期累计有效金额	—	464 000	779 000	264 000
有效金额	464 000	315 000	(515 000)	(264 000)
套期工具公允价值变动额	468 000	311 000	(515 000)	(264 000)
套期有效部分	464 000	311 000	(515 000)	(264 000)
套期无效部分	4 000	0	0	0

在套期期间，ABC公司应作的会计分录如下：

2018年1月1日：

因利率互换合约的公允价值为零，所以不需作会计分录，但应作备忘录。

2018年7月15日，记录ABC公司债券按面值发行。

借：银行存款　　EUR100 000 000

　贷：应付债券　　EUR100 000 000

2018年12月31日：

①确认债券利息费用与应付利息EUR2 441 000。

借：财务费用　　EUR2 441 000

　贷：应付利息　　EUR2 441 000

②因互换合约结算净额为EUR（163 000），会计分录如下：

借：财务费用　　EUR163 000

　贷：应付利息　　EUR163 000

③自套期开始，该互换的公允价值变动为利得EUR468 000，有效金额作为套期储备，记入“其他综合收益”账户EUR464 000，超出有效金额的EUR4 000记入“本期利润”账户。

借：套期工具　　EUR468 000

　贷：其他综合收益——套期储备　　EUR464 000

　　本年利润　　EUR4 000

2019年7月15日：

①确认债券利息费用EUR2 831 000与应付利息EUR5 272 000。

借：财务费用　　EUR2 831 000

　贷：应付利息　　EUR2 831 000

借：应付利息　　EUR5 272 000

　贷：银行存款　　EUR5 272 000

②确认互换合约结算净额为EUR（189 000），与XYZ银行结算净额EUR（352 000），会计分录如下：

借：财务费用　　EUR189 000

　贷：应付利息　　EUR189 000

借：应付利息　　EUR352 000

　贷：银行存款　　EUR352 000

2019年12月31日：

①记录本期该债券的应计利息为EUR2 676 000。

借：财务费用　　EUR2 676 000

　贷：应付利息　　EUR2 676 000

②记录利率互换的本期应计结算金额EUR72 000。

借：应收利息　　EUR72 000

　贷：财务费用　　EUR72 000

③套期工具本期的公允价值变动额为EUR311 000（利得），全部被确认套期有效并记入“其他综合收益——套期储备”账户。

借：套期工具　　EUR311 000

　贷：其他综合收益——套期储备　　EUR311 000

2020年7月15日：

①确认债券利息费用EUR3 103 000与实付利息EUR5 779 000。

借：财务费用　　EUR3 103 000

　贷：应付利息　　EUR3 103 000

借：应付利息　　EUR5 779 000

　贷：银行存款　　EUR5 779 000

②记录利率互换的本期应计结算金额EUR83 000，实际应收到互换结算净额的现金EUR155 000。

借：应收利息　　EUR83 000

　贷：财务费用　　EUR83 000

借：银行存款　　EUR155 000

　贷：应收利息　　EUR155 000

2020年12月31日：

①记录本期该债券的应计利息EUR2 840 000。

借：财务费用　　EUR2 840 000

　贷：应付利息　　EUR2 840 000

②记录利率互换的本期应计结算金额EUR236 000。

借：应收利息　　EUR236 000

　贷：财务费用　　EUR236 000

③套期工具本期的公允价值变动额为EUR515000（损失），全部被确认套期有效并记入“其他综合收益——套期储备”账户。

借：其他综合收益——套期储备　　EUR515 000

　贷：套期工具　　EUR515 000

2021年7月15日：

①确认债券利息费用EUR3 294 000，实付利息与本金分别为EUR6 134 000和EUR100 000 000。

借：财务费用　　EUR3 294 000

　贷：应付利息　　EUR3 294 000

借：应付利息　　EUR6 134 000

　　应付债券　　EUR100 000 000

　贷：银行存款　　EUR106 134 000

②记录利率互换的本期应计结算金额EUR274 000，实际应收到互换结算净额的现金EUR510 000。

借：应收利息　　EUR274 000

贷：财务费用 EUR274 000

借：银行存款 EUR510 000

贷：应收利息 EUR510 000

③套期工具本期的公允价值变动额为EUR264 000（损失），全部被确认套期有效并记入“其他综合收益——套期储备”账户。

借：其他综合收益——套期储备 EUR264 000

贷：套期工具 EUR264 000

10.3.5 对国外实体净投资套期及其会计核算

1）CAS No.24对境外经营净投资套期会计处理的规定

对境外经营净投资的套期，包括对作为净投资的一部分进行会计处理的货币性项目的套期，应当按照类似于现金流量套期会计的规定处理：

（1）套期工具形成的利得或损失中属于套期有效的部分，应当计入其他综合收益。全部或部分处置境外经营时，上述计入其他综合收益的套期工具利得或损失应当相应转出，计入当期损益。

（2）套期工具形成的利得或损失中属于套期无效的部分，应当计入当期损益。

应注意并不是所有对境外经营净投资进行的套期都需要采用套期会计，这里的对境外经营净投资的套期会计是针对境外经营企业的功能货币为当地货币的情况。依据CAS No.19的相关规定，如果境外经营企业的功能货币是当地货币，就应当采用现行汇率法折算其报表，并将由此导致的折算调整额报告在所有者权益里。原因是当汇率发生重大变化时，折算调整额因汇率的影响也会随之发生重大变化，从而使企业的境外净投资的价值产生波动。因此，许多拥有境外经营的企业都会利用衍生金融工具或者非衍生金融工具对境外经营净投资进行套期保值，以免影响合并财务报表的利润。

2）对境外经营净投资的套期会计核算

【例10-9】ABC集团的功能货币为欧元，在美国拥有子公司SubCo，其功能货币为美元。假设2019年1月1日ABC在子公司SubCo的净投资是5亿美元。当日，ABC集团签订一份外汇远期合约，具体条款见表10-50。

表10-50 **远期外汇合约条款**

开始日	2019年1月1日
合约方	ABC公司和XYZ银行
到期日	2020年12月31日
ABC公司买入货币额	EUR400 000 000
ABC公司卖出货币额	USD500 000 000
远期汇率	1.2500
结算方式	实物交割

ABC公司制定套期文件，具体内容见表10-51。

表10-51　**套期文件**

风险管理目标和进行套期的策略	套期的目标是保护与境外净投资5亿美元现金流等额的欧元价值，此目标与实体的整体外汇风险管理策略相一致，旨在降低以外币计价对净投资及负债表的影响。 此套期目标与集团整体汇率风险管理策略相一致，汇率风险为所指定的被套期风险，原因是欧元与美元汇率的不利变动而导致与境外净投资5亿美元等值的欧元公允价值变动
套期类型	净投资套期
被套期项目	被套期项目是对境外子公司SubCo的净投资5亿美元，预计将于2020年12月31日完成
套期工具	远期合约的参考编号012545，合约方是XYZ银行，与XYZ银行相关的信用风险被认为非常低。远期合约为卖出名义金额5亿美元并买入名义金额4亿欧元，2020年12月31日到期，采用实物结算方式
套期有效性评估	1.套期有效性评估时间：在套期开始、报告日以及因环境发生重大变化而影响了套期有效性标准时进行套期有效性的前瞻性评估。 2.套期有效性评估方法：应用情景分析法进行套期有效性评估，将套期工具公允价值的累计变动与被套期项目公允价值的累计变动进行比较，来评估套期效果；把外汇远期的远期价差排除在套期关系之外。 3.判断是否符合套期有效性要求的条件： （1）套期工具与被套期项目之间应当存在经济关系； （2）信用风险的影响不应主导该经济关系所产生的价值变动； （3）套期比率应当等于企业实际套期的被套期项目数量与对其进行套期的套期工具实际数量之比

套期开始时的有效性评价见表10-52。

表10-52　**套期有效性评价**

情景分析法	套期工具	被套期项目
USD名义金额	500 000 000	500 000 000
远期汇率	1.2500	1.2520*
EUR名义金额	400 000 000	399 361 000
USD名义金额	500 000 000	500 000 000
2019年12月31日即期汇率	1.3530	1.3530
EUR等值金额	369 549 000	369 549 000
EUR名义金额与等值的差	30 451 000	29 812 000
折现系数	1.00	1.00
公允价值	30 451 000	29 812 000
套期抵消比率	30 451 000÷29 812 000×100%=102.1%	

*被套期项目远期汇率1.2520与套期工具远期汇率1.2500的差异是因为CVA引起的。

表10-53列示了有关日期远期合约的公允价值。

表10-53 **远期合约的公允价值估算**

	2019年 1月1日	2019年 12月31日	2020年 12月31日
EUR-USD即期汇率	1.2300	1.2850	1.3300
折现系数	—	0.997	1.000
远期外汇合约总公允价值[(1)]	0	12 366 000	24 060 000
远期外汇合约总公允价值的变动	—	12 366 000	11 694 000
远期外汇合约总公允价值中即期汇率部分的变动[(2)]	—	17 399 000	13 165 000
远期外汇合约总公允价值中即期汇率部分的累计变动	—	17 399 000	30 564 000
远期外汇合约总公允价值中远期价差部分的变动[(3)]	—	(5 033 000)	(1 471 000)

(1) 远期合约总公允价值=(500 000 000÷1.25-500 000 000÷远期汇率)×折现系数-CVA;

(2) 远期公允价值变动即期部分=(500 000 000÷1.23-500 000 000÷即期汇率)×折现系数-CVA;

(3) 远期公允价值变动远期价差部分=远期合约总公允价值-远期公允价值变动即期部分。

确定套期有效部分与无效部分的金额见表10-54。

表10-54 **套期有效部分与无效部分的金额**

	2019年12月31日	2020年12月31日
套期工具公允价值的累计变动	17 399 000	30 564 000
被套期项目折算金额的累计变动(反向)	17 399 000	30 564 000
前两项的低者	17 399 000	30 564 000
前期有效金额的累计	0	17 399 000
可利用金额	17 399 000	13 165 000
套期工具公允价值的变动额	17 399 000	13 165 000
有效部分	17 399 000	13 165 000
无效部分	0	0

境外净投资重新折算损益见表10-55。

表10-55 **境外净投资折算损益**

日期	EUR-USD 即期汇率	净投资(美元)	净投资(欧元)*	折算差额 (欧元)变动
2019年1月1日	1.2300	500 000 000	406 504 000	—
2019年12月31日	1.2850	500 000 000	389 105 000	(17 399 000)
2020年12月31日	1.3300	500 000 000	375 940 000	(13 165 000)

*净投资折算为欧元=500 000 000/即期汇率。

对净投资套期的相关会计处理如下：

2019年1月1日：

因2019年1月1日为远期外汇合约签订日，因合约的公允价值为零，所以不需作会计分录，但应作备忘录。

2019年12月31日：

①确认净投资折算差额。

借：其他综合收益——折算差额　　EUR17 399 000

　贷：长期股权投资——子公司　　EUR17 399 000

②确定套期工具的公允价值变动损益，折算差额为套期有效部分计入其他综合收益，无效部分计入当期损益。

借：套期工具　　EUR12 366 000

　　本年利润　　EUR5 033 000

　贷：其他综合收益——折算差额　　EUR17 399 000

2020年12月31日：

①确认净投资折算差额。

借：其他综合收益——折算差额　　EUR 13 165 000

　贷：长期股权投资——子公司　　EUR13 165 000

②确定套期工具的公允价值变动损益，折算差额为套期有效部分计入其他综合收益，无效部分计入当期损益。

借：套期工具　　EUR11 694 000

　　本年利润　　EUR1 471 000

　贷：其他综合收益——折算差额　　EUR13 165 000

③套期工具结算。

借：银行存款（EUR）　　EUR24 060 000

　贷：套期工具　　EUR24 060 000

净投资套期的会计效果分析：

其他综合收益——折算差额：

来源于净投资折算	（30 564 000）
来源于套期有效部分	30 564 000
合计	0

本年利润：

来源于套期保值无效部分	0
来源于远期价差	6 504 000
合计	（6 504 000）

本例中，因汇率变动引起的净资产损失为EUR30 564 000，套期交易后实际净资产损失为零，说明套期高度有效。套期无效部分为零，远期价差对本年利润的影响为EUR6 504 000。ABC公司规避了即期汇率全部风险，实现了净资产投资的保值。

10.4　衍生工具在财务报告中的披露

由于衍生工具交易错综复杂，光靠表内用货币量化的信息无法满足信息使用者对衍生工具交易情况的了解，因此，还必须通过报表附注或补充资料进行表外披露。由于表外披露的更翔实信息不仅是对表内列报的补充，而且还包括一些具有独立价值的战略性和政策性的重要资料。对此，《企业会计准则第37号——金融工具列报》对衍生工具的披露作了详细的规定，要求披露的内容包括衍生工具的类别和性质、进行会计确认和计量的政策、未来风险（包括市场风险、信息风险、流动风险、结算风险等）预测及管理当局的风险控制政策。《企业会计准则第39号——公允价值计量》要求企业披露用来确定衍生金融工具公允价值的方法、公允价值的估值技术及运用的假设，这些假设的敏感性等信息。

鉴于套期会计的复杂性，通常对于套期业务及其会计处理要求在其财务报告附注中披露大量的说明信息。《企业会计准则第37号——金融工具列报》（CAS No.37）要求企业应当披露与套期会计有关的下列信息：

（1）企业的风险管理策略以及如何应用该策略来管理风险；

（2）企业的套期活动可能对其未来现金流量金额、时间和不确定性的影响；

（3）套期会计对企业的资产负债表、利润表及所有者权益变动表的影响。

企业在披露套期会计相关信息时，应当合理确定披露的详细程度、披露的重点、恰当的汇总或分解水平，以及财务报表使用者是否需要额外的说明以评估企业披露的定量信息。企业按照CAS No.37要求所确定的信息披露汇总或分解水平应当与《企业会计准则第39号——公允价值计量》的披露要求所使用的汇总或分解水平相同。

企业应当披露其进行套期和运用套期会计的各类风险的风险敞口的风险管理策略的相关信息，从而有助于财务报表使用者评价：每类风险是如何产生的、企业是如何管理各类风险的（包括企业是对某一项目整体的所有风险进行套期还是对某一项目的单个或多个风险成分进行套期及其理由），以及企业管理风险敞口的程度。与风险管理策略相关的信息应当包括：

（1）企业指定的套期工具；

（2）企业如何运用套期工具对被套期项目的特定风险敞口进行套期；

（3）企业如何确定被套期项目与套期工具的经济关系以评估套期有效性；

（4）套期比率的确定方法；

（5）套期无效部分的来源。

企业将某一特定的风险成分指定为被套期项目的，除应当披露CAS No.37第五十八条规定的相关信息外，还应当披露下列定性或定量信息：

（1）企业如何确定该风险成分，包括风险成分与项目整体之间关系性质的说明；

（2）风险成分与项目整体的关联程度（例如被指定的风险成分以往平均涵盖项目整体公允价值变动的百分比）。

企业应当按照风险类型披露相关定量信息，从而有助于财务报表使用者评价套期工具的条款和条件及这些条款和条件如何影响企业未来现金流量的金额、时间和不确定性。这些要求披露的明细信息应当包括：

（1）套期工具名义金额的时间分布；

（2）套期工具的平均价格或利率（如适用）。

在因套期工具和被套期项目频繁变更而导致企业频繁地重设（即终止及重新开始）套期关系的情况下，企业应当披露下列信息：

（1）企业基本风险管理策略与该套期关系相关的信息；

（2）企业如何通过运用套期会计以及指定特定的套期关系来反映其风险管理策略；

（3）企业重设套期关系的频率。

在因套期工具和被套期项目频繁变更而导致企业频繁地重设套期关系的情况下，如果资产负债表日的套期关系数量并不代表本期内的正常数量，企业应当披露这一情况以及该数量不具代表性的原因。

企业应当按照风险类型披露在套期关系存续期内预期将影响套期关系的套期无效部分的来源，如果在套期关系中出现导致套期无效部分的其他来源，也应当按照风险类型披露相关来源及导致套期无效的原因。

企业应当披露已运用套期会计但预计不再发生的预期交易的现金流量套期。

对于公允价值套期，企业应当以表格形式、按风险类型分别披露与被套期项目、套期工具相关的金额。

对于现金流量套期和境外经营净投资套期，企业应当以表格形式、按风险类型分别披露与被套期项目、套期工具相关的金额。

应当按照风险类型披露转入转出其他综合收益的金额、现金流量套期储备的金额、期权时间价值所涉及的金额、远期要素和外汇基差所涉及的金额；运用信用风险敞口的公允价值选择权的，应披露信用衍生工具的名义金额与公允价值的调节表、在损益中确认的利得或损失、终止时的公允价值和相关的名义金额或本金金额。

总结与结论

金融工具是指既能引起一家企业产生一项金融资产（确认的或未确认的），又能引起另一家企业产生一项金融负债或权益性工具（确认的或未确认的）的合约。按其历史发展逻辑可以分为基础金融工具和衍生金融工具。衍生金融工具按照本身交易的方法及特点分类，可以分为金融远期、金融期货、金融期权和金融互换。

本章从金融远期、金融期货、金融期权、金融互换四个方面入手，以充分的比较说明了衍生金融工具会计的基本理论，并以翔实的举例对衍生金融工具的会计处理进行了形象而具体的阐述。

会计确认与计量是财务会计的基本问题，衍生金融工具的确认与计量有其独特之处。衍生金融工具会计确认的依据是以与该金融工具有关的风险和报酬实际上已经全部转移给企业，由于汇率、利率等因素的变化，从初次确认到财务报表编制日，衍生金融工具的价值处于变动之中，应选择公允价值为衍生金融工具计量属性，其公允价值的确定应遵循CAS No.39的要求。

衍生金融工具按企业持有的目的不同，分为投资、投机等非套期保值性衍生金融工具和套期保值性衍生金融工具。企业进行非套期性衍生金融工具交易的目的在于利用其价格变动而获得投资收益（损失），其会计处理应遵循CAS No.22。企业从事套期保值性衍生金融工具交易，其目的是规避并转移价格波动风险，其会计处理应遵循CAS No.24。

由于衍生金融工具具有风险性、流通性和复杂性等特点，其信息披露成为财务报表体系的基本的和主要的内容。有关衍生金融工具种类、企业管理当局意图、衍生金融工具的性质与范围、衍生金融工具确认时间标准、计量属性以及风险等信息的披露将成为一项必不可少的重要内容，应依照CAS No.30和CAS No.37和CAS No.39进行有关信息披露。

关键概念

1. 金融工具：指“形成一个主体的金融资产（financial asset）并形成另一个主体的金融负债（financial liability）或权益工具（equity instrument）的合同”。根据性质的不同，金融工具可分为基础金融工具和衍生金融工具。

2. 基础金融工具：其是指在商品经济社会货币发挥支付手段职能的基础上，伴随信用关系发展而发展起来的金融工具。其主要表现为现金、银行存款、银行可转让存单等货币资金，普通股和优先股等股权证券，公司债、金融债券和国库券等债权证券以及应收账款、应收票据、应付账款和应付票据等往来款项。其特点为：

① 基础金融工具的取得或发生通常伴随着资产的流入或流出；

② 基础金融工具的价值取决于标的物本身的价值，而不取决于其他工具，标的物价值是由市场决定的。

3. 衍生金融工具：在基础金融工具的基础上演绎和派生出来的合同。其特点为：

① 其价值随特定利率、金融工具价格、商品价格、汇率、价格或利率指数、信用等级或信用指数或其他变量（有时也称为“基础变量”。如果该变量是非金融变量，则该变量不是合同某一方特有的）的变动而变动。

② 不要求初始净投资，或要求的初始净投资小于预期对市场因素变化有类似反应的其他类型合同所要求的初始净投资。

③ 在未来某一日期结算。

4. 金融远期合约：指签约双方同意在未来日期交换某项金融资产的合约形式，其内容包括交换资产、交换日期和交换价格。根据合同双方对条款的不同需要，金融远期合约可基本分为远期外汇合约和远期利率协议。

5. 金融期货：买卖双方在有组织的交易所内，以公开竞价的方式达成协议，约定在未来某一特定的时间交割标准数量特定金融工具的交易方式。

6. 金融期权：指合约双方按约定价格在约定日期内就是否买卖某种金融工具达成的契约，该契约赋予期权购买者向期权出售者支付一定费用后，能在未来某特定时间以某一特定价格向期权出售者买进或卖出一定数量的某种金融商品或金融期货合约的权利。其中，期权的购买者或持有者（holder）称为期权的买方，期权的出售者或发行者（writer）称为期权的卖方。

7.金融互换：是指两个或两个以上当事人按共同商定的条件，在金融市场上进行不同金融工具的交换，从而在一定时间内发生一系列款项收付的金融交易。目前主要有货币互换和利率互换两种。

8.套期：是企业指定一个或多个套期工具（hedging instrument），并试图保证其公允价值的变化全部或部分抵消被套期项目（hedged item）的公允价值或现金流量变化的行为。企业的套期保值活动可以分为公允价值套期、现金流量套期和境外经营净投资套期三类。套期涉及"套期工具"和"被套期项目"两个要素。

9.套期工具：是相对于被套期项目的、用于规避被套期项目引起的风险的工具。

10.被套期项目：是指企业意欲规避其公允价值或现金流量变动风险的项目。

11.套期会计：是一种特殊的会计处理方法，其核心是在同一会计期间对称地确认套期工具的利得（或损失）与被套期项目的损失（或利得），以体现套期保值效应。

12.公允价值套期：是指对源于某类特定风险的、将影响企业损益的公允价值变动风险进行的套期。

13.现金流量套期：是指对源于某类特定风险的、将影响企业损益的现金流量变动风险进行的套期。

14.境外经营净投资套期：是指对企业在境外经营单位净资产中的权益份额上的外汇风险进行的套期。

课程思政

1.衍生金融工具与实体经济高质量发展

党的二十大报告提出，坚持把发展经济的着力点放在实体经济上，推进新型工业化，加快建设制造强国、质量强国、航天强国、交通强国、网络强国、数字中国。请结合本章的学习谈谈衍生金融工具在促进实体经济高质量发展中的作用。

2.国有企业进行境内外期货交易的底线

2003年下半年，中国航油集团的子公司中航油（新加坡）股份有限公司参与原油期权交易，其CEO陈久霖预期油价会下跌，因而卖出看涨期权并收取期权费。但是，油价的走势持续走高，2004年一季度，中航油（新加坡）出现账面亏损。陈久霖不想账面亏损变成实际亏损，并预期油价会回落，交易对手建议其将期权展期。展期使中航油（新加坡）的账面亏损暂时消失，但随着油价继续上涨，换来的却是更大规模的亏损。经过几次展期之后，中航油（新加坡）最终只能斩仓，亏损达到5.5亿美元。《期货交易管理条例》第42条明确指出"国有以及国有控股企业进行境内外期货交易，应当遵循套期保值的原则，严格遵守国务院国有资产监督管理机构以及其他有关部门关于企业以国有资产进入期货市场的有关规定。"上述期货交易行为不但使企业置身于风险之中，还造成了巨额国有资本流失，试结合上述内容谈谈你对国有以及国有控股企业进行境内外期货交易为什么要坚守以及如何坚守套期保值底线的看法。

思考与练习

一、思考题

1.请简要说明衍生工具的定义，以及未被指定为套期工具的衍生工具的会计处理方法。

2.远期合同与期货有什么差别？

3.简要解释利率互换。

4.请解释期权持有人和期权发行人在承担风险和获取报酬上存在的差异，并且说明为什么期权发行人不能将所发行的期权指定为套期工具？

5.什么是套期？从会计核算的角度，套期可以分成几个类别？

6.运用套期会计应满足哪些条件？

7.请说明公允价值套期与现金流量套期的差别。

8.利用利率互换对固定利率金融资产或金融负债进行的套期属于哪种类型的套期？为什么？利用利率互换对浮动利率金融资产或金融负债进行的套期属于哪种类型的套期？为什么？

9.什么是境外经营净投资套期？对境外经营净投资的套期应如何进行会计处理？

10.关于套期活动，企业应披露哪些信息？

二、练习题

1.2019年12月1日，美国某公司收到了从荷兰供应商处购买的设备，以及标注有设备价格（30万欧元）的发票单。当天，欧元的市价是0.6美元。这笔购货款约在2020年1月31日支付，但是这家美国公司担心付款前欧元的价值会上涨，于是决定买入2020年1月31日到期的30万欧元的远期合约，敲定价格是0.595美元。假定公司的年利率是12%（为计算方便），合约到期前的现行和远期汇率见表10-56。

表10-56　**合约到期前的现行和远期汇率**

日期	美元/欧元的现行汇率	1月31日交割的远期美元/欧元汇率
2019年12月1日	0.600	0.595
2019年12月31日	0.620	0.618
2020年1月31日	0.610	0.610

要求：

（1）判断该进口公司作的是哪种类型的套期？

（2）计算远期合约在2019年12月31日和2020年1月31日的公允价值。另外评价该套期的效用。

（3）写出2019年12月1日、2019年12月31日和2020年1月31日的相关会计分录。

2.2020年12月31日，ADL公司出资5 000万澳元购买了MER公司的100 000股普通股，该公司的普通股只在悉尼证券交易所交易，而不在美国的任何一家证券交易所交易。2020年12月31日的即期汇率是0.57美元/1澳元。为了管理的需要，公司将该股票作为以公允价值计量且其变动计入其他综合收益的金融资产记账。为了规避股票价格下跌的风险，公司买入了1年期的远期合约，约定到期按0.56美元/澳元的价格卖出5 000万澳元。2021年9月30日，公司卖出了股票，同时又买入了2021年12月31日到期的5 000万澳元远期购买合约。

（1）该题中的套期是现金流量套期还是公允价值套期？说说理由。

（2）如何测算套期有效性？你认为该套期保值是否高度有效？

3.2020年1月1日，一家美国公司用330万美元购买了一家净资产为2 500万瑞士法郎的瑞士公司40%的股份。2020年1月1日的即期汇率为0.33美元/1瑞士法郎，该美国公司签订了一份12个月期、以0.34美元的约定价格卖出1 000万瑞士法郎的远期合约。该远期合约被指定为境外经营净投资的套期保值。公司增量借款成本的年利率是12%，即期汇率和远期利率见表10-57。

表10-57 **即期汇率和远期利率**

日期	美元/瑞士法郎的即期汇率	12月31日交割的美元/瑞士法郎远期汇率
2020年1月1日 2020年12月31日	0.330美元/1瑞士法郎 0.350美元/1瑞士法郎	0.340美元/1瑞士法郎 0.350美元/1瑞士法郎

假设该投资使用权益法核算。该年度瑞士公司获得的收益是250万瑞士法郎，年末净资产为2 750万瑞士法郎。

（1）你认为该套期保值是否有效？为什么？

（2）假设该公司认为该套期保值高度有效，并且将远期合约指定为瑞士公司净投资进行套期保值。那么，编制投资和远期合约在2020年1月1日和2020年12月31日的相关会计分录；

（3）套期会计也允许用非衍生金融工具作套期保值。在本情形中，究竟该如何使用非衍生金融工具，如何作相关会计处理？

延伸阅读

［1］拉德鲍，格雷，布莱克．国际会计与跨国企业［M］．王全喜，等译．北京：机械工业出版社，2008.

［2］亨格瑞，森登，埃利奥特．财务会计教程［M］．朱丹，译．北京：人民邮电出版社，2006.

［3］梅奥．金融学基础［M］．10版．李铁峰，钱炜青，译．北京：清华大学出版社，2013.

［4］特朗布利．衍生与套期会计［M］．王菈，译．上海：立信会计出版社，2006.

［5］刘易斯，彭迪尔．高级财务会计［M］．钱爱民，译．北京：中国人民大学出版社，2006.

[6] 霍伊尔. 高级会计学 [M]. 王鑫, 译. 北京: 北京大学出版社, 2012.

[7] 中华人民共和国财政部. 企业会计准则第19号——外币折算 [S] //企业会计准则2017.北京: 经济科学出版社, 2017.

[8] 中华人民共和国财政部. 企业会计准则第22号——金融工具确认和计量 [S] //企业会计准则2017.北京: 经济科学出版社, 2017.

[9] 中华人民共和国财政部. 企业会计准则第24号——套期保值 [S] //企业会计准则2017.北京: 经济科学出版社, 2017.

[10] 葛家澍. 当前财务会计的几个问题——衍生金融工具、自创商誉和不确定性 [J]. 会计研究, 1996 (1).

[11] 杨海峰. IASB与FASB金融工具会计准则联合改进项目的背景、进展及评价 [J]. 会计研究, 2009 (8).

[12] 王晓珂, 黄世忠. 衍生工具、公司治理和盈余质量 [J]. 会计研究, 2017 (3): 16-21; 94.

本章教学视频　　本章教学课件　　本章学习指导

第 11 章

外币交易会计

高级财务会计

Advanced Financial Accounting

章前准备

一、学习目的与要求

通过本章学习，了解企业发生外币业务的原因，理解“单项交易观”和“两项交易观”的会计处理特点，掌握外币业务的记账方法、即期外币交易业务的会计处理原则，并能熟练地予以应用。

二、教学重点与难点

本章教学的重点是外币交易会计的基本程序及单一交易观被两项交易观取代的缘由；是否应确认未实现汇兑损益的论争，对比递延观与当期确认观的会计处理程序和当期确认观之所以压倒递延观的论据。

三、本章教案设计

本章教案

11.1　外币交易会计概述

11.1.1　功能货币、记账本位币与外币

当一家国内公司向一家国外公司购买或销售以国外公司所在国的货币标价的商品时，这家国内公司是否正在进行一笔外币交易？不一定。这取决于这家国内公司的功能货币（functional currency）是东道国的货币还是用于对商品标价的那种外币。所谓外币交易是指以企业的功能货币以外的货币计价的交易。

功能货币的概念最早出现在1981年美国财务会计准则委员会（FASB）发布的《财务会计准则公告第52号——外币折算》中。国际会计准则理事会在2003年修订《国际会计准则第21号——外汇汇率变动的影响》时，也正式采用功能货币的概念。在我国，财政部于2006年发布的《企业会计准则第19号——外币折算》事实上也采纳了功能货币的概念，只不过我国的准则没有使用功能货币的术语，而是将原来的“记账本位币”一词升级为与功能货币具有相似含义的概念。所以，现在记账本位币和功能货币这两个术语是等价的，可以互换使用。为了便于理解，本章接下来将主要采用记账本位币这一术语。

记账本位币是指企业经营所处的主要经济环境中的货币，是企业进行会计核算统一使用的记账货币。主要经济环境通常是指企业主要产生和支出现金的经济环境。每一家企业都应当将一种货币指定为它的记账本位币。一旦确定了记账本位币，所有以其他货币计价或者结算的交易都被视为外币交易。在对外币交易进行会计记录和报告时，都必须将其折算为记账本位币，原因很简单：财务会计要求单一的计量尺度。

我国《企业会计准则第19号——外币折算》规定：企业通常应选择人民币作为

记账本位币，业务收支以人民币以外的货币为主的企业，也可以选定其中一种货币作为记账本位币，但是，编报财务报表时应当折算为人民币。

根据《企业会计准则第19号——外币折算》第五条的规定，对于一个独立存在的企业，在选定记账本位币时应当考虑如下因素：

（1）该货币主要影响商品和劳务的销售价格，通常以该货币进行商品和劳务的计价和结算。

（2）该货币主要影响商品和劳务所需人工、材料和其他费用，通常以该货币进行上述费用的计价和结算。

（3）融资活动获得的货币以及保存从经营活动中收取款项所使用的货币。

11.1.2　外汇与汇率

外汇（foreign currency）比外币具有更宽泛的含义，从广义上说，是指外币和以外币表示的债权或股权凭证，主要包括：

（1）外币银行存款和库存外币，包括纸币和铸币等。

（2）外币支付凭证，如外币银行存单、外币本票和汇票及邮政储蓄凭证等。

（3）外币有价证券，如以外币标示的国库券、政府公债、公司债券和股票等。

（4）其他外汇资金。

可见，外汇是指以外币和外币表示的可用于国际结算的支付凭证。外币是相对于本国货币而言的，如美元，它对于美国以外的国家是外币，但对于美国来说却是本国货币。

汇率是进行外币折算时必须用到的一个概念，深入了解这个概念有助于理解汇率对会计的影响程度。那么，什么是汇率呢？简单地说，汇率是将一国货币兑换为另一国货币的比率。例如，我们手持15 000元人民币到美国消费，首先应当将人民币兑换成美元。假设15 000元人民币可以兑换成2 000美元，那么美元兑人民币的汇率就是1美元=7.5元人民币。下面让我们一起来看一些与汇率有关的概念。

■　1）浮动汇率制和固定汇率制

浮动汇率制和固定汇率制分别代表世界历史上出现过的两种汇率制度。

固定汇率制是指不同货币间的比值是固定的。固定汇率制始于1944年。当时，第二次世界大战中的45个同盟国在布雷顿森林村签下了布雷顿森林协议，确立了一种固定汇率制，又称布雷顿森林体系。根据布雷顿森林体系，美元成为整个国际货币体系的中心，首先是美元与黄金挂钩，然后其他货币再与美元挂钩。布雷顿森林体系下的固定汇率制只维持到1973年，之后被浮动汇率制所代替。

所谓浮动汇率制是指各国的汇率波动由外汇市场中的外汇供求状况所决定，各国的中央银行不承担维持汇率波动上下限的义务。自1973年起，主要西方国家便普遍实行了浮动汇率制。根据国际货币基金组织在1978年修订的汇率协议，目前世界各国所实行的汇率制度被称为“有管理的浮动汇率制”。该组织根据汇率的浮动程度，将世界各国的浮动汇率制度区分为钉住型制度、有限弹性型制度和高度弹性型制度。

（1）钉住型浮动汇率制是指将本国货币按固定比价同某一种外币或混合货币单位

相联系，使本国货币对其他外币的汇率随钉住货币与其他外币汇率的浮动而浮动。大约有46个国家实行这种制度。

（2）有限弹性型浮动汇率制是指一国货币的汇价钉住某一种货币或一组货币浮动，但与钉住货币之间的汇率有较大的波动幅度。大概有十几个国家实行这种汇率制度。

（3）高度弹性型浮动汇率制是指汇率波动不受幅度的限制，以独立自主的原则进行调整。这种汇率制度又分为以下三种：

① 根据一套指标浮动。根据一套指标浮动是指根据本国的外汇储备、国际收支状况、消费物价指数等指标调整汇率浮动。

② 较灵活的管理浮动。较灵活的管理浮动是指一国政府对汇价的制度与走向进行一定程度的干预。我国等32个国家实行的就是这种制度。

③ 单独浮动。单独浮动是指一国货币不与任何外国货币形成固定比价，其汇率根据外汇市场的供求状况实行浮动。采用这种浮动方式的有美国、日本、英国等58个国家。

■ 2）直接标价法和间接标价法

汇率有两种标价方式：直接标价法和间接标价法。直接标价法用若干数量的本币来表示一定单位的外币，例如1美元=6.53元人民币。在外汇交易中，直接标价法所表示的外币数额固定不变，汇率的涨跌是以本币数额的变化来表示的。如果外币折算成本币的数额上升，表示本币贬值；相反，如果外币折算成本币的数额下跌，则说明本币升值。

间接标价法是用若干数量的外币来表示一定单位的本币，例如1元人民币=1÷6.53=0.153美元。显然，间接标价与直接标价互为倒数。在外汇交易中，间接标价法所表示的本币值固定不变，汇率的涨跌都以外币数额变化来表示。数值上升，说明本币升值，反之则为贬值。

目前，世界上除英国、美国和澳大利亚以外，其他国家都使用直接标价法。

■ 3）买入汇率、卖出汇率、中间汇率

外汇的买卖使用的是外汇指定银行的挂牌汇率。外汇指定银行将汇率表述为买入汇率和卖出汇率，表11-1是外汇指定银行的外汇牌价的一个实例。买入汇率通常低于卖出汇率，买入汇率和卖出汇率之间的差额代表外汇指定银行经营外汇买卖的利润。

表11-1　　**中国银行人民币即期外汇牌价**

日期：2022年3月31日星期四14：00：28 单位：人民币/100外币货币名称	现汇 买入价	现钞 买入价	现汇 卖出价	现钞 卖出价	中国银行 折算价
澳大利亚元	473.58	458.87	477.06	479.18	476.46
加拿大元	505.45	489.49	509.17	511.42	508.49
欧元	706.45	684.49	711.65	713.94	708.47
英镑	830.50	804.69	836.61	840.31	833.78
美元	633.51	628.35	636.19	636.19	634.82

资料来源：中国银行网站。

买卖汇率之间的差额是由很多因素造成的，例如对某种货币的供求、交易量、货币风险、市场总体波动幅度等。除此以外，在我国，外汇指定银行在确定其买卖汇率时还需遵循一些规定。首先，中国人民银行每天都会按照前一营业日银行间外汇市场形成的加权平均汇率，公布美元、欧元、英镑等主要世界货币对人民币的汇率，称市场交易中间价（基准价）。然后，各外汇指定银行在规定的浮动范围内确定其挂牌汇率。

■ 4）即期汇率和远期汇率

外汇汇率分为即期汇率和远期汇率。即期汇率是指在两个营业日内进行交割的货币兑换的汇率，远期汇率则是指在未来时日进行货币兑换的汇率。即期汇率和远期汇率都处在经常的变动中，但两者密切相关。影响即期汇率和远期汇率之间差异的最主要的因素是不同货币的利率差异。

下面举例说明即期汇率和远期汇率的关系。假设某日美元与英镑的即期汇率为1英镑=1.4210美元。如果美元90天期的利率为5%，英镑90天期的利率为7%，那么当日90天期的远期汇率便是使持有美元90天所获得的本息等于投资于英镑90天将获得的本息的汇率。美元对英镑的90天期的远期汇率计算见表11-2。

表11-2 **远期汇率计算**

项目	美元	英镑
当日的价值	USD1	GBP0.70373（1÷1.4210）
利率（%）	5%	7%
90天后的利息	USD0.0125	GBP0.01232
90天后的价值	USD1.0125	GBP0.71605
90天期的远期汇率为：GBP1=1.0125÷0.71605=USD1.4140		

远期汇率也可以通过下面的公式计算：

$$\text{远期汇率}=\text{t期期初的直接标价即期汇率}\times\frac{1+\text{在t期内进行国外投资的利率}}{1+\text{在t期内进行国内投资的利率}}$$

用该公式计算，上述美元对英镑的90天期的远期汇率可计算如下：

$$\text{USD}1.4210\times\frac{1+0.05\times 90\div 360}{1+0.07\times 90\div 360}=\text{USD}1.4140$$

在上例中，美元的利率低于英镑的利率，所以当日的远期汇率低于即期汇率70个点（1.4210-1.4140），这种现象被称为“贴水”（discount）。如果美元的利率高于英镑的利率，那么远期汇率就高于即期汇率，其差额则称为“升水”（premium）。

升水和贴水主要表述不同货币的利率差别的影响，但除了利率，还有其他因素会影响远期汇率的确定，从而影响即期汇率和远期汇率的差额。这些因素包括即期汇率的波动性、远期合同的时间长度、对未来汇率变化的预期，以及特定国家的政治经济环境等。

■ 5）外币折算汇率

会计上的外币折算和实务中的外币兑换是两个不同的概念。外币折算是将会计记录中的外币金额按照其潜在的兑换能力折算为等值的记账本位币。而实务中的外币兑换则是将不同的货币进行实际的兑换，如将人民币兑换成美元。进行外币兑换时，汇率是唯一的、确定的。例如，某人打算在2018年2月2日将1 000美元卖给中国银行，那么根据表11-1的即期外汇牌价表，唯一能采用的汇率为：现钞买入价100美元=633.51元人民币。所以此人将获得6 335.1元人民币。

但是，外币折算的汇率选择却不是那么一目了然。总的来说，外币折算面临两个方面的汇率抉择：

（1）就一个特定时日的汇率而言，应选择买入汇率、卖出汇率还是中间汇率？

（2）就外币金额的折算而言，应选择哪个时日的汇率？

对于（1）的问题，从理论上说，企业的外币收入应当按买入汇率折算，外币支出则应当按卖出汇率折算，而期末的外币余额又需调整到按买入汇率折算的金额。然而，这样做将造成每个会计期末都要对买卖汇率之间的差额进行调整，而支出的外币实际上也是按买入汇率折算的。所以，为了简便起见，许多企业采取折中的做法，对外币收入和支出都按买卖汇率的平均值折算，该平均值即中间价。

对于（2）的问题，会计上存在着几个术语：历史汇率、期末汇率和平均汇率。历史汇率是指对外币交易进行初始确认时的即期汇率，期末汇率是指资产负债表日的即期汇率，平均汇率则是指一段时日的即期汇率的简单或者加权平均数。在美国的《财务会计准则公告第52号——外币折算》里，还有一个汇率术语："现行汇率"。这个术语的意思比较含糊，经常需联系上下文对其进行理解，如资产负债表日的现行汇率与期末汇率同义，而交易确认日的现行汇率则与历史汇率同义。我国的会计准则和国际会计准则都不采用现行汇率这个术语。

有关何时采用历史汇率、期末汇率和平均汇率来进行外币折算，以及折算后的差额应如何报告的规定，构成了外币折算方法。外币折算方法又分为外币交易折算方法和外币财务报表折算方法，其中外币交易折算方法为本章的主题，外币财务报表折算的方法将在下一章中介绍。

11.1.3　外币交易的种类

外币交易是指以记账本位币以外的货币计价或结算的一种交易，企业可能进行的外币交易有：

（1）外币兑换；

（2）买入或卖出以外币计价的商品或劳务；

（3）借入或借出以外币为收付金额的款项；

（4）外汇衍生工具交易；

（5）购置或处理以外币计价的资产，或者产生或结算以外币计价的债务，例如外币证券投资；

（6）收到外币资本投资。

以上所述的六种外币交易均属即期外币交易。外币交易因交割日不同，可分为即期外币交易和远期外币交易。

即期外币交易（spot exchange transaction）又称现汇交易，是指在成交当日或以后的两个营业日办理实际货币交割的交易方式。远期外币交易（forward exchange transaction）又称期汇交易，是指交易双方在成交后并不立即办理交割，而是事先约定币种、金额、汇率、交割时间等交易条件，到期才进行实际交割的交易方式。

11.1.4 外币交易的核算方法

在讨论外币交易会计问题的特殊性时，首先必须了解外币交易的专门核算方法。在实务中，外币交易的专门核算方法有两种：外币统账制和外币分账制。

■ 1）外币统账制

外币统账制也称本币记账法，是指企业发生外币业务时，以记账本位币为记账单位，将外币按一定的汇率折算为记账本位币记账的一种方法。具体做法是：对每笔外币业务均按一定的汇率折算为记账本位币。除了外币兑换业务外，平时不确认汇兑损益。期末再将各外币账户的外币余额按期末汇率折合为记账本位币金额，折合后的记账本位币金额与账面已经记录的记账本位币金额的差额，确认为汇兑损益。折算汇率既可以选择业务发生当日的市场汇率，也可以选择业务发生当期期初（即当月1日）的市场汇率。

例如，某企业2018年2月2日有关外币账户期末调整的资料，见表11-3。

表11-3 **期末外币账户调整计算表** 金额单位：元

外币科目	美元余额	期末汇率	调整后人民币余额	调整前人民币余额	差额
银行存款	1 000（借）	6.2885	6 288.50（借）	6 260（借）	28.50（借）
应收账款	500（借）	6.2885	3 144.25（借）	3 180（借）	35.75（贷）
应付账款	400（贷）	6.2885	2 515.40（贷）	2 564（贷）	48.60（借）
短期借款	3 000（贷）	6.2885	18 865.50（贷）	18 880（贷）	14.50（借）
合计					55.85（借）

■ 2）外币分账制

外币分账制又称原币记账法，是指企业在外币业务发生时，直接按照原币记账，不需要按一定的汇率折算成记账本位币记账的一种方法。具体做法是：外币业务发生时，按原币发生额分币种核算，每种外币从明细核算到综合核算都自成一套独立的账务系统，期末再将所有原币的发生额按一定的市场汇率折算为记账本位币，并确认汇兑损益和编制财务报表。采用这种方法，需要按币种分设账户，分币种核算损益。

目前在我国，只有像银行和保险公司这样经营大量外币交易的金融企业才被允许采用外币分账制，其他企业都必须采用外币统账制。尽管外币分账制和外币统账制在账务处理方式上存在着差异，但对于同一笔外币交易，无论是通过外币分账制还是通过外币统账制核算，最终的报表结果应该是一致的。下面有关外币交易会计问题的讨论，都假设采用的是更为普遍的外币统账制。

11.1.5 外币交易会计的特殊性

对于每一笔跨国交易，交易双方中一般只有一方在进行外币交易，因为指定的结算货币经常是其中一方的记账本位币。例如，一家记账本位币为人民币的中国公司从一家功能货币为美元的美国公司进口机器设备，约定以美元付款，那么这家中国公司就是在进行外币交易，它在记录这笔交易时将遇到一些特殊的会计问题，而那家美国公司只不过是做了一笔按其功能货币标价和结算的出口生意，对它来说，这笔交易不是外币交易，不会产生任何特殊的会计问题。

对于中国公司来说，这笔外币交易会计问题的特殊之处与外币交易过程中的3个日期有关，这3个日期是：

① 交易日，指根据会计准则，外币交易最早可以确认的日期；

② 结算日，进行外币交易的一方收取或者支付外币的日期；

③ 交易日至结算日之间的资产负债表日，当外币交易的结算日和交易日不在同一会计期间时，就会夹着至少一个资产负债表日。

在外币统账制下，企业发生外币交易时，应当按外币原币登记外币账户，同时选用一定的汇率将外币金额折算为记账本位币金额。当外币交易的交易日和结算日不在同一天时，即存在信用期时，外币交易会计就存在两个特殊的问题：

① 当汇率发生变化时，在结算日的结算金额与在交易日记录的金额不一致，应如何处理两者之间的差额？

② 当汇率发生变化时，在交易日至结算日之间的资产负债表日，应如何反映汇率变动对外币交易所产生的货币性项目（例如应收账款）的影响？

■ 1）“单项交易观”与“两项交易观”

对于上述第一个特殊问题的回答曾存在争论，形成两种观点，分别被称为“单项交易观”（one-transaction perspective）和“两项交易观”（two-transaction perspective）。“单项交易观”的主要论点是外币交易的购销和账款结算是一笔交易的两个过程，在交易日初始记录的销售收入或者购货成本的记账本位币等值只是个暂记数，具体的金额只能等到实际结算时才能确定，因此从交易日到结算日的汇兑差额应调整相应的营业收入或购货成本。

举例说明“单项交易观”下的会计处理方法。

【例11-1】假设美国的某公司2020年11月1日向日本横滨贸易公司销售一批存货，价值10 000 000日元，2021年2月28日付款，再假设美国公司以12月31日作为会计年末，有关日元的即期汇率如下：

2020年11月1日	0.0070922
2020年12月31日	0.0072074
2021年2月28日	0.0069444

2020年11月1日美国公司应作如下分录记录其出口销售：

借：应收账款——日元户（10 000 000×0.0070922）　　70 922

　贷：营业收入　　70 922

在2020年12月31日报表编制日，日元兑美元的汇率为1日元=0.0072074美元，美国公司应收的10 000 000日元的账款，因日元升值而比初始记录金额增加了1 152美元，应调整“营业收入”和“应收账款”账面价值，具体分录如下：

借：应收账款——日元户（10 000 000×（0.0072074-0.0070922））　　1 152

　贷：营业收入　　1 152

营业收入的最终金额应与结算时应收账款的日元金额相等。在2021年2月28日结算日日元兑美元的汇率降为1日元=0.0069444美元，该日美国公司的日元应收账款价值因日元贬值而减少，其损失等于应收账款2021年2月28日的价值与2020年12月31日账面价值的差额。具体分录如下：

借：营业收入　　2 630

　贷：应收账款——日元户（10 000 000×（0.0069444-0.0072074））　　2 630

借：银行存款——日元　　69 444

　贷：应收账款——日元户　　69 444

用“T”形账户列示如下：

应收账款

2020年1月11日	70 922	2021年2月28日	2 630
2020年12月31日	1 152	2021年2月28日	69 444
2021年2月28日	0		

营业收入

2021年2月28日	2 630	2020年1月11日	70 922
		2020年12月31日	1 152
		2021年2月28日	69 444

从上面的例子可以看到，在“单项交易观”下，营业收入的计量不是在销售成立时确定，而是在收到账款的时候确定，这种做法与现行会计原则中的收付实现制原则是相违背的。另外，将汇兑差额用于调整营业收入或购货成本，导致人们误以为汇率风险是购销交易中不可避免的一部分，这一点不符合事实。在实务中，企业管理层可以选择通过利用外汇远期合同等衍生金融工具来管理和规避外汇风险。因此，“单项交易观”被摒弃。

目前，外币交易核算的主流方法是采用“两项交易观”。“两项交易观”的主要论点是企业的购销交易和外币账款结算是两项独立的相关业务。企业在作出购销决策时，销售收入或者购货成本为按交易日的汇率折算的等值记账本位币的金额，而对购销决策所导致的外币应收应付账款所承担的汇率波动风险的估计是财务决策而不是购销决策。因此，在账款结算日，如果汇率发生变化，其影响应视为一种财务风险，在专设的“汇兑损益”科目里反映。

【例11-2】沿用【例11-1】的资料。在两项交易观下，美国公司在交易日2020年11月1日所作的分录同上，在2020年12月31日报表编制日和2021年2月28日结算日，汇率波动导致的美元差额，应确认为“汇兑损益”，而不是“营业收入”，具体分录如下：

借：应收账款——日元户（10 000 000×（0.0072074-0.0070922））　1 152
　贷：汇兑损益　1 152
借：汇兑损益　2 630
　贷：应收账款——日元户（10 000 000×（0.0069444-0.0072074））　2 630
借：银行存款——日元　69 444
　贷：应收账款——日元户　69 444

“两项交易观”与现行的会计惯例相一致，根据现行会计惯例，对交易的筹资被视为一项单独的业务，独立反映，而“两项交易观”也是单独反映外币购销业务所导致的筹资风险（汇兑损益）。我国《企业会计准则第19号——外币折算》（CAS No.19）也要求采用“两项交易观”。

■　2）汇兑损益的确认与处理

汇兑损益，又称汇兑差额，是指企业将发生的外币交易折合为记账本位币记账时，由于记账的时间不同，所采用的汇率不同而产生的应记账的本位币和已记账的本位币之间的差额。它会给企业带来收益或者损失，汇兑损益包括交易损益和折算损益。

（1）交易损益。

交易损益是指由于经济业务发生日的汇率与结算日的汇率不同而产生的损益。其来源可能是实际的外币兑换，也可能是由于外币储蓄存款及外币交易事项所形成的折算差额。例如，某企业以人民币为记账本位币，1月18日向美国销售商品10 000美元，货款尚未收到。当天的汇率为USD1=RMB6.4401。2月2日收到货款，当天的汇率为USD 1=RMB 6.2885。交易损益的计算见表11-4。

表11-4　**交易损益的计算**

企业确认收入时：	10 000×6.4401=64 401（元）
收到货款时：	10 000×6.2885=62 885（元）
由于汇率变动产生的汇兑损失：	62 885-64 401=-1 516（元）
如果2月2日的汇率为USD 1=RMB 6.4885，则汇率变动产生的汇兑收益为：	10 000×（6.4885-6.4401）=484（元）

（2）折算损益。

折算损益是指在会计期末，为了编制合并财务报表或为了重新表述会计记录和财务报表项目金额，在把财务报表各项目由一种货币折算成另一种货币时，由于汇率变动而产生的损益。此部分的具体内容在外币财务报表折算一章的内容中详细介绍。

对于汇兑损益的确认，存在着两种不同的观点。一种观点认为划分已实现和未实现汇兑损益。已实现的汇兑损益是指外币交易的发生日与结算日在同一会计期间内，其汇率波动影响产生的汇兑损益价值在本期内已经全部实现；未实现的汇兑损益是指外币交易的发生日与结算日因不在同一会计期间，其汇率波动影响产生的汇兑损益价值在本期内未实现。本期汇兑损益的确认应以实现为准，即只有已实现的汇兑损益才能作为本期的汇兑损益登记入账，而未实现的汇兑损益不能确认入账，待以后实现时才能予以确认，我们称其为未实现汇兑损益的递延法。另一种观点认为不划分已实现汇兑损益和未实现汇兑损益。汇兑损益价值不论在本期内是否实现都应全部计入当期损益，因为汇率波动将对按记账本位币表述的现金流量产生直接的影响，当期确认未实现汇兑损益符合权责发生制的会计惯例，即当影响现金流量的事件（汇率变动）发生时，立即确认汇率波动的影响。我们又称其为未实现汇兑损益的当期确认法。

对汇率发生变化时，在交易日至结算日之间的资产负债表日，应如何反映汇率变动对外币交易所产生的货币性项目（例如应收账款）的影响这一特殊问题，根据“两项交易观”，必须确认外币货币性项目的未实现汇兑损益。而如何反映未实现汇兑损益，当前的国际惯例是采用当期确认法，我国的会计准则也采用此法。首先，从理论上说，过去的汇率波动是一种历史事件，如果财务报表不反映已发生的历史事件，就会失去有用性；其次，从实务上说，很难预测未来的汇率是否会逆转，如果汇率不发生逆转，那么将造成上一会计期间应确认的汇兑损益被延至下一会计期间确认的状况，同样是歪曲了上下两个会计期间的利润。除此以外，更为重要的是，当期确认法符合当前的财务报告发展趋势：将未实现利得和损失计入当期损益。

11.1.6 《企业会计准则第19号——外币折算》对外币交易会计的规定

我国财政部发布《企业会计准则第19号——外币折算》(CAS No.19)，其中有关外币交易的会计处理规定基本上与国际会计准则理事会于2003年发布的《国际会计准则第21号——外汇汇率变动的影响》一致。概括来说，外币交易的会计处理程序如下：

■ 1）初始确认

外币交易在初始确认时，应按交易日的即期汇率将外币金额折算成记账本位币予以记录。为了便于核算，也可使用按照系统合理的方法确定的、近似于交易日即期汇率的汇率。其中，“即期汇率”通常是指当日中国人民银行公布的人民币外汇牌价的中间价，即期汇率近似汇率通常指当期平均汇率或加权平均汇率。

■ 2）资产负债表日

企业在资产负债表日，应当按照下列规定对外币项目进行会计处理：

（1）外币货币性项目。外币货币性项目包括货币性资产和货币性负债，采用资产负债表日即期汇率折算。由于因资产负债表日即期汇率与初始确认时或者前一资产负债表日即期汇率不同而产生的汇兑损益，计入当期损益，同时调整外币货币性项目的记账本位币。

（2）外币非货币性项目。外币非货币性项目即除货币性项目以外的项目，分不同情况进行处理：以历史成本计量时，采用交易发生日的即期汇率折算，不改变其记账本位币金额；以公允价值计量时，采用公允价值确定日的即期汇率折算，折算后的金额与原记账本位币金额的差额，作为公允价值变动（含汇率变动）处理，计入当期损益。

（3）外币投入资本项目。企业收到投资者以外币投入的资本，应当采用交易发生日即期汇率折算。外币投入资本与相应的货币性项目的记账本位币金额之间不产生外币资本折算差额。

（4）实质上构成对境外经营净投资的外币货币性项目。企业编制合并财务报表涉及境外经营的，如有实质上构成对外经营净投资的外币货币性项目，因汇率变动而产生的汇兑差额，应列在所有者权益“外币报表折算差额”项目；处置境外经营时，计入处置当期损益。

11.2　外币业务的会计处理

企业日常的外币交易业务形式多样，除了商品和劳务的直接进出口贸易外，还有外币的兑换、外币的借贷、外币的购置或处理以外币计价的资产、接受外币资本投资、股利或利息及管理费用的收入和支出等业务。这些业务虽各不相同，但都以即期汇率进行外币的账务处理和外币项目的调整，并在交易成交当日或以后的两个营业日办理实际货币交割，因此企业日常的外币交易业务又称为即期外币业务。

11.2.1　外币兑换业务

外币兑换业务，是指企业从银行等金融机构买入外汇或将外汇卖给银行等金融机构以及将一种外币兑换为另一种外币的经济业务。

1）企业向银行出售外汇

企业向银行出售外汇时，一方面将实际支付的外汇按汇率中间价折合成记账本位币登记外币存款账户；另一方面，按银行的买入汇率计算应收取的记账本位币金额登记入账，差额记入汇兑损益。

以企业向银行出售外币为例说明，假设乙股份有限公司本期到银行将50 000美元兑换为人民币，银行当日的美元买入价为1美元=6.2217元人民币，卖出价为1美元=6.2993元人民币。有关会计处理如下：

折算汇率：（6.2217+6.2993）÷2=6.2605

收取的人民币：50 000×6.2217= 311 085（元）

借：银行存款——人民币户（USD50 000×6.2217）　　311 085
　　财务费用——汇兑损益　　1 940
　贷：银行存款——美元户（USD50 000×6.2605）　　313 025

2）企业从银行买入外汇

企业因业务需要从银行买入外汇时，一方面按银行的卖出价计算应支付的记账本位币金额并登记入账，另一方面按从银行取得的外汇金额和折算汇率折合为记账本位币登记外币存款账户，差额记入汇兑损益。

例如，甲股份有限公司本期因外币支付需要，从银行购入10 000美元，银行当日的美元卖出价为1美元=6.2993元人民币，当日买入价为1美元=6.2732元人民币。有关会计处理如下：

折算汇率：（6.2732+6.2993）÷2=6.2863

支付的人民币：10 000×6.2993= 62 993（元）

借：银行存款——美元户（USD10 000×6.2863）　　62 863

　　财务费用——汇兑损益　　130

　贷：银行存款——人民币户（USD10 000×6.2993）　　62 993

11.2.2 外币借款业务

外币借款是企业外币筹资的重要方式。企业应将借入的外币按当日或当期期初的市场汇率折合为记账本位币入账。

【例11-3】丙股份有限公司2020年7月1日从中国银行借入10 000美元，期限为1年，假定美元贷款年利率为5%。借入时的市场汇率为1美元=6.7744元人民币。2020年12月31日的即期汇率为1美元=6.5342元人民币。2021年2月2日偿还贷款本金和利息，还款时即期汇率为1美元=6.2885元人民币。丙公司会计处理如下：

2020年7月1日从中国银行取得借款的会计分录：

借：银行存款——美元户（USD10 000×6.7744）　　67 744

　贷：短期借款——美元户（USD10 000×6.7744）　　67 744

6个月后，2020年12月31日丙股份有限公司计提利息，其会计分录为：

应付利息=10 000×5%×6÷12×6.5342= 1 633.55（元）

借：财务费用——利息支出　　1 633.55

　贷：应付利息　　1 633.55

2021年2月2日归还借款时的会计分录为：

借：短期借款——美元户（USD10 000×6.2885）　　62 885

　　应付利息　　1 633.55

　　财务费用——利息支出（USD10 000×5%×1÷12×6.2885）　　262.02

　贷：银行存款——美元户　　64 780.57

各外币账户由于汇率变动所产生的折算成记账本位币的差额在期末时进行统一调整，相关计算和会计处理见期末外币账户余额的调整部分的内容。

11.2.3 外币购销业务

外币购销业务是企业发生的以记账本位币以外的货币进行结算的购销业务。发生这些业务时，均按折算汇率折合为记账本位币入账，以确认购货成本或销售收入的入账价值，平时不产生汇兑损益，“应收账款——某外币户”“应付账款——某外币户”账户的差额到期末和其他外币账户一起进行统一的汇兑损益调整。

【例11-4】某公司的记账本位币为人民币，2020年3月15日向法国某公司出售一批商品，以欧元结算，货款10 000欧元。当日的即期汇率为1欧元=7.3363元人民币。货款尚未收到。2020年5月5日收回货款，当日即期汇率为1欧元=7.5655元人民币。则该公司应作如下会计处理：

3月15日，销售商品时，其会计分录如下：

借：应收账款——欧元户（EUR10 000 ×7.3363）　　73 363

　贷：营业收入　　73 363

5月5日，收到款项时，其账务处理如下：

借：银行存款——欧元户（EUR10 000×7.5655）　　75 655

　贷：应收账款——欧元户　　75 655

11.2.4　接受外币资本投资业务

企业收到投资者以外币投入的资本，应当采用交易发生日的即期汇率将外币资本折算为记账本位币，其与相应的货币性项目的记账本位币金额之间不产生折算差额。

【例11-5】A公司收到某外商的外币投资10 000英镑，收到出资当天的即期汇率为1英镑=8.9018元人民币，则A公司应作如下会计处理：

借：银行存款——英镑户（GBP10 000×8.9018）　　89 018

　贷：实收资本　　89 018

11.2.5　期末外币账户余额的调整

1）货币性项目

在资产负债表日，企业应对所有外币账户（包括外币现金、外币银行存款、外币债权债务账户）的期末余额，按照期末市场汇率折合为记账本位币金额，该金额与原账面记账本位币金额之间的差额，确认为汇兑损益，记入“财务费用”或有关账户。在资产负债表日，外币账户余额的调整程序如下：

① 根据各外币账户的期末原币余额和一定的汇率计算出应记账的记账本位币余额；

② 将期末折合的应记账的人民币余额与原已记账的人民币余额进行比较，计算出记账本位币余额的差额；

③ 根据应调整的记账本位币的差额，确定所产生的汇兑损益的数额；

④ 将调整额进行账务处理，并将汇兑损益记入有关账户。

【例11-6】依据前面表11-3的计算结果，作会计处理如下：

借：短期借款——美元户　　14.5

　　应付账款——美元户　　48.6

　　银行存款——美元户　　28.5

贷：应收账款——美元户　　35.75

财务费用——汇兑损益　　55.85

2）非货币性项目

非货币性项目是货币性项目以外的项目，如交易性金融资产、存货、长期股权投资、固定资产、无形资产等。在资产负债表日，企业对非货币性项目期末余额是否调整、如何调整视不同情况而定。

（1）对于以历史成本计量的外币非货币性项目，已在交易发生日按当日即期汇率折算，资产负债表日不应改变其原记账本位币金额，不产生汇兑差额。如前例资料，A公司收到某外商的外币投资10 000英镑时已按收到出资当天的即期汇率折算为人民币，登记“实收资本”账户，“实收资本”账户属于非货币性账户。因此，期末不需要按当日即期汇率进行调整。

（2）对于以成本与可变现净值孰低计量的非货币性项目，如果其可变现净值以外币确定，则在确定非货币性项目的期末价值时，应先将可变现净值折算为记账本位币，再与以记账本位币反映的余额进行比较。

【例11-7】某公司以人民币为记账本位币。2020年12月4日从美国购进最新型号的甲器材10台（该器材在国内市场无供应），单价1 000美元，当日汇率为1美元=6.6105元人民币，当日支付了相应货款（假定该公司有美元存款）。至2020年12月31日，已经售出甲器材2台，库存8台，国内市场仍无供应，其在国际市场的价格已降至每台950美元，12月31日的汇率为1美元=6.5342元人民币。假定不考虑增值税等相关税费。

本例中由于存货在资产负债表日采用成本与可变现净值孰低计量，因此，在以外币购入存货并且该存货在资产负债表日获得的可变现净值以外币反映时，计提存货跌价准备应当考虑汇率变动的影响。所以，该公司应作如下会计处理：

2020年12月31日，对甲器材计提的存货跌价准备为：

8×1 000×6.6105−8×950×6.5342=52 884−49 659.92=−3 224.08（元）

借：资产减值损失　　3 224.08

贷：存货跌价准备　　3 224.08

（3）对于以公允价值计量的股票、基金等非货币性项目，如果期末的公允价值以外币反映，应当先将该外币按照公允价值和确定的当日汇率折算为记账本位币，再与原记账本位币金额进行比较，其差额作为公允价值变动损益，计入当期损益。

例如某公司的记账本位币为人民币，2020年12月10日以每股1.5美元的价格购入乙公司B股10 000股作为以公允价值计量且其变动计入当期损益的金融资产，当日汇率为1美元=6.6152元人民币，款项已付。2020年12月31日，由于市价变动，购入的乙公司B股的市价降至每股1美元，当日汇率为1美元=6.5432元人民币。假定不考虑相关税费的影响。

2020年12月10日，该公司应对上述交易作以下会计处理：

借：交易性金融资产（USD1.5×10 000×6.6152）　　99 228

贷：银行存款——美元　　99 228

根据《企业会计准则第22号——金融工具确认和计量》的规定，以公允价值计量且其变动计入当期损益的金融资产以公允价值计量。由于该项金融资产是以外币计价，在资产负债表日，不仅应考虑美元市价的变动，还应考虑美元与人民币之间汇率的变动，上述金融资产在资产负债表日的人民币金额以65 432元（10 000×1×6.5432）入账，与原账面价值99 228元的差额为33 796元人民币（损失），计入公允价值变动损益。相应的会计分录如下：

借：公允价值变动损益　　33 796

　贷：交易性金融资产　　33 796

33 796元人民币既包含了甲公司所购乙公司B股股票公允价值变动的影响，又包含了人民币与美元之间汇率变动的影响。

总结与结论

所谓外币交易是指以企业的记账本位币以外的货币计价的交易事项。记账本位币是指企业经营所处的主要经济环境中的货币，是企业进行会计核算统一使用的记账货币。在外币交易会计中，因存在记账汇率与账面汇率、现行汇率与历史汇率之分，相同的外币金额在不同的时点由于汇率不同而导致其折合的记账本位币金额不同，由此而产生的差额就是汇兑损益。汇兑损益根据其产生的原因可以分为外币交易汇兑损益和外币报表折算汇兑损益。目前，对企业发生的外币交易事项所产生的汇兑损益如何处理存在两种不同的确认观点：单项交易观与两项交易观。国际会计准则委员会在IAS No.21中建议采用两项交易观处理外币交易事项，并主张在多数情况下采用当期确认法。美国财务会计准则委员会在FAS No.52公告中也建议采用两项交易观，并要求采用当期确认法。我国CAS No.19要求外币交易会计处理采用两项交易观，并采用当期确认法。

外币统账制是一种以本国货币为记账本位币的记账方法，外币在账簿上只作辅助记录。外币分账制也称为原币记账法，它是指在外汇交易发生时直接以原币记账，平时不进行汇率的折合，也不反映记账本位币金额。

关键概念

1.记账本位币：指企业经营所处的主要经济环境中的货币，是企业进行会计核算统一使用的记账货币。主要经济环境通常是指企业主要产生和支出现金的经济环境。

2.外汇：从广义上说，是指外币和以外币所表示的债权或股权凭证，主要包括：①外币银行存款和库存外币，包括纸币和铸币等；②外币支付凭证，如外币银行存单、外币本票和汇票及邮政储蓄凭证等；③外币有价证券，如以外币标示的国库券、政府公债、公司债券和股票等；④其他外汇资金。

3.汇率：简单地说，汇率是将一国货币兑换为另一国货币的比率。

4.外币交易：指以记账本位币以外的货币计价或结算的一种交易，企业可能进行的外币交易有：①外币兑换；②买入或卖出以外币计价的商品或劳务；③借入或借出以外币为收付金额的款项；④外汇衍生工具交易；⑤购置或处理以外币计价的资产，或者产生或结算以外币计价的债务，例如外币证券投资；⑥收到外币资本投资。以上所述的6种外币交易均属即期外币交易。外币交易因交割日不同，可分为即期外币交易和远期外币交易。

5. 外币交易（spot exchange transaction）：又称现汇交易，是指在成交当日或以后的两个营业日办理实际货币交割的交易方式。

7. 外币统账制：也称本币记账法，是指企业发生外币业务时，以记账本位币为记账单位，将外币按一定的汇率折算为记账本位币记账的一种方法。

8. 外币分账制：也称原币记账法，是指企业在外币业务发生时，直接按照原币记账，不需要按一定的汇率折算成记账本位币记账的一种方法。

9. 汇兑损益：又称汇兑差额，是指企业将发生的外币交易折合为记账本位币记账时，由于记账的时间不同，所采用的汇率不同而产生的应记账的本位币和已记账的本位币之间的差额。它会给企业带来收益或者损失，汇兑损益包括交易损益和折算损益。

课程思政

1. 民族利益还是业务便利

我国《企业会计准则第19号——外币折算》规定：企业通常应选择人民币作为记账本位币，业务收支以人民币以外的货币为主的企业，也可以选定其中一种货币作为记账本位币，但是，编报财务报表时应当折算为人民币。请思考这种规定主要是出于民族利益的考虑还是出于业务便利的考虑。

2. 人民币国际化对外币交易会计的影响

党的二十大报告提出：推进高水平对外开放，稳步扩大规则、规制、管理、标准等制度型开放，加快建设贸易强国，推动共建“一带一路”高质量发展，维护多元稳定的国际经济格局和经贸关系。“十四五”规划和2035年远景目标纲要提出，稳慎推进人民币国际化，坚持市场驱动和企业自主选择，营造以人民币自由使用为基础的新型互利合作关系。随着中国高水平对外开放的稳步推进，人民币目前获得国际广泛认可，2022年8月，国际货币基金组织最新特别提款权（SDR）货币篮子正式生效，人民币在其中的权重由此前的10.92%上调至12.28%，国际化水平稳步提升。请结合本章的学习思考人民币国际化对外币交易会计将产生怎样的影响？

思考与练习

一、思考题

1. 简述外币交易、外币兑换和外币折算的概念以及这三者的区别。

2. 什么是功能货币和记账本位币？

3. 外币交易业务的单项交易观和两项交易观的主要区别在哪里？

4. 我国对外币业务会计处理有哪些规定？外币业务发生时采用何种汇率折算？如何进行账务处理？

二、练习题

1.2020年7月1日，M公司从加拿大供应商处购买了300吨原木，60天后付款。M公司既有美元银行账户又有加元银行账户，有关加元汇率如下：

2020年7月1日即期汇率　　　　　　CAD1=USD0.675

2020年7月1日的60天远期汇率　　　CAD1=USD0.678

2020年8月31日的即期汇率　　　　　CAD1=USD0.677

要求：

（1）假设原木的购买价格是每吨78美元，作出7月1日购买时的会计分录及到期日付款时的会计分录。

（2）假设原木的购买价格是每吨CAD105，作出7月1日购买时的会计分录及到期日付款时的会计分录。

2. 甲公司2020年12月20日对美国出口商品，货款双方约定按美元结算，金额5 000美元，款项结算日为2021年1月24日。甲公司以人民币作为记账本位币。2020年12月20日美元对人民币汇率为6.6066；2020年12月31日为6.5342；2021年1月24日为6.3916。

要求：分别采用单项交易观和两项交易观为甲公司上述业务进行会计处理，并分析其差异。

延伸阅读

［1］亨格瑞，森登，埃利奥特．财务会计教程［M］．朱丹，译．8版．北京：人民邮电出版社，2005.

［2］亨利三世．企业并购与国际会计［M］．武冰，等译．北京：北京大学出版社，2005.

［3］拉德鲍，格雷，布莱克．国际会计与跨国企业［M］．王全喜，等译．北京：机械工业出版社，2008.

［4］刘易斯，彭迪尔．高级财务会计［M］．钱爱民，译．北京：中国人民大学出版社，2006.

［6］中华人民共和国财政部．企业会计准则第19号——外币折算［S］//企业会计准则2017.北京：经济科学出版社，2017.

［7］中华人民共和国财政部．企业会计准则第22号——金融工具确认和计量［S］//企业会计准则2017.北京：经济科学出版社，2017.

［8］中华人民共和国财政部．企业会计准则第24号——套期保值［S］//企业会计准则2017.北京：经济科学出版社，2017.

［9］曲晓辉．外币业务会计处理的若干问题［J］．会计研究，1995（8）.

［10］周江生．外币业务会计处理的国际比较［J］．会计之友，2016（12）.

本章教学视频　　本章教学课件　　本章学习指导

第12章

外币财务报表折算

高级财务会计

Advanced Financial Accounting

章前准备

一、学习目的与要求

通过本章的学习，要求了解外币财务报表折算采用的基本方法和涉及的主要问题；掌握现行汇率法和时态法的基本程序和操作要点；理解外币财务报表折算程序的决定因素和外币财务报表折算差额产生的原因。

二、教学重点与难点

本章教学的重点是外币财务报表折算的基本方法，特别是现行汇率法和时态法的折算程序和折算方法。教学难点是外币报表折算差额的性质及其原因。

三、本章教案设计

本章教案

12.1　外币财务报表折算概述

12.1.1　外币财务报表折算的原因及界定

在经济全球化的背景下，跨国经营和跨国资本流动日益增多，企业到境外上市、跨国并购、在境外设立子公司或分支机构的情况越来越普遍，将以一种货币单位编制的财务报表折算为以另一种货币单位编制的财务报表的情况越来越多。母公司在合并其境内外成员企业的财务报表之前，首先需要将其境外子公司用外币编制的财务报表以母公司的报告货币进行折算表述，又如，企业要在国外证券市场上发行股票和债券，就需要向国外的投资者（股东）、债权人提供本企业的财务报表，这时需要把以本国货币表述的财务报表折算为相应的外国货币单位表述的财务报表，这也是与外币财务报表折算性质相同的问题。

外币财务报表折算是指为了特定的目的，将以某一种外币表示的财务报表折算为以另一种特定货币表示的财务报表的会计处理程序。本章所阐述的外币财务报表折算主要是针对境外经营财务报表的折算。

12.1.2　外币财务报表折算的目标及基本方法

将以外币表示的财务报表折算为以本国货币表示的财务报表，主要涉及两大问题：

一是以何种汇率对外币财务报表项目的数据进行折算；

二是折算过程中所产生的外币财务报表折算差额如何处理。

第一个问题涉及公司资产和负债价值的确定，它不仅影响资产负债表，而且最终影响利润的计算。第二个问题主要涉及表述问题，也就是应该怎样表述利得或损失，即在财务报表的何处列示它们，是在资产负债表中作为所有者权益的调整项目，还是列入利润表，将每期产生的外币财务报表折算差额计入当期损益。这将影响到许多重要的会计变量，如净利润、净资产、每股收益等。

由于采用不同的折算方法所得到的折算结果不同，因而在外币财务报表折算时应首先明确外币财务报表折算的目标，美国财务会计准则委员会（FASB）《财务会计准则公告第52号——外币折算》（1981年）明确地规定了外币财务报表折算应达到的两项目标：

（1）合并报表中反映按照每一个合并主体从事经营的主要通货（它的功能货币）所计量的财务结果和财务关系；

（2）提供一般来说与汇率变动对企业的现金流量和业主权益的预期经济影响相一致的信息。

为了达到这两项目标，在进行外币财务报表折算时就需要根据国外子公司经营特点的不同，选择相适应的折算汇率及折算差额列示方法。

外币财务报表折算因所采用的汇率不同而形成了不同的方法，归纳起来可以分为两种，即单一汇率法和多种汇率法。所谓单一汇率法，就是采用单一的折算汇率去折算所有的资产和负债项目，通常是按现行汇率（编制合并财务报表日的通行汇率）进行折算，因此这种方法也称为现行汇率法。多种汇率法是在外币财务报表折算过程中，对不同的资产、负债项目采用不同的折算汇率（现行汇率、历史汇率）。多种汇率法具体又有流动-非流动项目法、货币-非货币项目法、时态法三种。

在不同的折算方法下，将会产生不同的外币财务报表折算差额。而对于如何列报所产生的外币财务报表折算差额，各方也存在着分歧。因此，折算汇率选择和外币财务报表折算差额列示方法的不同组合就会使外币财务报表折算的具体程序和方法各不相同。但不管采用的具体方法有什么不同，外币财务报表折算应遵循一个合理的程序，即如果外币财务报表折算差额是在资产负债表中列示，则合理的折算程序应先折算利润表，后折算资产负债表；如果外币财务报表折算差额是在利润表中列示，则合理的折算程序应先折算资产负债表，后折算利润表。因为在实务中外币财务报表折算差额通常是在最后采用倒挤的方式确定。

12.2 现行汇率法

12.2.1 现行汇率法的特点

现行汇率法（current rate method）就是按照现行汇率或期末汇率折算资产负债表上所有的外币资产和负债项目。对于利润表中的收入和费用项目，从理论上讲应按各项收入、费用确认时的“现行汇率”进行折算，但为了简化，在实际中通常按当期各日现行汇率的平均数（简单平均数或适当的加权平均数）进行折算。

在折算程序上，如果外币财务报表折算差额在资产负债表中作递延处理，则折算程序应先折算利润表，并将折算利润表中确定的“期末留存收益”作为资产负债表中“留存收益”期末数的折算金额。资产负债表的所有资产、负债项目采用现行汇率折算，“股本”或“实收资本”、“资本公积”等则采用历史汇率折算（若是多次形成，应将每次形成的外币金额分别用当时形成时的汇率折算，然后加总各部分折算金额）。最后，根据“资产=负债+所有者权益”的平衡关系倒挤确定“外币财务报表折算差额”，计入资产负债表中的“其他综合收益”科目，作为所有者权益的一部分列示。如果将外币财务报表折算差额在利润表中列示，则折算程序应先折算资产负债表，资产负债表的所有资产、负债项目采用现行汇率折算，“股本”或“实收资本”、“资本公积”等则采用历史汇率折算（若是多次形成，应将每次形成的外币金额分别用当时形成时的汇率折算，然后加总各部分折算金额），资产负债表中的“留存收益”折算数根据“资产=负债+所有者权益”的平衡关系倒挤确定，并将其作为折算利润表中“期末留存收益”的折算金额。利润表中的各收入、费用项目等按本期平均汇率折算，但是由于利润表中还需要列示“外币财务报表折算差额”，因此，“净利润”项目的折算数不能简单地用各收入、费用项目的折算数加减确定，而需要根据“期末留存收益”、“对所有者（或股东）的分配”和“期初留存收益”三个项目的折算数倒挤确定，其中，“期末留存收益”根据资产负债表中的“留存收益”期末数的折算金额确定，“对所有者（或股东）的分配”的折算数采用股利分配时的汇率折算确定，“期初留存收益”的折算数根据上期折算报表的“期末留存收益”折算数确定。在确定本期净利润的折算金额后，最后根据净利润的折算金额和各收入、费用项目（包括“所得税费用”）折算金额的差额倒挤确定“外币财务报表折算差额”。

该种方法的优点是比较简单，能使原先按外币编制的财务报表上余额之间的比例关系在折算后的财务报表上保持不变。其主要缺点是，当用期末汇率去折算某一公司资产负债表上按历史成本表述的资产时，所得出的折算金额是毫无意义的，因为这个金额既非以母公司所在国货币表示的历史成本，也不是以外币表示的历史成本；既非现行重置成本，也不是可变现净值。实际上，这个数字仅仅是两个互不相关的数字的乘积而已。

12.2.2 现行汇率法应用举例

【例12-1】某中国公司P公司于2020年1月1日投资100万美元在美国设立一全资子公司——S公司，当日S公司购入50万美元固定资产。2020年度S公司的利润表和2020年12月31日的资产负债表分别见表12-1和表12-2。

假设S公司按先进先出法进行存货核算，本期共购进货物380万美元，期末存货80万美元是在2020年第四季度一次购入的，购置日汇率为1美元=7.10元人民币，2020年1月1日的汇率为1美元=7.00元人民币，2020年12月31日的汇率为1美元=7.16元人民币，2020年平均汇率为1美元=7.08元人民币，S公司股利分配日汇率为1美元=7.12元人民币，则分别采用两种方法折算S公司的外币财务报表如下：

表12-1　　**利润表（简表）**

编制单位：S公司　　2020年度　　单位：万美元

项目	金额
营业收入	500
减：营业成本	300
折旧费	10
其他费用	90
利润总额	100
减：所得税费用	20
净利润	80
加：期初留存收益	0
减：对所有者（或股东）的分配	40
期末留存收益	40

表12-2　　**资产负债表（简表）**

编制单位：S公司　　2020年12月31日　　单位：万美元

资产	期末余额	年初余额	负债和所有者权益	期末余额	年初余额
货币资金	40	50	短期借款	40	0
应收账款	40	0	应付账款	20	0
存货	80	0	实收资本	100	100
固定资产	40	50	留存收益	40	0
资产总计	200	100	负债和所有者权益总计	200	100

①按现行汇率法折算，折算差额作递延处理。

由于折算差额作递延处理，故应先折算利润表，后折算资产负债表。

折算时，利润表各收入、费用项目均采用2020年的平均汇率，“对所有者（或股东）的分配”项目采用S公司股利分配日的汇率折算。

资产负债表中的资产、负债项目均按2020年12月31日的汇率折算，“实收资本”按收到P公司投资日的汇率折算，“留存收益”根据利润表的“期末留存收益”项目折算数填列，“外币财务报表折算差额”则倒挤确定。

资产负债表各项目的年初余额根据上年折算报表的期末余额填列，在本例中，由于2020年年初S公司才成立，因此，资产负债表各项目均采用年初汇率进行折算。

折算结果见表12-3和表12-4。

表12-3 **利润表（简表）**

编制单位：S公司　　2020年度　　金额单位：万美元，万元人民币

项目	美元	折算汇率	人民币
营业收入	500	7.08	3 540
减：营业成本	300	7.08	2 124
折旧费	10	7.08	70.80
其他费用	90	7.08	637.20
利润总额	100		708
减：所得税费用	20	7.08	141.60
净利润	80		566.40
加：期初留存收益	0		0
减：对所有者（或股东）的分配	40	7.12	284.80
期末留存收益	40		281.60

表12-4 **资产负债表（简表）**

编制单位：S公司　　2020年12月31日　　金额单位：万美元、万元人民币

资产	期末余额			年初余额		负债和所有者权益	期末余额			年初余额	
	美元	汇率	人民币	美元	人民币		美元	汇率	人民币	美元	人民币
货币资金	40	7.16	286.40	50	350	短期借款	40	7.16	286.40	0	0
应收账款	40	7.16	286.40	0	0	应付账款	20	7.16	143.20	0	0
存货	80	7.16	572.80	0	0	实收资本	100	7.00	700.00	100	700
固定资产	40	7.16	286.40	50	350	留存收益	40	利润表	281.60	0	0
						其他综合收益（外币财务报表折算差额）		倒挤	20.80	0	0
资产总计	200		1 432.00	100	700	负债和所有者权益总计	200		1 432.00	100	700

②按现行汇率法折算，折算差额计入当期损益。

由于折算差额作为当期损益处理，故应先折算资产负债表，后折算利润表。

资产负债表的各资产、负债项目均采用2020年12月31日的汇率折算，实收资本按收到P公司投资日的汇率折算，留存收益项目的折算数则倒挤确定。

资产负债表各项目年初余额的折算根据上年折算报表的期末余额填列。在本例中，由于2020年年初S公司才成立，因此，资产负债表各项目均采用年初汇率进行折算。

利润表的各收入、费用项目（包括“所得税费用”）仍按2020年平均汇率折算，

“期末留存收益”项目的折算数根据资产负债表中的“留存收益”项目折算数填列；“对所有者（或股东）的分配”按S公司股利分配日的汇率折算，“期初留存收益”项目以上年度本表“期末留存收益”项目的折算数填列（在本例中，由于S公司2020年年初成立，故“期初留存收益”项目的折算金额应为0），“净利润”项目的折算数根据“期末留存收益”项目的折算数加上“对所有者（或股东）的分配”项目的折算数减去“期初留存收益”项目的折算数填列；“利润总额”的折算数根据各收入项目折算数减去各费用项目折算数填列，最后，“外币财务报表折算差额”项目则根据“利润总额”“所得税费用”“净利润”三个项目的折算数倒挤确定。

折算结果见表12-5和表12-6。

表12-5 **资产负债表（简表）**

编制单位：S公司　　2020年12月31日　　金额单位：万美元、万元人民币

资产	期末余额			年初余额		负债和所有者权益	期末余额			年初余额	
	美元	汇率	人民币	美元	人民币		美元	汇率	人民币	美元	人民币
货币资金	40	7.16	286.40	50	350	短期借款	40	7.16	286.40	0	0
应收账款	40	7.16	286.40	0	0	应付账款	20	7.16	143.20	0	0
存货	80	7.16	572.80	0	0	实收资本	100	7.00	700.00	100	700
固定资产	40	7.16	286.40	50	350	留存收益	40	倒挤	302.40	0	0
资产总计	200		1 432.00	100	700	负债和所有者权益总计	200		1 432.00	100	700

表12-6 **利润表（简表）**

编制单位：S公司　　2020年度　　金额单位：万美元、万元人民币

项目	美元	汇率	人民币
营业收入	500	7.08	3 540
减：营业成本	300	7.08	2 124
折旧费	10	7.08	70.80
其他费用	90	7.08	637.20
利润总额	100		708
减：所得税费用	20	7.08	141.60
加：外币财务报表折算差额		倒挤	20.80
净利润	80	倒挤	587.20
加：期初留存收益	0		0
减：对所有者（或股东）的分配	40	7.12	284.80
期末留存收益	40	资产负债表	302.40

12.3 流动-非流动项目法

12.3.1 流动-非流动项目法的特点

流动-非流动项目法（current/non-current method）将国外子公司财务报表的资产、负债项目分为流动项目和非流动项目两大类。对于流动资产、流动负债项目，按资产负债表日的现行汇率折算，对于非流动资产、非流动负债项目则按历史汇率折算，对于国外子公司利润表上的折旧费和摊销费，按取得与该项折旧费或摊销费有关的资产时的历史汇率折算，除此以外，其他所有的收入、费用项目，则按当期平均汇率进行折算。

在折算程序上，如果外币财务报表折算差额在资产负债表中作递延处理，则与采用现行汇率法且折算差额作递延处理时一样，外币财务报表的折算程序应先折算利润表，并将折算利润表中确定的“期末留存收益”作为资产负债表中“留存收益”期末数的折算金额，资产负债表中的流动资产、流动负债项目采用现行汇率折算，资产负债表的非流动资产、非流动负债以及“股本”或“实收资本”、“资本公积”等项目则采用历史汇率折算（若是多次形成，应将每次形成的外币金额分别用当时形成时的汇率折算，然后加总各部分折算金额），最后，根据“资产=负债+所有者权益”的平衡关系倒挤确定“外币财务报表折算差额”，计入资产负债表中其他综合收益科目，作为所有者权益的一部分列示。如果将外币财务报表折算差额在利润表中列示，则折算程序应先折算资产负债表，资产负债表中的流动资产、流动负债项目采用现行汇率折算，资产负债表的非流动资产、非流动负债和“股本”或“实收资本”、“资本公积”等项目则采用历史汇率折算（若是多次形成，应将每次形成的外币金额分别用当时形成时的汇率折算，然后加总各部分折算金额），资产负债表中的“留存收益”折算数根据“资产=负债+所有者权益”的平衡关系倒挤确定，并将其作为折算利润表中的“期末留存收益”折算金额。利润表中除“折旧费”等以外的其他各收入、费用项目按本期平均汇率折算，“折旧费”等则按取得与该项折旧等费用有关的资产时的历史汇率折算（若相关资产是多次形成的，则折旧费等的折算也应按各部分相关资产取得时的汇率分别折算，然后加总各部分折算金额）。

与采用现行汇率法且外币财务报表折算差额在利润表中列示一样，“净利润”项目的折算数不能简单地用各收入、费用项目的折算数加减确定，而需要根据“期末留存收益”、“对所有者（或股东）的分配”和“期初留存收益”三个项目的折算数倒挤确定。其中，“期末留存收益”根据资产负债表中的“留存收益”期末数的折算金额确定，“对所有者（或股东）的分配”的折算数采用股利分配时的汇率折算确定，“期初留存收益”的折算数根据上期折算报表的“期末留存收益”折算数确定。在确定本期净利润的折算金额后，最后根据净利润的折算金额和各收入、费用项目（包括“所得税费用”）的折算金额的差额倒挤确定“外币财务报表折算差额”。

这种方法在20世纪30年代比较流行，但后来逐渐被淘汰，主要原因是这种做法缺乏理论依据，即没有充分理由说明为什么对流动项目可以采用现行汇率，而对于非流动项目则要采用历史汇率。从实现外币财务报表折算的目标角度看，这种方法也有不足之处：资产负债表项目的流动项目与非流动项目划分，同相应的折算汇率的使用，并非总是能如实地重新表述国外子公司的财务状况。这是因为流动资产中的存货一般不会随着通货膨胀而贬值，反之亦然。也就是说，当存货取得后，其价值就与现行汇率的变动脱钩了，以现行汇率去折算存货项目与存货的上述特点显然不符，况且以现行汇率来折算按历史成本记载的存货，所得的折算结果是毫无实际意义的。同样，按历史汇率折算属于非流动资产的长期应收款以及非流动负债的“长期应付款”、“长期借款”和“应付债券”等项目，则抹杀了这些项目所承受的汇率风险，从而将可能因现行汇率波动引起的巨额汇兑损益都积压到结汇年份，这显然也是不适当的。

12.3.2 流动-非流动项目法应用举例

【例12-2】资料同【例12-1】，采用流动-非流动项目法进行折算，分别外币财务报表折算差额的不同列示方法，具体的折算程序和方法说明如下：

①按流动-非流动法项目折算，折算差额作递延处理。

由于折算差额作递延处理，故折算程序应先折算利润表，后折算资产负债表。

利润表的收入项目仍按2020年的平均汇率折算，除折旧费外，其他费用项目、所得税项目均按2020年的平均汇率折算，折旧费按固定资产购置日的汇率折算（因为此时固定资产项目是按历史汇率折算的），“期初留存收益”项目以上年度本表“期末留存收益”项目折算数填列（在本例中，由于S公司2020年年初成立，故“期初留存收益”项目的折算金额应为0），“对所有者（或股东）的分配”项目仍按S公司股利分配日汇率折算。根据各收入、费用项目（包括“所得税费用”）、“期初留存收益”和“对所有者（或股东）的分配”项目的折算金额确定“期末留存收益”项目的折算金额。

资产负债表各项目的年初余额折算仍来自于上年折算报表的期末余额。在本例中，由于2020年年初S公司才成立，因此，资产负债表各项目均采用年初汇率进行折算。资产负债表中，流动资产项目、流动负债项目的期末余额按2020年12月31日汇率折算，“固定资产”项目按固定资产购置日汇率折算，“实收资本”项目按收到P公司投资日汇率折算，“留存收益”项目根据利润表的“期末留存收益”项目折算数填列，“外币财务报表折算差额”项目折算数倒挤确定。

折算结果见表12-7和表12-8。

②按流动-非流动项目法折算，折算差额计入当期损益。

由于将折算差额计入当期损益，故折算程序应先折算资产负债表，后折算利润表。

表12-7　　**利润表（简表）**

编制单位：S公司　　2020年度　　金额单位：万美元、万元人民币

项目	美元	汇率	人民币
营业收入	500	7.08	3 540
减：营业成本	300	7.08	2 124
折旧费	10	7.00	70
其他费用	90	7.08	637.20
利润总额	100		708.80
减：所得税费用	20	7.08	141.60
净利润	80		567.20
加：期初留存收益	0		0
减：对所有者（或股东）的分配	40	7.12	284.80
期末留存收益	40		282.40

表12-8　　**资产负债表（简表）**

编制单位：S公司　　2020年12月31日　　金额单位：万美元、万元人民币

资产	期末余额			年初余额		负债和所有者权益	期末余额			年初余额	
	美元	汇率	人民币	美元	人民币		美元	汇率	人民币	美元	人民币
货币资金	40	7.16	286.40	50	350	短期借款	40	7.16	286.40	0	0
应收账款	40	7.16	286.40	0	0	应付账款	20	7.16	143.20	0	0
存货	80	7.16	572.80	0	0	实收资本	100	7.00	700.00	100	700
固定资产	40	7.00	280.00	50	350	留存收益	40	利润表	282.40	0	0
						其他综合收益（外币财务报表折算差额）		倒挤	13.60		
资产总计	200		1 425.60	100	700	负债和所有者权益总计	200		1 425.60	100	700

资产负债表的各资产、负债项目及“实收资本”项目同上述①，只不过“留存收益”项目的折算数是通过“资产=负债+所有者权益”的平衡关系倒挤确定的。

利润表除折旧费项目按固定资产购置日汇率折算外，收入、其他各费用项目及所得税费用项目仍按2020年平均汇率折算，“期末留存收益”项目的折算数根据资产负债表的“留存收益”项目折算数填列，“对所有者（或股东）的分配”按S公司股利分配日汇率折算，“期初留存收益”项目以上年度本表“期末留存收益”项目折算数填列（在本例中，由于S公司2020年年初成立，故“期初留存收益”项目的折算金额

应为0)。“净利润”项目的折算数根据“期末留存收益”项目的折算数加上“对所有者(或股东)的分配”项目的折算数减去“期初留存收益”项目的折算数填列;“利润总额”的折算根据各收入项目折算数减去各费用项目折算数填列,“外币财务报表折算差额”项目则根据“利润总额”“所得税”“净利润”三个项目的折算数倒挤确定。折算结果见表12-9和表12-10。

表12-9 **资产负债表(简表)**

编制单位:S公司 2020年12月31日 金额单位:万美元、万元人民币

资产	期末余额			年初余额		负债和所有者权益	期末余额			年初余额	
	美元	汇率	人民币	美元	人民币		美元	汇率	人民币	美元	人民币
货币资金	40	7.16	286.40	50	350	短期借款	40	7.16	286.40	0	0
应收账款	40	7.16	286.40	0	0	应付账款	20	7.16	143.20	0	0
存货	80	7.16	572.80	0	0	实收资本	100	7.00	700.00	100	700
固定资产	40	7.00	280.00	50	350	留存收益	40	倒挤	296.00	0	0
资产总计	200		1 425.60	100	700	负债和所有者权益总计	200		1 425.60	100	700

表12-10 **利润表(简表)**

编制单位:S公司 2020年度 金额单位:万美元、万元人民币

项目	美元	折算汇率	人民币
营业收入	500	7.08	3 540.00
减:营业成本	300	7.08	2 124.00
折旧费	10	7.00	70.00
其他费用	90	7.08	637.20
利润总额	100		708.80
减:所得税费用	20	7.08	141.60
加:外币财务报表折算差额		倒挤	13.60
净利润	80	倒挤	580.80
加:期初留存收益	0		0
减:对所有者(或股东)的分配	40	7.12	284.80
期末留存收益	40	资产负债表	296.00

12.4 货币-非货币项目法

12.4.1 货币-非货币项目法的特点

货币-非货币项目法（monetary-nonmonetary method）将国外子公司财务报表的资产、负债项目分别划分为货币项目和非货币项目两类。货币性资产和货币性负债包括企业的货币及代表着未来应收取固定数额外币的权利和应偿付固定数额外币的义务，如货币资金、应收票据及应收账款、债权投资、应付票据及应付账款、短期借款和长期借款等，按现行汇率折算，非货币性资产（固定资产、长期股权投资、存货等）和非货币性负债则按历史汇率折算。利润表项目的处理与流动、非流动项目法基本相同，但其中“营业成本”项目应根据“期初存货+本期购货-期末存货”的公式对其进行分别折算，期初存货、期末存货要按其构成分别采用其购置时日的汇率，而本期购货则一般采用本期平均汇率折算。

在折算程序上，与现行汇率法、流动-非流动项目法的做法一样，如果外币财务报表折算差额在资产负债表中作递延处理，则折算程序是先折算利润表，然后折算资产负债表；如果外币财务报表折算差额在利润表中计入当期损益，则折算程序是先折算资产负债表，然后折算利润表。

这种方法对“存货”“长期应收款”“长期应付款”“长期借款”“应付债券”等项目的折算汇率选择与流动-非流动项目法不同。在流动-非流动项目法中，存货由于属于流动资产，因此采用现行汇率进行折算，但在货币-非货币项目法中，存货由于属于非货币性资产，因此需要采用历史汇率进行折算。而流动-非流动项目法中，“长期应收款”“长期应付款”“长期借款”“应付债券”等由于属于非流动项目，因而需要采用历史汇率折算，但在货币-非货币项目法中，这些项目由于属于货币项目，因此需要采用现行汇率进行折算，从而避免了前述流动-非流动项目法的缺陷。

但是货币-非货币项目法仍然没有摆脱根据资产、负债的分类来决定折算汇率。事实上折算与计量有关，而不是与项目的分类有关。换算的原则不应仅仅依据货币性与非货币性来区别，非货币性项目在不同的情况下应以不同的汇率来折算。如果一个非货币项目是表明历史成本的，则按历史汇率折算的结果是有意义的，但如果一个非货币项目表明的是现行价值或重置成本，则按历史汇率折算的结果是毫无意义的，因此，这种方法也存在缺陷。

12.4.2 货币-非货币项目法应用举例

【例 12-3】资料同【例 12-1】，采用货币-非货币项目法进行折算，分别外币财务报表折算差额的不同列示方法，具体的折算程序和方法说明如下：

①按货币-非货币性项目法折算，折算差额作递延处理。

由于折算差额作递延处理，故折算程序应先折算利润表，后折算资产负债表。

利润表中的“营业收入”项目仍按2020年平均汇率折算；“营业成本”按“期初存货折算数+本期购货折算数-期末存货折算数”填列，其中，期初存货折算数根据上年折算资产负债表的“存货”期末数填列，本期购进存货的折算数按本期平均汇率折算，期末存货的折算数按其购置日的汇率折算；“折旧费”项目按固定资产购置日汇率折算；“其他费用”“所得税费用”项目按2020年平均汇率折算；“期初留存收益”项目以上年度本表“期末留存收益”项目折算数填列（在本例中，由于S公司2020年年初成立，故“期初留存收益”项目的折算金额应为0）；“对所有者（或股东）的分配”项目仍按S公司股利分配日汇率折算。根据各收入、费用项目（包括“所得税费用”）以及“期初留存收益”项目、“对所有者（或股东）的分配”项目等的折算金额确定“期末留存收益”项目的折算金额。

资产负债表各项目年初余额的折算数根据上年年末折算资产负债表的期末余额填列。在本例中，由于2020年年初S公司才成立，因此，资产负债表各项目均采用年初汇率进行折算。资产负债表中货币性资产、货币性负债项目的期末余额按2020年12月31日汇率折算，非货币性资产、非货币性负债则按取得或发生时的汇率折算，“实收资本”项目按收到P公司投资时的汇率折算，“留存收益”项目根据利润表中的“期末留存收益”项目的折算数填列，“外币财务报表折算差额”项目则根据“资产=负债+所有者权益”的平衡关系倒挤确定。

折算结果见表12-11和表12-12。

表12-11　　**利润表（简表）**

编制单位：S公司　　2020年度　　金额单位：万美元、万元人民币

项目	万美元	汇率	人民币（万元）
营业收入	500	7.08	3 540.00
减：营业成本	300		2 122.40*
折旧费	10	7.00	70.00
其他费用	90	7.08	637.20
利润总额	100		710.40
减：所得税费用	20	7.08	141.60
净利润	80		568.80
加：期初留存收益	0		0
减：对所有者（或股东）的分配	40	7.12	284.80
期末留存收益	40		284.00

*营业成本折算数=0+380×7.08-80×7.10=2 122.40（万元）

表12-12

资产负债表（简表）

编制单位：S公司　　　　2020年12月31日　　　　金额单位：万美元、万元人民币

资产	期末余额			年初余额		负债和所有者权益	期末余额			年初余额	
	美元	汇率	人民币	美元	人民币		美元	汇率	人民币	美元	人民币
货币资金	40	7.16	286.40	50	350	短期借款	40	7.16	286.40	0	0
应收账款	40	7.16	286.40	0	0	应付账款	20	7.16	143.20	0	0
存货	80	7.10	568.00	0	0	实收资本	100	7.00	700.00	100	700
固定资产	40	7.00	280.00	50	350	留存收益	40	利润表	284.00	0	0
						其他综合收益（外币财务报表折算差额）		倒挤	7.20		
资产总计	200		1 420.80	100	700	负债和所有者权益总计	200		1 420.80	100	700

②按货币-非货币项目法折算，折算差额计入当期损益。

由于折算差额计入当期损益，故折算程序应先折算资产负债表，后折算利润表。

资产负债表的折算方法除“留存收益”项目应根据“资产=负债+所有者权益”的平衡关系倒挤外，其余项目的折算方法与折算差额作递延处理时相同。

利润表中的“营业收入”“营业成本”“折旧费”“其他费用”“所得税费用”及“对所有者（或股东）的分配”等项目的折算与折算差额作递延处理时相同，但“期末留存收益”项目应根据资产负债表中的“留存收益”项目的折算数填列，“期初留存收益”项目以上年度的“期末留存收益”项目折算数填列（在本例中，由于S公司2020年年初成立，故“期初留存收益”项目的折算金额应为0）。“净利润”项目的折算数根据“期末留存收益”项目的折算数加上“对所有者（或股东）的分配”项目的折算数减去“期初留存收益”项目的折算数后确定；“利润总额”项目的折算数根据各收入项目折算数减去各费用项目折算数填列，“外币财务报表折算差额”项目则根据“利润总额”“所得税费用”“净利润”三个项目的折算数倒挤确定。

折算结果见表12-13和表12-14。

表12-13

资产负债表（简表）

编制单位：S公司　　　　2020年12月31日　　　　金额单位：万美元、万元人民币

资产	期末余额			年初余额		负债和所有者权益	期末余额			年初余额	
	美元	汇率	人民币	美元	人民币		美元	汇率	人民币	美元	人民币
货币资金	40	7.16	286.40	50	350	短期借款	40	7.16	286.40	0	0
应收账款	40	7.16	286.40	0	0	应付账款	20	7.16	143.20	0	0
存货	80	7.10	568.00	0	0	实收资本	100	7.00	700.00	100	700
固定资产	40	7.00	280.00	50	350	留存收益	40	倒挤	291.20	0	0
资产总计	200		1 420.80	100	700	负债和所有者权益总计	200		1 420.80	100	700

表12-14　　利润表（简表）

编制单位：S公司　　2020年度　　金额单位：万美元、万元人民币

项目	美元	折算汇率	人民币
营业收入	500	7.08	3 540.00
减：营业成本	300		2 122.40*
折旧费	10	7.00	70.00
其他费用	90	7.08	637.20
利润总额	100		710.40
减：所得税费用	20	7.08	141.60
加：外币财务报表折算差额	0	倒挤	7.20
净利润	80	倒挤	576.00
加：期初留存收益	0		0
减：对所有者（或股东）的分配	40	7.12	284.80
期末留存收益	40	资产负债表	291.20

*营业成本折算数=0+380×7.08−80×7.10=2 122.40（万元）

12.5 时态法

12.5.1 时态法的特点

时态法（temporal method）也称为时间量度法。它是1972年由洛伦森（Lorensen）在美国注册会计师协会的《会计研究文集》中提出的，以后美国财务会计准则委员会的第8号说明正式要求美国企业在外币财务报表折算时采用这一方法。

时态法是将外币财务报表折算看成是一个完全的计量变换过程，也就是以新的货币量度对国外子公司的财务报表重新表述。折算的过程只能改变计量单位，而不改变被计量项目的计量属性。

按照这一原则，对资产、负债项目的折算汇率具体分析如下：“货币资金”项目总是按照资产负债表日持有的金额计量的，应收和应付款项则是按资产负债表日可望在未来收回或偿付的货币金额计量的，它们均应按资产负债表日的汇率进行折算。对于非货币性资产和非货币性负债项目，若是按历史成本计量的，则应按历史汇率折算，反之，若是按现行价值或重置成本计量的，则应按现行汇率折算。显然这种方法对折算汇率的选择不是以资产、负债项目的特定分类为依据，而是根据其计量属性。同一个项目，只要其计量属性不同，就可以采用完全不同的折算汇率，从而克服了流动-非流动项目法及货币-非货币项目法的缺陷，使折算汇率的选择具有灵活性。

12.5.2　时态法应用举例

【例12-4】资料同【例12-1】，采用时态法进行折算，分别外币财务报表折算差额的不同列示方法，具体的折算程序和方法说明如下：

①按时态法折算，折算差额作递延处理。

由于本例中无按现行成本、现行市价计量的非货币性项目，因此时态法折算结果与货币-非货币项目法相同，折算结果与表12-11和表12-12相同。

②按时态法折算，折算差额计入当期损益。

由于本例中无按现行成本、现行市价计量的非货币性项目，因此时态法折算结果与货币-非货币项目法相同，折算结果与表12-13和表12-14相同。

从上述折算结果的比较可以看出，由于不同折算方法对折算汇率的选择不同，因此折算出的净利润、所有者权益总额等结果也就不同；在折算方法一定的情况下，折算差额的列示方法不同，也会使折算结果出现差异，但这种不同主要体现在“净利润”项目和“留存收益”项目中，对于资产总额、负债总额及所有者权益总额并无影响。可以推断，在折算方法一定的情况下，由于折算差额列示方法的不同造成的“净利润”项目差额即等于当期的外币财务报表折算差额，由此造成的“期末留存收益”项目差额为截至本期末为止各期外币财务报表折算差额之和，而“期初留存收益”项目的差额为截至本期期初（上期期末）各期外币财务报表折算差额之和。

关于外币报表折算程序的探讨

外币报表折算差额的成因及其决定因素

12.6　外币财务报表折算方法的选择

前面所述的四种外币财务报表折算方法在实务中均有应用，但流动-非流动项目法已日趋淘汰，至于货币-非货币项目法也逐渐被时态法所取代，因为当非货币性资产是按历史成本计价时，这两种方法的结果是一样的，因此世界上流行的折算方法实际上是现行汇率法和时态法。而这两种方法各有优缺点，难以用一种方法取代另一种方法，在外币财务报表折算中要根据具体情况加以选择。那么在实际操作时，应如何选择具体的折算方法呢？

12.6.1　FASB第52号公告

美国FASB《财务会计准则公告第52号——外币折算》（1981年）对外币财务报表折算业务具有重大影响，该准则取代了该委员会1975年10月公布的《财务会计准则公告第8号——外币交易和外币财务报表折算的会计处理》，提出了以“功能货币”（functional currency）作为标准的外币财务报表折算方法。

所谓功能货币，是指某一国外主体（子公司）从事经营活动和创造现金流量的主要经济环境的通货。功能货币的择定，应该反映被合并的国外主体在经营管理上所持的货币观念。

如果某一国外主体（子公司）的经营活动只是母公司经营活动的扩展，就像母公司直接从事这样的国外经营活动那样，它的功能货币将是母公司的报告货币，这样的观点可称为"母公司货币观点"。在这种情况下，从编制合并财务报表的要求来看，母公司的报告货币将被认为是该子公司的功能货币，而这一国外主体（子公司）在会计记录中使用的当地货币则不是功能货币。因而，子公司的财务报表应以母公司的报告货币重新表述，也就是像所有以当地货币表述的交易在发生时都折算成以母公司的报告货币表述那样，故在折算方法上应选择时态法。

如果某一国外主体（子公司）的经营活动相对来说是自主的，并在某一外国（其所在东道国）形成一个整体从而独立于母公司的经营活动之外，它的功能货币往往可能就是当地货币，也可能是其在经营活动中主要使用的另一国家的通用货币，这样的观点即为"子公司观点"。这种情况下，在编制合并财务报表时，母公司的报告货币不再被作为子公司的功能货币，为子公司创造现金流量和确定其经营成果的功能货币将是子公司所在东道国的当地货币（或另一国家的货币），折算也不再是按照母公司货币观点对子公司的外币报表的重新表述，而只是货币计量单位的换算，折算的结果应保持子公司外币财务报表原先表述的财务关系和结果不变，采用单一的现时汇率（期末汇率）折算所有的资产和负债项目是最为适当的，由此形成的折算调整额将包含在股东权益内，而不是作为折算损益计入各期损益。这时母公司所关注的不过是投资净额（净资产额）折算为其报告货币的金额。故在折算方法上应采用现行汇率法。

关于功能货币的择定，FASB第52号公告就现金流量、销售价格、销售市场、费用、理财、集团内的公司间交易等经济因素列举了各项选择标准，见表12-15。

表12-15　**选择功能货币的标准**

经济因素	宜于以母公司报告货币为功能货币	宜于以子公司当地货币为功能货币
现金流量	直接影响母公司的现金流量，经常汇回母公司	主要是指当地货币，不影响或很少影响母公司的现金流量
销售价格	对汇率变动有反应，由世界范围内的竞争决定	对汇率变动基本没有反应，主要由当地的竞争决定
销售市场	主要在母公司所在国，以母公司通货标价	主要在子公司所在的东道国，以当地通货标价
费用	主要与从母国进口的生产要素有关	主要在当地环境中发生
理财	财源主要来自母公司或依靠母公司偿付债务	主要表现为当地货币，通过当地经营活动来偿付与债务有关的支出
公司间交易	经常而且是大量的	既不经常也不是大量的

12.6.2　国际会计准则第21号

《国际会计准则第21号——外汇汇率变动的影响》(IAS21，1993年修订）与FASB第52号公告所持的观点是十分相似的。它在对国外主体在业务经营和财务活动上的特点所进行的分析中，把国外经营单位区分为两大类：一类是独立经营的国外实体；另一类是母公司经营活动的有机组成部分（或母公司经营活动在境外的延伸）。它认为，前者积聚的现金和货币性项目、发生的成本和费用、实现的收入、筹措的借款，主要都使用其所在东道国的当地货币。外汇汇率变动时，不论是母公司还是子公司，其经营活动及当前或未来的现金流量都很少甚至不会受到直接的影响。汇率变动对母公司的含义，不是以汇率变动时该国外子公司所持有的货币项目和非货币项目的特定构成为依据，而应以母公司在国外子公司的投资净额为依据。该准则将该类国外经营单位称为“国外实体”，对它们的以当地货币表述的财务报表的折算，应该采用现行汇率法折算。对于后者，汇率变动的影响就不同了。举个简单的例子，国外营业可以只限于销售母公司出口的商品和汇回货款，如有汇率波动，几乎立即影响母公司经营的现金流量，相当于母公司本身从事该项营业活动时所受的影响。可见，在国外营业是母公司营业有机组成部分的情况下，汇率变动影响涉及的是国外营业所持有的货币项目，而不是母公司在国外营业中的投资净额，这类国外子公司的外币财务报表折算当然要选用时态法。

IAS21对判断国外主体是国外实体还是母公司经营活动的有机组成部分作出了具体规定，如果满足以下六个方面的条件，则表明该国外经营属于国外实体，而不是构成报告企业经营整体组成部分的国外经营，这些条件是：①

（1）虽然报告企业可以控制国外经营，但国外经营所从事的活动相对于报告企业的活动具有极大的自主性；

（2）报告企业的交易占国外经营业务的比例不高；

（3）国外经营活动所需要的资金主要依靠自身经营来提供或在当地借款筹措，而不是向报告企业筹措；

（4）国外经营的产品或劳务的人工、材料和其他费用主要以当地货币而不是以报告企业货币支付或结算；

（5）国外经营的销售主要以报告货币以外的货币进行；

（6）报告企业的现金流量与国外经营的日常活动相脱离，不直接受国外经营活动的影响。

由此可见，IAS21所列举的条件与FASB第52号公告择定功能货币时考虑的六项经济因素是基本相同的。

① 参见国际会计准则委员会的《国际会计准则2000》(第337页)，该书由中国财政经济出版社于2000年出版。

12.6.3 我国《企业会计准则第19号——外币折算》

我国《企业会计准则第19号——外币折算》第十二条规定，企业对境外经营的财务报表进行折算时，应当遵循以下规定：

（1）资产负债表中的资产、负债项目，采用资产负债表日的即期汇率折算，所有者权益项目除“未分配利润”项目外，其他项目采用发生时的即期汇率折算。

（2）利润表中的收入和费用项目，采用交易发生日的即期汇率折算，也可以采用按照系统合理的方法确定的、与交易发生日的即期汇率近似的汇率折算。

2014年1月26日，我国修订了《企业会计准则第30号——财务报表列报》，将外币财务报表折算差额纳入其他综合收益科目等。按照上述（1）、（2）折算产生的外币财务报表折算差额，在资产负债表中所有者权益项目下其他综合收益科目中列示。比较财务报表的折算比照上述规定处理。

仔细分析我国《企业会计准则第19号——外币折算》的规定可以明显看出：我国企业会计准则为外币报表的折算规定了唯一的方法，即现行汇率法。这种方法基于“子公司观念”，能够保持境外子公司报表原来表述的经营成果和财务关系。该方法适用于国外营业单位是独立经营的实体，与母公司的资金往来很少，汇率变动对母公司和国外营业单位的经营都无实质影响的情况。但是目前我国相当比例的企业“走出去”的时间不长，境外经营子公司的经营活动只是母公司经营活动的延伸，对于这类企业采用现行汇率法进行外币财务报表折算显然是不合理的。

因此，我们认为可以通过以下两种方法完善我国的外币财务报表折算：一是借鉴美国财务会计准则选定“功能货币”。若功能货币为本国货币，该国外实体用时态法；若功能货币为当地货币，该国外实体用现行汇率法。二是根据境外经营状况的不同分别采用各自适用的外币折算方法，即对于境外营业属于母公司营业的有机组成部分或母公司营业在境外的延伸时采用时态法进行折算，对于独立经营的国外实体则采用现行汇率法进行折算。

总结与结论

随着经济全球化的发展，企业资本活动的国际化日益加强，企业需要进行外币财务报表折算的情况越来越多，也越来越复杂，不仅存在大量的母公司经营延伸性质的国外子公司的报表需要折算，而且许多独立于母公司自主经营的国外子公司的报表也需要折算。将以外币表示的财务报表折算为以本国货币表示，主要涉及两大问题：一是以何种汇率对外币财务报表项目的数据进行折算；二是折算过程中所产生的外币财务报表折算差额如何处理。外币财务报表折算因所采用的汇率不同而形成了不同的方法，归纳起来可以分为两种类型，即单一汇率法和多种汇率法，具体来说，主要有现行汇率法、流动-非流动项目法、货币-非货币项目法、时态法四种。对外币财务报表折算差额的处理方法主要有两种，分别是作递延处理和作当期损益处理。《国际会计准则第21号——外汇汇率变动的影响》（IAS21，1993年修订）把国外经营单位区分为两大类：一类是独立经营的国外实体；另一类是母公司经营活动的有机组成部分（或母公司经营活动在境外的延伸）。并规定前者采用现行汇率法折算，折算差额作递延处理，后者采用时态法，折算差额计入当期损益。我国《企业会计准则第19号——外币折算》只规定了一种外币财务报表折算方法，即采用现行汇率法折算，折算差额作递延处理。

关键概念

1.外币财务报表折算：为了特定的目的，将以某一种外币表示的财务报表折算为以另一种特定货币表示的财务报表的会计处理程序。

2.单一汇率法：采用单一的折算汇率去折算所有的资产、负债项目，通常是按现行汇率（编制合并报表日的通行汇率）进行折算，因此这种方法也称为现行汇率法。

3.多种汇率法：在外币财务报表折算过程中，对不同的资产负债项目采用不同的折算汇率（现行汇率、历史汇率），具体又有流动-非流动项目法、货币-非货币项目法、时态法三种。

4.时态法：将外币财务报表折算看成是一个完全的计量变换过程，也就是以新的货币量度对国外子公司的财务报表重新表述。折算的过程只能改变计量单位，而不是改变被计量项目的计量属性。

5.功能货币：某一国外主体（子公司）从事经营活动和创造现金流量的主要经济环境的通货。

课程思政

1.批判性思维

对于外币财务报表折算差额产生的原因，很多人认为是由于在外币财务报表折算过程中有些项目采用现行汇率折算，而有些项目采用历史汇率折算，由此导致在同一期外币财务报表折算中不同外币报表项目的折算汇率不统一造成的。王竹泉教授《外币报表折算差额的成因及其决定因素》（《上海会计》，1998年第6期）对此进行了质疑，并深入剖析了外币财务报表折算差额的成因，请结合该文谈谈批判性思维在专业学习和研究中的作用。

2.处置境外经营时外币财务报表折算差额

我国《企业会计准则第19号——外币折算》第十四条规定：企业在处置境外经营时，应当将资产负债表中所有者权益项目下列示的、与该境外经营相关的外币财务报表折算差额，自所有者权益项目转入处置当期损益；部分处置境外经营的，应当按处置的比例计算处置部分的外币财务报表折算差额，转入处置当期损益。请结合调研案例对这一规定的意义和作用进行分析。

3.未来发展规划

2020年9月8日出版的《中国科学报》在“要闻版”以《学者的坚守 师者的温

度》为题对全国模范教师、山东省教书育人楷模、中国海洋大学王竹泉教授的先进事迹进行了重点报道。谈起教师这份神圣的职业，王竹泉脸上挂满了笑容："我还是很热爱，从来也不觉得累"。结合本课程的学习，谈谈自己的未来发展规划。

思考与练习

一、思考题

1. 外币财务报表折算的基本方法有哪些？各种基本方法的适用范围和优缺点是什么？

2. 外币财务报表折算差额的处理方法有哪些？各种处理方法的优缺点是什么？

3. 我国《企业会计准则第19号——外币折算》中关于报告企业经营组成部分的境外营业报表折算方法是如何规定的？

4. 两种不同的折算差额列示方法下外币报表的折算程序有什么不同？

二、练习题

华新国际有限公司是一个基地在中国的跨国公司，其于2021年1月1日在美国设立一子公司，该子公司2021年的财务报表见表12-16和表2-17，其他有关资料如下：

2021年1月1日的汇率为1 U.S.dollar=8.30 RMB；

2021年12月31日的汇率为1 U.S.dollar=8.20 RMB；

期末存货购置时的汇率为1 U.S.dollar=8.22 RMB；

表12-16 **资产负债表**

2021年12月31日

Assets	U.S.dollar	Exchange rate	RMB
Cash	500 000		
Accounts receivable	2 000 000		
Inventory	1 500 000		
Land	2 000 000		
Buildings and equipments	10 000 000		
Less：Accumulated depreciation	1 000 000		
Total assets	15 000 000		
Liabilities and stockholders' equity			
Accounts payable	2 500 000		
Other current liabilities	1 000 000		
Long-term debt	5 500 000		
Paid-in capital	5 000 000		
Retained earnings	1 000 000		
Total liabilities and stockholders'equity	15 000 000		

表12-17 **利润表**

2021年度

Items	U.S.dollar	Exchange rate	RMB
Sales	12 000 000		
Cost of sales:			
Inventory January 1，2021	0		
Purchases	8 500 000		
Inventory December 31，2021	1 500 000		
Cost of sales	7 000 000		
Gross margin	5 000 000		
Depreciation expenses	1 000 000		
Other operating expenses	2 000 000		
Income tax expense	500 000		
Income before translation gain	1 500 000		
Translation gain			
Net income	1 500 000		
Retained earnings January 1，2021	0		
Dividends	500 000		
Retained earnings December 31，2021	1 000 000		

土地、房屋及设备购置时的汇率为1 U.S.dollar=8.28 RMB；

股票发行时的汇率为1 U.S.dollar=8.30 RMB；

股利分配时的汇率为1 U.S.dollar=8.20 RMB；

2021年平均汇率为1 U.S.dollar=8.25 RMB。

要求：采用时态法将该子公司的美元报表折算为以人民币反映。

延伸阅读

[1] 国际会计准则委员会．国际会计准则2000［S］．财政部会计准则委员会，编译．北京：中国财政经济出版社，2000.

[2] 王竹泉．关于外币报表折算程序的探讨［J］．会计研究，1996（3）.

[3] 王竹泉．外币报表折算差额的成因及其决定因素［J］．上海会计，1998（6）.

[4] 黄少坚. 海信国际化战略与模式研究 [J]. 管理案例研究与评论, 2008 (5).
[5] 黄申. 外币报表折算难题的化解 [J]. 财会月刊, 2019 (11).

本章教学视频　　本章教学课件　　本章学习指导

第13章

物价变动会计

高级财务会计

Advanced Financial Accounting

章前准备

一、学习目的与要求

通过本章的学习，了解物价变动的基本形式，理解物价变动会计的基本理论，掌握物价变动会计主要模式的基本原理、基本程序和方法。在此基础上，能针对实际情况学以致用，从理论上把握物价变动对会计的影响及应采取的会计对策。

二、教学重点与难点

本章教学的重点是不变币值会计模式的基本构想和重编不变币值财务报表的程序；现行成本会计模式的基本构想和重编现行成本财务报表的程序；评价不变币值会计模式和现行成本会计模式的优缺点和适用性。教学的难点：一是现行成本计量模式的收益确定，以及与之相联系的"持有资产利得计算表"中未实现和已实现的持有资产利得的计算；二是在"购买力损益计算表"中货币性项目净额上的购买力利得与损失的换算程序。

三、本章教案设计

本章教案

13.1 物价变动会计概述

13.1.1 物价、物价变动与物价指数

物价是商品或劳务在市场上的交换价格，有输入价格和输出价格两种。输入价格是为生产或销售目的而取得商品或劳务的价格。输出价格是作为产品销售的商品或劳务的价格。企业按某一输入价格购买一项商品，再按较高的输出价格销售给客户，这种情况不能视为该项商品的价格发生了变动，只有同是输入价格或输出价格增高或降低，才算物价发生了变动。

在市场经济中，商品、劳务的价格会因为各种原因而发生变化，物价变动按变动方向，可分为物价上涨和物价下跌两类。现行商品或者劳务的价格高于它们以前在同一市场上的价格，称为物价上涨，此时，持有一定数量的货币可以购买的商品、劳务的数量就会减少，即货币购买力下降。现行商品或者劳务的价格低于它们以前在同一市场上的价格，称为物价下跌；此时，持有一定数量的货币可以购买的商品、劳务的数量就会增加，即购买力上升。这种货币所能购买其他商品或劳务的能力，称为货币购买力。

物价变动根据其发生的范围，可分为个别物价变动和一般物价水平变动。个别物价变动是指某一具体商品或劳务的市场价格的变化，一般物价水平变动是指因某一时期商品或劳务价格平均水平的变化而引起的货币购买力的变化。一般物价水平变动与

货币购买力成反比，物价水平越高，货币购买力越低；物价水平越低，货币购买力则越高。一般物价水平持续的、超过一定幅度的上涨，称为通货膨胀；反之，则称为通货紧缩。个别物价变动属于微观现象，具有多样化的特点；一般物价水平变动属于宏观现象，具有普遍性的特点。

物价变动一般是通过物价指数来衡量的。物价指数是反映两个时期商品、劳务价格水平变动的指标。和物价变动发生的范围相对应，物价指数也分为个别物价指数和一般物价指数。反映个别商品、劳务的物价水平变化的指数为个别物价指数；反映社会全部商品、劳务的物价水平变化的指数为一般物价指数。物价指数可用报告期物价水平与基期物价水平相比较而得。当将个别商品或劳务的报告期单价与基期单价相比较时，可得到个别物价指数；当将不同时期某一社会全部商品或劳务的平均价格水平相比较时，则可求得一般物价指数。

【例 13-1】假如以2020年的物价水平为基期，以2021年的物价水平为报告期，一般把基期的物价指数定为100%，用100表示。有关资料见表13-1。

表13-1 **物价指数计算表** 金额单位：元

所选代表性商品或劳务	单价		权数	金额	
	2020年	2021年		2020年	2021年
A	1 000	1 300	0.3	300	390
B	400	300	0.4	160	120
C	20	30	0.3	6	9
合计				466	519

2021年的一般物价指数为111.37%（519÷466×100%），以111.37表示。

每货币单位购买力为：0.9（100÷111.37），购买力有所下降。

计算结果表明，2021年的一般物价指数比2020年上升了11.37%（111.37%-100%），每货币单位购买力下降了0.1（1-0.9）。若对个别商品进行考察，A商品2021年的物价比2020年上升了30%，B商品下降了25%，C商品上升了50%。

一般物价指数的计算取决于对代表性商品的选择及权数的选用。由于物价变动对社会经济活动有巨大的影响，因此，一般物价指数是由政府部门或专业团体计算并公布的。例如，美国商业部按季度公布国民生产总值物价指数，劳工部按月公布消费品物价指数。在英国，其零售物价指数由英国劳动部定期计算并公布。在我国，国家统计局按月、季度、年度公布社会商品零售物价总指数。

13.1.2 物价变动对会计的影响

一般情况下，非通货膨胀或通货紧缩的物价变动，不会对传统财务会计的会计报告产生重大影响。探讨物价变动会计的前提是，物价变动是普遍的、持续性的上涨，引起了货币购买力的下降和通货膨胀。所以，一般意义上的物价变动会计往往也就是指通货膨胀会计。

传统的财务会计模式是以历史成本为计价基础的，因此，物价变动就导致了两个问题：第一，由于价格已经发生变化，财务报表上列示的历史成本数据就变得不具备相关性了；第二，不同时点的货币具有不同的购买力，然而，财务报表上的数据却是不同时点的、具有不同购买力的货币金额的加总额，这种合计结果是没有实际意义的，因为它违反了加法的原理。

众所周知，财务报告的目标是向投资者和债权人以及潜在的投资者和债权人提供有助于他们作出经济决策的财务信息，决策有用性是会计信息的首要质量特征。上述两个问题降低了会计信息的决策有用性。

会计信息的决策有用性一般被理解为信息应具有相关性和如实反映。其中，相关性指会计信息应具有预测价值（predictive value）、反馈价值（feedback value）和及时性。所谓预测价值是指会计信息应能提高外部决策者预测企业未来事项的结果的能力，如果决策者所依赖的会计信息不具有预测价值，那么他们作出的就不可能是理性的决策而是投机的决策。物价变动降低了会计信息的预测价值，因为在通货膨胀时期，物价变动造成历史成本会计报表少计成本、虚计利润；而通货紧缩时期，物价变动又造成多计成本、少计利润。这两种情况都导致外部决策者无法依据利润表的信息预测企业的盈利趋势。如实反映是指会计信息不仅要反映相关的现象，还必须忠实地陈报意欲陈报现象的实质。物价变动导致了会计信息不能描绘出所涉及事实和情况的真实状态，无法达到如实反映这一质量要求。如果一家企业只有两项资产，100 000元的货币资金和一栋在10年前买下的成本为600 000元的房产，历史成本财务报表反映出的目前该企业拥有700 000元总资产的信息根本不能达到如实反映的质量特征，因为房产成本的600 000元反映的是10年前的货币购买力，如果按当前的购买力来表述，其资产金额应是远远超过700 000元。在这种情况下，将表示不同购买力的金额简单相加所产生的结果反映出来的只能是扭曲了的信息。

13.1.3　物价变动会计的基础理论

鉴于物价变动已严重影响了财务报告目标的实现，改革传统的以历史成本为计价基础、以币值不变假设为基本前提的会计模式势在必行。由于物价变动的影响主要体现在会计计量失去相关性方面，因此，对传统的会计模式的改革基本上沿着两种思路进行：一种是试图改革计量单位，另一种是试图改革计量基础。然而，无论是哪一种改革方案，最后都涉及一个问题，即如何恰当报告反映物价变动影响的利得或损失问题。物价变动对企业的经济影响是：持续的物价上涨导致企业虚计利润、多发股利，从而侵蚀了企业的资本；持续的物价下跌又导致企业少计利润、少发股利，形成了秘密准备。如果不恰当地处理反映物价变动影响的利得或损失的确认问题，则可能造成侵蚀企业资本或者在企业内部形成过多秘密准备的状况。于是，资本保持理论自然而然地成了物价变动会计的理论基础。

■ 1）资本保持概念

在20世纪70年代以前，资本保持概念并未得到会计界的重视，直到通货膨胀在70年代席卷主要西方工业国，严重影响了会计信息的质量时，这一概念才被提到了基本概念的高度上来。所谓资本保持是指企业在分派资本回报和进行资本返还时，不可以超过其所定义的资本，如图13-1所示。

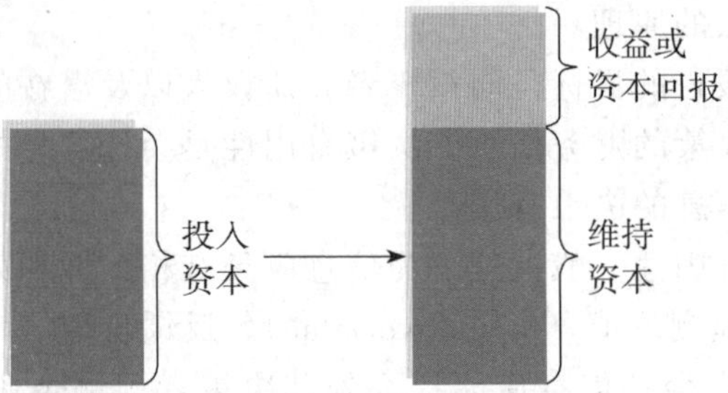

图13-1 资本保持概念示意图

资本保持概念的关键是如何定义“资本”。对资本的定义有两种：财务资本和实物资本。大多数企业采用的是财务资本概念，即将资本定义为业主在投资时所投入资产的货币或者货币的购买力，此时，资本被视为企业净资产或权益的同义词。除了财务资本概念，企业还可以选择实物资本概念，即将资本定义为企业的生产能力，或称营运能力。对生产能力有很多种定义，如Gress的定义为：“一家企业的生产能力是指它在一段特定的时间里生产和发运一定数量的产品或劳务的能力。”①国际会计准则的概念框架里便采纳了这样的定义。除此以外，英国的《桑迪兰兹报告》给出另外一个定义，即生产能力是指“企业拥有的实物资产，因此，利润是指在提取了充足的准备以便重置企业持有的实物资产之后，可用以分派的金额”②。该定义被认为对于应用重置成本来确定企业的经营资产来说更具有可操作性。

与上述资本定义相联系的是财务资本保持概念和实物资本保持概念。

财务资本保持概念指企业所力求保全的是财务资本。根据这一概念，企业在扣除本期内对业主的分配和业主的出资以后，期末净资产的财务（或货币）金额必须大于期初净资产的财务（或货币）金额，才算赚得利润。财务资本保持按对货币购买力影响是否予以调整可分为货币财务资本保持和实际财务资本保持。货币财务资本保持对货币购买力影响不加以调整，而实际财务资本保持则需对货币购买力影响进行调整。财务资本保持概念是比较传统的资本保持概念，也是当前占主导地位的资本保持概念。财务资本保持概念的优点是它强调股东投资的货币或者购买力的数量，因此与受托责任概念更相关。

实物资本保持概念是指企业力求保全的是企业的生产能力。根据这一概念，企业在扣除本期内对业主的分配和业主的出资以后，企业的期末实物生产能力，或企

① GRESS E J.Replacement costing and the maintenance of productive capacity concept of business income-theory and application [D]. Tucson: University of Arizona, 1970.

② Inflation Accounting Committee.Inflation accounting: report of the Inflation Accounting Committee [R]. London: Her Majusty's Stationery Office, 1975: 35.

业在期末达到上述实物生产能力所需的资源或资金，必须大于期初实物生产能力，才算赚得利润。实物资本保持概念的优点是它强调企业生产能力的保持，提足准备，从而有益于企业的长足发展。现举例说明财务资本保持和实物资本保持的特点，具体如下：

【例13-2】某公司以所有者投入的10 000元人民币（资本）开始经营。这10 000元立即被用于购入5 000千克的存货，这些存货在1年以后以15 000元的价格出售，而重置这5 000千克存货的成本已上升到了12 000元。年初的10 000元财务资本立即被转化为5 000千克的实物资本（存货）。到年末，公司有15 000元现金，而存货为零。假定管理层希望在新的一年里保持资本的初始水平，但也向投资者支付投资报酬，则公司能够支付多少股利呢？

最简单的回答是，公司可以将它维持最初资本水平后剩余的现金都发放出去。但是，我们要维持的资本是什么呢？如果我们维持的是财务资本，则经营利润就是收入15 000元减去财务投资10 000元后的余额，即5 000元。相反，如果我们要维持的是实物资本，则经营利润就应该是15 000元减去维持这5 000千克存货所花费的成本（即12 000元），因此，经营利润就只有3 000元（15 000-12 000），见表13-2。

表13-2　**收益计算表**　单位：元

项目	财务资本保持	实物资本保持
销售收入	15 000	15 000
销售成本	10 000	12 000
经营利润	5 000	3 000

通过这个例子，我们已经看到了历史成本在计算经营利润时可能导致的问题。在价格频繁变动的环境中，历史成本高估了经营利润。如果股利的发放以历史成本为基准，则发放的金额就是5 000元。这样，存货就不可能全部被重置，也就不可能维持过去的生产经营水平。

■　2）资本保持概念对会计处理的影响

实物资本保持概念强调对实物生产能力的保持，也就是强调重置经营资产（operating assets）的能力保持。因此，实物资本保持概念要求采用现行成本计量基础，但对计量单位则没有要求，既可以是名义货币，也可以是不变购买力单位。在实物资本保持概念下，利润表示在保持了重置经营资产所需资源后的企业资源增加。依据对该利润定义的理解，一方面，利润表中代表实物生产能力重置准备的销货成本、折旧费等费用项目应按经营资产的重置成本计提；另一方面，企业资产和负债的现行成本变动额应视为企业实物生产能力计量上的变动，作为资本保持调整反映为股东权益的变动，而不是反映为利润的变动。这样，实物资本保持概念下的期间净利润可称之为是“可分派的”或“可持续的”收益，因为折旧费和销货成本已按其重置成本计算，剩下的净利润也就反映了在不损害企业经营能力的情况下可分派给股东的金额。

财务资本保持概念强调对业主已投入资本的名义货币保持或购买力保持，因此，对计价基础没有特别的要求，既可以是历史成本，也可以是现行成本。对计量单位也没有特别的规定，名义货币和不变购买力单位都可以作为符合财务资本保持概念的计量单位。以历史成本为计量基础、以名义货币为计量单位的传统会计计量模式就是符合货币财务资本保持概念的会计模式。在货币财务资本保持概念下，因计量单位是名义货币，利润表示的就是本期内名义货币资本的增加，因此，本期持有资产的价格提高，通常称作持有利得，在概念上视为利润。在实际财务资本保持概念下，由于计量单位是不变购买力单位，利润就表示本期内购买力的增加。这样，如果持有资产的价格提高，只有高于一般物价水平增加的那一部分才能作为利润，其余部分只能作为资本保持调整，在权益部分反映。

论物价变动会计研究的理论基础

试论物价变动的会计问题

13.1.4 物价变动会计的基本模式

鉴于物价变动对传统历史成本会计的冲击，人们提出了物价变动会计模式。物价变动会计模式由会计计量单位与会计计量属性组合而成，计量单位作为会计模式最基本的构成要素，主要解决名义货币单位与不变购买力单位（或币值货币）的选择问题；计量属性主要解决同一计量对象的不同货币表现问题，可用于计量的属性有历史成本、重置成本、现值、可变现净值、公允价值五种。目前的物价会计模式主要有：不变币值会计模式、现行成本会计模式和现行成本/不变币值会计模式。

不变币值会计模式主要着眼于改进会计计量单位，以不变币值单位代替名义货币单位，但不改变传统的历史成本计量基础。其主要意图在于通过将历史成本报表按不变币值单位进行重述来揭示一般物价水平变动对企业的影响。现行成本会计模式关注的是改革会计计量基础，以现行成本代替历史成本作为会计计量基础，但计量单位则仍采用名义货币单位，其主要意图在于揭示个别物价变动对企业的影响。该模式是对交易和事项的重新计量，既可在日常会计处理中按现行成本记录交易和事项，也可在期末一次性估计资产和负债的现行成本，据以编制现行成本财务报表。现行成本/不变币值会计模式是对不变币值模式和现行成本模式的综合，是对会计计量进行的全面改革。它以现行成本为计价基础、以不变币值单位为计量单位，意图反映一般物价水平变动和个别物价变动对企业的综合影响。本章的其余部分将具体讲解物价变动会计的这三种模式。

13.2 不变币值会计模式

财务会计的一个基本假设是货币计量假设，其含义是会计所反映的经济交易与事项必须以货币单位来计量和表述。这个假设自然而然地引出一个附带假设，即货币价值是不变的或者其变化幅度是不重要的、可以忽略不计的。然而，20世纪爆发的几次恶性通货膨胀及其对货币购买力的显著影响，使许多国家深受其害，比如，在20世纪80年代早期，玻利维亚经历了每年超过20 000%的通货膨胀，导致比索短期内大幅贬值，由1美元兑25比索降至1美元兑113万比索。[①]为了消除通货膨胀对会计信息的影响，会计界最早设计出来的方案就是不变币值会计模式，即以价值稳定的货币替代价值不稳定的货币作为计量单位。直到20世纪70年代，不变币值会计模式仍是会计界消除物价变动影响的主要思路。

尽管随着物价趋于平稳，包括不变币值会计模式在内的物价变动会计模式的重要性逐渐减弱，但有的学者指出，即使在通货膨胀率很低的情况下，不变币值会计模式仍然具有重要的意义。例如，美国证券交易委员会规定注册公司应提供10年的销售和盈利合计数。假设10年中的每年通货膨胀率仅为3%，那么10年累积的通货膨胀影响就会达到34%。如果不调整通货膨胀的影响，则10年的销售及盈利合计数就会反映歪曲了的发展趋势。

下面以Nabisco Brands公司1979—1983年因物价变动调整的财务附表数据为例来说明这个问题（见表13-3）。

表13-3　Nabisco Brands公司1979—1983年因物价变动调整的财务附表数据比较

项目	1983年	1982年	1981年	1980年	1979年
销售收入净额——持续经营					
历史成本	5 985.2	5 463.4	5 049.7	4 848.8	4 349.7
不变币值	5 985.2	5 639.3	5 533.8	5 862.8	5 970.6
宣告的普通股每股现金股利					
历史成本	2.28	2.05	1.77	1.60	1.45
不变币值	2.28	2.12	1.94	1.93	1.99
年末普通股每股价格					
历史成本	41.00	36.75	31.00	—	—
不变币值	40.31	37.51	32.86	—	—
平均CPI（1967年为100）	298.4	289.1	272.3	246.8	217.4

资料来源：Nabisco，1983 Annual Report。转引自RADEBAUGH L H.国际会计与跨国企业［M］.王全喜，张晓农，译. 北京：机械工业出版社，2008：217.

从表13-3可以看出，根据传统财务会计的报告数据，在1979—1983年的五年时间里，公司实现的销售收入增长率为38%，调整通货膨胀的影响后则基本无任何增长。同时，传统财务会计的报告数据表明，该公司在这五年间所分派给股东的每股股

① 萨达甘伦. 国际会计［M］. 伍利娜，王珂，译. 北京：北京大学出版社，2006.

利保持一个稳定的增长态势，但在扣除通货膨胀影响后，每股股利在1979—1980年出现小幅下滑，五年总体来看并未出现稳定增长。

13.2.1 不变币值会计模式的基本原理

不变币值会计模式的基本原理是会计计量仍以历史成本为主要的计价基础，但计量单位应由价值不稳定的货币单位转换为价值稳定的货币单位。也就是说，在不变币值会计模式下，日常的会计处理基本上与历史成本会计模式相同，物价变动的影响不需通过账户来处理，而是在编制报表时借助某种转换系数将代表不同时期货币购买力的历史成本金额换算为固定币值的货币金额。

应用不变币值会计模式应解决两个问题：一是如何计算转换系数，二是应采用何时的购买力作为不变币值财务报表的不变币值货币。对于第一个问题，通常的做法是借助政府公布的物价指数。在美国，财务会计准则委员会（FASB）建议采用政府按月公布的城镇居民消费品价格指数，在英国，会计准则委员会（ASC）规定采用零售物价指数。我国未实行过物价变动会计，如果我国企业要编制不变币值财务报表的话，可采用的类似物价指数是政府公布的社会商品零售物价总指数。转换系数的计算即以某一年度的物价指数（代表不变购买力）为分子，以基期的物价指数为分母，将代表基期购买力的历史成本金额乘以上述转换因子即可达到将代表不同购买力的历史成本报表金额换算为以不变购买力计量的报表金额的目的。第二个问题即计算转换系数的分子应采用何时的物价指数的问题。一般的做法是采用报告期期末的一般物价指数或者报告期的平均一般物价指数，即将历史成本报表金额都换算为反映报告期期末购买力或者报告期平均购买力的货币金额。现行货币购买力一般指报告期期末或者报告期平均的购买力，因此不变币值会计也称为现行购买力会计。现举例说明不变币值会计的基本原理。

【例 13-3】假设我们将要计量一笔交易的不变币值利润，该交易为2021年1月购进2 000美元商品，于2021年12月以3 000美元出售。购进日的零售物价指数为159.5，出售日的零售物价指数为164.4。如果我们想要以2021年12月的购买力计量利润，必须将按照2021年1月的购买力计量的2 000美元转换为按照2021年12月的购买力计量的金额。为便于计算，我们将使用符号来代表与货币金额有关的购买力，其中$（Jan2021）代表2021年1月的美元，$（Dec2021）代表2021年12月的美元。

上述交易的不变币值利润可以作如下计算：

	$（Dec2021）
营业收入	3 000
营业成本$（Jan2021）$2\ 000\times\frac{164.4}{159.55}$	2 061
经营毛利润	939

等式$（Jan2021）2 000×164.5÷159.55=$（Dec2021）2 061，意味着2021年12月购货者需要支付2 061美元才能获得与2021年1月的2 000美元相同的购买力。本例仅用利润表的两个项目说明不变币值会计的原理，该原理将应用到利润表所有的项目，以及资产负债表的所有项目。

应该注意的一点是，上面的例子中提到的“计量”一词是不恰当的。不变币值会计模式将历史成本数据换算为不变币值数据，其结果仅能代表资产或负债的现行购买力，而不是现行成本。因此，更确切地说，不变币值会计模式仅是为了消除一般物价水平变动的影响而对历史成本报表金额进行的重新表述，而不是重新计量。

13.2.2　不变币值会计模式的基本程序

实行不变币值会计模式主要有四个步骤：

（1）划分货币性项目和非货币性项目；

（2）将名义货币单位换算为不变币值货币单位；

（3）计算货币性项目净额上的购买力损益；

（4）重编不变币值财务报表。

不变币值会计模式的基本程序如图13-2所示。

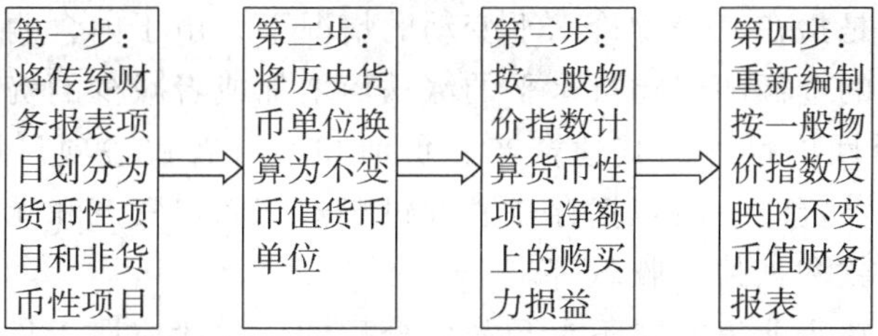

图13-2　不变币值会计模式的基本程序

下面对不变币值会计模式的基本程序的具体应用进行解释。

■　1）划分货币性项目和非货币性项目

通货膨胀的一般特点是债务人获得购买力利得，而债权人遭受购买力损失。由于市场经济一般不存在“免费的午餐”，用一个游戏理论术语来讲就是“零和游戏”。债务人的利得就是债权人的损失，换句话说，在其他条件不变的情况下，通货膨胀的影响之一就是使债权人的购买力利益流向债务人。产生这种情况的原因是在通货膨胀时期借入货币的人偿还借款时所要支付的货币购买力低于其获得借款时的货币购买力，只要通货膨胀在继续，借款的期限越长，那么借入时与偿还时货币购买力的差别就越大。但是，如果将借款获得的现金存入银行，那么一段时间以后这笔现金也将发生购买力损失，因为通货膨胀时期，同等金额的现金用于购买商品和服务的能力随着时间的推移而逐渐递减。保持货币购买力的一种方法是购置非货币性资产，如果该债务人用举债获得的现金买了一块土地，土地的价值中所内含的购买力相对保持不变，那么他就从举债中获得了净购买力利得。

将上述分析拓展到一家企业，如果企业持有的是净货币性资产（现金加债权大于债务)，那么在通货膨胀期间将发生购买力损失；相反，如果该企业持有的是净货币性负债，则将获得购买力利得。因此，编制不变币值财务报表的第一个步骤就是将资产负债表上的资产、负债项目划分为货币性项目和非货币性项目，以便计算货币性项目上的购买力损益。

货币性项目是指在一般物价水平变动的情况下，其金额按合同或法律规定保持为既定数量的货币单位，但其实际购买力已经发生变动的资产、负债和所有者权益项目。例如，假设某企业在年初持有2 000元的银行存款，在年内没有发生其他的现金收支，年末持有的银行存款金额仍为2 000元，但是年末的一般物价指数比年初的物价指数上涨了1倍，很显然，虽然年末的银行存款的货币单位数量没有改变，但年末的2 000元所代表的购买力已经下降了一半。货币性资产通常包括现金、约定按固定金额收回的债权（如应收账款和应收票据）、收取固定利息或股利以及未来按固定金额收回的长短期投资等。货币性负债通常包括按固定金额支付本息的债务（如应付账款和应付票据）、应付职工薪酬和应付利息等。

如前所述，一般物价水平变动对货币性资产和货币性负债的影响是正好相反的。物价指数上涨时，持有货币性资产将发生购买力损失，而持有货币性负债则会带来购买力利得。物价指数下跌时，情况正好相反。所谓的购买力损益一般指的是货币性资产减货币性负债后的货币性项目净额上的购买力损益。

非货币性项目是指在一般物价水平变动的情况下，由于内含购买力相对不变，导致按名义货币表述的金额随着物价水平的涨跌而增加或者减少的资产、负债和所有者权益项目。除货币性项目外的其他资产、负债和所有者权益项目均属于非货币性项目，其中：非货币性资产一般包括存货、预付账款、固定资产和无形资产等；非货币性负债包括预收账款和其他应收款等。

从权益来看，在企业清算时不参与盈余分配的优先股应属于货币性项目，因为这类优先股股东所享有的权利的最高金额——股利和本金的返还是固定的。相反，普通股股东投入的资本应属非货币性项目，原因是这种形式资本的所有者在获得支付的数额方面没有限制。通货膨胀对于普通股和优先股股东之间关系的影响与其对债权人和债务人之间的关系所产生的影响是相同的。普通股股东将获得购买力利得，而优先股股东发生购买力损失，原因是后者的利益是以固定的货币数量来表示的，并将随着货币价值的下降而下降。

非货币性项目一般不会发生购买力损益，但是企业持有非货币性项目一般已有一定时日，如果出现一般物价水平变动，原来表示非货币性项目的名义货币就不能够反映非货币性项目所内含的购买力，必须通过调整一般物价指数的变动幅度对其进行重新表述。

上面所列举的货币性项目和非货币性项目都是一些较典型的资产、负债和所有者权益项目，这些项目容易定义也容易确定，但是，在实务中，要将一个特定企业的所有资产负债项目都划分为货币性或非货币性项目还是有些困难的，有时甚至不免带有一定的主观随意性。表13-4是美国财务会计准则委员会在第33号财务会计准则公告中提出的一个指导性的分类表，可供参考。

表13-4 **货币性项目或非货币性项目分类表**

货币性项目	非货币性项目
资产：	资产：
库存现金及银行活期存款	存货（不包含已签订合同部分）
定期存款	普通股上的投资
投资（优先股和债券）	财产、厂房及设备
应收账款及应收票据	累计折旧
坏账准备	购货约定（按固定价格合同支付部分）
职工贷款	专利权
应收长期账款	商品
可用发行债券代替的保证金	特许权与配方权
非合并结算的子公司预付款	商誉
人寿保险退保金额	递延资产取得成本
供货商的预支款（非固定价格合同）	其他无形资产及递延投资借项
递延所得税借项	
负债	负债
应付账款及应付票据	销货契约（按固定价格合同收取部分）
应计费用	保单义务
应付现金股利	递延投资贷项
顾客预付款（非固定价格合同部分）	
购买契约上的应计损失	
应付债券及应付长期债务	
债券或应付票据的未摊销溢价或折价	
可转换的应付债券	
递延所得税贷项	

■ 2）将名义货币单位换算为不变币值货币单位

在确定了货币性项目和非货币性项目的分类以后，下一步骤就是将历史成本财务报表中以名义货币单位计量的财务报表项目金额换算为不变币值货币单位予以表述。

实施不变币值会计时，一般物价指数的选择是一个关键的问题。这里主要从两方面着手：选择哪一种物价指数；采用何时的物价指数。采用何时的物价指数，主要指以何时点的货币为不变币值货币（调整系数中的分子），以便把财务报表各项目的名义货币额调整为不变币值货币额。一般采用重编财务报表方法将报表项目名义货币调整为不变币值货币。而在一般情况下，用年末物价指数确定的货币购买力作不变币值货币，往往适用于资产负债表项目；用年均物价指数确定的货币购买力作不变币值货币，则较适用于利润表项目。

资产负债表货币性项目的调整：

$$年初数的换算系数=\frac{年末一般物价指数}{年初一般物价指数}$$

$$年末数的换算系数=\frac{年末一般物价指数}{年末一般物价指数}=1$$

由于货币性外币项目的年末数已按期末币值反映，故不需要调整。

资产负债表非货币性项目（留存收益项目除外）的调整：

$$年初数的换算系数=\frac{年末一般物价指数}{取得、形成时或年均一般物价指数}$$

$$年末数的换算系数=\frac{年末一般物价指数}{取得、形成时或年均一般物价指数}$$

留存收益项目的调整：

调整数=调整后资产-调整后负债-调整后股本、资本公积

利润表各发生额项目（折旧费用、营业成本项目除外）的调整：

$$换算系数=\frac{年末一般物价指数}{年均一般物价指数}$$

利润表各计算项目的调整：

调整数根据报表项目之间的勾稽关系计算。

利润表折旧费用项目的调整：

$$换算系数=\frac{年末一般物价指数}{固定资产取得、形成时的一般物价指数}$$

利润表营业成本项目的调整：

$$\frac{调整后的}{营业成本}=\frac{资产负债表存货}{项目调整后的年初数}+\frac{存货本年}{增加数的调整数}-\frac{资产负债表存货}{项目调整后的年末数}$$

存货本年增加数的调整数=存货本年增加数×年末一般物价指数或年均一般物价指数

利润表股利分配项目的调整

$$换算系数=\frac{年末一般物价指数}{分配时的一般物价指数}$$

■ 3）计算货币性项目净额上的购买力损益

所谓货币性项目净额是指企业在某一时日的货币性资产总额与货币性负债总额之间的差额。如果企业的货币性资产和负债在年内没有发生变化，那么年末货币性项目净额上的购买力损益就比较容易计算。例如，某企业在年初拥有唯一的一项货币性资产35 000美元，和唯一的一项货币性负债20 000美元，年初的物价指数为100，年末的物价指数为110。则该企业年末在货币性项目净额上的购买力损益为：

货币性资产	
按不变币值货币调整的年末货币性资产（110/110）	35 000美元
减：按不变币值货币调整的年初货币性资产（110/100）	38 500美元
货币性资产上的购买力损失	-3 500美元
减：货币性负债	
按不变币值货币调整的年末货币性负债（110/110）	20 000美元
减：按不变币值货币调整的年初货币性负债（110/100）	22 000美元
货币性负债上的购买力利得	-2 000美元
货币性项目净额上的购买力利得（损失）	-1 500美元

上述例子是一个简化的情形。在正常情况下，货币性项目在会计期间内都会发生增减变化，因此，在计算购买力损益时，不仅应考虑期初持有的货币性项目上的购买

力损益，还应考虑货币性项目在期内增减净额上的购买力损益。计算货币性项目净额上的购买力损益可按如下公式进行：

货币性项目净额上的购买力损益=期末实际持有的货币性项目净额−期末应当持有的货币性项目净额

上式中，期末实际持有的货币性项目净额可根据期末资产负债表计算，期末应当持有的货币性项目净额可根据如下公式进行计算：

$$\text{期末应当持有的货币性项目净额}=\text{年初货币性项目净额}\times\frac{\text{年末物价指数}}{\text{年初物价指数}}+\text{年内货币性项目增加额}\times\frac{\text{年末物价指数}}{\text{年内平均物价指数}}-\text{年内货币性项目减少额}\times\frac{\text{年末物价指数}}{\text{年内平均物价指数}}$$

■　4）重编不变币值财务报表

以名义货币计量的财务报表，经过按期末一般物价指数调整后，重新表述为以不变币值计量的财务报表，消除了通货膨胀对会计信息的影响。

由于不变币值会计只是按一般物价指数调整传统财务报表中的数据，而并未考虑企业各类资产价值的实际变化。因此，在日常的会计核算方面，不需要设置特别账户，也不进行特有的或单独的账务处理。只是在会计期末，才使用不变币值会计的会计程序对传统财务报表进行调整，以反映和消除一般物价水平变动对传统财务信息的影响。按照国际上通行的做法，当物价指数上升超过10%的时候，就认为有必要提供一般物价水平变动对财务信息影响的补充资料。

13.2.3　不变币值会计模式例释

【例13-4】假如丰合公司于2021年12月31日成立，该公司2022年度利润表及2022年12月31日的资产负债表见表13-5和表13-6。

表13-5　**利润表（简表）**

2022年度　单位：元

营业收入	900 000
减：营业成本	690 000
经营毛利	210 000
减：销售费用	90 000
折旧费用	15 000
财务费用——利息费用	5 000
营业利润	100 000
减：所得税费用（25%）	25 000
净利润	75 000

表13-6　　　　**资产负债表（简表）**

2022年12月31日　　　　单位：元

项目	期末余额	年初余额
货币资金	12 500	27 500
应收账款	80 000	90 000
存货（先进先出法）	160 000	10 000
其他债权投资	40 000	0
固定资产——房屋（净额）	144 000	150 000
固定资产——设备（净额）	103 500	112 500
土地	60 000	60 000
资产总计	600 000	450 000
流动负债	135 000	25 000
非流动负债	150 000	175 000
股本（面值5元/股）	200 000	200 000
资本公积——股本溢价	50 000	50 000
留存收益	65 000	0
负债和股东权益总计	600 000	45 000

补充资料：

（1）销货收入与销售费用都是在年度内均匀发生的；

（2）存货都在上半年购入；

（3）其他债权投资系于4月30日购入，同日该公司又宣布分配现金股利10 000元；

（4）以2022年年末货币为不变币值货币；

（5）为便于计算，固定资产按明细项目列示，土地单独列示，下同；

（6）2022年度的一般物价指数如下：

1月1日	100
上半年平均数	105
4月30日	106
全年度平均数	110
12月31日	120

（1）货币性项目。根据货币性资产和货币性负债的定义，丰合公司的货币性项目见表13-7，并同时对2021年年末的货币性项目进行换算调整，因为其金额代表2021年年末的货币购买力，需调整为具有2022年年末购买力的货币单位。

表13-7　**货币性项目及其金额换算**　金额单位：元

货币性项目	未换算金额	换算系数	换算后金额
货币性资产：			
货币资金			
2022年12月31日	12 500	120/120	12 500
2021年12月31日	27 500	120/100	33 000
应收账款			
2022年12月31日	80 000	120/120	80 000
2021年12月31日	90 000	120/100	108 000
货币性负债：			
流动负债			
2022年12月31日	135 000	120/120	135 000
2021年12月31日	25 000	120/100	30 000
非流动负债			
2022年12月31日	150 000	120/120	150 000
2021年12月31日	175 000	120/100	210 000

（2）非货币性项目。非货币性项目一般按购置时的货币单位计价，如果出现通货膨胀，非货币性项目的内含购买力相对不变，但表述非货币性项目的金额却因货币购买力的下降而不能反映非货币性项目的内含购买力，因此，出现通货膨胀时，非货币性项目的金额便应重新表述为选定的不变购买力货币单位，在本例中，即2022年年末的货币单位。对丰合公司资产负债表上的非货币性项目及其金额的换算见表13-8。

表13-8　**非货币性项目及其金额换算**　金额单位：元

非货币性项目	未换算金额	换算系数	换算后金额
存货（先进先出法）			
2022年12月31日	160 000	120/105	182 857
2021年12月31日	10 000	120/100	12 000
其他债权投资			
2022年12月31日	40 000	120/106	45 283

续表

非货币性项目	未换算金额	换算系数	换算后金额
2021年12月31日	0	120/100	0
土地			
2022年12月31日	60 000	120/100	72 000
2021年12月31日	60 000	120/100	72 000
房屋（净额）			
2022年12月31日	144 000	120/100	172 800
2021年12月31日	150 000	120/100	180 000
设备（净额）			
2022年12月31日	103 500	120/100	124 200
2021年12月31日	112 500	120/100	135 000
股本（面值5元/股）			
2022年12月31日	200 000	120/100	240 000
2021年12月31日	200 000	120/100	240 000
资本公积——股本溢价			
2022年12月31日	50 000	120/100	60 000
2021年12月31日	50 000	120/100	60 000
留存收益			
2022年12月31日	65 000		104 640*
2021年12月31日	0		0

*2022年年末留存收益的换算后金额依据下列公式计算：

调整数=调整后资产-调整后负债-调整后股本、股本溢价

2022年年末留存收益换算调整数=689 640-285 000-300 000=104 640（元）

（3）把利润表及留存收益表中各个项目的金额按2022年12月31日货币单位重新表述。用以调整利润表及留存收益表各个项目的换算系数的分子是年末物价指数，而分母则应视每一项目的具体情况而定。对丰合公司利润表及留存收益表项目金额的换算见表13-9。

表13-9 **利润表及留存收益表项目金额换算** 金额单位：元

项目	未换算金额	换算系数	换算后金额
营业收入	900 000	120/110	981 818
营业成本			
存货（2021年12月31日）	10 000	120/100	12 000
购货	840 000	120/105	960 000
可供销售的存货	850 000		972 000
存货（2022年12月31日）	160 000	120/105	182 857
营业成本	690 000		789 143
销售费用	90 000	120/110	98 182
折旧费用	15 000	120/100	18 000
利息费用	5 000	120/110	5 455
所得税费用	25 000	120/110	27 273
现金股利	10 000	120/106	11 321

（4）计算货币性项目净额上的购买力损益，然后编制购买力损益计算表，见表13-10。

表13-10 **丰合公司购买力损益计算表**

2022年度（按12月31日货币购买力） 金额单位：元

项目	历史成本	换算系数	不变币值
货币性资产（2021年12月31日）	117 500	120/100	141 000
货币性负债（2021年12月31日）	200 000	120/100	240 000
货币性项目净额（2021年12月31日）	（82 500）		（99 000）
加：营业收入	900 000	120/110	981 818
减：营业成本	840 000	120/105	960 000
销售费用	90 000	120/110	98 182
利息费用	5 000	120/110	5 455
所得税费用	25 000	120/110	27 273
现金股利	10 000	120/106	11 321
购入其他债权投资	40 000	120/106	45 283
货币性项目净额（2022年12月31日）	（192 500）[a]		（264 696）[b]
货币性项目净额购买力利得（b-a）			72 196

（5）重编不变币值财务报表。根据以上的换算结果和所确定的货币性项目净额上的购买力损益，就可以重编不变币值财务报表，见表13-11和表13-12。

表13-11

利润表及留存收益表

2022年度（以不变币值为基础）

单位：元

营业收入（净额）	981 818
减：营业成本	789 143
经营毛利	192 675
减：销售费用	98 182
折旧费用	18 000
利息费用	5 455
税前利润	71 038
减：所得税费用	27 273
不包括购买力损益的净利润	43 765
加：货币性项目净额的购买力利得	72 196
不变购买力净利润	115 961
留存收益（2021年12月31日）	0
可供分配的利润	115 961
减：现金股利	11 321
留存收益（2022年12月31日）	104 640

表13-12

比较资产负债表（简表）

2022年12月31日（以不变币值为基础）

单位：元

项目	2022年12月31日	2021年12月31日
资产		
货币资金	12 500	33 000
应收账款	80 000	108 000
存货	182 857	12 000
其他债权投资	45 283	0
固定资产——房屋（净额）	172 800	180 000
固定资产——设备（净额）	124 200	135 000
土地	72 000	72 000
资产总计	689 640	540 000
负债和股东权益		
流动负债	135 000	30 000
非流动负债	150 000	210 000
股本	240 000	240 000
资本公积——股本溢价	60 000	60 000
留存收益	104 640	0
负债和股东权益总计	689 640	540 000

不变币值会计是会计界为了消除一般物价水平变动对会计信息的影响而设计的方案之一，1974年以前，美国、英国、澳大利亚和加拿大的会计准则制定机构仍在研究按不变币值编制财务报表的问题。多年来，各界对不变币值会计的评价褒贬不一，概括起来，不变币值会计具有如下优点：

第一，不变币值会计没有改变传统的历史成本计量基础，仅是将代表不同购买力的历史金额调整为固定购买力的金额。对于报表编制者来说，这种方法比较简便易行；对于信息使用者来说，其产生的结果比较容易理解。

第二，由于所有企业都采用相同的由政府公布的物价指数来换算历史成本报表的数据，其结果具有客观性，并增强了不同企业之间财务报表的可比性。

第三，按物价指数调整历史成本报表数据后，克服了历史成本报表计量单位不稳定的弊病，使同一企业不同时期的报表信息具有可比性，有助于信息使用者进行趋势分析。

不变币值会计的缺点表现为：

第一，不变币值会计所产生的信息的有用性令人怀疑。不变币值会计假定所有企业的资产和成本以及同一企业里的所有资产和成本都受到一般物价水平变动的同等影响，但这个假设显然与事实不符。企业的资产和成本可能更多地受个别物价变动的影响而不是受一般物价水平变动的影响，因此，不变币值会计只能做到对交易和事项的重新表述，而不能做到对交易和事项的重新计量，由此产生的结果很难具有决策相关性。

第二，不变币值会计所报告的货币性项目净额的购买力损益含义模糊。从评价管理层的业绩的角度来说，将购买力损益归功于或归咎于企业管理层难以令人信服；从盈利预测的角度看，在通货膨胀时期，企业在期初持有的货币性净负债额越大，则反映出来的购买力利得金额就越高，但这对于预测未来的盈利趋势只能起误导的作用；从预测现金流量的角度看，购买力利得并不能为股利分派提供货币资金保证。

第三，不变币值会计只是对历史成本数据的重新表述，因此，除了改革了计量单位，还继承了历史成本会计的所有缺陷。另外，不变币值会计对货币性项目和非货币性项目的分类多少带有主观随意性，易造成财务报表的不可比。

13.3　现行成本会计模式

鉴于不变币值会计模式不能克服历史成本会计模式的缺陷，从1975年起，英联邦国家和西欧各国的会计准则制定机构开始转向另一种改革方案，即将会计计量的计量基础从历史成本改为现行成本，仍以名义货币为计量单位。1980年3月，英国会计准则委员会公布了《标准会计实务公告第16号——现行成本会计》(SSAP No.16)，要求上市公司和大型的非上市公司同时提供有关现行成本会计和历史成本会计的会计信息。尽管SSAP No.16已在1986年被废止，但发展现行成本会计体系，仍然是英美法系国家在会计改革中的一个颇感兴趣的研究课题。本节将讨论的现行成本会计模式便是指这样的模式。现行成本计价基础是会计界努力使财务报表能够反映资产、负债、收入和费用的个别价值变动的一种尝试。

13.3.1 现行成本的界定

如何界定现行成本是实行现行成本会计模式的关键，体现资产现行成本的计价基础可以是可实现净值（net realizable value）、重置成本（replacement cost）、使用价值（value in use）等。因此，如何定义现行成本就存在分歧。

比较流行的现行成本定义有两种：重置成本和剥夺价值（deprival value）。重置成本是个比较容易理解的概念。它是指在资产估价日，企业按现行市场价格重置与其现有资产相同或相似的资产所需支付的现金或现金等价物的估计数额。重置成本常被作为资产的入账价值，因为它接近于企业取得资产的成本。支持重置成本概念的人们注意到这样一个事实：大多数企业在同一行业里已经经营了许多年，其业务组合仅有微小的变化。因此，重置成本假设一家企业要在原行业里持续经营下去并且保持其实力，就必须赚取足够的收入以便重置耗用掉的资产。许多国家在推行现行成本会计时倾向于将现行成本定义为重置成本。

但是，重置成本的假设忽略了这样一个事实——企业有时确实会改变其业务或经营方式，因此，并不是所有企业的资产都需要重置。于是，以W. T. Baxter教授为代表的一些英国学者提出剥夺价值这一概念。其含义为一项资产的价值是当其所有者在被剥夺了该资产时，他为了获得补偿而需要得到的全部现金总额。剥夺价值考虑到了三种情况：

① 如果所有者在被剥夺了资产之后希望重置该资产，那么该资产就应按重置成本计价，即剥夺价值便为该资产的重置成本。

② 如果所有者在被剥夺了资产之后并不希望重置该资产，原因是该资产所有权带来的经济利益可能会小于资产的重置成本，此时该资产的剥夺价值要小于重置成本，那么该资产就应按低于重置成本的金额计价，这个金额可以是可实现净值，即预计从销售该资产获得的收入减去预计的销售成本。

③ 所有者也可能既不想重置某项资产，也不想出售该项资产。如一台破旧的专用设备，所有者不会对其重置，因它所能带来的未来现金流量的现值要高于其可变现净值，在此情况下，会继续持有并使用该项资产，而不是将其卖掉。此时，该资产就需按所有者继续使用该资产以及最终处置掉它所将获得的现金流量的贴现值计价，这便是资产的使用价值。在这种情况下，一项资产的剥夺价值将通过其使用价值加以确定，小于重置成本，但大于可变现净值。

假设企业所有者是理性的，那么对于剥夺价值的上述三种可能的计价，可实现净值显然不能高于重置成本，因为如果那样的话，所有者从资产剥夺中获得的就不仅是补偿而是额外的利益。使用价值既不能高于重置成本也不能低于可实现净值，因为出现上述第三种情况时，所有者显然并不认为该资产值得重置，但又预期可从该资产的继续使用中获得高于可实现净值的利益。可将上述内容概括为：

剥夺价值=重置成本与可收回价值中的较低者

可收回价值=使用价值与可变现净值中的较高者

剥夺价值这一方法是英国会计准则委员会在1975年的《桑迪兰兹（Sandilands）报告》中提出的，又称为“相对于企业的价值”或者“现行成本”，它已成为现行成本会计中的资产计价基础。①

尽管对现行成本存在不同的定义，但只要选定了其中一种定义，接下来的会计处理程序是一样的。为了讨论方便，本节的例解中采用重置成本概念。应该指出的是，采纳不同的现行成本定义后，财务报表的结果是不一样的。如果采纳的是重置成本，那么现行成本资产负债表里的资产将按重置成本计价，现行成本利润表里的现行成本营业利润将是销售收入与为形成销售收入而耗用的资产的重置成本之间的差额。如果采纳的是剥夺价值，那么现行成本资产负债表里的资产将按剥夺价值计价，现行成本利润表里的现行成本营业利润将是销售收入与为形成销售收入而耗用的资产的剥夺价值之间的差额。

13.3.2　现行成本会计模式的基本原理

现行成本会计模式的基本原理是以现行成本代替历史成本作为财务报表的计量基础，以传统的名义货币为计量单位。实行现行成本会计主要应解决两个问题：一是合理估计各项资产、负债的现行成本，以便对报表项目进行重新计量；二是计算并报告现行成本变动额。资产现行成本的确定取决于对现行成本的定义，如果是重置成本，则可参照近期发生的类似交易的价格、现行市场的价格目录、当前条件下的标准生产成本或者各类资产的现时物价指数确定。如果是剥夺价值，则根据前述公式的规则确定。由于现行成本会计实际上是对报表要素的重新计量，因此，对资产、负债的现行成本的估计应定期进行（一般至少一年一次），并调整相应账户的余额，作为编制期末财务报表的依据。

现行成本变动额源于资产、负债的现行成本与历史成本之间的差异，如何报告现行成本变动额取决于对资本保持概念的理解。现行成本会计既可以基于货币财务资本保持观念，也可以基于实物资本保持观念。在货币财务资本保持观念下，现行成本变动额称为现行成本持有损益，应区分已实现现行成本持有损益和未实现现行成本持有损益，分别报告在现行成本利润表里。在实物资本保持观念下，由于资本被定义为实物生产能力，现行成本变动额应视为企业为维持年初的实物生产能力水平而必须再投入的金额，因此，现行成本变动额即持有损益应是资本的一部分，而不能作为资本的报酬，所以，现行成本变动额应在以现行成本为基础的资产负债表里报告，作为资本的调整项目。本部分的例题将对两种资本保持观念的应用分别予

① LEWIS R，PENDRILL D.Advanced financial accounting［M］. 7th ed.［出版者不详］，2004：634-636.

以解释。

13.3.3 现行成本会计模式的基本程序与例释

现行成本会计模式有期末一次调整法和日常核算法两种操作程序，[①]这两种程序下的具体步骤如图13-3和图13-4所示。

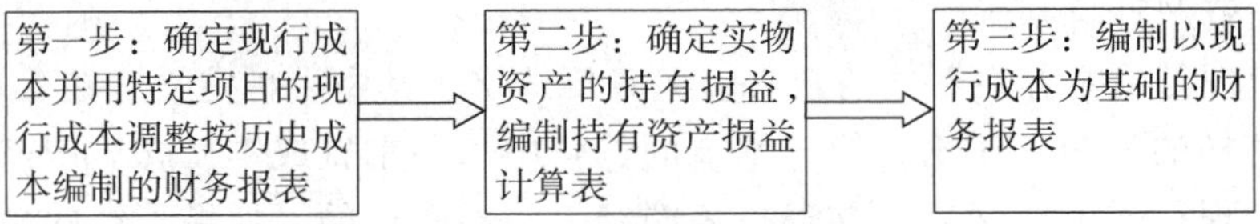

图13-3　现行成本会计模式期末一次调整法的基本步骤

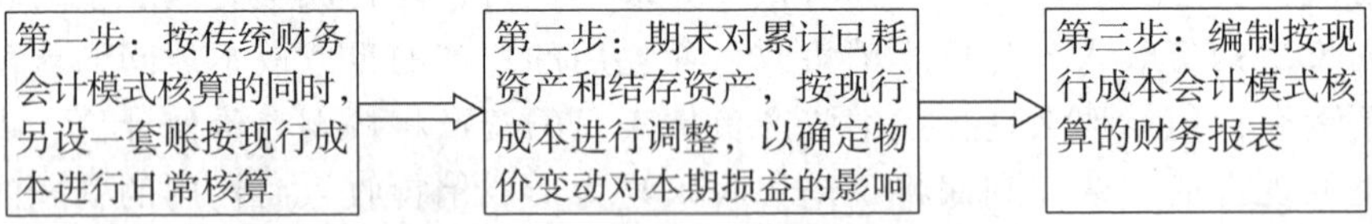

图13-4　现行成本会计模式日常核算法的基本步骤

下面以丰利公司为例，说明现行成本会计模式期末一次调整法的基本程序应用。

【例13-5】丰利公司以历史成本为基础的2022年度利润表及留存收益表和比较资产负债表，见表13-13和表13-14。

表13-13　**丰利公司利润表及留存收益表**

2022年度（以历史成本为基础）　　单位：元

营业收入	1 640 000
减：营业成本	1 420 000
经营毛利	220 000
减：销售费用（折旧费用除外）	72 000
折旧费用	34 000
税前利润	114 000
减：所得税费用	34 000
净利润	80 000
留存收益（2021年12月31日）	72 000
可供分配的利润	152 000
减：现金股利	32 000
留存收益	120 000

① 本节中将按第一种程序介绍现行成本会计计量模式的具体应用。

期初存货（2021年12月31日）450 000+购货1 466 000=可供销售的商品成本

可供销售的商品成本1 916 000−期末存货（2022年12月31日）496 000=营业成本

表13-14　　丰利公司比较资产负债表（简表）

2022年12月31日（以历史成本为基础）　　单位：元

项目	2022年12月31日	2021年12月31日
资产		
货币资金	16 000	12 000
应收账款	172 000	148 000
存货	496 000	450 000
固定资产（净额）	474 000	508 000
土地	500 000	500 000
资产总计	1 658 000	1 618 000
负债		
流动负债（货币性）	306 000	318 000
非流动负债（货币性）	432 000	428 000
负债合计	738 000	746 000
股东权益		
普通股	800 000	800 000
留存收益	120 000	72 000
股东权益合计	920 000	872 000
负债和股东权益总计	1 658 000	1 618 000

丰利公司的现行成本补充资料如下：

（1）2021年12月31日存货的现行重置成本为564 000元，2022年12月31日的现行重置成本为620 000元。

（2）2021年12月31日固定资产的现行重置成本为1 080 000元，净额为756 000元；2022年12月31日的现行重置成本为1 320 000元，净额为860 000元。

（3）2021年12月31日土地的现行重置成本为960 000元，2022年12月31日的现行重置成本为1 080 000元。

（4）以现行成本为基础的销货成本是1 500 000元。

（5）销货收入、销售费用（折旧费用除外）、所得税费用、现金股利，都是按发生日的现行成本表述的，其按现行成本为基础的金额与按历史成本为基础的金额是相同的。

1）基于货币财务资本保持观念

第一步，按现行成本调整财务报表数据。

（1）将资产负债表中各项目的历史成本数据调整为现行成本金额，这种调整分货币性项目和非货币性项目进行。在编制现行成本资产负债表时，货币性资产和货币性负债一般不需要再进行调整，因为货币性项目是按固定金额表述的，其期初的账面金额已反映了期初的现行成本，期末的账面金额也反映了期末的现行成本。非货币性项目则不然，非货币性项目的购置日期与资产负债表日一般已相距一段时日，其现行成本与历史成本往往已不一致，因此应将它们调整至现行成本。事实上，每年年末重估非货币性项目的现行成本是实行现行成本会计的一个最费时也是最重要的工作。

在按现行成本调整资产负债表时，实收资本仍按历史成本表述，只有这样才能将经营收益和资产现行成本持有损益累积在留存收益里。

丰利公司资产负债表项目调整一览表见表13-15。

表13-15　**丰利公司资产负债表项目调整一览表**　单位：元

项目	2022年12月31日	2021年12月31日
货币性项目：		
货币资金	16 000	12 000
应收账款	172 000	148 000
流动负债（货币性）	306 000	318 000
非流动负债（货币性）	432 000	428 000
非货币性项目：		
存货	620 000	564 000
固定资产（净额）	860 000	756 000
土地	1 080 000	960 000
普通股	800 000	800 000

留存收益的现行成本仍采用余额法倒算，即：

现行成本留存收益=现行成本资产总额-现行成本负债总额-普通股历史成本

根据上述公式，2022年12月31日和2021年12月31日的留存收益计算如下：

2022年12月31日的留存收益=2 748 000-738 000-800 000=1 210 000（元）

2021年12月31日的留存收益=2 440 000-746 000-800 000=894 000（元）

（2）将以历史成本为基础的利润表及留存收益表项目调整为以现行成本为基础。

利润表项目金额的累积方式有以下几种：

① 以当前物价水平或接近于当前物价水平累积。这些项目的金额与现行成本接近，考虑到重要性原则和成本效益原则，在编制现行成本利润表时一般不需调整。本例中的销货收入、销售费用、管理费用、所得税费用和现金股利均属于这种情形。

② 累积方式与特定的资产相联系。这些资产往往已购置了一段时日，其历史成本与现行成本出现了差异，与之相关的费用类项目的现行成本，如销货成本、折旧费等，应根据这些资产（如存货、固定资产等）的现行成本重新计算。例如，采用直线法计提折旧的固定资产本期折旧费的计算公式一般为：

$$按现行成本计价的本期折旧费用=\frac{\left(\begin{matrix}按现行成本表示的\\固定资产原值期初数\end{matrix}+\begin{matrix}按现行成本表示的\\固定资产原值期末数\end{matrix}\right)\div 2-\begin{matrix}估计现行\\成本残值\end{matrix}}{预计使用年限}$$

假设某项固定资产的期初现行成本为200 000元，期末现行成本为300 000元，估计现行成本残值为5 000元，预计使用年限为10年，则该项固定资产的当期现行成本折旧费为：

［（200 000+300 000）÷2-5 000］÷10=24 500（元）

本例中，丰利公司的销货成本按给定的现行成本调整，固定资产（房屋、设备）的折旧费根据房屋、设备的期初、期末完全重置成本计算如下：

（1 080 000+1 320 000）÷2=1 200 000（元）

固定资产使用年限20年，则当期现行成本折旧费的计算如下：

1 200 000÷20=60 000（元）

按现行成本调整丰利公司利润表及留存收益表项目，见表13-16。

表13-16　**丰利公司利润表及留存收益表项目调整一览表**　单位：元

项目	金额
销货收入	1 640 000
销货成本	1 500 000
销售费用（折旧费除外）	72 000
折旧费	60 000
所得税费用	34 000
现金股利	32 000

第二步，确定现行成本变动额（持有损益）。

确定现行成本变动额是实行现行成本会计的过程中非常关键的步骤。在货币财务资本保持观念下，现行成本持有损益应区分为已实现持有损益和未实现持有损益。现行成本持有损益主要发生在存货、固定资产等实物资产上，并波及销货成本、折旧费等利润表项目。下面将讲解如何区分和计算已实现持有损益和未实现持有损益。

（1）已实现持有损益。已实现持有损益是指已销售或已转换的资产上的持有损益。例如，已销售的存货、固定资产的持有损益，以及固定资产当期现行成本折旧额中包含的持有损益。已实现持有损益的具体计算如下：

存货的已实现持有损益=现行成本销货成本-历史成本销货成本

房屋设备的已实现持有损益=房屋设备的现行成本折旧额-房屋设备的历史成本折旧额

土地的已实现持有损益=土地现行销售成本-所销售土地的历史成本

（2）未实现持有损益。未实现持有损益是指未销售的资产上的持有损益，其具体计算如下：

存货的未实现持有损益=期末存货的现行成本-期末存货的历史成本

房屋设备的未实现持有损益=房屋设备的现行成本净值-房屋设备的历史成本净值

土地的未实现持有损益=土地的现行成本-土地的历史成本

丰利公司对其2022年度的资产持有损益的计算见表13-17。

表13-17　**丰利公司资产持有损益计算表**

2022年度　单位：元

	现行成本	历史成本	持有利得
存货（2022年12月31日）	620 000	496 000	124 000
存货（2021年12月31日）	564 000	450 000	114 000
营业成本	1 500 000	1 420 000	80 000
固定资产（净额）（2022年12月31日）	860 000	474 000	386 000
固定资产（净额）（2021年12月31日）	756 000	508 000	248 000
折旧费	60 000	34 000	26 000
土地（2022年12月31日）	1 080 000	500 000	580 000
土地（2021年12月31日）	960 000	500 000	460 000

	存货	固定资产	土地	合计
未实现持有利得（2022年12月31日）	124 000	386 000	580 000	1 090 000
未实现持有利得（2021年12月31日）	114 000	248 000	460 000	822 000
未实现持有利得的增加（减少）	10 000	138 000	120 000	268 000
已实现持有利得	80 000	26 000	0	106 000
本年持有资产现行成本的增加（减少）	90 000	164 000	120 000	374 000

第三步，编制现行成本财务报表。

在按现行成本调整了财务报表数据和计算了现行成本持有损益之后，就可以编制现行成本报表。本例基于货币财务资本保持观念，所以资产的持有损益是报告在利润表里的。

丰利公司按现行成本编制的比较资产负债表和利润表及留存收益表见表13-18和表13-19。

表13-18　　**丰利公司比较资产负债表（简表）**

2022年12月31日（以现行成本为基础）　　单位：元

项目	2022年12月31日	2021年12月31日
资产		
货币资金	16 000	12 000
应收账款	172 000	148 000
存货	620 000	564 000
固定资产（净额）	860 000	756 000
土地	1 080 000	960 000
资产总计	2 748 000	2 440 000
负债		
流动负债（货币性）	306 000	318 000
非流动负债（货币性）	432 000	428 000
负债合计	738 000	746 000
股东权益		
普通股	800 000	800 000
留存收益	1 210 000	894 000
股东权益合计	2 010 000	1 694 000
负债和股东权益总计	2 748 000	2 440 000

表13-19　　**丰利公司利润表及留存收益表**

2022年度（以现行成本为基础）　　单位：元

营业收入	1 640 000
减：营业成本	1 500 000
经营毛利	140 000
减：销售费用（折旧费除外）	72 000
折旧费	60 000
税前利润	8 000
减：所得税费用	34 000
现行成本经营净利润	-26 000
加：已实现资产持有利得（损失）	106 000
已实现利润	80 000
加：未实现资产持有利得（损失）	268 000
现行成本净利润	348 000
加：留存收益（2021年12月31日）	894 000
可供分配的利润	1 242 000
减：现金股利	32 000
留存收益（2022年12月31日）	1 210 000

■ 2）基于实物资本保持观念

基于实物资本保持观念的现行成本财务报表编制程序与前述的货币财务资本保持观念完全一样。不同点是现行成本变动额要单独报告在资产负债表的股东权益内，作为资本调整额。

下面仍以丰利公司为例说明实物资本保持观念下的现行成本财务报表的具体编制。

【例13-6】资料同【例13-5】。

第一步是按现行成本调整财务数据（见前述）。

第二步是确定现行成本的调整额（见表13-17）。

第三步是重编以现行成本为基础的财务报表。根据前面对丰利公司历史成本财务报表按照现行成本调整的结果为基础的财务报表，编制基于实物资本保持观念的现行成本财务报表，见表13-20和表13-21。

表13-20 **丰利公司比较资产负债表（简表）**

2022年12月31日（以现行成本为基础） 单位：元

项目	2022年12月31日	2021年12月31日
资产		
货币资金	16 000	12 000
应收账款	172 000	148 000
存货	620 000	564 000
固定资产（净额）	860 000	756 000
土地	1 080 000	960 000
资产总计	2 748 000	2 440 000
负债		
流动负债（货币性）	306 000	318 000
非流动负债（货币性）	432 000	428 000
负债合计	738 000	746 000
股东权益		
普通股	800 000	800 000
资本保持调整	374 000*	0
留存收益	836 000	894 000
股东权益合计	2 010 000	1 694 000
负债和股东权益总计	2 748 000	2 440 000

*资本保持调整额374 000元为已实现的资产持有损益和未实现的资产持有损益之和。

表13-21 **丰利公司利润表及留存收益表**

2022年度（以现行成本为基础） 单位：元

营业收入	1 640 000
减：营业成本	1 500 000
经营毛利	140 000
减：销售费用（折旧费除外）	72 000
折旧费	60 000
税前利润	8 000
减：所得税费用	34 000
现行成本净利润	−26 000
留存收益（2021年12月31日）	894 000
可供分配的利润	868 000
减：现金股利	32 000
留存收益（2022年12月31日）	836 000

现行成本会计在消除个别物价变动的影响方面曾起到过重要的作用。但是，现行成本会计的实际应用也存在某些局限。现行成本会计的优点是：

（1）不变币值会计模式的一个公认缺点是它假设所有的企业以及同一企业里的所有资产和负债都承受相同的物价变动影响，而现行成本会计则克服了这个缺点，它反映了不同的企业以及同一企业里的不同资产和负债受到个别物价变动影响的事实，因此，它所产生的会计信息更具有决策相关性。

（2）在实物资本保持观念下，现行成本变动额作为资本的调整额单独列报于股东权益部分，有利于揭示企业的资本保持情况。由于未将现行成本变动额在利润表中报告，可以避免纳税申报和股利分派上的误解，有利于企业保持再生产能力，为实现企业的扩大再生产固本培根。

（3）实行现行成本会计，可提高企业内部各分部经营利润的可比性。企业中有些分部的经营性质类似，所使用的设备也类似，由于历史成本不同，历史成本折旧费用出现差异，导致经营利润失去可比性，而现行成本模式有助于克服历史成本模式的这种缺陷。

现行成本会计也存在着一些缺点，具体如下：

（1）现行成本会计产生的会计信息缺乏可靠性。现行成本信息的估计主要依赖管理层或会计人员的主观估计，无论是重置成本还是剥夺价值都是如此，因此，缺乏可验证性。

（2）生成现行成本信息的成本太高。因为需要估计现行成本的资产大多很难找到直接可应用的市场价格，所以收集估计现行成本所需的信息需付出较高的代价且工作量较大，不符合信息披露应遵循的效益大于成本这一规则。

（3）未考虑货币性项目购买力变动对会计信息的影响。货币性项目，如库存现金、银行存款的购买力将随着物价的变动而发生变动，进而对会计信息的真实性产生影响，现行成本会计对此未予以考虑。

13.4 现行成本/不变币值会计模式

在现实经济活动中，个别物价变动与一般物价水平变动是同时并存的，因此，无论是现行成本会计模式还是不变币值会计模式都不能恰当全面地反映现实的经济状况。于是，有人就试图设计出一种模式，既能在财务报表中反映个别物价变动的影响，又能反映一般物价水平变动的影响。这种模式就是现行成本/不变币值会计模式。顾名思义，现行成本/不变币值会计模式是对会计计量的全面改革，它以现行成本代替历史成本来作为计量基础，以不变币值货币单位代替名义货币单位来作为计量单位，一方面克服了现行成本模式不能反映一般购买力变动的缺陷，另一方面又克服了不变币值会计模式不能反映非货币性项目个别物价变动的问题。

13.4.1 现行成本/不变币值会计模式的基本原理

现行成本/不变币值会计模式的基本原理是在现行成本会计的基础上，按不变币值单位对现行成本财务报表进行重述。现行成本/不变币值财务报表对现行成本财务报表的改进主要体现在以下三个方面：

（1）资产负债表项目既要反映期末的现行成本，又要反映货币购买力的变动。

（2）现行成本变动额的计算应该剔除一般购买力变动的影响。

例如，某企业2022年1月1日拥有一台设备，其实际成本为60万元，当时的物价指数为120，2022年12月31日该设备的现行成本为80万元，而此时的物价指数为132，则2022年未剔除一般购买力变动的现行成本变动额为20万元（80−60）。这一增加额可分解为：

① 因一般购买力变动即通货膨胀引起的现行成本增加额6万元（60×132÷120−60），这一现行成本增加额并非“实际的持有利得”，而是因通货膨胀所产生的名义持有利得，又被称为“虚拟的持有利得”；

② 消除一般购买力变动即通货膨胀影响后的现行成本变动额14万元（20−6），也就是实际的持有利得。

（3）利润表应包括货币性项目净额的购买力损益。

13.4.2 现行成本/不变币值会计模式的基本程序与释例

编制现行成本/不变币值财务报表的程序主要包括六个步骤：

① 按现行成本对历史成本/名义货币财务报表数据进行调整，并确定资产的现行

成本变动额；

② 编制现行成本/名义货币财务报表；

③ 按不变币值货币单位对现行成本/名义货币财务报表进行重新表述；

④ 确定货币性项目净额上的购买力损益；

⑤ 确定剔除了一般物价变动影响的资产现行成本变动额；

⑥ 编制现行成本/不变币值财务报表。

具体如图13-5所示。

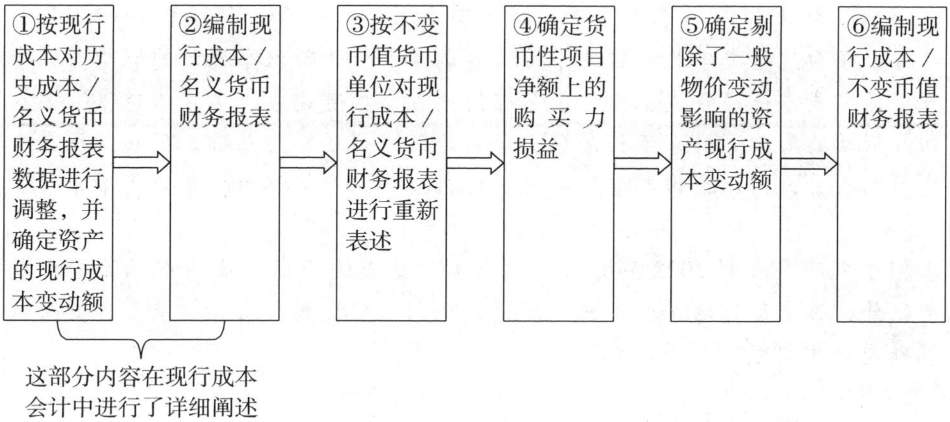

图13-5　编制现行成本/不变币值财务报表的基本程序

【例13-7】仍以丰利公司为例说明现行成本/不变币值会计的基本程序。

（1）按现行成本对历史成本/名义货币财务报表数据进行调整，并确定资产的现行成本变动额。

（2）编制现行成本/名义货币财务报表。

丰利公司2022年12月31日编制的以现时成本为计价基础、名义货币为计量单位的资产负债表、利润表及留存收益表见表13-18和表13-19。

其他有关资料如下：

①物价指数：

2017年1月1日（开始营业）	100
2021年12月31日	180
2022年12月31日	200
2021年平均	170
2021年11—12月平均	178
2022年平均	190
2022年11—12月平均	196

②存货按先进先出法计价，期末存货基本上购于每年11—12月份。

③房屋设备等固定资产及土地均于开业时购置，固定资产平均使用年限为20年，按直线法折旧，无残值。

④普通股均于开业时发行。

⑤销货收入、购货成本、销售费用（不含折旧费）和所得税费用在年内都是均匀发生的。

⑥现金股利的分派在2022年12月31日。

⑦不变购买力为年末不变币值货币。

（3）将现行成本/名义货币财务报表项目调整为按不变币值货币单位表述。

①调整资产负债表项目。

以现行成本为基础的资产负债表项目的金额实际上反映了资产负债表日的货币购买力，因此，如果我们将不变购买力货币确定为年末货币，那么在资产负债表项目中，年末余额为现行成本的项目就不再需要调整一般物价水平变动的影响，只有年末余额是以历史成本或混合成本为计价基础的项目，如普通股、留存收益等，才需调整一般物价变动的影响。对于年初余额，即使是以现行成本为基础，反映的也是上期期末的货币购买力，因此，需要借用一般物价指数将它们换算为按年末货币单位表述的金额。

本例中，丰利公司2022年度以现行成本为基础的资产负债表中，除普通股和留存收益以外，其余项目均按现行成本表述，亦即除普通股和留存收益外，其余都不需调整。普通股和留存收益调整如下：

不变币值普通股本=历史成本×年末物价指数/普通股收到日的物价指数

不变币值普通股本=800 000×200÷100=1 600 000（元）

留存收益仍采用余额法倒算，计算公式中的资产总额和负债总额可从表13-18中取得，普通股数据为不变币值金额1 600 000元，而不是现行成本/名义货币资产负债表上的800 000元。

2022年12月31日的留存收益=2 748 000-738 000-1 600 000=410 000（元）

丰利公司年初资产负债表项目除普通股和留存收益外均反映的是年初的货币购买力，应统一乘以一个系数换算为年末的货币单位，这个系数即年末物价指数除以年初物价指数，即200/180。普通股本年初余额的计算方法与期末余额的计算方法相同，仍是1 600 000元。年初留存收益的计算应依据调整过一般物价指数的现行成本比较资产负债表中的期初余额计算确定。

丰利公司2022年度以现行成本为基础的比较资产负债表项目按不变购买力重新表述见表13-22。

表13-22 **现行成本/不变购买力的比较资产负债表项目换算表** 金额单位：元

资产负债表项目	未换算金额	换算系数	换算后金额
货币性项目			
货币资金			
2022年12月31日	16 000	200/200	16 000
2021年12月31日	12 000	200/180	13 333
应收账款（净额）			

续表

资产负债表项目	未换算金额	换算系数	换算后金额
2022年12月31日	172 000	200/200	172 000
2021年12月31日	148 000	200/180	164 444
流动负债（货币性）			
2022年12月31日	306 000	200/200	306 000
2021年12月31日	318 000	200/180	353 333
非流动负债（货币性）			
2022年12月31日	432 000	200/200	432 000
2021年12月31日	428 000	200/180	475 556
非货币性项目			
存货			
2022年12月31日	620 000	200/200	620 000
2021年12月31日	564 000	200/180	626 667
固定资产（净额）			
2022年12月31日	860 000	200/200	860 000
2021年12月31日	756 000	200/180	840 000
土地			
2022年12月31日	1 080 000	200/200	1 080 000
2021年12月31日	960 000	200/180	1 066 667
股本			
2022年12月31日	800 000	200/100	1 600 000
2021年12月31日	800 000	200/100	1 600 000
留存收益			
2022年12月31日	1 210 000	倒算	410 000
2021年12月31日	894 000	倒算	282 222

②调整利润表及留存收益表项目。

现行成本/名义货币利润表上的各项目一般都假设在年内均衡发生，即其金额代表了年平均货币购买力，因此，在编制现行成本/不变币值利润表时，应将这些金额调整为按年末币值表述，换算系数的计算公式为：年末物价指数除以年平均物价指数。本例中，现金股利是在年末派发的，因此不需调整。丰利公司2022年度利润表及留存收益表项目的调整见表13-23。

表13-23 **现行成本/不变购买力的利润表及留存收益表项目的调整** 金额单位：元

项目	未换算金额	换算系数	已换算金额
营业收入	1 640 000	200/190	1 726 316
营业成本	1 500 000	200/190	1 578 947
销售费用（除折旧费外）	72 000	200/190	75 789
折旧费	60 000	200/190	63 158
所得税费用	34 000	200/190	35 789
现金股利	32 000	200/200	32 000

（4）确定货币性项目净额上的购买力损益。

在现行成本/不变币值模式下，利润表应报告货币性项目净额上的购买力损益。计算方法与不变币值模式下的购买力损益的计算方法相同，这里不再重复。丰利公司2022年度的货币性项目净额上的购买力损益为61 532元，详细计算见表13-24。

表13-24 **丰利公司现行成本/不变购买力损益计算表**

2022年度

金额单位：元

项目	未换算金额	换算系数	已换算金额
货币性资产（2021年12月31日）	160 000	200/180	177 778
货币性负债（2021年12月31日）	746 000	200/180	828 889
货币性项目净额（2021年12月31日）	（586 000）		（651 111）
加：营业收入	1 640 000	200/190	1 726 316
减：营业成本	1 466 000	200/190	1 543 158
销售费用（不含折旧费）	72 000	200/190	75 789
所得税费用	34 000	200/190	35 789
现金股利	32 000	200/200	32 000
货币性项目净额（2022年12月31日）	（550 000）[a]		（611 531）[b]
货币性项目净额上的购买力利得（损失）（b-a）			61 531

（5）确定剔除了一般物价水平变动影响的资产现行成本变动额。

现行成本/不变币值会计模式下的现行成本变动额的计算原理与现行成本会计模式下的现行成本变动额的计算原理相同，只是用于计算的所有现行成本和历史成本金额都应是调整过物价变动影响后的金额。丰利公司2022年度扣除一般物价变动影响的现行成本变动额的计算见表13-25。本例假定丰利公司采用的是实际财务资本保持观念，所以现行成本变动额也称资产持有损益。

表13-25 **丰利公司现行成本/不变币值资产持有损益计算表** 金额单位：元

项目	现行成本（历史成本）名义货币	换算系数	现行成本（历史成本）不变币值	持有损益
存货（2022年12月31日）	620 000 （496 000）	200/200 200/196	620 000 （506 122）	
持有利得（损失）(a)	124 000		113 878	113 878
存货（2021年12月31日）	564 000 （450 000）	200/180 200/178	626 667 （505 618）	
持有利得（损失）(b)	114 000		121 049	121 049
销货成本	1 500 000 （1 420 000）*	200/190	1 578 947 （1 542 653）*	
持有利得（损失）(c)	80 000		36 294	36 294
存货现行成本的增加（减少）(d=a-b+c)	90 000		29 123	29 123
固定资产（净额）（2022年12月31日）	860 000 （474 000）	200/200 200/100	860 000 （948 000）	
持有利得（损失）(e)	386 000		（88 000）	（88 000）
固定资产（净额）（2021年12月31日）	756 000 （508 000）	200/180 200/100	840 000 （1 016 000）	
持有利得（损失）(f)	248 000		（176 000）	（176 000）
折旧费	60 000 （34 000）	200/190 200/100	63 158 （68 000）	
持有利得（损失）(g)	26 000		（4 842）	（4 842）
固定资产现行成本的增加（减少）(h=e-f+g)	164 000		83 158	83 158

续表

项目	现行成本（历史成本）名义货币	换算系数	现行成本（历史成本）不变币值	持有损益
土地（2022年12月31日）	1 080 000 （500 000）	200/200 200/100	1 080 000 （1 000 000）	
持有利得（损失）(i)	580 000		80 000	80 000
土地（2021年12月31日）	960 000 （500 000）	200/180 200/100	1 066 667 （1 000 000）	
持有利得（损失）(j)	460 000		66 667	66 667
土地现行成本的增加（减少）(k=i-j)	120 000		13 333	13 333
	存货	固定资产（净额）	土地	合计
未实现持有利得				
2022年12月31日	113 878	（88 000）	80 000	105 878
2021年12月31日	121 049	（176 000）	66 667	11 716
未实现持有利得（损失）增加（减少）	（7 171）	88 000	13 333	94 162
已实现持有利得（损失）	36 294	（4 842）	0	31 452
本年持有利得（损失）增加（减少）	29 123	83 158	13 333	125 614

	现行成本/名义货币	通货膨胀因素**	现行成本/不变币值
现行成本的增加（减少）			
存货	90 000	60 877	29 123
固定资产	164 000	80 842	83 158
土地	120 000	106 667	13 333
合计	374 000	248 386	125 614

*销货成本（历史成本/名义货币）=期初存货+本期购货-期末存货=450 000+1 466 000-496 000

销货成本（历史成本/不变货币）=450 000×200÷178+1 466 000×200÷190-496 000×200÷196

**通货膨胀因素=现行成本/名义货币增减额-现行成本/不变币值增减额

（6）编制现行成本/不变币值财务报表。

根据上面步骤得出的数据，就可以着手编制现行成本/不变币值财务报表。丰利公司以现行成本/不变币值为基础的财务报表见表13-26和表13-27。

表13-26　　**丰利公司比较资产负债表（简表）**

2022年12月31日（以现行成本/不变币值为基础）　　单位：元

项目	2022年12月31日	2021年12月31日
资产		
货币资金	16 000	13 333
应收账款	172 000	164 444
存货	620 000	626 667
固定资产（净额）	860 000	840 000
土地	1 080 000	1 066 667
资产总计	2 748 000	2 711 111
负债		
流动负债（货币性）	306 000	353 333
非流动负债（货币性）	432 000	475 556
负债合计	738 000	828 889
股东权益		
普通股	1 600 000	1 600 000
留存收益	410 000	282 222
股东权益合计	2 010 000	1 882 222
负债和股东权益总计	2 748 000	2 711 111

表13-27　　**丰利公司利润表及留存收益表**

2022年度（以现行成本为基础）　　单位：元

营业收入	1 726 316
减：营业成本	1 578 947
经营毛利	147 369
减：销售费用（折旧费除外）	75 789
折旧费	63 158
税前利润	8 422
减：所得税费用	35 789
现行成本经营利润	（27 367）
加：已实现资产持有利得（损失）（扣除通货膨胀）	31 452
已实现收益	4 085
加：未实现资产持有利得（损失）（扣除通货膨胀）	94 163
货币性项目净额上的购买力利得	61 531
现行成本净利润	159 778*
加：留存收益（2021年12月31日）	282 222
可供分配的收益	442 000
减：现金股利	32 000
留存收益（2022年12月31日）	410 000

* 尾数调整。

现行成本/不变币值会计模式是综合了不变币值会计模式和现行成本会计模式的一种会计模式，因此，它不可避免地也具备了不变币值会计和现行成本会计的一些优缺点。除此以外，它具有如下优缺点：

现行成本/不变币值会计模式的主要优点是它能够更好、更全面地消除物价变动对会计信息的影响，提供了反映一般物价变动对货币性项目的影响的信息——货币性项目净额上的购买力损益，以及剔除了一般物价变动影响的个别物价变动信息——现行成本变动额（或资产持有损益），因此，这种模式在一定程度上增加了会计信息的决策相关性和可比性。

现行成本/不变币值会计模式的缺点是提供现行成本/不变币值会计信息的成本比较高，且所带来的效益不明显。此外，现行成本/不变币值会计信息比较难以为一般信息使用者所理解，造成他们在利用这类信息时产生一些混乱，甚至被误导。

总结与结论

在物价持续性变动的环境下，依据原始成本/名义货币会计计量模式确定的资产计价和收益严重脱离实际，人们从构成会计计量模式的两个因素入手，分别提出了三种物价变动会计计量模式：不变币值会计模式、现行成本会计模式和现行成本/不变币值会计模式。

不变币值会计模式是以原始成本为计量属性、以一般物价指数调整后的不变货币购买力为计量单位的会计计量模式，着眼于投入资本的一般货币购买力保全。其处理程序有四步：

（1）划分货币性项目与非货币性项目；

（2）将按名义货币表示的财务数据中各个项目的金额换算为按不变币值货币表示的金额；

（3）计算货币性项目净额上的购买力损益；

（4）重编不变币值货币的财务报表。

这种会计计量模式增强了会计信息的可比性，但一般物价指数的选择具有主观性且与特定物价变动不一定相符，因此其相关性与如实反映的效果并不理想，操作上也较复杂。

现行成本会计模式是以现行成本为计量属性、以名义货币为计量单位的会计计量模式，着眼于投入资本的生产经营能力保全。其处理程序是：

（1）划分货币性项目与非货币性项目；

（2）按现行成本调整财务数据；

（3）确定现行成本相对于原始成本的变动额，计算持有损益；

（4）按现行成本重编财务报表。

这种会计模式所提供的会计信息能比较真实地反映企业财务状况和经营成果，具有较强的相关性，会计信息的横向可比性较好，但现行成本的选择具有较强的主观性，在操作上也较复杂。

现行成本/不变币值货币会计模式是以现行成本为计量属性、以不变货币购买力为计量单位的会计计量模式，着眼于投入资本的一般货币购买力和其所形成的生产经营能力的同时保全。其处理程序是：

（1）先按现行成本/名义货币会计编制出现行成本/名义货币财务报表；

（2）按不变币值货币对现行成本/名义货币财务报表进行调整；

（3）确定货币性项目净额上的购买力损益；

（4）确定剔除了一般物价水平变动后的持有损益；

（5）重编现行成本/不变币值货币财务报表。

这种会计模式同时具有不变币值会计和现行成本会计的优点，既能反映一般物价水平变动，又能反映个别物价变动，但其操作方法和程序过于复杂。

关键概念

1.货币购买力：指单位货币所能购买其他商品或劳务的能力。

2.个别物价变动：指某一具体商品或劳务的市场价格的变化。个别物价变动属于微观现象，具有多样化的特点。

3.一般物价水平变动：指某一时期商品或劳务价格平均水平的变化而引起的货币购买力的变化。一般物价水平变动与货币购买力成反比，物价水平越高，货币购买力越弱，物价水平越低，货币购买力则越强。当一般物价水平持续地、超过一定幅度地上涨，称为通货膨胀，反之，则称为通货紧缩。一般物价变动属于宏观现象，具有普遍性的特点。

4.物价指数：是指反映两个时期商品、劳务价格水平变动的指标，一般是由政府部门或专业团体计算并公布。物价变动一般是通过物价指数来衡量的，和物价变动发生的范围相对应，物价指数也分为个别物价指数和一般物价指数，即反映个别商品、劳务的物价水平变化的指数为个别物价指数；反映社会全部商品、劳务的物价水平变化的指数为一般物价指数。

5.资本保持：指企业在分派资本回报和进行资本返还时，不可以超过其所定义的资本。

6.资本的财务概念：将资本定义为业主在投资时所投入资产的货币或者货币的购买力，此时，资本被视为企业净资产或权益的同义语。

7.资本的实物概念：将资本定义为企业的生产能力，或称营运能力。

8.财务资本保持：指企业所力求保全的是财务资本。根据这一概念，企业在扣除本期内对业主的分配和业主的出资以后，期末净资产的财务（或货币）金额必须大于期初净资产的财务（或货币）金额，才算赚得利润。财务资本保持按对货币购买力影响是否予以调整可分为货币财务资本保持和实际财务资本保持。货币财务资本保持对货币购买力影响不加以调整，而实际财务资本保持需对货币购买力影响进行调整。

9.实物资本保持：指企业力求保全的是企业的生产能力。根据这一概念，企业在扣除本期内对业主的分配和业主的出资以后，企业的期末实物生产能力，或企业在期末达到上述实物生产能力所需的资源或资金，必须大于期初实物生产能力，才算赚得利润。

10.物价变动会计模式：其是由会计计量单位与会计计量属性组合而成的会计计量模式。目前的物价会计模式主要有：不变币值会计模式、现行成本会计模式和现行成本/不变币值会计模式。

11.货币性项目：指在一般物价水平变动的情况下，其金额按合同或法律规定保持为既定数量的货币单位，但其实际购买力已经发生变动的资产、负债或权益项目。

12.非货币性项目：指在一般物价变动的情况下，由于内含购买力相对不变，导致按名义货币表述的金额随着物价水平的涨跌而增加或者减少的资产、负债或权益项目。

13.货币性项目净额：指企业在某一时日的货币性资产总额与货币性负债总额之间的差额。

14.现行成本变动额：指资产负债的现行成本与历史成本之间的差异。在货币财务资本保持观念下，现行成本变动额称为现行成本持有损益，应区分已实现现行成本持有损益和未实现现行成本持有损益，分别报告在现行成本利润表里。在实物资本保持观念下，现行成本变动额应视为企业为维持年初的实物生产能力水平而必须再投入的金额，应是资本的一部分，而不能作为资本的报酬，应在以现行成本为基础的资产负债表里报告，作为资本的调整项目。

课程思政

1.物价变动会计与共同富裕

党的二十大报告强调"中国式现代化是全体人民共同富裕的现代化"，请结合本章的学习深入思考物价变动会计在促进全体人民共同富裕中的作用。

2.外币报表折算差额与货币性项目净额的一般购买力损益

请结合王竹泉教授"外币报表折算差额的成因及其决定因素"（《上海会计》，1998年第6期）一文的分析对不变币值会计模式下货币性项目净额的一般购买力损益的影响因素进行分析，并深入思考举一反三的学习和研究方法的应用。

思考与练习

一、思考题

1.请说明两种资本保持观念对会计处理的影响。

2.不变币值会计模式、现行成本会计模式和现行成本/不变币值会计模式的基本程序各包括哪些步骤？

3.区别货币性项目与非货币性项目，各举两个例子。

4.在现行成本/不变币值会计模式下，现行成本经营收益和现行成本净收益给财务报表使用者提供了什么信息？

5.评价三种物价变动会计模式。

二、练习题

1.蓝星公司于2020年12月31日开始营业，当日它以每单位40元的价格购入1 000单位存货，这些存货一直被持有至2021年12月31日。该日，该公司又以每单位60元的价格购入1 000单位存货，并以每单位80元的价格售出1 500单位存货。假定这些交易是该公司自营业后发生的所有交易，不考虑所得税的影响。

要求：

（1）用历史成本/名义货币方法和先进先出存货计价方法计算经营利润额。

（2）用现时成本/名义货币方法计算经营利润额。

（3）解释在要求（1）和要求（2）中计算出的经营利润的差异。

2. 亚麦贸易公司2021年12月31日的比较资产负债表（基于以名义货币表述的历史成本）见表13-28。

表13-28　**比较资产负债表**　单位：元

项目	2020年12月31日	2021年12月31日
货币资金	—	45 000
存货（分别为400单位和1 000单位）	50 000	20 000
资产总计	50 000	65 000
实收资本	50 000	50 000
留存收益	—	15 000
负债和所有者权益总计	50 000	65 000

2020年12月31日和2021年12月31日的一般物价水平指数分别为140和161。该公司在2020年12月31日以每单位50元的单价购入了1 000单位存货，并一直持有至2021年12月31日。2021年12月31日，有600单位的存货被售出，单价为75元，已收现。这些存货在当日的重置成本为每单位60元。假定以上这些是该公司发生的所有交易，不考虑所得税的影响。

要求：分别使用以下4种会计计量模式，编制2020年12月31日与2021年12月31日的比较资产负债表和2021年的利润表：

（1）历史成本/名义货币；

（2）现时成本/名义货币；

（3）历史成本/不变货币；

（4）现时成本/不变货币。

延伸阅读

［1］泽弗，德兰．现代财务会计理论——问题与论争［M］．夏冬林，等译．北京：经济科学出版社，2000.

［2］拉德鲍，格雷，布莱克．国际会计与跨国企业［M］．王全喜，等译．北京：机械工业出版社，2008.

［3］亨格瑞，森登，埃利奥特．财务会计教程［M］．朱丹，译．8版．北京：人民邮电出版社，2005.

[4] 刘易斯，彭迪尔．高级财务会计［M］．钱爱民，译．北京：中国人民大学出版社，2006.

[5] 杜兴强．高级财务会计［M］．2版．厦门：厦门大学出版社，2007.

[6] 葛家澍，林志军．现代西方会计理论［M］．3版．厦门：厦门大学出版社，2011.

[7] 常勋．高级财务会计［M］．沈阳：辽宁人民出版社，2002.

[8] 王竹泉，等．高级财务会计［M］．北京：机械工业出版社，2009.

[9] 斯威尼．稳定币值会计［M］．上海：立信会计出版社，2017.

[10] 冯丽丽，许家林．物价变动会计奠基人：弗朗西斯·桑迪兰兹［J］．财会通讯，2012（28）.

[11] 陈高才．通货膨胀的会计问题剖析和未来研究展望［J］．会计研究，2014（8）.

[12] 肖志超，郑国坚，蔡贵龙．汇总会计盈余与通货膨胀——基于盈余分解视角的发现［J］．中央财经大学学报，2020（12）.

[13] 何七香，刘锋．财务报表的通货膨胀调整：一种新算法［J］．宏观经济研究，2018（2）.

本章教学视频　　本章教学课件　　本章学习指导

第 14 章
公司清算会计

高级财务会计

Advanced Financial Accounting

章前准备

一、学习目的与要求

通过本章的学习，了解公司解散清算的原因和基本程序；掌握解散清算的会计处理方法；了解公司破产清算的原因和基本程序；掌握破产清算的会计处理方法；熟悉清算过程中各种财务报表的编制；理解清算会计处理与持续经营假设下会计处理的差异。

二、教学重点与难点

本章教学重点为公司解散清算和破产清算的会计处理方法；教学难点为破产清算中财务状况估算表的编制、清算会计处理与持续经营假设下会计处理的差异。

三 、本章教案设计

本章教案

14.1　公司解散清算的会计处理

14.1.1　公司解散清算概述

公司解散是公司法人资格被取消的法律程序和公司业务经营活动终止的法律事实。公司解散的原因既有公司内部方面的，也有公司外部经营环境方面的。我国颁布的《中华人民共和国公司法》（以下简称《公司法》）指出，公司因下列原因解散：

（1）公司章程规定的营业期限届满或者公司章程规定的其他解散事由出现；

（2）股东会或者股东大会决议解散；

（3）因公司合并或者分立需要解散；

（4）依法被吊销营业执照、责令关闭或者被撤销；

（5）公司经营管理发生严重困难，继续存续会使股东利益受到重大损失，通过其他途径不能解决的，持有公司全部股东表决权百分之十以上的股东，可以请求人民法院解散公司。

除了因公司合并或者分立需要的解散外，其他各种方式的解散都必须进行清算。公司的解散清算就是公司在解散过程中需要依照法定程序回收债权、对资产进行变卖、偿还债务并分配剩余财产的一系列程序。无论公司解散的原因如何，公司解散清算的主要宗旨在于保护债权人和投资人的合法权益不受侵犯。

14.1.2　解散清算的基本程序

根据《公司法》的有关规定，公司解散清算的基本程序主要包括以下几个方面：

■ 1）成立清算组

公司应当在解散事由出现之日起15日内成立清算组，开始清算。有限责任公司的清算组由股东组成，股份有限公司的清算组由董事或者股东大会确定的人员组成。逾期不成立清算组进行清算的，债权人可以申请人民法院指定有关人员组成清算组进行清算。人民法院应当受理该申请，并及时组织清算组进行清算。清算组在清算期间行使下列职权：

① 清理公司财产，分别编制资产负债表和财产清单；

② 通知、公告债权人；

③ 处理与清算有关的公司未了结的业务；

④ 清缴所欠税款以及清算过程中产生的税款；

⑤ 清理债权、债务；

⑥ 处理公司清偿债务后的剩余财产；

⑦ 代表公司参与民事诉讼活动。

需要指出的是，清算组成员应当承担忠于职守、依法履行清算的义务。清算组成员不得利用职权收受贿赂或者其他非法收入，不得侵占公司财产。清算组成员因故意或者重大过失给公司或者债权人造成损失的，应当承担赔偿责任。

■ 2）登记债权

公司在清算工作开始时，必须首先对公司的债权人及其债权进行彻底的清理。清算组应当自成立之日起10日内通知债权人，并于60日内在报纸上公告。债权人应当自接到通知书之日起30日内，未接到通知书的自公告之日起45日内，向清算组申报其债权。债权人申报债权，应当说明债权的有关事项，并提供证明材料。清算组应当对债权进行登记。在申报债权期间，清算组不得对债权人进行清偿。

清算组进行债权登记时，应严格区分有财产担保的债权人和无财产担保的债权人，因为公司在清算时对两者所承担的偿债义务以及偿债顺序是不同的。

■ 3）清理公司财产

除了对公司的债权进行登记外，清算组或者受托人还必须对公司的财产进行全面、彻底的清理。对公司财产的清理主要包括如下内容：

① 对于公司的现金和实物资产（如存货、固定资产等），应在注册会计师的监督下进行盘点；

② 对于银行存款，应通过银行提供的对账单或其他证明文件予以核实；

③ 对于公司的债权，由清算组或其聘请的注册会计师向债务人发函询证，以核实账款的可回收性；

④ 对于公司的投资，如果属于有价证券投资，应对其进行盘点或作其他方式的核实，如果属于其他投资，则必须核查有关的投资文件，以核实投资是否实际存在；

⑤ 对于长期待摊费用，应分别进行审查核实，并留待清算开始后予以注销。

清算组在对公司的财产作上述清理后，应根据清理的结果编制公司的财产清单以及清算开始日的资产负债表。如果清算组在清理公司财产、编制资产负债表和财产清单后，发现公司财产不足以清偿债务的，则应当依法向人民法院申请宣告破产。在法院裁定并宣告破产后，公司的清算工作应由法院接管进行。

■ 4）制订清算方案

清算组在对公司财产进行全面清理的基础上，编制资产负债表和财产清单，之后对公司的资产进行估价，并以估价为基础，制订清算方案。

资产估价的准确性直接影响到对公司偿债能力的估计，所以应该对不同的资产采用合理的估计方法。清算方案主要包括清算的程序和步骤、财产估计方法及其结果、债权回收和财产变卖的具体方案、债务的清偿程序、剩余财产的分配以及对公司遗留问题的处理等内容。清算方案须得到股东大会或者公司主管机关的确认方可执行。

■ 5）执行清算方案

公司财产分别支付清算费用、职工的工资、社会保险费用和法定补偿金，缴纳所欠税款。清算费用具体包括清算组成员的工资、差旅费、公告费、办公费、咨询费、诉讼费以及清算过程中的其他支出。在清偿债务时，应先清偿有财产担保的债务，然后再清偿无财产担保的债务。对于有财产担保的债务，如果抵押资产的变现收入超过其担保的债务，差额部分可以用来清偿无财产担保的债务；如果变现收入低于其担保的债务，则无法抵偿的那部分债务转作无担保债务。

对于进行上述清偿后的剩余财产，有限责任公司按照股东的出资比例分配给股东，股份有限公司按照股东持有的股份比例分配给股东。在清算期间，公司虽然存续，但不得开展与清算无关的经营活动。公司财产在未按相关规定清偿前，不得分配给股东。

■ 6）申请公司注销

公司清算结束后，清算组应当制作清算报告，报股东大会或者人民法院确认，并报送公司登记机关，申请公司注销登记，公告公司终止。

14.1.3 解散清算的会计处理

与公司在持续经营的条件下的日常会计处理相比，公司解散清算的会计处理有以下几个特点：

（1）公司的解散意味着公司正常经营活动的终止，因此，会计上的“持续经营假设”不再适用，取而代之的是“清偿假设”，也就是说，公司解散清算活动应立足于如何将资产变现以清偿公司的债务。建立在“持续经营假设”基础上的某些递延项目不再有任何意义，如递延所得税资产等原先作为“资产”列示的项目在清算过程中一般需如数冲销，因为这些所谓的资产根本无法给公司带来任何现金流入。

（2）在正常经营情况下，由于各种财产物资都是按历史成本计价，其账面价值与现值并不完全相等，特别是在物价变动较大时，资产的现值往往与原来的账面价值有很大差别。因此清算组在对公司的财产物资清查完毕后，应对各项资产进行估价。财产一般可采用以下几种方法进行估价：

① 按账面价值计价。按账面价值计价就是根据清算开始日经清查的各项财产的账面价值计价，据以编制资产负债表作为清算和分配财产的依据，用这种方法实际上

仍然是按实际成本计价，这种方法一般用于公司因合并或分立而进行的清算。

② 按完全重置价值计价。按完全重置价值计价就是将企业解散日经清查的财产按目前的生产条件和市场价格计算重新购置的价值。重新计价后，各项资产的完全重置价值可能会高于或低于原资产账面价值，这就是计价的升值和降值。这种升值或降值，形成了公司清算的收益或损失。公司未重估前的资本净额减清算费用，加清算收益或减清算损失，即为公司可供分配的资产净额。这种方法主要适用于公司因被其他企业兼并而进行的清算。

③ 按可变现净值计价。可变现净值就是在规定的清算期间内将各项财产出售、转让所能取得现金的价值。按可变现净值计价，各项财产也可能发生升值或降值，这种升值或降值也同样属于公司的清算收益或损失。这种方法主要适用于公司因破产而进行的清算。

（3）清算期间应编制的报表包括清算开始日的资产负债表及财产清单、财务状况估算表、清算利润表、清算结束日的资产负债表、资产变现明细表、清算期库存现金及银行存款收支明细表、债务清偿表、剩余财产分配表等。其中，清算开始日的资产负债表仍然以历史成本作为计价基础，但也可按公允价值对资产变现能力及债务的清偿顺序编制一张财务状况估算表（也称为偿债能力估算表），以鉴定公司的偿债能力。如果估算的结果表明公司的资产不足以清偿所有的债务，则有可能终止解散清算，这时，公司将处于被申请破产的境地；而清算结束日的资产负债表通常只包括现金和股东权益两个部分，其中，货币资金的余额即为在公司清算结束时可按照有关法规及公司章程在全体股东之间进行分配的剩余资产。

（4）在解散清算过程中应设置“清算损益”账户，该账户用以核算财产物资的变卖、债权的收回、债务清偿所发生的利得或损失，以及支付清算组成员的酬劳和聘请注册会计师、律师的费用及其他一切清算费用。该账户借方余额表示清算损失，贷方余额表示清算收益，该账户余额在清算结束后转入“未分配利润”账户。

【例14-1】假定A公司发生严重亏损，投资各方均无意继续经营，决定提前解散并按完全解散方式进行清算，其解散日的资产负债表见表14-1。

表14-1 **资产负债表（简表）**

编制单位：A公司　　　　年　月　日（解散日）　　　　单位：元

资产	金额	负债和所有者权益	金额
货币资金	500 000	应付票据	400 000
交易性金融资产	500 000	应付账款	600 000
应收票据	1 000 000	其他应付款	1 000 000
应收账款	2 000 000	长期借款	3 000 000
存货	2 000 000	实收资本——甲	3 000 000
固定资产	3 000 000	实收资本——乙	1 000 000
无形资产	1 000 000	未分配利润	1 000 000
资产总计	10 000 000	负债和所有者权益总计	10 000 000

解散清算期间，公司的会计处理如下：

第一步，回收债权。

（1）公司的应收票据按账面价值全额收回。

借：银行存款　　1 000 000

　贷：应收票据　　1 000 000

（2）公司的应收账款实际收回1 500 000元。

借：银行存款　　1 500 000

　　清算损益　　500 000

　贷：应收账款　　2 000 000

第二步，财产变现。

（3）公司的交易性金融资产为对某公司的股权投资，扣除交易费用后，交易性金融资产的出售净价款为400 000元。

借：银行存款　　400 000

　　清算损益　　100 000

　贷：交易性金融资产　　500 000

（4）公司存货为2 000 000元，清理收入为2 500 000元，相关清理费用为200 000元。

借：银行存款　　2 500 000

　贷：库存商品　　2 000 000

　　　清算损益　　500 000

借：清算损益　　200 000

　贷：银行存款　　200 000

（5）公司固定资产的净值为3 000 000元，扣除清理费用后，变卖固定资产的净收入为2 700 000元。

借：银行存款　　2 700 000

　　清算损益　　300 000

　贷：固定资产　　3 000 000

（6）公司无形资产为从外部购入的专利权，清算日予以全额冲销。

借：清算损益　　1 000 000

　贷：无形资产　　1 000 000

第三步，支付清算费用、职工薪酬及清缴税款等。

（7）支付清算组工作人员薪酬200 000元，另发生其他清算费用100 000元。

借：清算损益　　300 000

　贷：银行存款　　300 000

第四步，清偿各种债务。

（8）在清偿债务时，应先清偿有财产担保的债务，然后再清偿无财产担保的债务。由于本例中A公司清理资产所获得的货币资金能够全额偿还所有债务，因此，所有债务一并偿还。

借：应付票据　　400 000
　　应付账款　　600 000
　　其他应付款　　1 000 000
　　长期借款　　3 000 000
　贷：银行存款　　5 000 000

第五步，结转清算损益账户。

（9）清算结束时，需要把清算损益账户结转到未分配利润中。

借：未分配利润　　1 900 000
　贷：清算损益　　1 900 000

第六步，编制清算会计报表。

公司的清算利润表、清算期库存现金及银行存款收支明细表、清算结束日的资产负债表分别见表14-2、表14-3和表14-4。

表14-2　**清算利润表**

年　月（清算期）　　单位：元

清算费用及损失	金额	清算收益	金额
清算费用：		变卖存货收益	300 000
清算组薪酬	200 000		
其他费用	100 000		
清算损失：			
收回应收账款损失	500 000		
出售交易性金融资产损失	100 000		
变卖固定资产损失	300 000		
注销无形资产损失	1 000 000		
清算费用与损失合计	2 200 000	清算收益合计	300 000
清算净收益			-1 900 000

表14-3　**清算期库存现金及银行存款收支表**

年　月（清算期）　　单位：元

项目	金额	项目	金额
期初结存	500 000		
期内收入：		期内支出：	
收回应收票据	1 000 000	清算费用	300 000
收回应收账款	1 500 000	偿付应付票据	400 000
出售交易性金融资产	400 000	偿付应付账款	600 000
变卖存货	2 300 000	偿付其他应付款	1 000 000
变卖固定资产	2 700 000	偿付长期借款	3 000 000
合计	8 400 000	合计	5 300 000
期末结存	3 100 000		

表14-4 **清算结束日的资产负债表**

年 月 日（清算结束日） 单位：元

资产	金额	所有者权益	金额
货币资金	3 100 000	实收资本——甲	3 000 000
		实收资本——乙	1 000 000
		未分配利润	-900 000
资产总计	3 100 000	所有者权益总计	3 100 000

第七步，分配剩余财产。

清算结束日的剩余财产为货币资金3 100 000元，按出资比例（甲方75%、乙方25%）在投资者之间进行分配。归还甲、乙各方的资本净额时，作如下会计处理：

借：实收资本——甲　　2 325 000

　　　　　　——乙　　775 000

　贷：银行存款　　3 100 000

到此为止，企业的资产全部分配完毕，清算工作宣告结束。

14.2 公司破产清算的会计处理

14.2.1 公司破产清算概述

破产是指在债务人不能清偿到期债务时，由法院强制执行其全部财产，公平清偿全体债权人的法律制度。破产是企业经营的一种结果，达到这一结果的过程应是一系列可识别的环节：稳健经营——不稳健经营——财务困境——破产。

在现实中，可以看到当企业现有资产价值不足以偿还负债价值（净资产为负数）或企业经营现金流量不足以补偿现有债务（包括应付利息、应付账款等）时，公司通常有破产和重组两种后果。企业现有资产价值不足以偿还负债价值是指资本收益能力的绝对低下，破产是其必然后果。企业经营现金流量不足以补偿现有债务可能反映了资本流动能力的相对低下，可以通过一系列非常行动使企业免于破产，维持企业继续经营的能力。这些行动包括：

① 出售主要资产；

② 与其他企业合并；

③ 减少资本支出；

④ 发行新股；

⑤ 与债权人协商谈判；

⑥ 债权换股权。

其中前三项属于资产重组，后三项属于债务重组。当这些行动无效后，才进入破产程序。

我国《公司法》指出，公司被依法宣告破产的，应依照有关企业破产的法律实施破产清算。《中华人民共和国企业破产法》（以下简称《破产法》）规定申请破产清算的情形，主要有以下几种：

① 企业法人不能清偿到期债务，并且资产不足以清偿全部债务或者明显缺乏清偿能力的，债务人可以向人民法院提出破产清算申请；

② 债务人不能清偿到期债务，债权人可以向人民法院提出对债务人进行破产清算的申请；

③ 企业法人已解散但未清算或者未清算完毕，资产不足以清偿债务的，依法负有清算责任的人应当向人民法院申请破产清算。

14.2.2 破产清算的基本程序

破产清算的程序与解散清算的程序具有相似之处，但前者往往需要履行更为严格的法律程序。破产清算制度旨在利用法律规定的方法，强制将债务人的全部财产依一定程序变价及公平分配，以一次性了结债务人的全部债务。其功能重在合理分配债务人的破产财产，目的是实现对全体债权人的公平保护。根据《破产法》的有关规定，公司破产清算的基本程序主要包括以下几个方面：

■ 1）申请破产

无论是债务人还是债权人提出申请，申请破产都意味着对公司进行所谓的“破产保护”，也就是说，一旦向法院提出破产申请，债权人便不得向债务人采取其他法律行动，或者对债务人财产进行其他民事执行程序。在向法院提出申请时，申请人应向法院提供有关材料说明债务人已具备破产条件。

《破产法》规定，向人民法院提出破产申请，应当提交破产申请书和有关证据。破产申请书应当载明下列事项：

① 申请人、被申请人的基本情况；

② 申请目的；

③ 申请的事实和理由；

④ 人民法院认为应当载明的其他事项。

债务人提出申请的，还应当向人民法院提交财产状况说明、债务清册、债权清册、有关财务会计报告、职工安置预案以及职工工资的支付和社会保险费用的缴纳情况。

■ 2）法院受理

债权人提出破产申请的，人民法院应当自收到申请之日起5日内通知债务人。除此情形之外，人民法院应当自收到破产申请之日起15日内裁定是否受理。人民法院受理破产申请的，应当自裁定作出之日起5日内送达申请人。债权人提出申请的，人民法院应当自裁定作出之日起5日内送达债务人。债务人应当自裁定送达之日起15日内，向人民法院提交财产状况说明、债务清册、债权清册、有关财务会计报告以及职工工资的支付和社会保险费用的缴纳情况。

《破产法》规定，自人民法院受理破产申请的裁定送达债务人之日起至破产程序终结之日，债务人的有关人员承担下列义务：

① 妥善保管其占有和管理的财产、印章和账簿、文书等资料；

② 根据人民法院、管理人的要求进行工作，并如实回答询问；

③ 列席债权人会议并如实回答债权人的询问；

④ 未经人民法院许可，不得离开住所地；

⑤ 不得新任其他企业的董事、监事、高级管理人员。

此外，人民法院受理破产申请后，债务人对个别债权人的债务清偿无效。

■ 3）指定管理人

人民法院裁定受理破产申请的，应当同时规定指定管理人并确定管理人报酬的办法。管理人可以由有关部门、机构的人员组成的清算组或者依法设立的律师事务所、会计师事务所、破产清算事务所等社会中介机构担任。人民法院根据债务人的实际情况，可以在征询有关社会中介机构的意见后，指定该机构具备相关专业知识并取得执业资格的人员担任管理人。管理人向人民法院报告工作，并接受债权人会议和债权人委员会的监督。

《破产法》给出了管理人应履行的具体职责：

① 接管债务人的财产、印章和账簿、文书等资料；

② 调查债务人财产状况，制作财产状况报告；

③ 决定债务人的内部管理事务；

④ 决定债务人的日常开支和其他必要开支；

⑤ 在第一次债权人会议召开之前，决定继续或者停止债务人的营业；

⑥ 管理和处分债务人的财产；

⑦ 代表债务人参加诉讼、仲裁或者其他法律程序；

⑧ 提议召开债权人会议；

⑨ 人民法院认为管理人应当履行的其他职责。

■ 4）召开债权人会议

债权人会议是指在破产程序中，债权人根据法院的通知或公告而组成的，表达全体债权人共同意志、参与破产程序并对有关破产事项进行讨论和表决的程序性机构。在破产程序中设立债权人会议，目的在于使全体债权人在破产程序中有一个自主发表意见的机构，参与破产程序，监督破产程序的进行，为保护全体债权人的合法权益提供保障。

依法申报债权的债权人为债权人会议的成员，有权参加债权人会议，享有表决权。债权人会议应当有债务人的职工和工会的代表参加，对有关事项发表意见。《破产法》规定，债权人会议行使下列职权：

① 核查债权；

② 申请人民法院更换管理人，审查管理人的费用和报酬；

③ 监督管理人；

④ 选任和更换债权人委员会成员；

⑤ 决定继续或者停止债务人的营业；

⑥ 通过重整计划；

⑦ 通过和解协议；

⑧ 通过债务人财产的管理方案；

⑨ 通过破产财产的变价方案；

⑩ 通过破产财产的分配方案；

⑪人民法院认为应当由债权人会议行使的其他职权。

对债务人的特定财产享有担保权的债权人，未放弃优先受偿权利的，对于⑦和⑩的事项不享有表决权。

第一次债权人会议由人民法院召集，自债权申报期限届满之日起15日内召开。以后的债权人会议，在人民法院认为必要时，或者管理人、债权人委员会、占债权总额四分之一以上的债权人向债权人会议主席提议时召开。债权人会议的决议，由出席会议的有表决权的债权人过半数通过，并且其所代表的债权额占无财产担保债权总额的二分之一以上。债权人会议的决议，对于全体债权人均有约束力。

此外，债权人会议可以决定设立债权人委员会。债权人委员会由债权人会议选任的债权人代表和一名债务人的职工代表或者工会代表组成。债权人委员会成员不得超过9人。债权人委员会成员应当经人民法院书面决定认可。

■ 5）确认债务人财产

人民法院依法宣告债务人破产的，应当自裁定作出之日起5日内送达债务人和管理人，自裁定作出之日起10日内通知已知债权人，并予以公告。债务人被宣告破产后，债务人称为破产人，债务人财产称为破产财产，人民法院受理破产申请时债务人享有的债权称为破产债权。应当指出的是破产财产和破产债权中并不包括有担保权的部分。

债务人财产是指破产申请受理时属于债务人的全部财产，以及破产申请受理后至破产程序终结前债务人取得的财产。

人民法院受理破产申请后发生的下列费用，为破产费用：

① 破产案件的诉讼费用；

② 管理、变价和分配债务人财产的费用；

③ 管理人执行职务的费用、报酬和聘用工作人员的费用。

人民法院受理破产申请后发生的下列债务，为共益债务：

① 因管理人或者债务人请求对方当事人履行双方均未履行完毕的合同所产生的债务；

② 债务人财产受无因管理所产生的债务；

③ 因债务人不当得利所产生的债务；

④ 为债务人继续营业而应支付的劳动报酬和社会保险费用以及由此产生的其他债务；

⑤ 管理人或者相关人员执行职务致人损害所产生的债务；

⑥ 债务人财产致人损害所产生的债务。

破产费用和共益债务由债务人财产随时清偿。债务人财产不足以清偿所有破产费用和共益债务的，先行清偿破产费用。债务人财产不足以清偿所有破产费用或者共益债务的，按照比例清偿。债务人财产不足以清偿破产费用的，管理人应当提请人民法院终结破产程序。

■ 6）变价和分配

管理人应当及时拟订破产财产变价方案，提交债权人会议讨论。管理人应当按照债权人会议通过的或者人民法院裁定的破产财产变价方案，适时变价出售破产财产。变价出售破产财产应当通过拍卖进行。但是，债权人会议另有决议的除外。破产企业可以全部或者部分变价出售。破产企业变价出售时，可以将其中的无形资产和其他财产单独变价出售。

破产财产在优先清偿破产费用和共益债务后，依照下列顺序清偿：

① 破产人所欠职工的工资和医疗、伤残补助、抚恤费用，所欠的应当划入职工个人账户的基本养老保险费用、基本医疗保险费用，以及法律、行政法规规定应当支付给职工的补偿金；

② 破产人欠缴的除前项规定以外的社会保险费用和破产人所欠税款；

③ 普通破产债权。

破产财产不足以清偿同一顺序的清偿要求的，按照比例分配。破产财产的分配应当以货币分配方式进行，但是，债权人会议另有决议的除外。管理人应当及时拟订破产财产分配方案，提交债权人会议讨论。破产财产分配方案应当载明下列事项：

① 参加破产财产分配的债权人名称或者姓名、住所；

② 参加破产财产分配的债权额；

③ 可供分配的破产财产数额；

④ 破产财产分配的顺序、比例及数额；

⑤ 实施破产财产分配的方法。

债权人会议通过破产财产分配方案后，由管理人将该方案提请人民法院裁定认可。

■ 7）终结破产程序

破产人无财产可供分配的，管理人应当请求人民法院裁定终结破产程序。管理人在最后分配完结后，应当及时向人民法院提交破产财产分配报告，并提请人民法院裁定终结破产程序。人民法院应当自收到管理人终结破产程序的请求之日起15日内作出是否终结破产程序的裁定。裁定终结的，应当予以公告。管理人应当自破产程序终结之日起10日内，持人民法院终结破产程序的裁定，向破产人的原登记机关办理注销登记。管理人于办理注销登记完毕的次日终止执行职务。破产人的保证人和其他连带债务人，在破产程序终结后，对债权人依照破产清算程序未受清偿的债权，依法继续承担清偿责任。

14.2.3 破产清算的会计处理

2016年12月20日，我国财政部发布了《关于印发〈企业破产清算有关会计处理规定〉的通知》（以下简称《破产清算规定》），该规定根据《中华人民共和国会计法》和《中华人民共和国企业破产法》制定，明确了我国企业破产清算所涉及的会计科目、账务处理、应编制的清算财务报表及其附注等相关内容。

根据《破产清算规定》的规定，破产企业的会计处理主要包括以下几步：

■ 1）破产宣告日余额结转

法院宣告企业破产时，应当根据破产企业移交的科目余额表编制新的科目余额表。属于《破产法》所规定的破产费用、共益债务的余额转入“应付破产费用”和“应付共益债务”科目。原所有者权益类科目、递延类科目以及商誉、长期待摊费用等科目的余额，转入“清算净值”科目。

■ 2）破产宣告日余额调整

破产企业应当按照破产资产清算净值对各资产科目余额进行调整，按照破产债务清偿价值对各负债科目余额进行调整，并相应调整“清算净值”科目。

■ 3）处置破产资产

破产企业按照收回的款项，借记“库存现金”“银行存款”等科目，按照资产的账面价值，贷记相关资产科目，按应当缴纳的税费贷记“应交税费”科目，按其差额，借记或贷记“资产处置净损益”科目。

■ 4）清偿债务

破产企业清偿破产费用、共益债务、职工薪酬以及所欠税费，应按照相关负债的账面价值，借记“应付破产费用”、“应付共益债务”、“应付职工薪酬”和“应交税费”等科目，按照实际支付的金额，贷记“库存现金”和“银行存款”等科目，按其差额，借记或贷记“破产费用”、“共益债务支出”和“债务清偿净损益”科目。

破产企业清偿破产债务，按照实际支付的金额，借记相关债务科目，贷记“库存现金”和“银行存款”等科目。破产企业在破产清算终结日，剩余破产债务不再清偿的，按照其账面价值，借记相关负债科目，贷记“其他收益”科目。

在编制破产清算期间的财务报表时，应当将“资产处置净损益”、“债务清偿净损益”、“其他收益”和“破产费用”等科目结转至“清算净损益”科目，并将“清算净损益”科目余额转入“清算净值”科目。

【例14-2】某企业因经营不善、严重亏损，不能清偿到期债务而向银行申请破产，人民法院于2022年2月10日宣告其破产，并组成清算组接管企业。清算组按照《破产清算规定》，根据破产企业移交的科目余额表编制了新的科目余额表（见表14-5）。其中“应付破产费用”和“应付共益债务”余额分别为40 000元和60 000元，由原“应付账款”“其他应付款”科目转入。“清算净值”余额为-353 620元由原“股本”、“资本公积”和“未分配利润”科目余额转入。假设该企业不存在各类资产和负债的余额调整事项。

表14-5　　**破产宣告日科目余额表**　　单位：元

账户名称	借方余额	账户名称	贷方余额
库存现金	500	短期借款	440 925
银行存款	22 400	应付票据	100 700
应收票据	6 600	其他应付款	302 800
应收账款	124 880	应付破产费用	40 000
原材料	40 900	应付共益债务	60 000
库存商品——半成品	8 800	应付职工薪酬	166 800
库存商品——产成品	28 300	应交税费	105 775
长期股权投资	262 100	应付股利	9 700
固定资产	167 000	应付债券	58 400
在建工程	110 000	清算净值	-353 620
无形资产	160 000		
合计	931 480	合计	931 480

处置破产资产的情况如下：

（1）收回应收票据6 000元，账面金额为6 600元。

借：银行存款　　6 000
　　资产处置净损益　　600
　贷：应收票据　　6 600

（2）共收回应收账款109 000元，其账面金额为124 880元。

借：银行存款　　109 000
　　资产处置净损益　　15 880
　贷：应收账款　　124 880

（3）原材料账面价值为40 900元，处置价格与应税价格均为28 846元，增值税税率13%，销项税额为3 750[①]元。

借：银行存款　　32 596
　　资产处置净损益　　12 054
　贷：原材料　　40 900
　　　应交税费——应交增值税（销项税额）　　3 750

① 为方便计算，销项税额为约数，下同。

（4）处置半成品，账面价值8 800元，处置价格与应税价格均为7 363元，增值税税率13%，销项税额为957元。

借：银行存款　　8 320
　　资产处置净损益　　1 437
　贷：库存商品——半成品　　8 800
　　　应交税费——应交增值税（销项税额）　　957

（5）各种产成品的账面价值为28 300元，处置价格与应税价格均为26 426元，增值税税率13%，销项税额为3 435元。

借：银行存款　　29 861
　　资产处置净损益　　1 874
　贷：库存商品——产成品　　28 300
　　　应交税费——应交增值税（销项税额）　　3 435

（6）长期股权投资的账面价值为262 100元，处置价格为127 000元，暂不考虑相关税费。

借：银行存款　　127 000
　　资产处置净损益　　135 100
　贷：长期股权投资　　262 100

（7）将账面价值为167 000元的固定资产处置，处置价格与应税价格均为144 545元，增值税税率9%，销项税额为13 009元。

借：银行存款　　157 554
　　资产处置净损益　　22 455
　贷：固定资产　　167 000
　　　应交税费——应交增值税（销项税额）　　13 009

（8）在建工程的账面价值为110 000元，处置价格为115 000元，暂不考虑相关税费。

借：银行存款　　115 000
　贷：在建工程　　110 000
　　　资产处置净损益　　5 000

（9）无形资产的账面价值为160 000元，处置价格为195 000元，暂不考虑相关税费。

借：银行存款　　195 000
　贷：无形资产　　160 000
　　　资产处置净损益　　35 000

（10）清偿债务的核算如下：

①支付破产费用、共益债务和所欠职工薪酬共计266 800元。

借：应付破产费用　　40 000
　　应付共益债务　　60 000
　　应付职工薪酬　　166 800

贷：银行存款　　266 800

②缴纳全部所欠税款126 926元。

应交税费=105 775+3 750+957+3 435+13 009=126 926（元）

借：应交税费　　126 926

贷：银行存款　　126 926

③剩余的破产财产不足以清偿其他破产债权，应按比例清偿。

库存现金及银行存款余额=500+22 400+6 000+109 000+8 320+157 554+32 596+29 861+127 000+115 000+195 000−266 800−126 926

=409 505（元）

其他破产债权余额=440 925+100 700+302 800+9 700+58 400=912 525（元）

清偿比例=（库存现金及银行存款余额÷其他破产债权余额）×100%=409 505÷912 525×100%=44.876%

其他破产债权的清偿额为：

短期借款=440 925 ×44.876%=197 870（元）

应付票据=100 700 ×44.876%=45 190（元）

其他应付款=302 800 ×44.876%=135 885 （元）

应付股利=9 700 ×44.876%=4 353 （元）

应付债券=58 400×44.876%= 26 208（元）

编制会计分录如下：

借：短期借款　　197 870

应付票据　　45 190

其他应付款　　135 885

应付股利　　4 353

应付债券　　26 208

贷：银行存款　　409 506

借：短期借款　　243 055

应付票据　　55 510

其他应付款　　166 915

应付股利　　5 347

应付债券　　32 193

贷：其他收益　　503 020

借：其他收益　　503 020

贷：资产处置净损益　　149 400

清算净损益　　353 620

借：清算净损益　　353 620

贷：清算净值　　353 620

总结与结论

导致公司解散或破产的原因有很多，公司在确定解散或破产后，就要根据法律规定进入相应的清算程序。公司清算的会计处理不再适用“持续经营假设”，对资产及负债通常使用“公允价值”或者“可变现净值”进行计价。在清算期间除了进行相应的会计处理外，还应编制财务状况估算表、资产变现明细表以及债务清偿表等，以便完整、明晰地反映公司清算过程中的会计信息。

关键概念

1. 解散：指公司法人资格被取消的法律程序和公司业务经营活动终止的法律事实。

2. 解散清算：指公司在解散过程中需要依照法定程序回收债权、对资产进行变卖、偿还债务并分配剩余财产的一系列程序。

3. “清算损益”账户：该账户用以核算公司解散清算中财产物资的变卖、债权的收回、债务清偿所发生的利得或损失，以及支付清算组成员的酬劳和聘请注册会计师、律师的费用及其他一切清算费用。该账户借方余额表示清算损失，贷方余额为清算收益，该账户余额在清算结束后转入“未分配利润”账户。

4. 破产：指在债务人不能清偿到期债务时，由法院强制执行其全部财产，公平清偿全体债权人的法律制度。

5. 债务人财产：指破产申请受理时属于债务人的全部财产，以及破产申请受理后至破产程序终结前债务人取得的财产。

6. 破产费用：人民法院受理破产申请后发生的下列费用，为破产费用：(1) 破产案件的诉讼费用；(2) 管理、变价和分配债务人财产的费用；(3) 管理人执行职务的费用、报酬和聘用工作人员的费用。

7. “清算净值”科目：该科目核算破产企业在破产报表日结转的清算净损益科目余额。破产企业资产与负债的差额，也在本科目核算。

课程思政

1. 企业破产中利益相关者的利益保护

企业是利益相关方集体选择的结果。企业破产清算过程中可能会涉及的利益相关者包括：企业员工、债权人、股东、供应商、客户、政府及社区居民等。企业破产清算过程中应如何保护各利益相关方的合法利益不受侵害？

2. 人民法院受理破产申请前一年内涉及债务人财产的特殊行为

《中华人民共和国企业破产法》第三十一条规定：人民法院受理破产申请前一年内，涉及债务人财产的下列行为，管理人有权请求人民法院予以撤销：

(一) 无偿转让财产的；

(二) 以明显不合理的价格进行交易的；

(三) 对没有财产担保的债务提供财产担保的；

(四) 对未到期的债务提前清偿的；

(五) 放弃债权的。

请结合调研案例对这一规定的重要意义进行分析。

思考与练习

一、思考题

1.请简述解散清算和破产清算的基本程序。

2.简述破产分配的顺序。

3.什么是解散清算？什么是破产清算？二者各有什么特点？

4.破产费用包括哪些内容？

5.简述导致企业清算的原因。

二、练习题

1.宣告破产的有限责任公司由（　　）组成清算组。

A.股东　　B.股东大会确定的人选

C.企业法人代表组织人选　　D.人民法院

2.清算组在全面清理企业财产，债权和债务后，一般要作：（1）支付应付的职工工资、劳动保险费用等；（2）支付清算期间为开展清算工作所支出的全部费用；（3）清偿其他各项无担保债务；（4）缴纳所欠税款。下列程序中，正确的是（　　）。

A.（4）（2）（1）（3）　　B.（2）（1）（4）（3）

C.（2）（3）（1）（4）　　D.（2）（4）（1）（3）

3.企业破产的原因是（　　）。

A.资金暂时困难，不能清偿到期债务

B.经营管理不善引起严重亏损，致使不能清偿到期债务

C.资金使用不当造成目前不能清偿到期债务

D.市场销售不畅，造成库存商品积压，不能偿还到期债务

4.破产清算组工作人员的薪酬及劳务费应计入（　　），在破产财产中拨付。

A.清算损益　　B.管理费用　　C.清算费用　　D.工资费用

5.下列各项会计原则中，传统会计与清算会计都能适用的是（　　）。

A.可比性原则　　B.历史成本原则

C.权责发生制原则　　D.划分收益性支出与资本性支出原则

延伸阅读

[1] 王则斌．高级财务会计［M］．大连：东北财经大学出版社，2005.

[2] 常勋．高级财务会计［M］．沈阳：辽宁人民出版社，2002.

[3] 张文贤，高建兵．高级财务会计［M］．北京：首都经济贸易大学出版社，2003.

[4] 潘自强．破产清算会计基本理论问题探析［J］．财会通讯，2008（5）.

[5] 耿建新，戴德明．高级会计学［M］．7版．中国人民大学出版社，2016.

[6] 王竹泉，等．高级财务会计［M］．北京：机械工业出版社，2009.

[7] 陈凌云，贝苗儿．破产企业清算会计核算体系实务探讨［J］．中国注册会计师，2021（6）.

[8] 邓倩．国有企业破产清算会计处理问题探讨［J］．财会通讯，2019（10）.

[9] 栾甫贵. 我国破产会计研究的回顾与评价 [J]. 会计研究，2011 (4).
[10] 亓玉芳. 普通清算与破产清算会计核算的异同 [J]. 财会月刊，2011 (32).

本章教学视频　　本章教学课件　　本章学习指导